河南省社会科学规划项目"中原作家群资料整理"研究成果

本成果出版得到淮河文明研究中心资助

刘庆邦研究

中原作家群研究资料丛刊
程光炜　吴圣刚　　主编

刘庆邦研究

杜昆 编著

河南大学出版社
HENAN UNIVERSITY PRESS

图书在版编目(CIP)数据

刘庆邦研究/杜昆编著. — 郑州:河南大学出版社,2015.2
(中原作家群研究资料丛刊)
ISBN 978 – 7 – 5649 – 1904 – 7

Ⅰ. ①刘… Ⅱ. ①杜… Ⅲ. ①刘庆邦 – 文学研究
Ⅳ. ①I206.7

中国版本图书馆 CIP 数据核字(2015)第 042009 号

出 版 人	张云鹏
出版统筹	侯若愚
责任编辑	甘慧君
责任校对	舒慧敏
封面设计	侯一言

出　　版	河南大学出版社
地　　址	郑州市郑东新区商务外环中华大厦 2401 室
电　　话	0371 – 60993151(人文社科出版分社)
	0371 – 86059753
网　　址	www.hupress.com
排　　版	河南金河印务有限公司
印　　刷	河南省瑞光印务股份有限公司
版　　次	2015 年 4 月第 1 版
印　　次	2015 年 4 月第 1 次印刷
开　　本	710mm×1000mm　1/16
印　　张	18.75
字　　数	347 千字
定　　价	57.00 元

本书如有印装质量问题,请与河南大学出版社营销部联系调换。

编选说明

从最初动议到确定方案,再到最后完成,这套"中原作家群研究资料丛刊"历时一年有余。因为,它绝不仅仅是已有研究成果的简单整合。首先,编著者必须通读该作家的所有作品,包括文学作品、散文随笔、演讲报告、文艺批评等等,形成对作家作品的感性认识和理性判断,这是编选作家研究资料的基础和前提。然后收集研究资料,要求尽可能全面详尽,网络、期刊、报纸、杂志、著作、作家本人及其亲友、故交等各种途径、各种渠道,越全面越好。最耗时、最费力、最艰苦的工作是资料的分类、甄别和遴选,它体现了编著者的眼光、立场、态度和学养,决定了研究资料的分量和品质。典型性、历史性、多元性是我们选文的基本原则,力求覆盖作家不同时段、不同类型、不同风格的作品,兼顾专家批评和新锐批评,体现不同时期的文学生态和文化场域。总之,整个过程没有捷径可走,全是笨功夫、苦功夫。尽管如此,其疏漏之处肯定不少,恳请专家学者批评指正。

本研究资料共分四大部分,即作家"自述·访谈·印象记"、"研究论文选辑"、"作品年表"、"研究资料索引"。"研究论文选辑"以时间为线索,以"问题"为中心,先总论、后分论,同一"问题"相对集中,体现逻辑性和层次感,并努力体现作家作品研究的历史进程。对入选的文章,为了出版方便,作统一技术处理,删减了摘要、关键词,注释一律改为脚注,除对一些明显的文字和标点符号的疏误作订正外,其他方面包括注释的不完整、不规范,词语使用的不当等,则依旧保持原貌。"作品年表"部分按时间顺序排列整理收录,截止时间为 2014 年 7 月。只列入作品的首发、首印,作品的再版、转载不列入年表,海外翻译版本尽可能列入年表。期刊、著作均按年、月排序,报纸具体到日期。重要散文、发表的重要演讲等列入作品年表,但作家编辑的书目、研究资料等均不列入。"研究资料索引"包括单篇学术论文索引、学位论文索引、研究专著索引三部分,截止时间同样为 2014 年 7 月,均按刊发/出版时间先后顺序编排。

需要特别说明的是,由于各种原因,编委会没能与选用论文的作者一一联系,丛书出版后,将赠书一本,以表歉意和谢意!且本书用于学术研究而非商业目的,想学界前辈、同人亦能理解支持。在此真诚致谢!如需稿费,请与编委会联系。

编委会
2014.10.31

总　序

程光炜　吴圣刚

新时期以来,中国当代文学呈现为多样、多态发展的趋势。在当代文学的版图中,"文学豫军"或"中原作家群"早已成为中国当代文学的重要现象和重要构成。之所以称之为"文学豫军"或"中原作家群",是因为它呈现出群体性,是一个集合的概念。但是,这绝不意味着这个群体中的个体是羸弱的,没有独立呈现的分量。相反,正是一个个有分量的个体组成了一个有广泛影响的作家群体:姚雪垠、叶楠、白桦、李准、张一弓、南丁、田中禾、张宇、郑彦英、李佩甫、二月河、周同宾、刘震云、阎连科、周大新、刘庆邦、李洱、柳建伟、孙方友、墨白、邵丽、乔叶、计文君等等,每位作家都有不凡的创作业绩,每个人都有自己的独特之处,都是文学中的"这一个"。

地处中原的河南,在当代中国政治、经济版图上不是核心地带,但在历史、文化地理图上却是积淀深厚的重镇。这里也在接受全球化的荡涤,也在搭载现代化的快车,但这里与中国当下的经济前沿存在着距离,呈现着现代化的滞后性。因此,河南在时代的节奏中存在着"时间差"。这使得中州大地在现代化的浪潮中还氤氲着农业文明、历史文化的气息,也使得中原儿女在这种相对的"慢节奏"中对历史、现实和文化进行思考,精神和灵魂回归这片土地,并以中原文化的思维方式进行着多种表达。走进历史,走进中原文化,是豫籍作家的共同选择。无论是身居河南的作家还是移居他乡的作家,他们的灵魂仍然栖居在家乡故土,并用他们敏感的触角细腻地联系和感受着中原文化,中原文化是他们精神发生的原点,河南历史和家乡生活是他们创作的源泉。对于这些河南作家来说,似乎只有这片故土和其中的点点滴滴才能够激活创作的灵性。正如阎连科所说:"我家住在一个镇子上,那是一个很大的村庄。那个村庄是我写作取之不尽的生活源泉、情感源泉、想象的源泉。一句话,是我写作的一切的灵感之源。那个镇子奇妙无比,任何现实中的一件事情都可能是荒诞的、合理的。"[①]正是在这种表达中,作家们完成了自己的一部部皇皇巨著,成就了当代河南文学的气象大观。

---

① 阎连科:《我的现实,我的主义》,http://v.book.ifeng.com/book/ts/7332.htm。

"中原作家群"不仅是河南的文学现象,也是全国的文学现象;产生于中原大地的河南文学,早已超越了这一区域空间。无论是二月河、李佩甫的作品红遍全国、传播域外,还是刘震云、阎连科、周大新、李洱的作品的海外影响,都说明豫籍作家的作品是全国性的,也具有世界性的分量。这足以构成河南自己的文学史。关于河南文学和"中原作家群"研究,近十年来,随着作家作品的动态性呈现,更多表现为个案化的文学研究,而当代河南文学的整体性、系统性研究则不够。这一方面与河南的经济实力及其对文化提升、带动能力的不足有关,另一方面也与学界、文学界对河南文学在当下中国文化地理学上的地位认识不足有关,特别是与本土学界的研究、推介的成绩有关。弥补这一不足,是一项浩繁的工作,但起步必须从基础开始。

　　资料整理无疑是学术研究中最基础性的工作。学术界目前关于河南作家的研究资料,主要是上世纪80年代出版的《李准研究资料》、《姚雪垠研究资料》等有限的几种。相关研究主要体现在两个方面:一是关于"文学豫军"、"中原作家群"的正当性和合理性的阐述,这方面的研究成果主要有孙荪的《文学豫军论》等,该文系统性地评述了"文学豫军"的由来、构成及文化特征。二是"中原作家群"形成的历史文化原因以及具体作家作品的研究。刘增杰主编的《精神中原》以论文集的形式综合了学界对于中原作家群整体把握和作家研究的成果;张鸿声主编的《河南文学史·当代卷》则是系统描述当代河南文学发展的第一部史著;梁鸿的《"外省笔记":20世纪河南文学》以"外省"的视角考察河南文学,从文化的角度寻觅和审视河南文学;何弘的《超越还是重复——中原文学论稿》试图对"中原作家群"或中原文学作出一个整体性的描述。这些研究对于解说一种文学现象的发生、发展是必要的,但都是初步的,特别是对"中原作家群"形成的历史文化原因和整体性特征的研究,远未形成对"中原作家群"完整的、核心的解说,更没有评估、揭示出"中原作家群"的应有价值。因此,就需要有人真正深入下去,沉入到纷繁的资料中去,耐心、细密地梳理,把那些能够反映和体现作家创作实绩、作品价值和当代河南文学整体面貌的资料整理出来,形成完整、系统的当代河南文学的资料体系,为文学史的生成奠定坚实的基础。

　　信阳师范学院文学院的一些老师近年来致力于河南文学研究,逐渐形成了自己的方向和领域,引起了学界的关注。作为一所本土的有长期人文积淀的高校,研究河南文学、推动河南文学发展是应有的责任。2013年起,文学院整合文艺学、现当代文学和写作学等学科的十几位教授、博士组成研究团队,集中开展当代河南文学研究。这个团队以博士为主,中青年结合,队伍整齐,潜力很大。他们首先从资料整理开始,扎扎实实开展研究工作。第一批选取"中原作家群"中影响最大的15位作家,经过近一年的努力,整理出《白桦研究》(陶广学讲师,扬州大学博士)、《张一弓研究》(吕东亮副教授,武汉大学博士)、《田中禾研究》(徐洪军讲师,上海大学博士)、《张宇研究》(杨文臣讲师,山东大学博士)、《李佩甫研究》(樊会芹讲师,江苏师范大学硕士)、《二月河研究》(吴圣刚教授)、《刘震云研究》(禹权恒讲师,武汉大学博士)、《阎连科研究》(方志红副教授,四川大学博士)、《周大新研究》(沈文慧教授,华中师范大学博士)、《刘庆邦研究》(杜昆讲师,南京师范大学博士)、《李洱研究》(王雨海教授)、《墨白研究》(杨文臣讲师,山东大学博士)、《邵丽、乔叶、计文君研究》(李群副教授,河南大学硕士)等13卷,资料选编力求翔实、准确、有代表性。第一辑告罄之后还会启动第二辑,甚至第三辑,目标是把"中原作家群"主要作家的资料完整、系统地拓展出来,真正为当代河南文学的深化研究做些基础性的工作。

  由于编选者的眼界、学识、水平有限,疏漏、不足,甚至差错定然存在,敬请学界批评指正。

目 录

- 1 编选说明
- 1 程光炜 吴圣刚 总序

自述·访谈·印象记

- 3 刘庆邦 从写恋爱信开始
- 6 刘庆邦 短篇小说的种子
- 12 刘庆邦 短篇小说之美
- 17 刘庆邦 生长的短篇小说
- 21 刘庆邦 说多了不好
- 23 刘庆邦 小说创作的实与虚
- 31 杨建兵 刘庆邦 "我的创作是诚实的风格"——刘庆邦访谈录
- 38 刘庆邦 夏 榆 得地独厚的刘庆邦
- 44 徐 坤 好人刘庆邦

研究论文选辑

- 49 程德培 这"活儿"给他做绝了
- 50 王安忆 什么是故事
- 57 何志云 强悍而悸动不宁的灵魂——读刘庆邦的小说创作
- 64 高海涛 浩烈情 迷茫劫——刘庆邦小说的文化精神
- 71 张颐武 话语·记忆·叙事——读刘庆邦的小说
- 80 雷 达 季风与地火——刘庆邦小说面面观
- 90 王必胜 我读刘庆邦
- 94 林斤澜 吹响自己的唢呐
- 96 娄奕娟 刘庆邦:守持与转变
- 101 陈思和 在柔美与酷烈之外——刘庆邦短篇小说艺术谈
- 106 孙 郁 刘庆邦:在温情与冷意之间
- 109 吴义勤 "老中国儿女"的生存哲学——评刘庆邦长篇新作《平原上的歌谣》
- 112 吕政轩 民间世界的诗意抒写——刘庆邦乡村系列小说阅读笔记

118　柯贵文　论刘庆邦的短篇小说的理论与创作
126　焦会生　刘庆邦小说论
134　关　峰　论刘庆邦小说中的暴虐想象
141　白　烨　畸变的背后——读刘庆邦的长篇新作《红煤》
144　李丹梦　"谦恭"与"沉默"——论刘庆邦的中短篇小说
154　贺绍俊　发现埋在心底的精神"哑炮"——读刘庆邦的《哑炮》
158　何镇邦　生活的暖色调　艺术的新境界——读刘庆邦短篇小说新作《好了》兼及其短篇小说的若干艺术特色
162　杨建兵　对底层的诗意抒写——论刘庆邦的小说创作
170　张学昕　残酷的诗意——刘庆邦短篇小说论
182　余志平　刘庆邦短篇小说创作的理论自觉
191　胡　平　模仿的快感——读刘庆邦短篇小说《丹青索》
194　段崇轩　写实与诗化的双重变奏——刘庆邦短篇小说论
206　王彬彬　《遍地月光》与长篇小说的语言问题
221　孟繁华　都市深处的冷漠与荒寒——评刘庆邦的短篇小说《骗骗她就得了》
223　樊　星　直面惨淡的人生——读刘庆邦小说《平地风雷》

作品年表

229　刘庆邦作品年表

研究资料索引

255　刘庆邦研究资料索引

285　编后记

自述·访谈·印象记

从写恋爱信开始

刘庆邦

我的小说处女作发表在《郑州文艺》1978年第2期。写这篇小说的时间更早一些,是1972年的秋天。从写出到发表中间隔了6年。有朋友会问一篇小说的发表怎么拖了这么长的时间?

那时,我在河南一座煤矿的支架厂当工人。因恋爱的事,闹出了一些小小的不愉快。我们的恋爱很正常并没做什么出格的事。可当时的"气候"很不正常,人家说我们被资产阶级的香风吹晕了,掉到泥坑里去了,要拉我们一把。拉的办法就是批判我们。为了找到批判所需的材料,人家把我写给女朋友的信和诗也要走了。我和女朋友虽然在一个厂,但我愿意给她写信,愿意用文字表达我的心情。除了写信,我还给她写一些断开的短句,也可以说是诗吧。那些诗并不是直接赞美女朋友,主要是写山川的秀丽,表达对大自然的热爱心情。我们厂附近有高高的伏牛山,有深深的山沟。春来时残雪还未化尽,我们一起踏雪去寻访黄灿灿的迎春花。秋天,我们一起到山沟里摘柿子,摘酸枣,到清澈见底的水边捉小虾。初冬,我们登上山的最高处,羚听千年古塔上的风铃声,眺望山下一望无际的麦田。从山里回来,美好的印象还保留在脑子里,让人感到一种愉悦的滋味。突然想到,何不试着把美好的感受写出来呢?于是就趴在床上以诗的形式写起来了。那时脑子可真好使,出手也快,也就是人们说的文思如泉涌吧。一会儿就写了好几页,恐怕一百行都不止。写完了甚为得意,就拿给女朋友看。女朋友读得小脸通红,一再说好。她也说不出好在哪里,只是说好。得到第一读者也是唯一读者的赞赏,我来劲了,写得更多,多了就送给她邀赏。女朋友很珍视地一一收藏起来,时间不长就攒下了一大摞。

车间指导员在批判我时,说了一句使我深感惊异的以致把别的长篇批判的话都忽略了,只记住了这一句话。指导员说我写的东西充满了小资产阶级情调,加在一起简直就是一部黄色小说。当时我脑子里放光似的闪了一下,心想,我难道会写小说?他说我写的东西是黄色的,我一点也不在意,因为我心里有底,知道自己写的东西非常纯洁,连亲呀爱呀情呀这样的字眼儿都没有。不但格调不低,好像还很"革命"。我重视的是他说的小说这两个字。在此之前,我从没敢想过要写小说,从没有意识到自己有写小说的天赋,是人家批判的话从反面提醒了我,在我心里埋下了从事小说创作的种子。

批判我们毕竟是瞎胡闹,很快就过去了。但不能不承认,是批判巩固了我们的爱情,使我们的爱情经历了阻挠和波折,带有风雨同舟的意思。冷静下来后,我想得多一些。我问自己:你有什么可爱的?因你父亲的历史问题,你不能当兵不能入党。你父亲早故,母亲领着你们兄弟姐妹五个过,日子家境很不好,你不过是一个穷人。我想到了自己的今后,想到了作为一个男人的责任。为了使自己在精神上胜过别的男人,为了不让自己所爱的人失望,自己应该有所作为。除了干好自己的本职工作,还应在业余时间为自己的生命派一些别的用场。于是我选择了写小说。以前我虽然没写过小说,但我写过别的。我在农村老家时给县里广播站写过几篇稿子,都广播了。在厂里宣传队,我还写过对口词和一个小豫剧。这些都为我写小说打下了一些基础。当时书店里没有小说卖,无从借鉴。我的破木箱里虽然藏有一本《红楼梦》,但和时尚相去甚远,一点也用不上只好瞎写。写完一篇小说我心里打鼓,这是小说吗,给女朋友看,她说真好。当时没有文学刊物,或许有,我们在山沟里看不到。小说没地方寄,我就敝帚自珍,存在箱子里。写了东西没地方发,积极性很难维持。我不写小说了,调到矿务局宣传部后,我就写通讯报道。通讯工作给我提供了广阔的天地,使我有机会走遍矿区各个角落,下遍全局各个矿井,有机会接触更多的人。我喜欢写人物通讯,写了不少,为后来的创作积累了不少素材。

说话到了1978年,各地的文艺刊物相继办起来了。我看到一本《郑州文艺》,上面有小说、散文、诗歌等。我马上想到了沉睡箱底的那篇小说,翻出来看了一遍,觉得和刊物上发表的小说比也不差。我稍微改了一遍,抄清,就寄走了。寄出后并没有整天挂在心上。那时,我正扑在新闻工作上,一心想当记者。不料编辑部很快来信,认为小说不错,准备采用。我把这消息赶快告诉我爱人(我们已结婚,并有了一个女儿),她高兴得脸都红了。现在看来,这篇小说写得很一般。但6年前写的第一篇小说就发表了,而且还是当期刊物的头条,对我的鼓舞和推动之大是可想而知的。同年,我调到了北京,在一家煤矿工人杂志当编辑。

1980年3月,我在《奔流》发表了第二篇小说《看看谁家有福》,因这篇小说描述三年困难时期的一些真实的生活情景,在读者中引起了很大反响,还有争议。几种不同观点的评论在刊物上连续发了两三期。此后,美国的一位汉学家把这篇小说翻译到了美国。《剑桥中华人民共和国史》还为这篇小说列了一条。对这篇小说的批评,给我思想上造成一些压力,但并没有减低我的创作热情,反而激发了我的执拗的创作意志,使我在创作上更加自觉和勤奋,并逐步建立了自信。

从发表处女作至今,我业余从事文学创作已二十多年了,发表了将近三百万字的文学作品。我的创作主要取材于农村生活和煤矿生活,这是我比较熟悉、感受比较深切的两个题材领域。我创作的目的主要是给人以美的享受,希望能够改善人心,提高人们的精神品质。我对自己的创作意志充满自信,会在文学创作的道路上义无反顾地走下去。

原载《作家》2001 年第 1 期

短篇小说的种子

刘庆邦

　　树木、花草、庄稼有种子，狗、老虎、人类，也有种子。人生一世，草木一秋，从根本上说，都是种子的传递者。种子的重要，在于它使这个世界保持着活力，并生生不息。和物质世界相对应，短篇小说作为一种精神世界，似乎也有种子。关于这个说法，我曾隐隐约约听说过。除了种子说，还有支点、闪光点、黄金点、内核儿、纲、眼睛等等之说，意思都差不多。而短篇小说的种子的说法更对我的心思，一提种子，就意味着饱满、圆润、孕育、希望和生机，种子是多么美妙的东西啊！

　　在探讨什么是短篇小说的种子之前，我有一个想法急于说出来，这就是：短篇小说的种子不同于植物和动物的种子，短篇小说的种子只用于播种和生发，不宜于流传，也就是说它的使用是一次性的。谁要以为得到一枚短篇小说的种子，就可以一生十、十生百，最后获得大面积丰收，那就有些可笑了。

　　有些事物从理论上难以说清，往往采取比喻和形象化的说法，短篇小说的种子说就是如此。如果硬要解释短篇小说的种子是什么，那就还得回到抽象的说法上：短篇小说的种子是有可能生长成一篇短篇小说的根本因素。我们通常随手翻看一些短篇小说，看完了有时不得要领，得到的只是一堆枝叶和一片杂芜的印象，欣赏心理不能满足，还有一种阅读浪费的感觉。之所以如此，大概就是因为有的短篇里缺乏种子。我理解，写一个短篇小说事先没有种子，就无从下手，就找不到行动方向，既没有出发点，也就没有落脚点。这好比农民种瓜，有土地，有肥料，季节也正当时，因为没有种子，一切都是白搭。

　　现在我该举例子了，不举例子既说不清，也说不下去。著名的短篇小说是很多的，我不愿拿外国作家的短篇小说做例子。在我看来，外国的许多短篇小说很有意思，但很没味道。它们是以意思取胜。也许它们原本很有味道，只是一翻译过来就变味了，光剩下表意的东西。而中国作家的短篇小说，不光意思好，味道也好。这好比中国菜，不仅营养丰富，而且色香味俱佳。我想中国短篇小说的特殊味道，大概与我们祖先造下的象形方块汉字有关。味道这个东西说清楚很难，只能去感觉它。说清什么是短篇小说的味道我不能胜任，又不是本文的主旨，不如绕开它。我很喜欢沈从文的短篇小说《丈夫》，可以说百看不厌。这篇小说的种子结在临近收尾部分的一个细节："男子摇摇头，把票子撒到地上去,两只大而粗的手掌捂着脸孔,像小孩子那样莫名其妙地哭了起来。"由于丈夫这痛彻心扉的一哭,妻子才告别了卖身的营生,"夫妇一早都转回乡下去了"。可以说,这篇由一万来字、一系列情节、大量的细节所构成的精美小说,都是从这颗种子发生出来的。从表面看,小说像是一步步接近种子,揭示种子,实际上是先有种子,种子埋进土地里了,才一点一点生根、发芽、开花、结果,小说才长成一个完整独立的世界。小说的故事形态简单说来是这样:丈夫满怀兴头地从乡下赶来,找到在船上做"生意"的妻子,渴望和妻子亲近,以证实丈夫应有的名分和应得的利益,可他一而再、再而三地受到打击和凌辱,以致彻底失望。先是一个势派很大的船主或商人来了,"一上船就大声地嚷嚷要亲嘴要睡觉"。丈夫无奈,只得躲到后梢舱上去"低低地喘气"。接着是两个喝醉酒的兵士来了,左边一个右边一个,对他的妻子做"猪狗"一样的新事情。这时丈夫已有些受不了,变得情绪低沉,"摇头不语"。到了后半夜,丈夫总该可以和妻子亲热吧,不料水保又把巡官带来了,巡官还要对他的妻子"过细考察一下"。至此,丈夫被逼得走投无路,只有痛哭而返。沈从文把小说命名为"丈夫",可丈夫老也做不成丈夫。就在丈夫的眼皮底下,妻子一次次被别人夺走,这里包含着巨大的悲哀,蕴藏着解说不尽的无穷而深刻的意思。从小说的成功,我们可以判断出这篇小说的种子是一颗良种,种子的潜质决定了小说的发展前途。

　　我注意到,不少优秀短篇小说的种子大都是一个细节。细节的好处在于它仍是形象化艺术化的东西,到头来还是很含蓄,很混沌,给人许多联想,使短篇小说纸短情长,开拓出辽阔的空间。当然,短篇小说的种子多种多样,它有时是一句哲语,一个题目,一处场景,一种感觉,有时还是一个人,我就不一一举例了。

　　短篇小说的种子不一定长在小说的根部或梢部,它的位置不是固定的。有时还有这样的情况,通篇好像找不到小说的种子,可小说的种子又无处不在。

　　无论怎么说,在现成的短篇小说里寻找小说的种子还是比较容易,难的是在生活中寻找短篇小说的种子。它不像我们小时候去生产队的菜园里偷黄瓜,哪根黄瓜是留作种子用的,我们一眼就看见了,因为那根黄瓜特别粗壮,旁边还插着一棵艾秆作为留种的标志。对于留种子用的黄瓜,我们怀有一种敬畏感,是万万不敢摘的。它也不像小麦的种子,一块地的麦子打下来,随便留下来一部分,来年就可以做种子用。可以说寻觅短篇小说的种子是难而又难,说得夸张一些,跟大海捞针差不多。我早就听到过一种说法,说好的短篇小说是可遇不可求的,这里说的好的短篇小说其实是指的短篇小说的种子,这句话有些宿命的味道,也是讲短篇小说的种子十年不遇,极为难得。这句话只说对了一半,其中含有无可奈何的消极成分,容易使人变得懒惰,变得守株待兔。如果谁要相信不可求，便不去求，恐怕一辈子也遇不到。我们没有别的办法，只有去苦苦地求索，去"众里寻他千百度"。

我们通常所说的深入生活的过程，我理解就是寻觅小说种子的过程。让人苦恼的是，短篇小说的种子像是有意和我们捉迷藏，我们很难捉到它。我在一家报社工作，"深入生活"的机会多一些。有的朋友知道我业余时间喜欢写点小说，就愿意给我讲一些稀奇古怪的事情，意思是给我提供素材，让我写成小说。我到某个矿区待上几天，有的朋友跟我开玩笑，说我回到北京又可以写几篇小说了。我理解朋友的好意，只是笑笑。我心里对这些说法是很抵触的，我想对他们说，不是什么事情都可以写成小说的，写小说要有种子，没有种子，那些奇人奇事连狗屁也不是。但我到底没有说，因为这个事情跟隔行的人说了如同不说。

别说是刚听来的故事，有的故事在我肚子里装了好多年，我隐约觉得里面有小说的因素，似乎可以写成一篇小说，可因为找不到小说的种子，我把故事扒拉好多遍，迟迟不能动笔。好多事情都是这样，它在我们心里存着，让我们难以忘怀，我们觉出它是有价值的，只是一时还弄不明白它的真正价值在哪里，不懂得怎样雕琢才体现出它的特点和光辉。对这样的事情，我们不能轻易放弃它，不定哪一天，里面所包含的种子突然就成熟了，像九月里焦芝麻炸豆儿一样落在我们眼前，这时我们会在心里惊喜异常地大叫一声说，好了，可以动笔了。比如有这么一件事，我老家邻村有一个货郎，家里很穷，时常连买盐的钱都没有，实在没有办法了，他就挑起货郎担偷偷出去卖点货。当时是"文革"后期，不允许个人做生意。于是队长就召开社员大会批斗，还让他去大队参加学习班，扣他的工分。后来货郎忍无可忍，就操起钉耙，一下子扒在队长头上，把队长扒死了。货郎钉耙下得很重，铁钉耙齿子钉进队长的天灵盖里，拔都拔不出来。结果是生产队的社员们群起而攻之，把货郎像撵疯狗一样撵到野地里，乱棍打死了。这件事情让我感到震撼，我早就想把它写成一篇小说。不想写成极"左"路线造成的悲剧，那样社会性政治性都太强了，也显得肤浅，落俗套。我也不想把它写成复仇故事，尽管复仇故事可以把人性方面的东西开掘得深一些。我以前写过几篇复仇的故事了，如《走窑汉》《玉字》等，如果再写成复仇的故事，显得自己很没出息，自尊也不允许那么做。这件事如果找不到新的角度，写不出新的意思，我宁可不写。有一天，我看到一篇介绍美国作家斯坦贝克的文章，说斯坦贝克有一个重要观点，就是关于"群人"的观点，这个观点是他研究海洋生物时得来的。这个观点让我怦然心动，我马上联想到我国也有和"群人"的说法相类似的观点，而许多重大事件是由于"群人"的加入推动起来的。我又想到，也许队长并不愿意过分整治货郎，货郎一开始也没想打死队长，但由于社员们的推动,他们都有些身不由己,一步一步走向毁灭,完成别一种人生悲剧。这种想法激励着我,如同黑暗已久的屋子里突然放进了阳光,一切都变得鲜活和灿烂起来,我因此发现了这件事里所包含的短篇小说的种子,获得了写好这篇小说的动力。经过仔细布局,我终于把事件变成了小说,小说的名字叫《平地风雷》。

写到这里,等于我把到哪里寻找小说的种子的另一层意思也说出来了,即小说的种子是在生活里,更在我们心中。俗话说心里有眼里才有,如果我们心里没有,遍地都是短篇小说的种子我们也会视而不见。所谓身在宝山不识宝,说的也是这个道理。因为生活是感性的东西,小说是理性的东西;生活是客观存在,小说需要主观发现。比如伯乐相马,同样一匹马,为什么伯乐一眼就能看出是一匹千里马,别的人却看不出呢!我想,伯乐肯定对马是有研究的,他心里有一套衡量好马的标准,这个标准就是理性的东西、抽象的东西。我们愁的不是不拥有生活,而是缺乏洞明生活的慧眼。客观世界固然五光十色,丰富多彩,但对一个盲目者来说,还不是两眼一抹黑吗!我曾看到过这样一种说法:因为世界上好多事情看不明白,才有小说。要是能看明白,干脆说出来得了,还写成小说干什么? 这种说法使我顿感轻松无比,原来自己整不明白的事情也可以写成小说,你只要觉得有趣,尽可放手写来,写完了就端给读者。至于里面写了什么意思,读者看出什么意思算什么意思。你不点头,也不摇头,只微笑着,做出一副天机不可道破的高深样子就行了。越到后来,我对这种流传很广的说法越表示怀疑,我渐渐觉得,这是一种偷懒的说法,说得不好听一点,这是一种糊弄人或愚弄人的说法。谁若拿这种说法当真,不花气力对生活素材进行理性分析和概括,只要实事,而不去求是,以其昏昏,使人昭昭,是注定写不出好小说的。也许会瞎猫撞着个死耗子,但撞着的也只能是死耗子。当然了,说这样的话的人也许是随便玩一个幽默,懒惰如我辈的人听了觉得有些对胃口,就当牙慧拾起来了,这怨不得人家的幽默。

我们主张对生活进行深究,看出里面的道理,但写成小说又不仅仅是为了说明道理。王安忆有一篇谈短篇小说的文章,其中有一段话是这么写的:"好短篇看上去似乎有些像寓言,这又是一种误解,寓言的目的性太强,道理说清就完。而短篇小说毕竟是小说,小说是目的性比较模糊的东西,它不是那样直逼目的地,或者说,它的目的地比较广阔。说是彼岸,但那是地平线样的无头无尾的一条,终是茫茫无际的。"王安忆又写道:"小说是理性的果实,短篇也不能偷懒。它一定是人工制作的东西,是主观世界的产物,在它的混沌里还是隐着一条思路,引导向彼岸去。"我非常赞赏"思路"的说法,思是路,是途径,在短篇小说里它起的是"引导"的作用。如同短篇小说的种子,起的是生发的作用。

我们得到了小说的种子,不等于得到了短篇小说,要把种子变成小说,还要进行艰苦、复杂、细致的劳动。比如我们在楼下的空地里种下一粒玉米的种子,土质要松软,肥沃,还要能见到阳光。玉米发芽后,中期管理也要跟上,除草啦,浇水啦,等等。如果发现嫩叶上生了腻虫,还得喷点药。玉米棵上生了多余的杈子,也要及时打掉。要把一颗短篇小说的种子变成一篇小说,也需要阳光、肥料、水分等,不过这些东西不在自然界,而是在我们心中,靠的是我们的想象力。想象力是短篇小说的生产力。小说是以想象力为生。想象力可以为短篇小说的种子在我们的心中的生长提供一切必要的条件,一切植物的种子生长的过程几乎都可以与短篇小说的生长过程形成对应,一些词汇也可用来形容短篇小说的创作劳动。人生来有体力、智力、意志力,还有一种想象力。想象力真是一种神奇的力量,据说世界文明走到今天这一步,都是以想象力为前提的。先有想象,后有创造,物质文明和精神文明才一步一步发展起来。我国的四大古典名著,可以说都是想象的产物、想象的典范,只是想象的基础不同,《红楼梦》是个人经验加想象,《三国演义》是历史资料加想象,《水浒传》是民间传说加想象,《西游记》是科学幻想加想象。反正每一种小说都离不开想象,没有想象就不能称其为小说。我看现在不少小说都是从生活中搬过来的,里面所包含的想象极少,暴露出想象力的匮乏。还有的作家,本来想象力很丰富,也写过一两篇脍炙人口的好小说,我一直对他的小说抱有很大的渴望,盼望能再读到他的好小说,可是我一次又一次失望了,他的小说越来越小、越干巴、越单薄。我想这是为什么呢,后来我明白了,主要是因为他的想象力疲软了,萎缩了,想象的翅膀再也不能进行强有力地煽动。大概每一个作家最后都逃不掉想象力萎缩的命运,这正是作家的悲哀和伤心所在。

别看短篇小说的篇幅不长,体积不大,我却认为它是非常需要想象力的,最是偷不得懒的。因为它从生活中采取的就那么一点点种子,大量的工作是围绕着种子去发展它,完善它,或者说去充实它,提高它。我写过一篇短篇小说《走窑汉》,发在《北京文学》1985年9月的小说专号上,林斤澜老师说这篇小说是我的成名作,一再夸它写得好。虽然到现在我也不敢承认自己有什么名,觉得有名是一件让人害羞的事,但林老对这篇小说的肯定还是让我内心充满喜悦。在此之前,我的小说写得比较实,从这篇开始,我才注意发挥了想象的力量。关于这个故事的原貌我知道得非常简单,无非是一个采煤队的干部诱奸了一位矿工的妻子,那位矿工不干,把那个干部从楼上推下去了。这点事情连写一篇社会新闻都不够,我硬是把它写成了一篇八千多字的小说。我站在矿工的立场,设身处地地为矿工着想,展开了前所未有的大胆想象。我把矿工的复仇方法改成灵魂拷问和精神逼迫,从社会性和人性的结合上设置情节和细节,对每一个细节都进行心灵化处理,步步紧逼,层层递进,终于使那个干部精神崩溃,无地自容。在这个故事里,矿工的妻子是极为重要的角色,矿工在向干部复仇的同时,把妻子也伤害了,妻子也走上了穷途末路。矿工本人呢,复仇之后也显得很泄气。评论界认为,它表现了诸多人的情与性:爱情、名誉、耻辱、无耻、悲痛、恐惧、心绪的郁结、忏悔、绝望、莫名而又无尽的担忧、希望而又失望的折磨,甚至生与死,在这场灵魂的冲突和较量中什么都有了。

　　想象不是一件信马由缰的轻松事儿,而是异常艰苦的脑力劳动。一些无意识状态下的胡思乱想,虽然也算想象,但你抓不住什么,是无方向、得不到成果的想象,跟一片空白差不多。每个人的脑子都是很懒的,你若不逼着它集中脑力进行想象劳动,它巴不得自由自在什么都不想呢!有教导说,写不出的时候不要硬写。我不,写不出的时候我也面对稿纸,强迫自己进行想象。我把这种方法称为逼迫想象法,实践表明,这种方法颇为奏效,"柳暗花明又一村"的惊喜,往往出现在再坚持一下子的努力中。

1997 年 6 月 15 日于北京
原载《北京文学》1997 年第 9 期

短篇小说之美

刘庆邦

我该谈谈短篇小说了。从事文学创作二十余年来,我写短篇小说多一些,加起来有八十多篇吧。这给朋友们造成了一个印象,以为我主要是写短篇小说,还有人说我专攻短篇小说。于是就引来一些朋友愿意拿短篇小说的问题跟我探讨,或曰对话。比如有人问我:你为什么特别喜欢写短篇小说呢?对这个问题我没有仔细想过,回答当然很简单,我说没办法,又说主要是业余二字造成的。我在一家产业报编副刊,还当着一个小头目,每天都要坐班,被拴得很紧,不可能抽出整块儿的时间写长篇大套。我说我也想多写中篇和长篇,可没有时间怎么办呢,只有抓零碎时间写点短篇。每天写一点,一个短篇差不多要拖一个多月才能完成。我说我写得并不多,每年平均下来不过三五篇,积累下来显得多了。我这样回答让问者失望,我担心人家会认为我是搪塞人家。不是的,我说的的确是客观情况。朋友的提问有一个好处,就是能促使我们往深里想一想。类似的问题听得多了,我就试图抛开客观情况,从主观方面找找原因。按通常流行的说法,叫自我总结一下。这篇东西可算是总结的产物。

坚持写短篇小说要有短篇小说精神。这种精神又分为两个方面,一是对纯粹文学的追求精神;二是对文学作品商品化的对抗精神。近年来听到一些重要文学期刊的编者说,现在好的短篇小说很少,有时急着发稿子却选不出来。这说明写短篇小说的人少了,可供挑选的余地小了。据我所知,有的作者一上来就写长篇。别看他们写一篇短文捉襟见肘,连在报纸副刊上发表都很难,长篇却出版了一大摞。人家把这种干法美其名曰"扬长避短"。这种状况是不是从反面说明了一个问题,短篇小说藏不得拙,使不得假。因为它的体积有限,谁要往里面掺杂使假,读者一看就露馅了。眼下的文坛是杂芜了,用来支持文学的情况五花八门,有的靠权力支持,有的靠金钱支持,有的靠明星效应支持,有的靠舆论支持,而真正靠作品本身支持自己所从事的文学创造事业的,相对来说减少了。那些靠文学作品以外的东西支持文学名义的,一般来说都不写短篇小说,他们聪明得很,明白写短篇小说是吃力不讨好的事。这么说来,写短篇小说似乎存在着一条看不见的法则,那就是自然淘汰法,在写短篇小说这条道路上,最后剩下的都是那些笨人,执拗的人,对纯粹文学品格有着不懈追求精神的人。笔者认为,短篇小说是一种比较接近诗性和纯粹文学的文体,值得真正热爱文学的人用毕生精力去求索。汪曾祺写了一辈子短篇小说,他说写短篇小说就是写语言。他的短篇小说每一句话都很讲究,闪射着诗意的光辉。而林斤澜走得更远,他的短篇小说可以说对每一个字都不放过,对每一个字进行深究,实现了真正的推敲。我注意到,我国文坛的那些中坚人物,他们对短篇小说都很钟情,决不放松对短篇小说的创作,时有优秀短篇见诸刊物。有一位著名作家,在写出了大量优秀中篇和长篇小说之后,回过头又写出了一批质量上乘的短篇小说。我理解,她的行动是对投机取巧和电子艺术时代的一种反动,表明了她所坚持的纯粹文学立场。

至于我自己,我写每一篇短篇小说都是一个学习的过程,都是向自己提出一次挑战。我不过写短篇小说多一些,但写得多和少并不能说明任何问题。然而问题来了,有朋友问我是不是不缺钱花,不然的话,为什么抱着短篇小说不放呢?写短篇小说是最不挣钱的。不错,我有一份工作,挣着一份工资,是不怎么缺钱花,暂时不存在生存危机问题。这就是业余写作的好处。业余写作还有一个好处,没人给你定任务,没人考核你,想写就写,想写多少写多少。一个短篇,一个月写完可以,两个月写完也可以,完全是一种自由状态,写作上没什么压力。谁都知道,我国目前实行的是字数稿酬制,短篇写得慢,字数少,当然不赚钱。写一个短篇累得吭吭哧哧,能得几百块钱就不错了。现在短篇小说出集子也难,指望出集子挣二次性稿费希望不大。想以写作谋生的人大都看透了这一点,他们从市场需要出发,写适销对路的产品,写能挣钱的东西,他们才不愿意在短篇小说上下苦力呢。当然,我能够理解他们的苦衷。就我自己而言,我从不敢奢望自己的小说大众化和商品化,流行和挣稿费从来没有成为我写小说的主要动力。相反,寂寞和挣钱少成了我写短篇小说的反动力。它激发了我的犟劲儿,提高了我写短篇小说的自觉性。我要像保持某种操守一样,坚决不媚俗,坚决不向"地摊文学"屈服。我这么说,并不是不写中篇和长篇了,就是写中篇和长篇,我也要坚持和发扬短篇小说的精神。

我和短篇小说是双向选择,先是我选择了短篇小说,后是短篇小说选择了我。我们经过长时间的交流、磨合,逐渐加深了认识、理解和友谊,达成了默契。首先,我必须选择它,它才有可能选择我。它清高得很,或者说它高贵得很,我要是不选择它,它才不会主动选择我呢。其次,我一开始选择它,就没改变过主意,没有犹豫过,更没有三心二意过,我对它的爱称得上始终不渝。可以说短篇小说是真诚的,是讲情义的,但感情也是很脆弱的,你若对它朝三暮四,它就会对你感到心寒,拒绝你对它的选择和追求。第三点最重要,我是真心喜欢它,贴心贴肺地爱它,爱得十分深刻。可以说我对短篇小说从里到外都爱,每一篇短篇小说都是我用心写的,都是从我心里出来的,都包含着我的一颗心。由于我对短篇小说这样痴情，对它照料得很细心，侍候得很舒服，我差不多赢得了短篇小说的心，它悄悄对我说，你写我吧，一辈子都写我吧，我不会辜负你的。我曾经提出过一个观点，衡量一篇小说的价值，要看它有多大的含心量。我认为，好的短篇小说要像纯金一样，有百分之九十九以上的含心量。我所说的含心量是相对"电脑化写作"而言。而含心量起码有这么几层意思，也是对自己写小说的要求。一是所写的东西不是客观社会现象，而是主观感受，是经过心灵化处理的。二是用心灵写作，用整个生命写作。三是所创造的必须是心灵世界，是打上自己的心灵烙印的独特的心灵世界，并通过这个世界建立和现实世界的联系，抓住整个世界。话说回来，我们选择了短篇小说，有时短篇小说并不一定选择我们，你和短篇小说不投缘，怎么费心追求也没用。不论写短篇，还是写中篇、长篇，都是作者把握世界的一种方式，如同有人适合写短篇而不适合写长篇一样，也有人只适合写洋洋洒洒的长篇，而不适合写小体积的短篇。这种情况跟灵感和锻炼有关系，跟天性也有关系，改变起来不那么容易。

短篇小说之所以美，是因为它代表着人类对美的向往和理想，是一种精神重构。它与现实世界并不对应，在现实世界中很难找到它的完整存在。我曾经写过一篇关于短篇小说种子的文章，意思是说，我们的短篇小说创作灵感虽来源于生活，但只从生活中取那么一点点，小得跟种子一样，重要得也跟种子一样，它是美的内核，是有可能生长成一篇短篇小说的根本性因素。我们得到了短篇小说的种子，并不等于已经获得了短篇小说，要收获一篇短篇小说，还有许多工作要做。比如我们种下一粒树种，它需要土壤、水分、肥料、阳光等条件，后期还需要锄草、剪枝、灭虫等工作，一种条件不具备，或者一样工作做不好，这棵树就不一定能成材。培育短篇小说有着同样的道理，它需要更认真，更细心，更一丝不苟。不同的是，我们创造短篇小说没有任何外力可以借用，我们只能使用自己的想象力。想象力是小说创作的全部生产力。我们充分调动起自己的想象力，给短篇小说的种子以滋养，使它一点点生根、发芽、开花、结果。等一篇小说成熟后，我们看着它像看着我们的孩子一样，心里是多么欣喜啊！

比起短篇小说的操作过程，有意识地培养和提高自己的审美趣味是最重要的，它对把短篇小说写得完美、高雅、精粹，有着决定性的作用。如果说把人的审美趣味按级别划分的话，有高级审美趣味，有中级审美趣味，也有低级审美趣味。有什么样的审美趣味，就只能写出哪一级审美趣味的作品。一个人所写的作品不可能超越他的审美趣味。是不是可以这样说，有些作者的审美趣味是不高的，不然的话，地摊儿上不会充斥着那么多乱七八糟的作品。同样，有些读者的审美趣味也不高，要是广大读者的审美趣味提高了，那些迎合低级趣味的读物市场就小了。提高自己的审美趣味，能够终生受益。因为一个人的审美趣味提高了，就不会再降下来。我们的创作能力或许有一天会降下来，但审美趣味只要达到了较高的层面，就会保持它的一贯性。高级审美趣味者对低级趣味的东西有着抵抗力和免疫力。那么我们怎样提高自己的审美趣味呢？一条简便易行的办法，就是找来经过历史考验的、公认的、具有高级美学价值的著作来读，一点一点地来提高自己的审美趣味，逐步向高级审美趣味靠近和看齐。比如李白、白居易、李清照、曹雪芹、鲁迅、沈从文等，他们的审美趣味无疑都是极高的，我们不妨反复读他们的作品，读得多了，我们的阅读口味不知不觉就会提高。这里面也有一个天生与某种高级审美趣味投合不投合的问题，据说冰心就不喜欢《红楼梦》。这不要紧，你不喜欢这种高级趣味，喜欢另一种高级趣味也行，你喜欢谁就多读谁，这样也不影响审美趣味的提高。我不主张硬着头皮读某个作家的作品。读作品是一个审美过程，如果你觉得读某个作家的作品不是享受，而是受罪，那何苦呢！

　　我认为短篇小说的最高境界不是抓人，而是放人。所谓抓人就是吸引人。小说要做到抓人并不难，设下一个悬念，铺排几个情节，气氛搞得紧张一些，动作性强一些，就把读者抓住了。本人就写过一些把人性推向极端的、严峻的甚至是酷烈的小说，把亲爱的读者"抓"得够呛，我深感抱歉。我更喜欢一些放人的小说。所谓放人就是让人走神儿。我的阅读经历中有时遇到过这样的情况，读着读着，不觉间产生了联想，眼睛虽然还看着书，心思却跑远了，想起自己的经历，想起往人往事，或想到一些模糊不清茫茫无际的情景，不知身在何处，心里涌出一种超脱般的快感。这样的阅读际遇不是很多，我在读《草原》、《边城》、《社戏》等小说时，曾有过神思远游的感觉。这种感觉就是走神儿。能让人走神儿的作品是最好的作品。当然了，让人走神儿的小说也抓人，它是温柔地抓，不是粗暴地抓。它抓人是为了放人。这样的作品是一个诱发物，你一读就诱发了你的联想。这样的作品是一个载体，你一读，它就托起你的心，使你的心向不知名的地方飞升。这样的作品有一个最大的特点，就是它得天地之灵气，吸日月之精华，受雨雪之润泽，与大自然是相通的。试想一下，在自然之界，我们什么时候走过神儿呢？当躺在打麦场里仰望星空的时候，当看着河水向远方流走的时候，当耳听细雨落在树叶上沙沙作响的时候，当大雪纷纷扬扬普天而降的时候，我们就往往神思缈远，到了一种物我两忘的境界，与大自然融为一体。这么说来，好小说虽生长于心，却不失自然之禀性，山是自然的山，水是自然的水，人是自然的人，情是自然的情，一切都平平常常，一切都是恰到好处，都是那么和谐熨帖。让人走神儿的小说是难得的，它仿佛是天赐之物，又仿佛是神来之物。一辈子若能写出几篇让人走神儿的小说,就不算枉活一生。让我们去追寻它吧!

原载《理论与创作》1999 年第 5 期

生长的短篇小说

刘庆邦

我曾给《北京文学》写过一篇文章,谈的是关于"短篇小说的种子",今天我想说说短篇小说的生长。种子是为生长作准备的,这是很自然的事。种子如果不能生长,就没有出头之日,就不会有前途。

可以说我们每个人身上都怀有短篇小说的种子。因条件不同,可能有的人种子多一些,有的人种子少一些。对于不写小说的人来说,种子对他们是没有意义的,任它自生自灭就是了,这没有什么值得惋惜的。而对于热爱小说创作的作者而言,每一颗短篇小说的种子都来之不易,都值得珍惜。在全国各地的文学刊物上,我们时常会看到一篇两篇不错的短篇小说,它们枝肥叶壮,花朵开得硕大鲜艳,闪耀着动人的光彩,让人喜爱。不必讳言,我们也看到一些短篇小说是瘦弱的,不完整的。它们的枝叶稀稀拉拉,干干巴巴,一点都不蓬勃。它们也长出了花苞,看似要开花。然而可惜得很,它们的花苞还没打开就蔫巴了。平常我们评价一篇短篇小说,说它挖掘得还不太充分,写得还不到位,或者说还不够完美,其实就等于说它生长发育得不好,没有生长成熟就夭折了,把种子也浪费了。

在自然界,种子的生长遵循的是自然法则。我们把短篇小说与种子及生长作类比,所取的不过也是一条师法自然之道。我们听到的关于短篇小说的做法已经不少了,比如较多的一种说法认为写短篇小说是用减法写成的。显然,这种说法是从短篇小说需要精练这一特点出发的,是针对用加法写短篇小说的做法提出来的。有的短篇小说使用材料的确过多,是靠材料叠加和充塞起来的。作者把短篇小说当成一只口袋,生怕口袋装不满,逮住什么都想往里装。他们装进一个又一个情节,塞进一个又一个人物,口袋续得鼓鼓囊囊,满倒是满了,结果里边一点空间也没有,一点空气都不透,口袋也被累坏了、填死了。更有甚者,材料多得把口袋都撑破了,稀里哗啦散了一地,想收拾一下都无从下手。这时候减法就提出来了,剪裁也好,忍痛割爱也好,意思是让作者把材料扒一扒,挑一挑,减掉一些,只挑尚好的、会闪光的、最能说明问题的材料来使用。问题是这样做并不能从根本上解决问题,他虽然减掉了一些材料,剩下的材料还是叠加的、堆砌的。你让他再往下减,他就有些为难,因为减得太多了,一篇短篇小说的架子就撑不起来,体积就不够了。所以我不赞成用所谓减法来写短篇小说,减法的说法是机械的、生硬的、武断的,起码是不确切的。我认为短篇小说是发展的,生长的。如果硬要把它说成做法,我觉得生长法比较合适些。它从生活中记忆中只取一点点种子,然后全力加以培养,使之生长壮大起来。或者说它一开始只是一个细胞,在生长过程中,细胞不断裂变,不断增多,不断组合,最后就生长成了新的生命。打个比方,一篇完美的短篇小说就像一枝花,它的每片花瓣,每片叶子,甚至连丝丝花蕊,都是有机组成部分,都是不可减的,减去哪一点都会使花伤筋动骨,对花造成损害。试想,一朵花是六瓣,你硬给它减去一瓣,它马上就缺了一块,就不再完美。

我还听到一种说法,说写短篇小说靠的是平衡和控制的功夫,使用的是控制法。这种说法,从某一方面看,也许有一定的道理。但从整体来看,我亦不敢苟同。我写每一篇短篇小说时,从不敢想到控制。相反,每篇小说一开始,我总是担心它发展不动,生长不开,最终不能构成一篇像样的短篇小说。写下小说开头的第一句话,我要求自己放松,尽情地去干,往大有发展的方向努力。写作过程中,我觉得某个部分内容应当更充实些,味道应当更足些,分量应当更重些,而我一时却不知道写什么,路好像走到了尽头一样。在这种情况下,我咬牙坚持着,调动全部身心的所有精力,使劲向前开拓。我甚至采取一种最笨的办法,要求自己在某个部分必须写够多少字、多少页,写不够决不罢休。您别说,这种办法还真管用,我坚持着坚持着,前面突然豁然开朗,展现出一片新的天地,让人欣喜过望。我写作的愉悦感往往就是在这个时候产生的。过后翻看小说,一些精彩的段落往往也是在这个时候出现。想想看,在写一篇短篇小说时,我们若老是想着控制控制,手脚一定放不开,写出的小说也会很局促,很拘谨。相比之下,我倒觉得写长篇小说和中篇小说时需要适当控制,如果失控,有可能会写疯,会收不住。这是因为,短篇小说的取材、结构与中、长篇小说有着根本的不同,短篇小说是一种独特的文体。仅仅泛泛地说短篇小说文体独特,很难让人信服。与中、长篇小说比较起来,也许说服力稍强一些。中、长篇小说篇幅那么长,我们把它取下一块,变成短篇小说行不行呢?绝对不行!不管再好的中、长篇小说,取其一块也变不成短篇小说,好像虎皮贴不到羊身上一样。同样,任何一粒短篇小说的种子也生长不出中、长篇小说,这是它的潜质决定的。请允许我还是拿一株花与短篇小说作比(一花一世界嘛),它到了一定季节,长到一定的高度,自然就开花了。一篇短篇小说只开一茬子花,你想让它再长,再开花,那是不可能的。

我认定短篇小说是用生长法写成的,那么,它是从哪里生长起来的呢?它不是在山坡上,不是在田地里,而是在我们心里。一粒短篇小说的种子埋在我们心里,我们用心血滋养它,有的甚至要滋养若干年,它才会一点点长大。这样长大的短篇小说才跟我们贴心贴肺,才能打上我们心灵的胎记,并真正属于我们自己。我写短篇小说是多一些,大约有一百多篇吧。有朋友就问我,你怎么有那么多短篇小说可写呢?我反应慢,一时不知如何回答,就说短篇小说是小东西,可能显得多一些。过后我想了想,之所以写短篇小说多一些,是我对这种文体比较偏爱,对它一是上心,二是入心。先说上心。平时我们会产生一些错觉,认为自己在这个世界上很重要,这也离不开自己,那也离不开自己。其实不是的。真正需要和离不开自己的,是自己的小说。小说在那里存在着,等待我们去写。我们不写,它就不会出世。我们上心干好一件事情,写好我们的小说就行了。再说入心。我们看到的现实世界是很丰富,很花哨,却往往觉得没什么可写的。它跟我们的生活有些联系,与情感、心灵却是隔膜的。我们的小说还要持续不断地写下去,那么我们怎么办?我们只有回到回忆中,只有进入我们的内心,像捕捉萤火一样捕捉心灵的闪光和心灵的景观。我个人的体会,只要入心,我们就左右逢源,就有写不尽的东西。心多大啊!多幽深啊!我手上写着一篇小说,正在心灵世界里神游,突然就发现了另一处景观。我赶紧把这个"景观"在笔记本上记下两句,下一篇小说就有了,就可以生发了。有时我按捺不住冲动,也会近距离地写一下眼下发生的故事。这时我会很警惕,尽量防止新闻性、事件性和单纯社会性地把故事搬进我的小说。我要把故事拿过来在我心里焐一焐,焐得发热,发酵,化开,化成心灵化、艺术化的东西,再写成小说。

我说短篇小说生长于心,其实是全部身心都参与创作。除了脑子要思索,要想象,听觉、视觉、味觉、嗅觉、触觉、知觉等,都要参与进来。这里既包括智力、想象力和意志力,甚至包括体力。许多事实一再表明,人的身体一衰老,其他能力就会减退和萎缩,短篇小说在心里就发展不动了,就生长不开了。如果努着力硬要它生长,长出来的果实也不会很饱满。我们都知道,汪曾祺先生的短篇小说如《受戒》、《大淖纪事》等,写得相当精彩。随着年事变高,力气不支,他后来的一些短篇小说就大不如前。这不用我们说,据说他的家人就对他后来的小说很不满,说一点灵气也没有,不让他拿出去发表,甚至开玩笑地说他"汪郎才尽"。这话汪先生很不爱听,也很不服气,他说,他就是要那样写,他故意写成那样。汪先生不服老的劲头让人感佩,可每个人都有写不动的那一天,谁不服老也不行。这个例子不仅说明短篇小说的确是生长的,还说明它的生长是有条件的。这好比女人都有一个生育期,正当生育期,她会生出白胖的孩子。过了生育期,她就不会怀孕,不会生孩子了。也好比果树都有一个挂果期,在最佳挂果期,它硕果累累,压弯枝头。一过了挂果期,它结果子就很难,即使结果子也结得很少。所以在我们还具有短篇小说生长能力的时候,应当抓紧时间,尽可能多生产一些,免得日后因心有余力不足而懊悔。

短篇小说的生长粗枝大叶不行，一定要细致。细到连花托上的绒毛都清晰可见，细到每句话、每个字、每个标点都不放过，都要精心推敲。我说细致，不说细腻，想到的也是推敲的原则。既要细，还要细得有致，而不能细到琐碎，不能细到让人腻味的地步。如果连细致这个词也不用，我觉得使用微妙更好一些。真的，我认为短篇小说关注的表现的就是一些微妙的东西，是细微的，又是美妙的。一连串美妙的东西串起来，最后就成了大妙，成了妙不可言。在日常生活中，这些东西人们一般注意不到，或者偶尔注意到了，也无意进行深究。而短篇小说像是给人们提供了另外一双眼睛，让人们一下子看到了平常看不到的新世界。这双眼睛跟显微镜有那么一点像，但绝非显微镜可比。显微镜再放大，它放大的只能是物质对象，而这双眼睛让人看到的是精神世界。另外这里顺便提一句，综合形象的运用对短篇小说的生长也很重要。综合形象是短篇小说中的主要形象的背景，是对主要形象的铺垫或烘托。有人把它称作闲笔，我愿意把它称为综合形象。沈从文先生对综合形象运用得十分娴熟，他的每一篇小说里几乎都有综合形象的出现。综合形象在短篇小说里绝非可有可无，如果运用得当，就可以增加短篇小说的立体感、纵深感和厚重感。关于综合形象问题，完全可以写成另外一篇文章，等我想好了再说吧。

原载《北京文学》2001年第7期

说多了不好

刘庆邦

别看小说带一个说字,却是写的,不是说的,说多了不好。现在多种形式、各个层次的媒体那么多,有千家万家,人家让你说吧说吧,你不说有点少,一开口便是多,得到的只能是不安和失落。

特别是短篇小说,似乎更说不得。比如一首诗,怎么说呢？你想了想,觉得离开诗不大好说,一说就白气,不如直接把诗背一遍好一些。真的,一篇好的短篇小说就如同一首诗,离开短篇小说本身,再说一句就是多余。再比如一挂瀑布,我们只有身临其境,才能看到水流跌落时造成的断面,欣赏到飞珠溅玉、彩虹横跨等壮美景观,听到天地间压倒一切的轰鸣之声,感受到瀑布的爆发力和静止般的垂落速度,呼吸到水雾的清凉气息,还追寻到瀑布的结尾处留下的虽清澈却不见底的深潭,那些深潭通常被叫做黑龙潭或白龙潭。离开藏于山中的瀑布时,我们总是三步一回头,要把瀑布再看一眼,再看一眼。因为我们知道,天下的水是很多的,瀑布却是很少的,一旦离开了瀑布,我们就找不到那种感觉了。当然,我们可以闭目回忆。但人们的记忆是有限的,能说出的记忆更是少得可怜。我愿意拿短篇小说与瀑布相比照,除了觉得短篇小说的开头、中段和结尾与瀑布有许多对应之处,还因为觉得好的短篇小说是自然的造化,是神来之笔,不可多得。它的美像瀑布一样,只可体会,不可言传。

最不可言传的是短篇小说的味道,每一篇优秀的短篇小说都有其味道,有的是水味、草味、雨味、月光味,有的是土味、铁味、血味、石头味,但又不完全是。有前辈作家把优秀短篇小说的味道说成是人生味,应该说有一定的概括性。细想这种概括也不能尽意。人世间有多种味道,我们的鼻子可以闻到香臭,我们的味觉可以尝出苦辣酸甜咸,可这些味道都是物质性的,而小说的味道是精神性的,在判定小说的味道时,那些物质性的标准几乎一点都用不上。可是,好的小说的味道的确存在着,我们明明感到一篇小说的美好味道萦绕于心,却说不清道不明它的味道究竟是什么,我想,好的短篇小说大概好就好在这里,难写也正是难在这里。

对于优秀的短篇小说作家来说,他的每一篇短篇小说都有两种味道。合在一起,又有一种总的味道。那种味道独特、深长、持久、芳馥,如永远开不败的花朵散发出的幽香。鲁迅和沈从文就是这样的作家,他们的小说各有各的味道。

我们读他们的小说，不必看他们的署名，一接触到他们的语言文字，我们马上就觉察出来了。这是鲁味，或者说是绍兴味。那是沈味，或者说是湘西味。我们吟咏再三，品味再三，想找出他们的小说味道究竟在哪里，找来找去，原来味道就在字里行间。打个比方，如果一篇小说是一块十月的稻田，那么每一个字就是一棵成熟的稻谷。一棵稻谷香一点，众多的稻谷集合起来就香成了一片。

问题是，我们对汉字也不陌生，也时常把那些有限的文字用来用去，我们写出的小说怎么就不够有味道呢？这是因为我们用心还不够。这个心包括慧心和匠心。慧心是指一个作者的灵气、悟性和真诚之气，匠心大约是指作者与人不同的独特追求，以及创作技巧与恒久的耐心。慧心与匠心相辅相成，两相结合得好，才有可能成就一件有味道的作品。因作者以不同的心性和气质赋予语言文字，所产生的作品味道就不一样了。我在台北故宫博物院看到过一件我国的传世珍宝——玉白菜。那棵玉白菜是用一整块上乘的翡翠雕成的，白菜碧帮绿叶，已够水灵。更让人惊喜的是，翻卷的白菜叶上还爬着一只蝈蝈。那只蝈蝈全须全尾，连小腿上的毛刺都看得见。蝈蝈欲跳欲舞，欲歌欲唱，生动极了。过去我们老是说雕虫小技，看了玉白菜上的玉蝈蝈，我一下子改变了看法，觉得雕虫不易。作为一件赏心悦目具有永久艺术魅力的工艺品，它称得上是慧心和匠心相结合的典范之作，值得我们写小说的好好学习琢磨。

2004 年 6 月 29 日于北京
原载《当代作家评论》2005 年第 1 期

小说创作的实与虚

刘庆邦

创作中的虚实问题

我为什么选择讲这个题目呢？我觉得这是我们中国作家目前所面临的一个共同的、带有根本性的、亟待解决的问题。或者说，你只要有志于小说创作，只要跨进小说创作的门槛，很可能一辈子都会为这个问题所困扰，一辈子都像解谜一样在解决这个问题。常听一些文学刊物的主编说起，他们不缺稿子，只是缺好稿子，往往为挑不出可以打头的稿子犯愁。挑不出好稿子的一个主要原因，是小说普遍写得太实了，想象能力不强，抽象能力缺乏，没有实现从实到虚的转化和升华。他们举例说，昨天有人在酒桌上讲了一个段子，今天就有人把段子写到小说里去了。报纸上刚报道了一些新奇的事，这些事像长了兔子腿，很快就跑到小说里去了。更有甚者，某地发生了一桩案子，不少作者竟一哄而上，都以这桩案子为素材，改头换面，把案子写进了小说。这些现发现卖的同质化的小说，没有和现实拉开距离，甚至没有和新闻拉开距离，只不过是现实生活的翻版或照相，已失去了小说应有的意义和存在的价值。

不想承认也不行，在初开始写小说时，我的小说写得也很实。在出第一本中短篇小说集时，没有请人为集子作序，是我自己为小说集《走窑汉》写了一个序，序言的题目就叫《老老实实地写》。我那时有些犯拧，也是自己跟自己较劲：你们不是说我写得太实吗，我就是要往实里写，就是要一条道走到黑。随着写作的年头不断增长，随着对写作的学习不断深入，加上对自己的写作不断提出质疑，我越来越认识到，写小说的确存在着一个如何处理实与虚的关系问题，写小说的过程，就是处理实与虚关系的过程。只有认识到虚写的重要，并牢固树立自觉的虚写意识，自己的创作才可能有所突破，并登上新的台阶。

从我国的哲学传统来看，应该说老庄的哲学还比较崇尚务虚，有着一定务虚的性质。老子讲究无为，讲究道法自然，信言不美；庄子主张人生是一场逍遥游，他和惠子关于"子非鱼"和"子非我"的一系列争论，都很有意思，表现出对务虚的乐趣。到了孔孟的哲学，其主要内容围绕"修身、齐家、治国、平天下"展开，就成了实用主义或功利主义哲学。这种哲学被推到"独尊"的位置，久而久之，必然影响到我们的创作。第二个原因是，自五四新文化运动以来，我们所沿袭的主要是现实主义的创作路子,现实主义写作一直是文学创作的主流。其间虽然有一些类似现代、荒诞、魔幻、意识流的作品穿插进来,但总是没有形成气候。现实主义和浪漫主义相结合的创作手法,也被大张旗鼓地提倡了一阵子。我理解,这种结合就是"实与虚"的结合之一种,如果结合得好,有望生长出不错的作品。然而一旦进入创作实践,强大的"现实"老是压弱小的"浪漫"一头,"浪漫"怎么也"浪漫"不起来。第三个原因,是我们不尚争论。从某种意义上说,争论就是一种务虚的方式。有些事情通过争论,才能产生思想的碰撞,并激起思想的火花。魏晋时期的竹林七贤,比较热衷的一件事情就是争论。他们把争论叫做清谈。后来把清谈上升到清谈误国的高度,就不许再争论了。原因之四,是我们的文字不同于西方的文字。我们的文字是形象化的,是具象的,可以说每一个汉字都是一个结结实实的实体。我们的文字当然是优秀的文字,它是我们中华民族的文化基因,是中华文明的伟大载体。许多辉煌的典籍都是由汉字著成的。可是,我们的汉字在某种程度上也局限了我们的思维,使我们长于形象思维,而抽象思维的能力相对就弱一些。而西方的拼音字母是简单的,字母本身似乎就是一种抽象的东西。他们借助那些抽象的符号进行思维,时间长了,在不知不觉间就养成了抽象思维的习惯和能力。而抽象思维,体现的正是务虚的思维。

认识到了我们务虚的弱势和局限,并不是说算了,我们放弃务虚吧,恰恰相反,这更能激发起我们务虚的热情,促使我们从务虚方面更加不懈努力。因为对小说创作而言,小说的本质就是虚构,就是务虚。或者说,写小说就是真真假假,虚虚实实;以实写虚,以虚写实;实中有虚,虚中有实;在实的基础上写虚,在虚的框架内写实。汪曾祺在评价林斤澜的小说时,说林斤澜的小说"实则虚之,虚则实之;有话则短,无话则长",正是对小说创作之道的高度概括。前面提到,老子说过信言不美。按一般理解,是说花言巧语不可信,不好听的话才可信。若从文学创作的角度来理解,我觉得老子这句话大有深意,他的意思是说,凡是真实的东西都不美,只有虚的、不真实的东西才是美的。英国的唯美主义作家王尔德的说法,印证了我对老子这句话的理解。王尔德说:"叙述美而不真之事物,乃艺术之正务。"我国的京剧大师梅兰芳有一句名言,叫"不像不是戏,太像不是艺"。大师一语所道破的,正是所有艺术创作实与虚的辩证关系。举例来说,一个演员在台上演悲戏,该悲不悲,该戚不戚,就入不了戏。如果在台上哭得泪流满面,一塌糊涂,那就大煞风景,不是艺术了。我们都知道,我们所推崇的一些事物,都是想象和虚构出来的,在现实社会中是不存在的。比如龙,我们见过蛇,见过其他身披鳞片的动物,可谁见过龙呢!龙却是我们中华民族的象征,我们都被说成是龙的传人。比如凤凰,我们见过喜鹊,见过孔雀,可谁见过凤凰长什么样儿呢？正是谁都没见过，人们才可以尽自己的想象，把它往美里塑造。

进入小说的操作阶段，在实与虚的步骤上，写作过程分为三个层面：第一个层面是从实到虚；第二个层面是从虚到实；第三个层面是从实又到虚。我这么说可能有点儿绕口，但这的确是我从几十年的创作实践中总结出来的，它逐步升级，一层比一层高，一层比一层难。从实到虚，是看山不是山，看水不是水。第二个层面，看山还是山，看水还是水。到了第三个层面呢，山隔一层雾，水罩一片云。从实到虚，是从入世到出世；从虚到实，是从出世再入世；从实再到虚呢，就是超世了。

说到这里，我必须赶紧强调一下，或者说必须给虚下一个定义。我所说的虚，不是虚无，不是虚假，不是虚幻，虚是空灵、飘逸、诗意，是笼罩在小说世界里的精神性、灵魂性和神性。

实虚之间的创作

我先讲第一个层面，从实到虚。实是什么？实是现实，是存在，是生活，也是一个人的阅历、经历和人生经验的积累。实对创作来说，是源，是本，一切文学创作都是从实出发，都是从实得来的。如果离开了实，创作就成了无源之水、无本之木，就无从谈起。换句话说，一切虚构都是从实处得来，没有实便没有虚。我打个比方，飞机起飞，先要在跑道上跑一段，并逐渐加速，才能起飞。这个跑道就是实的东西。鹰的翱翔也是同样的道理，它不会凭空起飞，起飞前需要有一个依托，双脚在山崖上或枯树上一蹬，翅膀才能展开。树和山崖就是起飞的基础。人的生命和做梦的关系，也是一组实与虚的关系。每个人做梦，都是对生命个体的一种虚构。梦的边界是无限的，可以做得千奇百怪、匪夷所思。但梦有一个前提，梦者必须有生命的存在，如果没生命了，就再也不会做梦了。树和树的影子，必须是先有树，再有树的影子。在不同时段，树的影子有时长，有时短；有时粗，有时细，变化很多。但它万变不离其树，树的存在才是树影赖以变化的根本。我这里反反复复说明实的重要，是想提醒从事写作的朋友们，还是要劳其筋骨，饿其体肤，在生活积累上下够功夫。老子说过，实为所利，虚为所用。我们利用砖瓦、水泥、钢筋等建筑材料，建设了一座房子，房子里面的空间，是为我们所用的。而我们要想得到空间，得到虚的东西，建筑材料作为实的东西，还是第一性的。

有了虚拟的线索，或虚构的框架，不等于我们已经拥有了小说。要把小说落实，创作就进入了第二个层面，从虚到实。如果说第一个层面是想象、构思和规划，第二个层面就是实战、实证和具体操作。与任何建设项目一样，我们有了蓝图还不够，还要把它变成写在大地上的宏图。往小了说，我们仅仅做成了一副鞋底的样子还不够，这个鞋底还是虚泡的，还是样子货，我们必须拿起针线，通过一针一线、千针万线，把鞋底纳得结结实实，鞋底上才能上鞋帮子。

不是每个人都具备写实能力。有的人口才很好，能把故事讲得云里雾里、天花乱坠。你建议他把故事写下来，可一写就不行，不像那么回事。还有一些眼高手低的人，他看别人的小说，好像都不太看得上眼。那么有人就说，你来写一篇试试。他一写，十有八九抓瞎。这些道理都说明，写实是一件扎扎实实的事，来不得半点偷懒儿、虚假和耍花活儿。你尽可以想象，尽可以虚构，但是紧接着，你必须使用写实的逻辑，来证明你的虚构是合情合理的，是真实的，是能够自圆其说的。哪怕你虚构了一匹马的脖子上长了一个人头，这没关系，下一步你得用细节证明这匹人头马确实存在才行。否则，读者不认为你是荒诞，而是荒谬，是瞎编。

那么，我们怎样才能够把虚构的东西坐实呢？很简单，就是写我们所熟悉的生活。这话听起来有些老生常谈，但常谈不衰的话很可能含有真理的性质。有记者问我：你为什么老是写农村和煤矿的生活呢？我说：因为我对这两个领域的生活比较熟悉呀！我在农村长到19岁，锄地耙地，挑水拾粪，割麦插秧，放磙扬场，啥样的农活儿我基本上都干过，写起来不会掉底子。我在煤矿干了9年，掘进工、采煤工、运输工，主要工种也都干过，说起煤矿上的事，谁想蒙我不太容易。熟悉什么，只能写什么。你让我写航天，写航海，打死我，我也写不来。

我一再说过，写作是一种回忆状态，能够激活和调动我们的记忆。人有三种基本能力，体力、智力、意志力。智力当中又分为三种基本能力，记忆力、理解力、想象力。作为一个写作者，记忆力是第一位的。从某种意义上说，我们的写作就是为个人保存记忆，也是为我们的民族保存记忆。一个人如果失去记忆，这个人无疑就是一个傻子。一个民族失去记忆更可怕，有可能重蹈灾难的覆辙。关键是，我们记忆的仓库里要有东西，要有取之不尽的东西，写作时才能手到擒来。一个人如果没什么经历和阅历，记忆的仓库里空空如也，你能指望他写出什么像样的东西呢！

我们所调动的记忆，不一定都是什么大事件、大场面、大动作，更多的是一些日常生活的常识。曹雪芹在《红楼梦》一开始写到一副对联，上联是：世事洞明皆学问，下联是：人情练达即文章。这副对联看似简单，实则大有深意，耐人咀嚼。什么是文章呢，人情练达即是文章。我理解，所谓人情练达，就是你必须懂得人生世故，熟知日常生活中的常识。说白了，你如果没下厨做过饭，就很难写出油盐酱醋的味道。你如果没谈过恋爱,就很难写出恋爱的真正滋味。你如果没结过婚呢,写婚姻生活也会捉襟见肘。当然了,一个人的生命有限,经历有限,我们不可能把人世间的生活都经历一番。但在这里我还是想忠告朋友们一句,知之为知之,不知为不知,还是要抱着学习的态度对待写作。比如我曾写过一篇涉及养蚕的小说。我小时候看见过母亲和姐姐养蚕,但自己没养过,对养蚕的整个过程不是很熟悉,就向母亲请教,让老人家详细讲解养蚕的过程和细节。有母亲给我当老师,我写起养蚕心里就踏实多了。再比如曾写过一篇关于童养媳的小说。听说有一个当婆婆的对童养媳很苛刻,要求一个才八九岁的童养媳每天必须纺一个线穗子,纺不成就不许睡觉。白天,小女孩光着膀子在树下纺线。夜晚,小女孩在月亮地里纺线。我吃不准,一个小女孩一天能不能纺一个线穗子。我大姐虽说没当过童养媳,但她也是刚会摇纺车就开始纺线。我给大姐打电话,问一个人一天能不能纺一个线穗子。大姐说可以,在起早贪黑的情况下可以纺一个线穗子。噢,这样心里就有数了,就敢写了。

要把虚构的东西写实,写得比真实的生活还要真,比真实的生活还要有感染力,这不仅要求我们写得细节真实,情感真实,符合常识,更重要的是,还要做到心灵真实。写每篇小说,我们都要找到自己,找到自己真实的内心,并通过抓住自己的心,建立和这个世界的联系,继而抓住整个世界。这一点,曹雪芹在《红楼梦》的"好了歌"里早就说得很明白。"好了歌"里涉及金钱、权力、妻子、儿女等,也都是物质性的东西。好就是了,什么都没有,白茫茫一片大地真干净。那么,人到世上走一遭,真的什么都抓不到吗,一点儿东西都不能留下吗?我的看法,还是可以抓住一些东西的,这就是抓住自己的内心,再造一个心灵世界。我们之所以热爱写作,不放弃写作,其主要的动力就源于此。曹雪芹通过写《红楼梦》,抓住了自己的内心,也抓住了全世界所有人的心,遂使《红楼梦》成为不朽的世界名著。老子说过,死而不亡者寿。曹雪芹虽然死了,但他所创作的作品将永葆艺术青春,永远不会消亡。

从实再回到虚的创作

我所说的小说创作的三个层面,是步步登高的三个层面。但三个层面并不是孤立的,截然分开的,而是你中有我,我中有你,互相紧密联系在一起,最后通过完成的小说,浑然形成一个完美的整体。

从实再到虚,是一个比较高的层面,要达到这个层面是有一定难度的。有的作家点灯熬油,苦苦追求,都很难说达到了这个层面。在我的有限的阅读经历中,能让我记起的达到"太虚"境界的小说不是很多。如果推荐的话,外国作家的小说,我愿意推荐海明威的《老人与海》和契诃夫的《草原》。中国现代作家的小说,我愿意推荐鲁迅的《阿Q正传》和沈从文的《边城》。而我国当代作家的小说呢,史铁生的《务虚笔记》、刘恒的《虚证》、阎连科的《年月日》等,在虚写方面做得比较成功。特别是沈从文的《边城》,看了不知多少遍。每看一遍,都能激起新的想象,并得到灵魂放飞般的高级艺术享受。《边城》是经典性的诗意化小说,可以说整部小说都是用诗的语言写成的,堪称一部不分行的诗。朋友们可能注意到了,我所推荐的以上几篇小说,之所以达到了小说创作的高境界,是它们都具备了以下几个特点。第一,小说是道法自然的,与大自然的结合非常紧密,都从大自然中汲取和借喻了不少东西,从而使小说得天地之灵气、日月之精华、雨雪之润泽,实现了和谐的自然之美。第二,小说从大面积的生活中抽象,抽出一个新的、深刻的理念,然后再回到生活中去,集中诠释这个理念,完成了对生活的高度概括。第三,这些小说的情节都很简单,细节都很丰富,它们不是靠情节的复杂多变取胜,而是靠细节的韵味引人入胜。沈从文在自我评价《边城》时就曾经说过:用料少,占地少,经济而又不缺少空气和阳光。第四,这些小说都在人物刻画上下足了功夫,人物不但情感饱满,而且有人性深度。

我们对小说的虚写有了理性的、清醒的认识,是不是说以后每写一篇小说都能达到虚写的效果呢?我的体会是,不一定。因为现实像地球的引力一样,有着强大的吸引力和纠缠力,现实像是一再拦在我们面前,让我们写它吧,写它吧,我们一不小心,就会被现实牵着鼻子走,并有可能掉进实写的泥潭。反正我并没有完全摆脱现实的诱惑和纠缠,加上抽象能力有限,不能超越现实,有些小说仍然写得比较实。

那么,在我的著作《神木》这篇小说里,从实又到虚做得怎么样呢?这个层面体现在哪里呢?是否做到了从实又到虚的转化和升华呢?我可以负责任地说,在从实又到虚的转化和升华中,我还是做出了自觉的、积极的努力,给小说揉进了一些虚的东西,使虚的东西成为推动小说向前发展的动力,并最终主导了这篇小说。在这篇小说当中,虚的东西是什么呢?是理想,是我的理想,也是作为一个作家应有的理想主义。我一直认为,人类的发展,社会的进步,民族的复兴,包括个人的前途,都离不开理想的引导和推动。理想好比是黑暗中的灯火,黎明前的曙光,一直照耀着人类前行的足迹。作家作为人类精神和灵魂的工作者,工作的本质主要是劝善的,是改善人心的。他有时会揭露一些丑恶的东西,其出发点仍是善意的,是希望能够消除丑恶,弘扬善良。所以作家应始终高举理想主义的旗帜,在任何时候都不放弃自己的理想。

实与虚的关系

现实为实,理想为虚,这只是实与虚的关系之一种。实与虚的关系还有很多,我一共梳理出了十多种,比如:生活为实,思想为虚;物质为实,精神为虚;存在为实,情感为虚;人为实,神鬼为虚;肉体为实,灵魂为虚;客观为实,主观为虚;具象为实,抽象为虚;文字为实,语言的味道为虚;近为实,远为虚;白天为实,夜晚为虚;阳光为实,月光为虚;画满为实,留白为虚;山为实,云雾为虚;树为实,风为虚;醒着为实,做梦为虚;等等。总的来说,实的东西是有限的,差不多是雷同的。而虚的东西是无限的,且不断发生变幻。实的东西和虚的东西结合起来,实因虚的不同而不同。

但其中还有一种实与虚的关系,我认为特别重要,愿意拎出来和不厌其烦的朋友讨论一下。在所有实与虚的关系中,有一种关系最难处理。因为处理起来难度最大,我几乎愿意把它放在所有实与虚关系的首位。这种关系就是生活和思想的关系。

我们都知道,小说创作的主要目的是为了抒发情感,情感之美是审美的核心。好的小说应当情感真挚,饱满,动人。我们同样都知道,小说创作的主要任务不是为了表达思想,按照社会分工,表达思想应该是哲学家的主打。可是,小说创作既要有觉,还要有悟;既要有情感的触发,还要有思想的指引。小说毕竟是理性结出的果实,离开思想还真的不行。思想是小说创作中的思路,有了这条思路,才能引导我们从此岸到彼岸;没有这条思路呢,我们有可能失去方向,无路可走。铁凝说过一个意思也很好,她说小说所表达的不是思想本身,而是思想的表情。一句思想的表情,就把生活与感情、生活与思想、实与虚结合起来了。是不是可以这样说,我们所拥有的生活只是写作的血肉,而对生活的识见才是写作的灵魂。换一个说法,我们靠生活画了一条龙,还要用思想为龙点睛。只画龙,不点睛,龙还不是一条活龙。只有既画了龙,又点了睛,龙才会活灵活现,乘风腾空。

小说中的思想代表着我们的世界观,也就是对生活的看法。我们选择什么样的题材,结构什么样的故事,包括使用什么样的语言,一经落笔,对生活的看法就隐含在作品里面了。没有一件作品不隐含作者的观念、思考、判断、倾向和价值观。问题的关键在于,隐含在作品中的思想是什么样的思想,是自己的,还是别人的?是新鲜的,还是陈旧的?是独特的,还是普泛的?是深刻的,还是肤浅的?好作品和一般化作品的分野就在这里,好作家和平庸的作家也往往是在作品的思想性上见高低。鲁迅的作品之所以有力量,正是在于他的思想独特、深刻、犀利，处处闪耀着思想之光。

　　我认识到了思想性对小说创作的重要，始终没有放弃对小说中思想性的追求。我把小说的思想也称为短篇小说的种子，在没有找到合适的种子之前，我们不必急于动笔，只管让它在脑子里存放着就是了，反正它不会烂掉。我们对它认识再认识，总会有一天，种子会成熟起来，破壳而出，最终变成与众不同的小说。

原载《人民政协报》2012 年 9 月 10 日

"我的创作是诚实的风格"
——刘庆邦访谈录

杨建兵　刘庆邦

杨建兵：刘老师，您好！从您的处女作《棉纱白生生》到成名作《走窑汉》，再到《红煤》，您的创作经历已达30余年。在这期间，您为读者奉献了《鞋》、《梅妞放羊》、《神木》等一系列脍炙人口的名篇佳作，尤其是您每年十四五篇短篇小说的创作速度和上乘的创作质量，令许多作家都为之叹服。您能谈谈您写作的动力来自哪里吗？

刘庆邦：我在创作上没有什么大志，写作的动力主要是来自我的亲人。第一个促使我拿起笔来写作的是我母亲。我父亲1960年去世，母亲为养活她的6个子女受尽千般难，吃尽万般苦。为了替母亲争口气，也是为了改变自己的命运，我初中毕业回乡当农民时就开始了写作。不过那时不是写小说，是给公社和县里的广播站写广播稿。到煤矿参加工作后，在和妻子谈恋爱期间，我写了第一篇小说。此时写小说是为了向妻子示爱，以得到妻子的信任。我想让妻子知道，我不光会做工，还会写东西。我们有了儿子之后，儿子又给我的写作增添了不少动力。我要给儿子做出一个样子，用行动告诉儿子，他的爸爸很爱学习，也很勤奋。就是这样，我的一代又一代的亲人给了我一波又一波的写作动力，一波动力还没有消退，新一波动力又推过来了。这些动力是情感性的，也是持久性的。

杨建兵：中国现当代作家有一个通病，他们在成名之后，创作往往不是芝麻开花节节高，反而是每况愈下，一部不如一部，因此，成名之作常常也是顶峰之作。但从您的创作态势来看完全不是这样。您好像对创作有一种永不衰退的激情，不断地给读者带来惊喜。您能就这个问题谈谈您的看法吗？您有没有一种写作资源匮乏的窘迫感？

刘庆邦：作家不是植物，作家的写作也不像植物生长，不可能老是芝麻开花节节高。就算是芝麻开花，开到一定的时候，它也不会再开了，秋风一吹，花就蔫了，叶就黄了。从这个意义上讲，每个作家都有自己的局限，谁都不敢保证一部比一部写得好。一个人一辈子能写三五篇能留下来的东西就不错了。

我是凭人生经验写作，写作资源对我来说当然很重要。我的人生经历比较丰富,如大跃进、大饥荒、"文化大革命"、大串联等,很多大事我都亲身经历过。我还种过地,挖过煤,参加过宣传队,并当了多年记者,跟多个阶层的人都打过交道。王安忆就对我说过,她说我的人生经历太丰富了,挺让人羡慕的。我目前虽然还没有写作资源匮乏的窘迫感,但我不会把自己封闭起来,靠吃老本写作。我每年都回农村老家住几天,也时常到煤矿走一走、看一看。除了发现新的生活,增加新的情感积累,我还要寻找现实与历史的联系,通过现实生活的触发点,激活我的记忆。

杨建兵:如果将您这些年的创作作一个总结,把创作分成几个阶段,您认为可以分成哪几个阶段?各阶段的代表作分别是什么?变化又在哪里?

刘庆邦:有评论家认为,我的创作没有什么明显的阶段性。我自己觉得,我的写作还是有阶段性的。在1985年短篇小说《走窑汉》发表之前,我的写作过于写实,虽然也发表了一二十万字的小说,中篇小说《在深处》还得过首届河南省优秀作品奖,但影响不大。从《走窑汉》开始,我比较注意虚构,注意发挥想象的力量。林斤澜先生撰文说:《走窑汉》使刘庆邦走上了"知名的站台"。一些评论家也认为,《走窑汉》的发表,标志着我的创作进入了成熟期。

至于说变化,一个人的写作当然会有所变化,求变求新,也是作家的基本素质之一。但我觉得现在强调变化太多了,变化似乎成了一个强制性的标准。变化不是赶时尚,时尚都是肥皂泡泡,炫目得很,也易碎得很,我们永远赶不上。生活是在不断变化的,不断给我们提供新鲜的感受,我们应予以关注。但变中有不变,文学更应该关注那些不变的东西。世界上有两样最美的东西,一个是太阳,一个是月亮,也就是阳光和月光,它们没有变,却始终是我们人类的审美对象。

杨建兵:您一直执着于乡村题材和煤矿题材,这是您早期的生活经验馈赠给您的写作财富。我们先说乡村题材。在您的笔下,乡村是以两种对立的面貌出现的:一方面您的大量的乡村题材小说散发着青草的气息,充满着一种田园牧歌情调,展示了一幅幅清新明丽的风情风俗画,如《梅妞放羊》、《遍地白花》、《春天的仪式》等,有"沈氏风"的流风余韵;另一方面,少量的这类作品又充斥着愚昧、野蛮和麻木,近似"鲁迅风",如《嫂子与处子》、《外面来的女人》、《平地风雷》等。可以看出,您其实对乡土有一种矛盾的情感。您同意这种看法吗?

刘庆邦:我的故乡在豫东大平原。我曾经说过,那块地方用粮食,用水,也用树皮和草根养活了我,那里的父老乡亲、河流、田陌、秋天飘飞的芦花和冬季压倒一切的大雪等,都像血液一样,在我记忆的血管里流淌,只要感到血液的搏动,就记起了那块生我养我的土地。我写乡村生活,难免会从家乡取材。如您所言,我对乡土的确有一种矛盾的情感,正如我对家乡怀有感恩之心,却要千方百计从家乡走出来。好不容易从家乡走出来了,又和家乡保持着割不断的联系。我看到了乡村的美,也看到了乡村的丑;我看到了乡人的善,也看到了乡人的恶。我在家乡感到了痛之深,也对家乡爱之切。我国的农耕文明源远流长,乡土文学有着浓厚的基础。每个作家都有自己的根,我的文学之根在乡土。

杨建兵:说到文学继承问题,沈从文和鲁迅应该对您的创作都产生过很大的影响。《沈从文小说选》和《鲁迅小说选》也在您最喜欢的十种书之列。您能具体谈谈这两位现代文学巨匠对您的影响主要体现在哪些方面吗?

刘庆邦:在中国的作家中,我比较喜欢曹雪芹的小说,再就是爱读鲁迅和沈从文的小说。我把鲁迅的小说和沈从文的小说作过比较,他们的小说有着不同的风格。鲁迅重理性,沈从文重感性;鲁迅重批判,沈从文重抒情;鲁迅的小说读起来比较坚硬,沈从文的小说读来比较柔软;鲁迅的小说更深刻一些,沈从文的小说则更优美一些;鲁迅小说的风格是沉郁的,沈从文小说的风格是忧郁的。这两位文学大师的小说都对我的创作产生了影响。在鲁迅的小说里,我看到了非同凡响的思想之美,并使我认识到,作家对社会和人生的思考非常重要,一篇作品的高下,在很大程度上取决于作家的思想是否深刻和独特。沈从文的小说让我享受到超凡脱俗的情感之美和诗意之美,他的不少小说情感都很饱满,都闪射着诗意的光辉。大概我和沈从文的审美趣味更投合一些,沈从文的小说给我的启迪更大一些。

杨建兵:您早已是城里人,但似乎对城市还是有一种"偏见",您是否也有沈从文的那种"城里的乡下人"的感受?您对城市和城里人有什么看法?还有中国的现代化进程呢?

刘庆邦:我从1970年参加工作至今,在城里生活了将近四十年。仅在北京,就整整生活了三十年。说实在话,我对城市没有什么偏见,我对城市生活是向往的。我在城市没有受歧视受排斥的感觉,特别是像北京这样的城市,包容性很强,五湖四海的人都可以来。北京的很多人都是从农村来的。比如我的一些作家朋友,他们大都是从农村来的。但是我们很少写城市生活,因为我们在城市里没有根,没有小时候的胡同生活和四合院生活。我们的根还是在乡村。至于中国的现代化进程,我个人觉得发展得太快了一些,有些操之过急。人不能一口吃成个胖子,也不能在短时间内吃成胖子。吃成胖子有什么好,到头来付出的代价会很昂贵,甚至会把身体搭进去。

杨建兵:我们前面说过,一个人的童年经历常常会决定他的一生。您的童年很不幸,几岁就没了父亲,在母亲和姐姐的抚养下长大成人,因此在您的笔下,几乎所有女性都表现出伟大的母性,连尚在幼年的小姑娘(《小啊小姐姐》、《梅妞放羊》等)都是如此,同时也表现出父亲的缺席。按照弗洛伊德的观点,文学创作是对现实缺陷的想象性的补偿,一个从小失去父爱的作家会在他的作品中不断地构建父亲形象。事实上这种情况在您的创作中并没有出现。您如何看待这一问题?

刘庆邦: 有的评论家注意到了,我作品中的人物老年人比较少,多是青年和少年。而在青少年人物中,少女占的比例是大部分。青年评论家北乔写过一本专著,专门分析我的小说,专著的题目叫《刘庆邦的女儿国》。没看到他的专著之前,我不是太注意自己写了哪些人物,只是顺着自己的趣味来。看了他的专著,我稍稍有些吃惊,好嘛,原来自己写了这么多的女孩子。回过头想,这可能与我的成长经历有关。我有两个姐姐,小时候,她们成天带我在女孩子堆里玩。我先后参加过中学、大队、公社、煤矿四个宣传队。宣传队里都有不少女孩子,我每天和她们在一起唱歌跳舞,脑子里装了不少女孩子的形象。不瞒您说,我的妻子就是我在煤矿宣传队时认识的。这也与我的审美趣味有关,我认为,青春生命之美,是人生最美的阶段。而少女之美,又是青春生命中的美中之美。我年轻时读《红楼梦》多一些,曹雪芹塑造了那么多美妙的少女形象,他的观点和审美趣味也对我产生了影响。我也写过一些父亲形象,父亲在我的小说里并没有缺席。只不过我写父亲的形象少一些。这是因为我对父亲不熟悉。我出生时,父亲已经四十多岁,在我的印象里,父亲已经是一个老人。

杨建兵: 新时期以来,中国乡土小说的发展呈现出比较明显的地域性。如陕西作家群(贾平凹、陈忠实、路遥等),山东作家群(张炜、莫言等),还有就是河南作家群,除您之外,还有阎连科、刘震云、周大新等。您如何理解这一现象?同为乡土小说家,您认为您的个人化的创作风格是什么?

刘庆邦: 您提到的这三个作家群体里的作家,都是从农村走出来的。一个作家青少年时期的经历,对这个作家的成长几乎起着决定性的作用。而青少年时期的经历离不开一定的地域文化。从小耳濡目染,可以说地域性文化已渗入到每个人的血液里,他只要写到乡村生活,作品里必然弥漫着地域文化气息。橘生于淮南则为橘,生于淮北则为枳,表面上说的是植物,实际上强调的是地域文化对人类的影响。我在前面说过,每个作家都有自己的根。我们的根在农村,在土地里,在我们老家。要说深入生活的话,最有效的办法是回到我们各自的老家去。您问我个人的创作风格是什么,我自己也不太清楚,也许还没有形成自己的风格。如果非要我说一个风格,我愿意说,我的创作是诚实的风格。

杨建兵: 评论家丁帆曾说过:"就乡土小说而言,'风景画''风情画''风俗画'不可缺失,它们是乡土小说根基性的魅力。"在您的小说中有大量的乡村风景、风情和风俗的描写。看来您和丁帆先生的认识是一致的。您认为是这样吗?

刘庆邦：我对这个问题很感兴趣。"三画"之说很美，认为"是乡土小说根基性的魅力"，也有很强的概括性。我是不是可以这样理解，丁帆老师说的"风景画"是自然之美；"风情画"是情感之美；"风俗画"是民俗之美。我们写小说的过程归根结底是审美的，我对自然之美、情感之美、民俗之美的表现和赞美都很热衷。特别是在民俗中取材，这些年我是自觉的，下了力的，并写出了一系列关于民俗文化的小说。

杨建兵：我们再来谈谈煤矿题材。在当代文坛，很少有作家像您这样心系煤矿，情牵矿工。煤矿题材一直是您创作的一大重心。如果说您赋予乡村题材小说更多的是柔美，那么您似乎把苦难都赋予了煤矿。不知道您是否同意我这种说法？

刘庆邦：从煤矿里走出了一批在全国有影响的作家，如陈建功、谭谈、孙少山、周梅森、谢友鄞等，他们都写出了有分量的关于矿工生活的小说，我不过是其中的一员。我的写作是从写煤矿生活起步的，处女作《棉纱白生生》是写煤矿生活；第一部中篇小说《在深处》，第一部长篇小说《断层》，也是写煤矿生活。我写的煤矿生活的小说和农村生活的小说大约是一半对一半。我为什么写了这么多煤矿生活的小说呢？道理很简单，就是因为我对煤矿生活比较熟悉，情感积累比较丰富。说我把苦难都赋予了煤矿，我不同意这种说法。煤矿的工作环境是危险一些，劳动是艰苦一些，矿难也多一些，但苦难哪里都有。不仅现在有，将来还会有。我除了写到了煤矿的苦难，也写了不少煤矿里美好和温暖的东西。苦难，是一种社会学的判断，是一种生存判断。我更愿意从存在的角度和文学的角度看取煤矿生活。

杨建兵：我在阅读《红煤》时有这样一种感受：它是中篇小说《神木》的延伸和拓展。因为二者在主题上是一致的，都是写煤矿工为了某种目的不择手段，揭示出人性的丑陋和阴暗，都属于"酷烈小说"的范畴。但从读者和批评家的反映来看，《红煤》似乎还没达到《神木》那样高的评价和认可。您能不能将二者作一个比较？

刘庆邦：《红煤》不是《神木》的延伸和拓展，二者的主题也不一致。两部小说共同的一点就是写的都是煤矿生活，别的都不一样。《神木》从人性的角度挖掘较多，主要写人性的丰富性。《红煤》从历史的角度看问题较多，写历史转变时期青年农民进城务工的心灵史。如果把两部小说作一个比较，《红煤》似乎更广阔一些，也更厚重一些。如果拿煤矿作比呢，《神木》充其量只能算是一座中型煤矿，而《红煤》却像一座大型煤矿，它煤层多，煤层厚，煤质好，发热量高，且储存丰富，可开采的价值更大一些。《神木》受到较多的关注，原因在于它被拍成了电影《盲井》，《盲井》获得了包括银熊奖在内的十多个国际性奖项，影响就大了。人们看了《盲井》，回过头又看小说《神木》，电影对小说起到了推广作用。

杨建兵：到目前为止，您共写了6部长篇小说，但读者一提到您，首先想到的还是您的中、短篇小说。这似乎说明，您短篇小说的成就更大。您如何看待小说的长短体制问题？

刘庆邦：小说写作，篇幅长短不是衡量优劣的标准，不能以长短论英雄。衡量一篇小说的优劣，还是要看它的内在品质。长篇小说有品质优秀的，短篇小说也有品质优秀的。不能说写了长篇就可以在文坛立足，没写过长篇就立不住。拿酒作比。一杯酒，是好酒，味道醇厚绵长；而一缸酒，是劣酒，里面兑了好多水，喝起来寡淡无味。那，人们还是愿意选择那一杯酒。我是短篇、中篇、长篇都写，得到一块材料，适合写成多大体积，我就写成多大体积，不把小的做成大的，也舍不得把大的做成小的。

杨建兵：在当代文坛，像您这样以创作短篇小说为主攻方向的作家非常罕见。因为写短篇小说是一件吃力不讨好的事情，它不像写长篇那样容易成名，在收益方面又不能与电视剧相提并论。作为"当代短篇小说之王"，您能谈谈中国当前短篇小说创作的现状和发展趋势吗？对短篇小说文体本身，您又是如何理解的？

刘庆邦：我长期在一家报社工作，利用零碎时间写小说，只能写点儿短篇小说。几十年下来，我发表了两百多篇短篇小说。这就给评论界造成了一个印象，说我专攻短篇小说。我调到北京作协当专业作家后，有时间了，写长篇小说就多一些。《远方诗意》、《平原上的歌谣》、《红煤》，还有一部将出的长篇，都是这几年写的。当然了，这些年短篇小说我也没少写，平均每年都写十一二篇。关于短篇小说的处境和发展趋势，沈从文在上个世纪40年代就说过了，而且说得非常透彻，深合我意。请允许我引用沈先生的一段话来说明这个问题。沈先生说："从事于此道的，既难成名，又难牟利，且决不能用它去讨个小官儿做做。社会一般事业都容许侥幸投机，作伪取巧，用最小力气收最大效果，唯有短篇小说可是个实实在在的工作，玩花样不来，擅长政术的人决不会来摸它，'天才'不是不敢过问，就是装作不屑于过问。短篇小说似乎就与抄抄撮撮的杂感离远，与装模作样的战士离远，与逢人握手每天开会的官僚离远，渐渐地却与那个艺术接近了。"

杨建兵：在您的作品中，您本人比较偏爱哪几部？能说说您喜爱它们的原因吗？

刘庆邦：听有的作家说，小说发出来就完事儿了，就被他放到一边去了，再也不看了。我不是,我可能是敝帚自珍,我的小说,写完我要看,发出来我要看,收进集子里我还要看。有的小说常常看得我泪湿眼眶。您问我比较偏爱哪几篇小说,可以说,我对我的不少小说都很喜欢。仅拿短篇小说来说,我一口气可以列出几十篇。为了节省篇幅,避免王婆卖瓜之嫌,我就不列举了。这样吧,我只说一部吧。长江文艺出版社给我出过一部短篇小说集《梅妞放羊》,收进去的26篇小说,我篇篇都喜欢。

杨建兵:您在接受我采访之前,还在埋头创作,不久又有一批您的小说要和读者见面了。能谈一谈您下一步的创作计划吗?

刘庆邦:借机向您道个歉,我一直不愿意接受采访,这个访谈时间拖得有些长了。我只想写小说,别的事情都不大想做。写小说,一写几万字,甚至几十万字,我很有耐心。写别的东西,我的耐心就差一些。比如出国前要填一些表格,字数并不多,我就不想动笔,不想填。去年我写了一部新的长篇小说,内容是写"文革"期间地主富农子女的命运。小说签给了十月文艺出版社,书最近就会出版。关于这部书,写之前,我给自己定了四个标准:看了还想看;愿意送给朋友看;可以带在路上看;不论从哪里看起,都看得进去,并有所得。这些标准是内向的,是软标准,但标准很高。是否达到了这些标准,由读者和时间去判定。

原载《小说评论》2009年第3期

得地独厚的刘庆邦

刘庆邦　夏　榆

【人物原型】

　　北京人艺剧场演实验剧,约刘庆邦一起看,晚上我等在人艺剧场门前。人流涌动,夜晚的城市华灯闪烁,空气中有一种脂粉的气息。开演前的几分钟,他来了,穿一件咖啡色灯芯绒夹克衫,推一部旧单车,肩上挎着洗得泛白的军用书包。他的书包经年累月地挎在右肩,认识他以后,我在不同时间不同地点不同场合看见他这样挎着书包。他推着旧单车,车把车圈铃铛都生着锈,车座用塑料布包着。庆邦面色平和安静自在,穿过涌动的人流过来。那时我就想骑着这样一部旧车子,挎着这样一只黄书包的小说家行走在繁华都市的景致。

　　城市是喧嚣的,世人都自觉或被迫追逐潮流,时尚和物欲的漩流激起的喧哗,正成为我们这一时代宏大的交响。我以为在这样一个华灯迷离弥漫着脂粉气息的京都夜晚,这样一部单车,这样一只书包,能让我们看到它的主人不慕繁华自持自守的生活态度。

　　久居京都的刘庆邦愈来愈淡泊,沉潜。从他身上很难看到时下流行的那种被物欲烧灼的狂躁。和他接触,他的神情总是安闲自在,不骄不躁,不温不火,领略这样的性情让人如饮佳酿,认识他以后常被他的仁厚、诚挚所感动。

　　刘庆邦是一个通过自己的眼睛看世界的人,在他身上你很难看到时风和潮流的侵袭。就像他已经形成独特风格的小说一样,他看世界的视角是独特的。他执着于自己的眼睛,自己透视事物的方法,执着于自己的思想。他在都市的背景中凝视他眼睛里的景观,凝视他心灵的景观,将自己目光所及范围内的景色看熟,看到至重至近,然后以温存的态度表达出来。这种温存是作家的良知、灵魂,是作家对万物的关怀、仁爱、悲悯。

　　刘庆邦借得天独厚之言说自己得地之厚,他做过农民,爬过大山,做过矿工,挖过煤炭。在谈及他的经历时,庆邦说:"家乡的那块平原用粮食和水,也用野菜树皮、和杂草养我到19岁,那里的父老乡亲、河流、田陌、秋天飘飞的芦花和冬季压倒一切的大雪等,都像血液一样,在我记忆的血管里流淌。只要感到血液的搏动,就记起了那块生我养我的土地。"一个偶然的机会,刘庆邦去了煤矿。他说,在此之前,"我只知道农民的负重能力和生命能力的强大,到了煤矿才有机会看到炼狱般的天地,耐苦习以为常的矿工不愿让人夸大他们的艰苦卓绝。我在矿区生活了9年,在他们面前我只感到自己的渺小和乏力,所受的艰难困苦一句也提不起来了"。

刘庆邦就是这样凸现于文坛的,他的出现不似黄钟大吕、不似狂波巨澜,但是他在那里静静的、安详的,却不容忽视,在当代中国文坛风行个人叙事、私性写作的时候,刘庆邦执着于对普普通通的生命的关怀、对人性的关怀,以此构建自己的艺术界。他的小说不断出现在大陆重要的文物刊物上,他的名字日益被文学界所关注。

王安忆在著文评价刘庆邦时说:"我甚至很难想到还有谁能够像他这样持续地写这么多的好短篇,我以为好短篇不可多得,它是神灵所至。但是刘庆邦却特别能写短篇,他燕子衔泥似的,一口一口垒筑他的世界,你读他的文学能体会到他对文学的珍爱,这是一个如农民爱惜着粮食般爱惜文字的人,从不挥洒浪费,每个字都用的是地方。"

这样的写作日益稀少,我们看惯了排泄似的文字粗糙的垃圾般任意挥扬的文字,再读刘庆邦的小说,就如评界所说乃天籁之音,是生命与泥土一同生成的语言。你会发现文字原本是珍珠,文字的光辉在他的写作中呈示着高贵的质地。

这样就有了他的小说《家道》、《屠妇老塘》、《走进琥珀》、《玉字》、《走窑汉》、《五月榴花》等等,有了中篇小说集《走窑汉》、《心疼初恋》、《刘庆邦小说自选集》。

现今的文坛,作家们都被各种潮流风向所影响,学界如旧市场兜售一般,生吞活剥现炒现卖的学说纷杂,一直左右着大陆作家的写作。从后现代主义到后殖民主义后结构解构主义后写实主义后历史主义等等,如浮动密布的水藻缠绕着游鱼般的作家们,令他们无法挣脱,但刘庆邦置身京都这样喧嚣的文化氛围中依然保持着自己纯粹洁净的精神质地。

一如他踩着旧单车挎着黄书包悠然地驶过北京安定门外和平里北街,驶过那条从家到单位的长街一样,刘庆邦就这样从容安详地面对着时光,面对着写作,面对着他的生活和时代。

访谈

时间:2000年3月28日
地点:《阳光编辑部》

夏榆：现在都说文坛浮躁，世风喧嚣，把不少作家的坐功都废了。看你心静神安地写得悠然自得，你的状态挺有意思。

刘庆邦：现在作家要面对各种压力、困境和冲突，也不光作家，各行各业的人都这样，这就有个化解压力的问题。

夏榆：你靠什么化解压力呢？

刘庆邦：写作。

夏榆：你好像特别能写，你的短篇小说有时给人一种覆盖的感觉。李敬泽也说，在中国写短篇好的，汪曾祺之后如果让我选，我就选刘庆邦。

刘庆邦：敬泽是年轻、敏锐、极有鉴赏力的编辑家。他的这个说法对我是鼓励也是鞭策。我写短篇倒是比较多，快一百篇了。一个原因可能是我上班，在报社工作，没整块的时间，只能抓零碎时间写短篇。你要写一部长篇或者中篇也好，都要整块的时间。在报社要天天坐班、审稿、看大样，就没那么多时间。去年我有一个调动工作的机会，有时间了就写了两部长篇。

为什么写这么多短篇，想想另一个原因也是我对短篇的偏爱。我觉得短篇小说是非常纯粹的东西。我写短篇是双向的选择，首先是我选择了它，我很尽心地伺候它，把它伺候得很不错，然后它就选择了我。这么长时间的磨合，我跟短篇小说好像达成默契一样，形成一种亲密关系。

夏榆：现在，短篇小说这种形式作家们用的好像也少了。

刘庆邦：好多人不写短篇，上来就写长篇。所谓扬长避短，但短篇小说是更纯粹更艺术的一种文体，因为体积小所以也掺不了假。

我写东西有两个原则，一是要坚持对纯粹文学的追求，再就是与文学商品化的对抗。如今支持文学的，有的靠权力，有的靠明星效应，有的靠金钱支持，也有的靠文学本身支持。短篇小说不挣钱，写一个月顶多一千块钱，搞电视剧挣钱多得多。但挣钱从来不是我写作的动力，不挣钱成了我的反动力，我就不用写小说挣钱，有一份工作，有一份工资，吃穿没问题，我就可以写，钱多少是够呵，锦衣玉食你能用多少。

夏榆：对写作的态度也是对生活的态度、对生命的态度。写作对有的人是命里的一种东西，没有什么力量能够让写作和他的生命剥离。就像卡夫卡、普鲁斯特、海明威、索尔仁尼琴，没有什么能让他们放弃写作，疾病、迫害、战争、监狱、流亡，都不能。

刘庆邦：是这样。现在要不让我写作不知道会有多难受，设想以前的作家，突然来一个运动不让写了，多难过呵。

夏榆：你生活在京都这种文化语境中，这里各种潮流、各种学说特别多。但看你的写作一直没有被潮流影响和污染,一直保持你自己的文学见识文学品质文学理想,你的作品也形成一个自足的体系。

刘庆邦:那些潮流可真不入我的耳目。应该说我的心态还是开放的。我对文学现象和观念、理论比较关注,对各种现代学科也蛮有兴趣,也正是对这些信息的接受和理解让我有反观自己的能力,找出自己的位置,坚持自己的追求。我深信一个写作者的价值就在于他对这个世界的个性的独立的表达。

夏榆:你好像很少写城市。

刘庆邦:我写作的题材,一个是农村,一个是矿区。我在农村长到19岁,对那儿非常熟悉。家乡的那块平原用粮食用水,也用树皮、野菜和杂草养我到19岁,那里的父老乡亲、河流、田野、秋天飘飞的芦花和冬季压倒一切的大雪等,都像血流一样,在我记忆的血管里流淌。后来我又去了煤矿,在此之前,我在矿区生活了9年,耐苦习以为常的矿工艰苦卓绝。在他们面前,我只感到自己的渺小和乏力,所受的艰难困苦一句也提不起来了。

人印象最深的是少年、青年时期,我到北京二十多年,很多生活还没有入心,以后也可能会写都市的生活,现在不想写,想到城市的生活比较纷乱,形不成有价值的美的东西,而美的东西是感天动地回肠荡气的。

家乡我每年都要回去,回去也不刻意去体验什么,一回去心就激活了,那里的山水、草木、人,看什么都有感觉,乡村有让我心动的东西。前几天我给我母亲打电话,说等我退休了回去陪你,我母亲说你什么时候退休呵,我说再有十来年吧。其实我是在为我母亲鼓劲儿,她老觉得不行了,老想着死这个事,前段时间让我们给她买棺材。我母亲坚持要买,我们就给她钱让她买。老人家今年75岁,我说等到80岁时我回去给你祝寿去。我鼓励她活着,给她一个目标,让她提着劲儿活,我说你要活着我们就有地方去,你要怎么着我们就没处去了。我母亲理解了,就说要好好活着。

夏榆:人的心里应该有这么一个去处。我注意到你写矿区题材的作品,我觉得你的小说把矿区这样一个在以前极易简单化模式化的题材领域拓展了,小说具有真正的艺术品质,你的写矿区的小说别具一格。

刘庆邦:矿区也是文学的一个富矿。世界有不少写矿区生活的作家,左拉、劳伦斯、沃尔夫,他们笔下的矿区和我们的矿区在精神上是相通的。我看过《剑桥史》,里边有对各个国家矿区生活的考察,我觉得就世界范围来说矿区是具有同质的。

夏榆:我编过一本《20世纪先锋艺术史》,知道还有不少艺术家和矿区有紧密的联系,像摇滚歌手鲍勃·迪伦、画家凡·高,他们都体验过矿区生活,矿区生活也同时给他们的艺术以丰富的养料。

刘庆邦：整个世界的矿工都是相似的。劳作的艰苦，劳工之间的矛盾、械斗，我前段时间到马来西亚访问时就去找他们的矿井。我看左拉的《萌芽》，看他写的矿工——希望出点事，出事就可以停工，就可以休息，跟中国的矿工心态都一样。

夏榆：矿工也是中国农民的另一种命运形态。

刘庆邦：是，矿区多位于城市和乡村的结合部，里边有城市的生活习惯，也有乡村的生活习惯，是杂交的、复杂的人群聚集区。农民的心态、农民的文化传统，像过年、过节、舞狮子、跑旱船，民间自有民间的社会属性，它不是政治意识、意识形态能影响的。矿区真是一个文学的土壤。

夏榆：有人说认识中国就要认识中国的农民。我们说，认识中国的农民就要认识中国的矿工。

刘庆邦：这话有道理。年初徐州大黄山矿出水了，四十多个矿工困在井下，我去采访，采访的经历让你在北京想不到，真是痛彻心扉。被大水困在井下的人四天四夜以后才救出来，往上抬的时候，我就在跟前，当时正下着大雪，哭声震天。那种情景真是难忘。

矿区的女孩们待业其实就是失业，靠父亲的一点微薄的工资过活，工资还不能按时发，快过年了，还要出事，亲人不知死活，多揪心揪肺。

那儿的矿工下岗，到处给人打工，有一天没一天。有一个矿工家的两个孩子上学要交100块钱的学费，交不起，老师不让上学。两个孩子背着空书包回家跟大人要钱，大人说给你们借，跑出去又没借到，连着三天，第三天老师连校门也不让孩子进。孩子回来抱着爹娘的腿哭，男人抱着头叹气，女人贫血，身体又弱，说不成话。我在场，也说不成话，但又不能不说，我的声音颤得特别厉害，鼻子发酸，眼睛模糊。我掏了100块钱给孩子，陪我去的工会主席掏了50，我说怎么也得让孩子上学呵。

像这样的现实，你不实地去看是想象不出来的。除了写小说我还写报告文学，用这种更加逼近真实的文体写煤矿的生存状态，写矿工的疾苦。作家还是要讲良心，我觉得劳动人民是一个巨大的存在，不把他们的疾苦反映出来心里很有愧。关心民间疾苦，应该是作家的良知所在。

我到了矿上，有矿工听说我来，好多人排着队等着跟我喝酒，这事让我特别感动。

王安忆去矿区跟人说，到陕北，只要提路遥就有人管你饭；在矿区，只要你提是刘庆邦的朋友，就有人管你酒。她也是听人说的，这个说法真让我高兴，我愿意听这样的话。

夏榆：坚持平民的立场，我记得以前张炜也一直有这个说法。

刘庆邦:我一直认为张炜是一个优秀的作家,在我们没见过面时就是朋友,后来见面,彼此一见非常亲近。作家,你有时一看他的书就觉得亲近,如果他是真诚的作家,他的书就写的是真诚的东西,写他内心深处的东西骨子里的东西。张炜跟我说,可能咱俩关心的东西一样。我说是,包括性格都一样,性格深处有感伤的东西、忧郁的东西。

夏榆:有的作家的作品,你读它的时候能感觉到他的才华,有的作家却能让你感动。

刘庆邦:对,是这样。有人说作家的写作有心写、脑写和手写三种,用心写作的人是可以看出来的,他用心写的东西能去碰你的心,然后引为同道。

夏榆:说起王安忆,我一直忘不了她对你小说的评价,她说到你对文字的珍惜,爱惜文字就像农民爱惜粮食。

刘庆邦:中国的汉字我觉得是有生命的。几千年的文明史,我们祖祖辈辈地用,从创造出来开始,每一个汉字都是一个有生命的东西,它的底蕴是很厚的,根是很深的,我们真是应该了解它,对它的词根来历,真正地了解它,然后才能用。用这些字的时候,我是怀着敬畏之心,生怕哪个字用得不是地方,每句话、每个字都要推敲,生怕用错了,那些字多心痛呵。

夏榆:这种意识让我感动,好的写作真是可以帮助人确立自己。

刘庆邦:对写作我是这么理解的,它是对死亡对恐惧的抵抗。通过写作抓住时间,通过抓住时间抓住生命,建立和世界的联系,文学和艺术有时比物质要耐久。曹雪芹就通过写作抓住了自己,同时也抓住了世界,世界存在着,他就存在着,他成了不灭的存在。写作对个人的意义、对生命的意义体现在这儿。

夏榆:以这种意识对待写作,就可以心静神安了。

刘庆邦:对,这时候写作就成了享受,享受生命,享受劳动的快乐,我就是这么一个人,写啊写,一直不断地写下去,做一个不怕吃苦的劳动模范。

原载《作家》2000 年第 11 期

好人刘庆邦

徐　坤

　　如今在中国文坛提起刘庆邦的名字,简直可以说无人不知、无人不晓。尤其是他的短篇,早已自成境界,多数作品像《鞋》、《梅妞放羊》等已成名篇。这些都是批评家们该发的言论,无须我们这些写印象记的人赘言。
　　印象当中,庆邦是个讷于言,敏于行的人。平常他的话不多,一般在人多的场合,无论是集体出游还是聚会欢宴,总听不到他的声音,仿佛他这人并不在场。但每逢开口,必有妙语警句或惊人之语。就像他的小说,总是不声不响,却总是那么地道,透着股厚重底蕴和顽强坚韧性,还有眯缝起眼睛笑得那么一股聪明、狡黠的劲儿。
　　庆邦的祖籍是河南。关于河南人,北京当地多有恶评,最著名的要数董存瑞炸碉堡的段子,英雄人物最后喊的一句话是"不要相信河南人"。但是对庆邦,相熟的朋友见面总爱逗他说"你不像个河南人",如同人们对上海男人说一句"你不像个上海人"那样,调侃之中是实在的褒奖。庆邦听了这话,每每也不言语,只是一味地坏乐。河南籍的刘庆邦实在是个老实人,偶尔还有一点蔫儿坏,笑时不露齿,两腮憋出酒窝,眼睛眯成一条缝。出门总是背一个军挎,夏天的时候是军挎配白衬衫,冬天或者春秋季节就是军挎配小立领的唐装。草绿色的小军用书包几乎成了刘庆邦的标志性装扮。这个纪念物,是否在表明他在怀恋他青春年少时代挤在红卫兵大哥哥姐姐中间去韶山、去北京大串联的经历?我们不得而知。只知每逢他给我们这些后生讲起他那段"准红卫兵"历史时,往往都眉飞色舞,深深自我感动和陶醉。
　　跟庆邦相识已经有些年头。他是北京作家里受众人爱戴的一个。为人和善,有师长之风。庆邦是个喜欢喝慢酒、说慢话的人。每逢有几个对脾气的朋友把酒围炉而坐,推杯换盏,酒热耳酣,庆邦就脸色微酡,情绪渐渐入港,话也就慢慢绵长。有一年,一个文友送了他一箱"酒鬼",我们几个爱喝酒又平常说话慢的人就跟他沾了光,跟着足足喝了一秋天又一冬天好酒。那真是幸福的好时光,闲来无事庆邦就喊我们喝酒。有时提拎着酒到作协林斤澜老家里喝,林老也是慢慢说话、慢慢品酒的人,再加上庆邦的慢慢悠悠,我们就一边小酌,一边听他们讲古道今,味道十分醇厚;有时也抱着酒到"九头鸟"去,跟湖北的辣子叫劲;有时就随便捡就近的小酒馆,要几个没什么名堂的下酒小菜,朋友间慢慢叙旧,话时短时长,酒时慢时快,不知不觉,四五个人,两瓶酒喝光了。散时,醉醺醺的,有点明白"人散后,一弯新月天如水"的意趣。

2000年,我有幸跟庆邦同时签约于北京市作协,成为合同制作家,差不多属于是"一个单位"的了,在大会小会上经常碰面。每年年终述职时,庆邦总是高产大户,听他叨咕他的巨大的创作量,每年总是十几个短篇,外加中篇,外加每篇小说几乎都被各家选刊转载一遍,全中国的文学刊物上,可不就频频闪烁、每每闪耀"刘庆邦"这个光辉名字嘛!那时候他还要边写作边主持煤矿文联的一部分工作,其工作的辛苦及其写作的勤奋程度可想而知。

在新的一年的总结会上,庆邦的身份已经是北京作协的专业作家。在向领导和同志们汇报了他那更加巨大的创作生产量之后,他抚今追昔,不由自主发感慨:倘若不努力工作,便无以对得起这份职业。他说他甚至连每年的大年初一,一大早起来,也还是照常要坐到书桌前进行创作。勤奋工作不光成为了一种个人生活习惯,同时也在表明他对生活的热爱和感激。善良的人总会有好的回报的。祝愿庆邦在新的一年里龙马精神,万事大吉!

原载《时代文学》2002年第3期

研究论文选辑

这"活儿"给他做绝了

程德培

这算什么故事？分明是法律观照的对象。

矿工马海州为报妻子被奸污之仇，用刀刺了队长张清，为此坐了几年牢。

法律行使了自己的权威，履行了它的公道。但是人的灵魂呢？法律能因此消除它的不安宁吗？一条刀疤和数年监狱生活不仅给这对冤家留下了难以磨灭的痕迹，而且使得各自的神经变得更敏感、更微妙、更复杂。何况在他们中间还时时夹着马海州的妻子小蛾的身影，这柔弱的女性，她那承受一切痛苦的神态，足以使读者感到一种心灵的震颤。

于是，小说行使了其艺术光照的魅力。《走窑汉》给人以激动，心弦一直绷得紧紧的，读者时时被一种预感缠绕着，始终感到要发生什么，但始终又担心要发生什么。

短短的篇章，它表现了诸多人的情与性：爱情、名誉、耻辱、无耻、悲痛、复仇、恐惧、心绪的郁结、忏悔、绝望、莫名而无尽的担忧、希望而又失望的折磨，甚至生与死，在这场灵魂的冲突和较量中什么都有了。这位不怎么出名的作者，这篇不怎么出名的小说写得太棒了！

要解释这样一种灵与肉的空隙"黑洞"是不可能的，它只能乞求于艺术的描写，"而且还是一鳞半爪、不系统的描写"。

马海州那一天到晚"紧闭的嘴巴、严肃宁静的神情、不可侵犯的威严"的背后混杂着血与泪的复仇心理。他所背负的耻辱值得同情，他的刚毅、勇气和厉害的谋算值得佩服，但他走向复仇的每一步的背后也不乏残酷，特别在他救活张清的背后使人感到一种人性的毁灭。马海州的一举一动，一眼一神，一招一式，甚至他没有表情的沉默，都使张清和小蛾的精神处在极其敏感的高峰状态。整个阅读过程，我们也处在这样一种高峰状态。

这两年短篇不怎么景气，而刘庆邦却把《走窑汉》这"活儿"做绝了！

请抽空读一读，它不会超过八千字。

原载《文汇读书周报》1985年10月26日

什么是故事

王安忆

上一篇,我讲了故事不是什么。现在,我要来说明,什么才是小说构成意义上的故事。也许,这个话题已经晚了两百年,我们错过了古典主义和浪漫主义的大好时机,非但没有中头彩的可能,而且显得迂腐和落伍。因我所要肯定的恰恰是当今风起云涌在背叛的东西。使我陷入这种思考的是这样一个问题,那就是我们究竟对我们所要背叛的东西了解还是不了解?还有我们所嚷嚷着要挣脱的东西是不是确实地背负在我们身上,而不是背负在人家身上?

我在上一篇文章中,已说明了两点:一、我们现在的"小说"创作现实是继承"五四"的小说传统而来的,也就是接受了西方"小说"的意义;二、中国传统小说是不具备或者少具备我所解释的小说构成意义的"故事"因素的。同时,我从否定的方面解释了小说构成意义上的"故事"。

在这里,我要从正面更进一步地分析一些实例,来说明什么是小说构成意义上的"故事"。先让我们从身边最近的地方说起。我选择的分析对象是北京作家刘庆邦的小说。起先,完全是无意中看到了刘庆邦的短篇小说《走窑汉》(《北京文学》1985年第9期)。后来,就开始留心他的名字。于是,又看了《玉字》(《北京文学》1986年第10期),《曲胡》(《上海文学》1987年第8期),等等。我注意他的原因是,他的小说有头有尾,有始有终,正与时下扑朔迷离、天机不可泄漏的小说风气形成反照。他的小说总是有一个悬念,并且他也总不回避困难,有勇气也有力量开辟这一个悬念,将"革命"进行到底。这引起了我的兴趣,刘庆邦小说中的这一个悬念是什么?

读者可因为悬念而将书读下去,这一个悬念越不可解释便越能激发读书的热情。可是写者呢,要因这一个悬念写下去必须还有一个条件,那就是这个悬念是可解释的。否则,他便是自投罗网,断了自己的生路。因此,"悬念"这一个词似乎更适用于读者的身份,是阅读的概念。当作者说"我要制造一个悬念",那也是为了去吊读者的胃口,自己心里其实一明二白。作为写作者自己,那一个要推自己写下去的东西是什么呢?而那一个推自己写下去的东西,有时候与推别人听下去的东西,会是完全不同的两个东西。这个推作者写下去的东西,必定是小说发生的理由,而"悬念"仅仅只是读者读下去的理由。所以,这一个推作者写下去的东西应叫做"动机"更合适。

《走窑汉》和《玉字》同是一个复仇的故事,前者是写一个名叫马海州的矿工,因新婚的妻子被煤矿的一名干部张清诱奸,马海州捅了张清刀子,吃了官司,后因在狱中表现优异,提前释放,又回到了煤矿。小说是从这里开始的,这一个事件只成了故事的开头,亦是故事发展的动机。这动机就是,马海州吃了张清的大亏,他要报仇。因为前一次动刀,没把张清捅死,倒使自己做了阶下囚,所以,这一次,他虽不动张清一个手指头,却要张清不得好活。因为不能在身体上碰张清,就只能在精神上对他进行迫害。马海州的方法大体上有两种:一是像影子一样跟随张清,唤起他对那一刀的记忆,因为那一刀毕竟差一点儿要了他的狗命;二是逼迫妻子小蛾一起,唤起张清对那桩下流事的记忆。马海州一边报复张清,同时也身不由己地折磨小蛾。男女二人的事,严格说来,哪一方都无法彻底摆脱干系。这使马海州的复仇变得格外复杂,并且也格外痛苦。最终是张清与小蛾全自杀身亡。而这种冷酷的报复方式反过来又磨炼了马海州,使之残忍到了变态。在张清被塌方的煤块埋住的时候,他竟还将张清营救出来,救他出来却是为了继续对他威迫。这时,马海州确已丧心病狂,使这复仇的故事具有了一种惊心动魄的力量。而这一切丧心病狂与惊心动魄的生发,全是由于最初的事件。

　　所以,刘庆邦的关键,大约就是在于,将一个事件变成一个动机。那么一个事件成为动机,需要什么条件呢？在《走窑汉》的最初事件里,至少具备这么两个可把事情发展下去的理由:一是失败的马海州要换一种不见血的方式报仇;二是做了乌龟的马海州无法在感情上饶恕小蛾。除了理由之外,还须有马海州付之行动的可能性,那就是张清还活着且畏惧他,小蛾对他言听计从也畏惧他。现在,我们大体上可判断,一个事件变成一个动机至少需要两个条件:一是事情发展的理由,二是事情发展的可能。复仇的事件,往往会成为一个极好的故事。那就是它具备绝对可靠、合理充足的行动理由与行动的可能性。

　　让我们再来看看刘庆邦另一个复仇故事《玉字》。玉字是个心气很高的农家姑娘,不幸在一个黑夜里,被两个流氓劫到高粱地里奸污了。从此,玉字要死,人人都不让她好死;玉字要活,人人都不让她好活,身价贱了许多。这一个事件也不是什么新鲜事了。写到此处,社会意义,女性的悲哀,也都表达了,似可收住。然而刘庆邦的故事却刚刚开始,他显然是决心要将此事件再继续写下去。在此,读者关心的是:玉字今后怎么办？那两个恶棍是谁？这就是悬念,读者希望这悬念越"玄"越好,而作者却是要对此负责任的。我想,中国小说讲究"悬念",大约和话本说书的传统有关。就是说,要求听众一回一回地往下听,而不至中途退场。于是,或者将明明知道的事情打了埋伏,牵住人心;或者将自己也不晓得结果的事匆匆抛了出去,一个悬念没解决,又生一个悬念。到了实在无法逃脱责任的时候,或出现一万能的侠客,或降临一神奇的仙人。而选择了做一名严格的现实主义小说家,便或者走一条散文化的道路,或者以经验性的传说性的故事取道。那么,刘庆邦怎么办呢?好,现在的问题是玉字怎么办?玉字必须去找到这两个恶棍。如果玉字不找出这两个强奸犯,她心中这一口恶气没法出不说了,她还无法再在这村庄里做人了。因为家人与乡邻均将此事看作一个姑娘的严重失足,不愿声张,让公家政府办案,所以,玉字必须独立破案。以此可见,玉字被强奸,欲死不能、欲活也不能的这一个事件里至少包含了两个行动的理由:一是玉字寻找坏蛋的理由,二是玉字独立寻找坏蛋的理由。作者将玉字推到了一个绝境,她必须找出坏蛋,才可出气,洗刷自己,才可生存。玉字在炕上躺了五天五夜,踏出家门第一步的时候,就决定了她是在背水一战,她委身于她所认为的嫌疑犯马三。从此,软硬兼施,捉住了马三的口供不说,还要从马三嘴里套出那另一个人。由于是两个人作奸犯科,所以玉字委身于嫌疑犯马三这一个行动本身,就有了取胜的保证性因素。最终拥有了玉字的马三必定会对那一个同案犯起恨意甚至起杀心的。以至最终两个坏蛋因醋意互相咬出来了不说,马三还杀了同案犯,自己也半疯了。玉字是个很具逻辑头脑的女孩子,在她不吃不喝躺着的五天五夜里,她不仅将自己的命运想明白了,决定了行动的计划,且策谋得很周密,将因果的联系分析得极其明晰,就像一个破案的专家。当然,这一并全是刘庆邦的功劳。他设计当时作案是两个人而不是一个人,便是给玉字破案提供了一个条件;而对于刘庆邦来说,这就是给予事情发展的理由之外,还给予了事情发展的可能性,这是形成动机的条件之一。

  刘庆邦的能力在于,他能够以严密的逻辑关系推进一个事件的发展。在其发展过程中,由于每一个环节都要求有合理的动机,他就必须在人物与事件中一步比一步深入地寻找理由。这寻找理由的过程,其实也就形成了我们通常所习惯说的挖掘深度的过程。让我们设想一下,如果马海州的故事只停留在刺杀张清银铛入狱为止,玉字的故事也只停留在忍辱受屈结束。那么,作者除了为我们描绘了两个可怜的人和一个可悲的社会之外,又给了我们一些什么?而如今却形势大变了。马海州向张清再次复仇的过程中,马海州受了伤的人格一步一步变态与兽化;张清一步一步地吓软了骨头,丧失了人格;小蛾一步一步灭绝了做人的希望,最终走向死地。这三个人联合起来走向人性的深处,这就是一则社会新闻式的问题小说上升到悲剧的过程。再说玉字,当玉字最终以她自己的牺牲使案犯落网的时候,她便不再是一个可怜虫的形象,而成了一个悲剧人物。当然,我也要指出,结尾处,刘庆邦让门口出现了两个持枪的人,未免有一些男孩子气了,可是终究无妨大局。在玉字用心良苦的探寻中,她与马三紧张的心理对峙战中,一步一步流露出人性的弱点,这也就是一个可怜虫变成一个悲剧人物的过程。我以为,在此过程中,包含了两个过程,一是逻辑推进的过程,一是内容发展的过程。好像一加一等于二是逻辑的过程,一个苹果加上一个苹果等于两个苹果则是内容的过程。比如,马海州要报仇,玉字要破案,在逻辑一方说,人具有了行动的理由,动机形成了,内容一方则是马海州的仇和玉字的悬案的具体情况。再接下去,因为他们各自是这样与那样的具体情况,所以他们必须有特殊的不同的手段和方式。手段与方式是其具体内容的结果。就是说,其怨仇与悬案的内容同时也成了逻辑上的"原因"。其特殊手段与方式,比如马海州的精神威逼方式、玉字的献身手段,又产生了下一个结果,其特殊手段与方式的内容部分,在逻辑上又形成了"原因",造成张清的魂飞魄散以至自杀,马三的魂不守舍以至咬出了同案犯,再杀了同案犯,自己亦堕入法网。在此,逻辑与内容是一个作用与反作用的过程。我以为刘庆邦的这两篇小说是有不容忽视的成绩的,他以严密的逻辑性组织了人物与事件,达到了一个较高的目的。自然,这样比较成功的小说在刘庆邦自己也是不可多得的,在他另一些小说中,比如《保镖》(《北京文学》1988 年第 3 期)、《检身》(《北京文学》1987 年第 11 期)、《窑哥儿》(《湖南文学》1988 年第 7 期)、《夫妻》(《湖南文学》1987 年第 11 期)和《曲胡》等,虽然也设置了动机,可是或是因动机本身不具备大的发展理由与可能,或是有了动机,却没有足够的力量推进。比如《检身》和《曲胡》,前者,儿子已死,老子作为检身工,因了儿子的理由除了认真检身而外,无法再做别的;而后者,不过是一个瞎子与寡嫂摸黑偷情,难以生发出太深刻的情节。但二者都达到了一个诗意的结局,也算完成了短篇小说的一种使命。再比如《夫妻》,其实是已设置了极有发展的动机,那瘸子一方面须为对老婆有意的林林帮忙做活,一方面又要防备他们有染,这就使他必得以一种特殊方式对待老婆与林林,这方式必会使老婆与林林有所反应。可是刘庆邦似乎缺少了推动这对男女行动的能力,很简单地让他们私奔了事,使这原本具有大动力的事件,过速地简直地达到了目的地,变成了一个浅近的追求人性自由健康的小说,似有些可惜。这种推理能力的软弱还表现在刘庆邦不少小说的结尾处,往往是以死亡收场。比如《曲胡》中的瞎子祥和寡嫂,比如《保镖》中的小王。《保镖》的问题大概是在于刘庆邦自己对小说的动机,也就是主人公镖师行为的理由没有确定,有些犹豫,所以玄虚的地方过多。比如窑主是怎么死的?保险柜里的钱又是到哪里去了?这些疑案使我们无法认识镖师究竟是什么人、要干什么事。于是,对这篇小说的走向也看不清了,似乎没有达到目的。

但是,不管怎么说,刘庆邦的小说使我感觉到了逻辑的力量,并使我意识到了什么是小说构成意义上的"故事",这是绝对区别于经验性传说性意义上的故事的。

由于同样都是复仇故事的原因，我就想起了梅里美的著名小说《高龙巴》。如果对刘庆邦小说的优劣高低会有所怀疑和异议的话，那么对梅里美，我想是早有公论，我们完全可以抱着信任的心情来分析他的小说。这样也许可使我的观点得到进一步的更可靠的检验。

　　《高龙巴》的故事，是关于一个高斯家族台拉·雷皮阿向另一家族巴里岂尼的复仇。在一个凶杀成风、偏僻蛮荒的小岛上，复仇本非难事。问题却在于台拉·雷皮阿家唯一的男性奥索，从小离开小岛，在欧洲大陆上受教育、当兵，已渐渐成了一个文明人，对于岛上动辄杀人的野蛮风气抱有成见，在犯罪的事实上也以法律的观念要求实据而否定感觉与情感。碰巧他又落入一个英国贵族少女的情网，而这猎奇心很强的少女正想在这名高斯人身上试试自己的魅力和文明感化的力量。于是，为父报仇的事情又多了重阻力。妹妹高龙巴本可以自己动手报仇，可是在那样古风淳淳的岛上，她家中的男儿不负起报仇的责任，将是巨大的侮辱。高龙巴为了家族的光荣，也为了哥哥的光荣，她必须鼓动得哥哥动手。她要使哥哥相信巴里岂尼是罪犯，要激起哥哥的仇恨，要哥哥背叛文明的产物——法律。但是她阻力重重，这阻力是哥哥奥索做一名文明人的动机，还有丽第亚小姐以文明为武器，要尝试自己魅力的动机。他们以各自的动机出发，形成了高龙巴实现动机的阻力。所以高龙巴就要重新决定她的行动，奥索与丽第亚的动机的结果又形成了高龙巴行动的动机——因为奥索身上已有了太多的文明人气息，她便不能操之过急，她首先需要隐忍，引奥索上钩，然后她要唤起奥索对父亲被害的愤怒与仇恨心理。因为奥索是父亲的儿子，这一点是不会改变的。这时候，奥索身上就出现了两个动机：一是做一个文明人的动机，一是做父亲的儿子的动机。这两种动机将决定两种截然相反的行为。要他后一种动机战胜前一种动机，这便是高龙巴的下一个任务。她要求哥哥陪她一同去玛特兰纳家作挽歌。一方面好使哥哥在"巴拉太"的歌泣气氛中魂兮归来，另一方面也可让哥哥感染到与亲人死别的悲怆情绪。就在此刻，仇人登场了，她便蓄意挑起事端，将哥哥推上与仇人正面冲突的位置。这时候，奥索的仇恨已足，缺的是证据。于是高龙巴连夜调查，寻找证据，最终让哥哥信服了，高斯人的血液终于沸腾了起来。而猎奇心甚强的丽第亚因为在奥索身上试验自己的魅力，结果却弄假成真，爱上了奥索。结果是，奥索报了仇，又有了做文明人的可能，甚至将如愿以偿的高龙巴也带出了荒岛，这可谓是一个讽刺喜剧的收场。

　　在此，我们可看到，其间人物的行为虽奇异却又合理，因为他们具备有力的动机。他们各自强有力的动机是处在一个同样强有力的互相制约的情景下，这种互相间强有力的制约使他们极其合理地处在了一个事件中，也就是一篇小说之中。这种横向的制约其实又是纵向发展的动机。比如,高龙巴以复仇的职责制约奥索,奥索以兄长的家长地位制约高龙巴,丽第亚以做一个文明人的希望制约奥索,奥索则以一个高斯人颇具自然色彩的爱情制约丽第亚。对方的制约便是每个人行为的动机。而每一种制约都有条件,这条件也就是实现行为的可能性。高龙巴的条件是奥索毕竟是父亲的儿子,体内流着高斯人的血;奥索对高龙巴的条件是复仇不复仇毕竟在于他自己;丽第亚的条件是奥索已受了文明的影响并渴望做一个文明人,奥索对丽第亚的条件是,他这一个半高斯半大陆的混合人,正符合了丽第亚猎奇的心理和保守的人生理想。从中我们还可以看见,奥索在其间有双重制约和被制约的内容,他是处在高龙巴的动机与丽第亚的动机的制约与被制约之下,他具有两个互相抵触的主动的动机和两个被动的动机。

现在让我们再回头看一下刘庆邦的小说。马海州和玉字实现自己的复仇动机时,是相当顺利的,他们没有受到别人的动机的干扰,他们是一心克服困难便可直接走向目的地。而高龙巴实现她的复仇动机时,却受到了一个强有力的相对动机的阻力,于是,一连串的结果与动机相应而生,结成了故事的锁链。在两个相对的动机之间,有一个奥索,他处在一个完备的两难境界里,这两个动机互相制约,好比传说中矛与盾的例子,事情眼看着就要没有希望。可是,我们发现在两个同样顽强的动机中却又各存一个相反的小动机,这是一个薄弱环节,也就是实现行为的可能性。那就是高龙巴其实也已濡染了小小的虚荣的风气,她极愿意丽第亚成为自己的嫂嫂,就是说,在报仇完成之后,她不反对哥哥去做一个文明的大陆人;而丽第亚呢,仇杀这一桩行为毕竟满足了她残忍的猎奇心理,被一个杀过人的高斯人所爱,也满足了她的虚荣心。于是,互相都有了可乘之机,奥索也有了生路。最终,他们兄妹随了丽第亚父女踏上去大陆的道路时,一个单纯的古老的光荣的传说,便成了自然对文明战胜又妥协的极富社会学、人类学意味的喜剧。我想证明的是,逻辑具有一种将思想往纵深处推进的力量,我们切不可放弃了这种力量。假如我们竟傲慢地放弃了,那么我们的文学大约就很难走向深刻与宏伟了。

我国春秋战国时期,就已有关于思维形式和思维规律的"名辩之学",有了墨家逻辑学说。但是,大抵都是结合当时的政治斗争和具体的论辩展开论述,而没有采取抽象的形式化的手法。大约因为年长月久,传至今日,其中思维形式与规律的部分渐渐被剥离,只留下实际内容的部分。古希腊的亚里士多德,对形式逻辑做了全面系统的研究,建立了形式逻辑的科学,对整个西方文艺造成了巨大的影响。而他距离我们又很遥远。因此,我们的思维往往缺乏逻辑的连贯性与推进性,呈现出跳跃式、闪点式的形态。我们的文艺创作往往以思想内容的新锐取胜,却因缺乏严格的逻辑推理,无法将此新锐思想壮大、深入、发展,检验其真伪高低,使之具备说服力。我们常常讲究"感觉"。"感觉"这个词在近些年越用越甚,在门户开放,西方新旧思潮涌入的这些年里,我们吸收最快最多的其实是与我们最接近的东西,比如"感觉"。我们没有去细想,西方目前追寻东方的神秘主义的感觉,是在他们将科学发展到了一个尽头,第二次陷入茫然的绝境而到东方来求援。而我们尚在第一次的绝境里,也跟着神秘兮兮地大谈"感觉"。"感觉好"被认为是艺术家的天赋,而再仔细追究"感觉"究竟是何物,便支支吾吾,不知所云了。当我们讨论起来,也充满了诸如"感觉"这样的含混不清的词,我们总是缺乏思辨的态度,尽管我们有饱满的热情和聪敏的头脑,可也避免不了搁浅的命运。

日本曾经兴起推理小说的热潮。与众不同的是,日本的推理小说具有严肃的社会内容和现实主义态度,是在严肃文学的范畴内。这使我想到是不是也与我们一样,比较缺乏逻辑头脑的日本人,意识到了逻辑的力量,而在寻找事物与表达中的逻辑,想以此推进思想的深度,所以选择了"推理小说"这一形式呢?推理小说其实也是逻辑小说,将"逻辑"的牌子直接打了出来。

这毕竟是一个太古老的话题。现代的艺术已放弃了秩序,可是放弃的是旧有的秩序,新的秩序实际上建立在更严格的逻辑制度之上。那些时空颠倒、荒诞不经的小说与戏剧,他们放弃的只是事物表面的秩序,而要表达内部的或者主观的秩序;失去了事物表面的时间与地点的联络,如没有更严密、合格、高级的逻辑强有力的联络,便无法集合起那些风马牛不相及的片断,以此互动和推进。而我们在一些当代的中国荒诞小说或荒诞戏剧里,却扫兴地发现其间无论放弃的还是建设的,都是漫无边际,随心所欲,不知要使其达到什么目的,如请求解释,得到的回答便是"感觉"。这就像是一个没有做好准备就匆匆开幕的舞台,演出着一些编者不懂、观众更不懂的杂乱的篇章。为了摆脱"浅薄"的嫌疑,于是,大家齐声叫好,人人充当革命派。在这时候,当使自己冷静下来,寂寞地做一些工作,努力将一切不懂的弄懂,说不清的说清。这已是题外的话了,说到底,还是最前边的那个问题:我们究竟对我们所要背叛的东西了解还是不了解?甚至我们嚷嚷着要挣脱的东西,究竟是不是确实地背负在我们身上,而不是背负在人家身上?

1988 年 12 月 28 日
原载《文学角》1989 年第 2 期

强悍而悸动不宁的灵魂
——读刘庆邦的小说创作

何志云

开始注意刘庆邦和他的小说创作,是在1985年。这一年第9期的《北京文学》发表了他的短篇小说《走窑汉》。是那位同样擅长描写煤矿工人生活,并因此在文坛名噪一时的孙少山郑重推荐的。他当时满脸抑制不住的兴奋之情,我至今仍能清晰地忆起来。当然,同样留在印象里的,还有我读完小说后所感到的深深的震惊。

《走窑汉》篇幅不算很长。年轻矿工马海州衷爱有着"孩子般稚气和娇憨"的妻子小蛾。不料,趁他下井之际,支部书记张清用薄铁片捅开了他家的锁,摸进屋去污辱了小蛾。张清还显得振振有词,说什么"每个工人的老婆来了都要作贡献,谁的贡献大就给谁迁户口",等等。马海州用尖刀刺伤了张清,因此锒铛入狱。故事是从马海州提前释放后开始的。从他回到矿上的第一天起,他就如同鬼魅一样终日在张清(他早已不是书记,连党员也不是了)周围晃动。张清在哪个班,他也执意调去哪个班;张清在哪里干活,他也就闷头在哪里干活;甚至连矿下休息和上井后的洗澡也不放过。更让人叫绝的是,下班以后,马海州在家里照例让小蛾讲那件事的经过,"于是,两口子就哭,哭罢就疯狂地亲热",然后两口子衣着整齐地出来,双双来到张清家门口,一声接一声地喊着"张书记"……故事顺乎自然又多少出人意料地走向了结局:张清跳窑,小蛾几乎在同时跳了楼。

不十分细心的读者也能发现,刘庆邦描写的这个复仇故事,无论就其实质还是外在形态,都和人们习熟的格局迥然有别,带着一种让人无法回避的惊心动魄的力量。它是那么强悍有力,不惮于把人生的严酷惨烈端给世人,宁肯显得有些粗野也绝容不得半点小布尔乔亚的温情,但它似乎又多少带着困惑和憾情,在这样的"没有胜利者"的悲剧面前,流露着隐忍和自抑的悸动不安。刘庆邦以一种习以为常般的冷然对待着这一切,在不动声色的叙述中,既看不出他的褒贬,更不去做什么评判,仿佛听任故事顾自摇曳多姿,掀起一路曲尽难致的波澜,于是那貌似平淡无华的字里行间,便密密匝匝漫布开来一股浓重的悲凉气息,终于笼罩住了全篇且将它浸淫其间,读来愈发让人心惊。

我以为,在这里我们触摸到的,其实也是刘庆邦的灵魂,一颗在生活中磨砺得十分强悍有力,却并不曾失却应有的敏感和热情,因此还在困惑和思索中显得悸动不安的灵魂。现在,它就成了我们分析和理解刘庆邦小说创作的中心线索。

　　刘庆邦早期的创作,大多是描写农村生活的。这与他的人生经历相关。他曾经自述道:"那块平原用粮食用水,也用野菜、树皮和杂草养我到十九岁,那里的父老乡亲、河流、田陌、秋天飘飞的芦花和冬季压倒一切的大雪等,都像血液一样,在我记忆的血管里流淌,只要感到血液的搏动,就记起了那块生我养我的土地。"(《老老实实地写》)于是,在刘庆邦的早期作品里,我们看到了一个用霉红薯片面稍掺了点豆面做成的馍,怎么在饥馑的年代,逼得一个老实巴交、膝下尚有三个幼小子女的农村妇女悬梁自尽(《看看谁家有福》,《奔流》1980年第3期),也看到一只叫做"老黄脚"的狡猾老练的兔子,如何同一只鹰周旋,在顽强坚韧的争斗之后,居然拼竭最后的气力与鹰同归于尽(《打围》,《奔流》1985年第1期),还看到一个情窦未开的农村少年,在"对象"的过程中所遭历的人生悲喜剧,虽然如诙谐曲般富有情趣,但也流溢着欲说还休的苦涩(《对象》,《北京文学》1982年12期)……刘庆邦的这些初期创作,虽然得力于他青少年时期的亲身经历与体验,无论场景描摹、人物勾勒还是营造氛围、传达感情,都有着非亲历者所难以企及的亲切与传神,他显然也尽自己所能地对他所不能忘怀的生活作了必要的开掘,但在总体上却显得散杂。他似乎没有来得及跳离亲历者的限制,去咀嚼和消化杂陈于心的种种印象和感受,然后在融会贯通中升华为某种人生态度,从而反过来去统驭它们,再度锻造它们,把它们营造成统一的艺术世界。缺乏这种具有哲学意味的艺术总体把握,创作的题材即使全然得之于自身经验,作品仍然会有零乱粗疏之感。读者读来,仍然会如同听一个旁观者散漫述说着所见所闻,难以有切肤般的震撼。

　　正是从《走窑汉》开始,刘庆邦的创作——无论是思想还是艺术——发生了重大的转折和变化。这无疑也与他的经历有关,对此他也有着清醒的认识:"一个偶然的机会,我到煤矿去了。在此之前,我只知道农民的负重能力和生命力的强大。到了煤矿才有机会看到别一层炼狱般的天地。耐苦习以为常的矿工不愿让人夸大他们的艰苦卓绝,反正我在矿区生活了九年,在他们面前,我只感到自己的渺小和乏力,所受的艰难困苦一句也提不起了。"(《老老实实地写》)是的,当刘庆邦在艰苦卓绝的矿工面前,再也无颜去提及自己所尝受的人生悲欢,那"别一层炼狱般的天地"与人生便从此镌入了他的生命,再也无法让他忘情。而一旦他试图将笔触伸向这一个天地和人生的时候,他所曾拥有的所有亲身体验和感受,便获得了一个重新俯瞰它们、打量它们的角度,开始并最终完成基于人生态度上的冶炼、锻造与腾跃。

从《走窑汉》开始,刘庆邦的创作所贯溢着的强悍恣肆的人生态度,显然发轫于那"别一层炼狱般的天地",并同时使之源源不竭。在马海州鬼魅一般执着和坚韧的复仇过程背后,所潜藏着的,正是矿工们面对马海州的人生处境时共同而坚执的思想感情:"矿工们常年在沉闷、阴暗的坑道里劳作,对于他们来说,最值得珍爱的莫过于女人,而最最可恨的是,当他们在地底下挥洒汗水时,人家在地面勾引他们的老婆。"马海州对张清的复仇,不管客观分析会显得多么偏执,矿工们的生活实际从真实性到感情流向上,都会给作品以足够有力的支持;同样,《拉倒》(《上海文学》1988 年第 11 期)里的"大苹果"抓机会玷污了杨金成的老婆,在班长和其他矿工的撮合下,以"大苹果"把老婆"还"给杨金成一次为条件,两人碰杯"拉倒"了。当"大苹果"果真把自己的老婆领到杨金成屋里时,杨金成扔下来的是这样一句落地有声的话:"狗娘养的,你害一个人还不够,还想再害一个人吗?"人们也都说他们真的"拉倒"了,但到了第三年,杨金成还是用斧子砍下了"大苹果"的脑袋。人们尽可以从法律的、信誉的等等角度去评价杨金成,但倘若多少懂得一点矿工,则很难会从感情上去怀疑杨金成,"拉倒"云云,实际无非是不切实际的一厢情愿而已。在《保镖》(《北京文学》1988 年第 3 期)里,我们看到的是另一种形态的人生,虽然同样不失其严酷刚烈。窑主开煤窑发了以后,爱上了年轻的代销员小五,窑主因此便陷入了由老婆、家族亲长组成的重围。他所信任的保镖顺头也逐渐垂涎起他的小五和钱财。终于,窑主下窑时被顺头所害,他的钱财也大多被顺头侵吞。窑主的窑被人抢了,代销店也连带被毁了,小五趴在窑主坟上服毒自杀,留下个顺头,"他愁眉苦脸,哀叹不绝,只是偶尔打个寒战,像是冷"。窑主面对人生时的坦然和小五的勇烈殉情,与顺头将伴随他一辈子的内心不安两相映照,使这个颇带传奇色彩的故事,溢动着一股凛然豪气,其间透露出来的人生态度和价值准则,无疑也与那"炼狱般的天地"一脉相承。

这时候的刘庆邦,即使涉足煤矿工人生活以外的题材,或重新拣拾青少年时期农村生活的印象,或将视野拓展到城市及知识阶层,他的笔尖似乎也一概贯注着那种强悍恣肆的气势。一个名叫玉字的农村姑娘在高粱地里被两个歹徒强暴了,她在床上不吃不喝蒙头躺了五天,起来后"该吃就吃,该做就做,该睡就睡,跟以前似乎没有什么两样了"。后来她主动嫁给了过去她拒绝过的马三,再后来,在一个大雪天,她诱引着马三捅死了来找他的瘦高个,随即又把公安人员带到自己家门口。原来马三和瘦高个就是强暴她的歹徒。玉字嫁给马三,无非是一个精心构设的复仇计谋的开始(《玉字》,《北京文学》1986 年第 10 期);年轻妇女叶美美和经理有了私情,对丈夫一直颇感内疚。后来她得知丈夫很希望得到副厂长的职位,便利用她和经理的关系帮助了丈夫。不料当了副厂长的丈夫同厂里的一个打字员打得火热,而经理则由于有了新欢,对她的亲热开始"浮皮了草"。叶美美在晚餐里下了毒,和丈夫同归于尽(《煎心》,《北京文学》1988年第7期);中年妇女杨素素与一个小她多岁的男人偷情,事发后不得已与丈夫离婚,而与小男人结婚。但留下来的儿子阻隔在他们中间,放大着并且也加剧着他们间本来就存在的裂隙。在杨素素周旋于儿子和小丈夫的过程中,她彻底暴露了一个为情欲所控制的女人的全部丑恶和偏执。她在极度恼怒中掐死了儿子,却因此清醒过来,看清了同样丑恶和卑鄙的小丈夫。她打消了自杀的念头,预示着她和小丈夫之间的一场"看谁拖得过谁,看谁笑到最后"的人生拼斗……在刘庆邦的这些作品里,死亡的阴影在平凡琐细的生活中随时晃动游荡着,充满凛然豪气的人生与猥琐卑俗的人生形成了鲜明的对照,刘庆邦冷静地描绘着这一切,毫不畏缩地透过种种人生现象,揭露出令人震惊的污浊与丑恶。在这样的作品面前,人们因过于熟悉而几近于麻木的生活,便开始有了一种严峻的色泽,从而使人们悚然警醒!

不过,当刘庆邦以一颗强悍的灵魂,负荷着这样的人生天地,并呕心沥血地将它们营造为艺术世界的时候,我们也可以倾听到他的不安、困惑和悸动着的心声。刘庆邦毕竟不是马海州们,他的那颗年轻的心灵,尽管在"别一层炼狱般的天地"被磨砺得十分强悍坚韧,但依然未曾脱却知识分子的敏感热情的根性。他自然同情、挚爱着马海州们,然而同时,他仍然对马海州们的人生抱着一定程度的清醒省察。正因为如此,当他对马海州的复仇过程作着矿工式的辩护和支持之际,他在《走窑汉》中所着力关注的,却不是马海州的复仇有多么正当多么合理,而是马海州、小蛾连同张清一起面临着的共同人生处境,细致入微地刻画了这一人生处境对三个人不同的涵义。因此,准确地说,《走窑汉》与其说是马海州复仇及成功了的故事,不如说是一个归根结底"没有胜利者"的故事。在作品结尾,当马海州听说张清跳窑的消息,他的"表情和往常一样平静,高眉骨下深藏的眼睛微微塌朦着,谁也不看"。然而紧接着小蛾跳楼的消息传来,他"呼地站起来。……可是,他又坐下了"。寥寥数笔,在宣告马海州复仇"胜利"的同时,也明白预示着他人生的终结。他当然还能活上许多年,但从此以后恐不会再有宁静、欢乐和幸福。

因此,如果我们细心品察,在刘庆邦的强悍而悸动不宁的灵魂的搏动声里,我们始终可以听到他那对于美好人生和心灵的呼唤之音。他有不少篇什,直接描写并且赞颂了这种美好的人生与心灵。在《夫妻》里,他为一对真正挚爱着的情人倾注了全部热情与祝福,让他们终于勇敢地挣脱束缚,投向远方那块属于他们自己的自由天地;在《窑哥儿》里,他通过一个年轻矿工对于暗娼"老白"的弟弟般的纯洁感情,在他营造得十分成功的那个愚昧、粗野、令人扼腕的人生氛围里,为人们送来相当的亮色和难得的温暖;同样,《保镖》里坦荡的窑主和服毒自杀的小五间的恋情,使一个惨烈的故事漾起了几分刚强几分温柔,而顺头则"愁眉苦脸,哀叹不绝,只是偶尔打个寒战,像是冷",这无疑是对窑主老婆和顺头等人卑鄙污浊心灵的鞭挞;《玉字》中玉字的复仇计谋,在使人惊讶和钦佩于玉字的性格心计的同时,也让人看到了一种自尊自强的凛然正气;《找死》中围绕杨素素的心理转变所展示的,实际是对一种被扭曲了的人生的详尽剖析,作为参照点的,当然是种正常合理的人生追求。刘庆邦尽管竭力用着仿佛客观的视角和不动声色的叙述,但在每篇作品的总体倾向上,分明跃动着他那十分强烈的褒贬色彩,正如他自己所说的:"我自己的经历使之动感情的机会多些,养成了爱动感情的心性,愿意对弱者、不幸的人和善良的人倾注更多的同情和温爱,同时对恶人表示一种明显的憎恨,并希望煽动起读者对恶人恶德的憎恨情绪。"在这里,所谓的善与恶显然过于抽象,但如果我们想到他再三强调的经历,那么在善和恶的背后,分明有着农民和煤矿工人的思想感情作为支撑。应该说,这也正是刘庆邦的思想感情的不竭之源。

  刘庆邦就这样理所当然地走到了他的《家属房》和《宣传队》。在我看来,最能体现他的创作成就和艺术功力的,当推他的这两部中篇力作。如果说,自《走窑汉》以来,刘庆邦的创作从根本上摆脱了初期创作的零乱散杂,体现了对人生状态的关注和强悍有力的蕴质,完成了对刘庆邦来说至关重要的创作飞跃。但同时,我们也应看到,倘若我们对他作更高的期待,我们也会发现,他对人生状态的关注,一般只体现为对于具体人物、事件和矛盾冲突的瞩目。在他的那些作品里,生活面常嫌狭窄,故事线索也偏于集中单一。那么,在《家属房》和《宣传队》里,他所关注的某种特定的人生状态,已不局限于某个人物、某一事件的冲突,而是一种所撷取的生活全景。在这一生活面里,众多的人物、纷纭繁复的纠葛和不同的人生情态有条不紊地徐徐展开,交汇着碰撞着又结合着,从而凝聚为一幅厚重的人生图景,透露着深沉的人生底蕴。《家属房》所表现的是一所矿工家属住房里,几户年轻家庭间的生活波折与情感起伏:吃、喝、胡闹、做爱、干活,当然还有吵嘴、怄气和钩心斗角,全是日常生活场景和小人物的细琐悲欢,但不同人物的命运则在这种日常生活景观里渐渐成形并且凸凹分明。这一切又都是在矿区这样的大背景下展开的,并且联系着或者说折射着大的时代变迁,于是每个人物的人生境遇与命运,便都被赋予了普遍性意义。这样,这些矿工家属们在这块小小天地里所组合并展现开来的,就是一种复杂的人生情境。这一人生情境,一方面使矿工们平凡琐细的人生显现出来纷纭斑斓的诸多层面,另一方面,又使得它们扭结着凝聚为一种让人动情和深思的人类普遍生存状态。在《宣传队》里,人们看到的是在十年动乱时,某县临时组织的一个宣传队里一些年轻人的遭际。他们排戏、演出、恋爱,互相帮助又彼此争斗,一切都带着那个时代的浓重印记,因此便也让今天的人们觉得一切都分文不值。但是,即使如此,人们依然感受到了一种强烈的震撼,因为一个特定的时代,一种特殊的生存状态,就这样不加修饰地展现在我们面前。只要经历了那个时代的人,不管经历如何不同、遭际怎样相异,但在这样的人生状态和普遍心绪面前,心灵的悸动却是相通着的、互相感应着的。更重要的是,作品对于这种人生状态的描绘和揭示,并不会因为时代的终结而失却意义,只要它存在着,就对历史和未来的长廊提供着深远长久的启迪力。

在这两部作品里,故事已经变得让人们难以概括和复述。平凡得近乎琐碎的生活场景和细节,织成了一张密不透风的人生网络,令所有的人物无法逃逸。支撑着这张网络的,是由所有的艺术因素构筑起来的艺术情境。所谓艺术情境,首先是指一种所有身处其间者所共同面对着的人生处境;更重要的是指在这种共同的人生处境中,由于介入者的性格及其冲突,衍生出来一种让他们无法逃避也无法摆脱的力量,这力量包裹了一切,浸透了一切,充满了情味与意蕴。在这种情境面前,作品的外在形态——故事——便断然地把对作品的主导地位让给了内在冲突,作为某种人生过程体现的情节,在连缀故事并把它推向结局的同时,抛弃了戏剧性,而充盈起通常情形下情节难以承受的广阔厚重的人生况味。这样,由艺术情境所构成的作品内蕴,就如同一个不竭的源泉,源源不断地辐射出艺术感染力和震撼力,密布于作品的每一个哪怕十分细微的局部。正如黑格尔所指出的:"所以情境是本身未动的普遍的世界情况与本身包含着动作和反应动作的具体动作这两端的中间阶段。所以情境兼具前后两端的性格,把我们从这一端引到另一端。"(《美学》第一卷,第 255 页)惟其如此,我们也便从刘庆邦的具体作品和它们描绘的特定人生状态,走向了一种广阔普遍的人类生存景观。

现在,我觉得我们已经有足够的理由,把刘庆邦列入成熟作家的行列。有的批评家在论及北京新进作家时,以"三刘"之说,把刘庆邦和北京很有成就的作家刘恒、刘震云并重,实在是很有见地的。在我看来,所谓的成熟作家,即是指能从哲学的高度,对生活作总体把握,并艺术地表现之的作家。当然还可以包括其他。

按惯例,我还应该用一些篇幅写一写刘庆邦创作的"不足"。不足自然是有的,在有的作品里还显得十分明显触目。刘庆邦创作的不平衡也是显而易见的,尤其是当他去描写城市生活的时候。他似乎还未能使自己的灵魂与城市生活的脉动很和谐地共振,因此便常有不和谐音在作品里溢出。但这一切,自应让刘庆邦在人生和创作的未来日子里"老老实实地悟",一如他自己所说的那样。何况在我看来,说及刘庆邦创作值得重视的一些方面,对不足之处的挑剔指摘,其实也是暗含在内的了。重要的是,刘庆邦面前的路还很长很长,无论人生还是创作,他有的是时间,而且他从来不偷懒,一贯"老老实实地写",对这样的作家,我们还能啰唆什么呢?

1990 年初春记于北京东郊北三里屯寓所
原载《当代作家评论》1990 年第 5 期

浩烈情　迷茫劫
——刘庆邦小说的文化精神

高海涛

一

初识刘庆邦于《家属房》(《北京文学》1989年第5期)和《宣传队》(《北京文学》1990年第1期),这两个中篇都写了一些骚动不安的夜晚。刘庆邦像是有一双熟悉黑暗的眼睛,他特别能捕捉夜景。尤其是《家属房》,几乎可以称为夜的文本。当然我指的不仅是描写,也是叙述中所包含的文化隐喻。"家属房"之夜的文化隐喻就是黑暗中的性与死。

关于性,刘庆邦看得很透,"人吃五谷杂粮,站起来两条腿,趴下去四条腿,就那么回事"。这种冷漠的态度固然令人难堪,但却揭示了最一般的"存在者的真理"。于是我们就只好面对一个赤裸裸的"配种站",这里是人性的沦劫之所,沦劫的人性在向原始复归,夜也似乎回归了原始,失去了文化所赋予的任何诗意,没有花好月圆,也没有温柔的晚风和灿烂的星空。

不过还有生殖。生殖的渴望并不是纯自然的渴望,它带有文化性。而当这渴望与死的不安携手并行,它又重新获得了诗意——"存在者的真理"显出了一种古老的正义和悲壮。所以我们终于提不起信心,觉得竟无法谴责"老嫖"们对肉的耿耿难眠的欲求。《家属房》是井下矿工的"战地浪漫曲"。

刘庆邦自己也当过矿工,他对那一种生存的理解是深重的。矿工是真正的大地之子,他们挥汗于"别一层炼狱般的天地",每天在黑暗中采掘,也似乎在采掘着黑暗,黑暗对他们自然有一种不同寻常的意义——向他们提示死亡,也以此激励他们的生命。这一深层语义,证明《家属房》又是对理解和同情的精神建构。

作为大地之子,"老嫖"们的生命激情应该是喷薄而出或摧枯拉朽的,谁也不会谴责劳动者健康的欲望。问题是他们并没有这样的激情和欲望,而仅仅在精神分析的逻辑上应该如此。或许"黑丙"和"空枪"稍为例外,但惨淡、卑琐、沉沦的生存却无疑属于他们整个群体。《家属房》并不是探索心理的小说,刘庆邦所关心的也主要不是"窑哥儿"们的性文化,他只是要通过性与死的生命意象来透视一种生存，同时也对社会人生发一点自己的批评和观感。

故事的结局是"老嫖"死了，他的死以意想不到的及时性构成了一个象征和巨大的反讽。因为随着他，还死去了他的贫穷、关节炎和被"优化"掉的危险；死去了他窝囊、没血性和用妻子"挣钱"的开放企图——当然，妻子被工会主席诱奸，挣来了几件职工福利，或许已可以向他告慰，并为他的死增添几分必要的哀艳；此外，随着他也死去了同伴们加给他的鄙夷和羞辱，虽然他在很大程度上像一个符号似的表达了那一伙人的生存本相。直到他死后，人们才恍然记起了他那其实是"很文气的名字"，仿佛就是为了恢复这名字，他死了……

毫无疑问，刘庆邦有着很强的批评意识，但这批评的语象又似乎更多地出于文化的直觉或直观。他的小说读起来有一种浩烈之气，像是读李白的《侠客行》。然而其中又绝无传奇，唯有最质朴的现实人生。他的魅力在于情怀激烈、血性文章，在于见义勇为、不假辞色地向我们展示这人生的卑琐与悲哀。

也许《宣传队》的叙事效果与《家属房》不大相同，这里的夜晚虽然也骚动不安，却毕竟没有死的预感，因此就透出了几许清亮，只是有点喧嚣中的寂寞。"宣传队"可能是当年"文化大革命"中唯一的文化象征了，在某种意义上可以说就是"文革"之魂。而"文革"其实也是一种文化现象，其特点就是流行着许多史无前例的禁忌，一切都不许"复杂"。然而宣传队员们由于青春期的骚动却渴望着"复杂"，他们"为美妙的复杂所鼓舞，生怕不够复杂"，于是他们就"乱交流，乱笑"。宣传队终于"死了""散了"，成了对一段历史的爱情回忆和人性证明，它留给我们的最后印象是"鸠山"和"铁梅"的被捉奸、被示众，并据说因为他俩的"不正当"，贫下中农的麦田才遭灾，才受到"暴风雨的洗礼"。

但《宣传队》也是情怀激烈的，如果说《家属房》是井下矿工的"战地浪漫曲"，《宣传队》就是一代青年的"霍乱时期的爱情"。这里更突出的是一种反叛和衰读情绪，对禁忌文化的反叛，对意识形态神话的衰读或消解。当然，真正被衰读的首先是我们的生命存在本身，生命也被消解，由谨小慎微的骚动消解为苍白的寂寞。于是我们就只能珍藏寂寞的回忆，没有爱情的回忆，并在这回忆中找到我们对今天和明天的希望。

刘庆邦好像是一个不善趋时的作家，从开始创作到现在，他一直在"老老实实地写"着，连作品的题目也显得很老实——《我和秀闺》、《看看谁家有福》、《对象》、《打围》、《夫妻》、《还乡》……人们把他列入"新写实"的行列，这给我一种感觉：所谓"新写实"无非就是真正的写实而已。不过在文化隐喻的层次上，"新写实"小说的精神建构又有两种不同的情况。一种是突出文化群体意志的压抑和现实人生的卑琐，从而见出人性的积弱和可悯。这是比较普遍的选择。另一种是突出生命的本能欲望，并赋予其一种文化与现实双重观照下的反叛意义,如刘恒的《伏羲伏羲》就是如此。刘庆邦的小说大部分都贯穿着性与死的生命意象,从这一点看他的追求似乎接近刘恒。但他所写的又不是刘恒笔下的"欲望超人",没有那种畸怪和恣肆,也没有那种俄狄浦斯王式的宿命感。他的人物与其说是骚动着本能的野性还不如说是激荡着道德的血性。只不过这种道德沟通着人性的原始,是原始的攻击与封闭,是最基本的生存原则。因此我们是否可以这样断言:在"新写实"小说的一般倾向中,刘庆邦所作的是一种综合的选择,他的开掘是朝向两个方面,即人生的困扰境界和人性的原始深度。但后一个方面对他可能更重要,人性的原始深度或原型冲突使他找到了自我,并在自我的小说世界中建构了民间文化最一般也最久远的精神价值。

二

　　从1985年发表的《走窑汉》开始,刘庆邦向我们提供了一系列性与相关暴力的文本,亦即男女复仇的故事。这未免使人产生困惑:究竟是怎样的心理意志在支持他如此的执着?是无意识中原型的力量,还是现实经验的力量?抑或二者都有。实际上,复仇故事最能体现人类和民族心灵的原型冲突,在刘庆邦的小说中,这些冲突可以概括为性与死、欲望与生存、本能与压抑,以及男性原型与女性原型。这里有必要作一点解释,所谓男性原型和女性原型,并不同于现实存在的男性和女性,而是一种文化的人格理想。现实中男性和女性的人格其实是互渗的,"你中有我,我中有你"。只有在原型的意义上,男性和女性才能构成真正的戏剧性冲突。

　　《走窑汉》(《北京文学》1985年第9期)的叙述语言充满了"内在紧张",一开头就是一把铮然落地的刀子,横亘在青年矿工马海州和采煤队前党支部书记张清之间。张清是被追迫的邪恶欲望的象征,他曾趁马海州下井之际,诱使他最珍爱的妻子小蛾为自己作出了"贡献",他的理论是:"每个工人的老婆来了都要作贡献,谁的贡献大就给谁迁户口。"于是就有了马海州的复仇,而且几乎是一个精心设计、惨淡经营的复仇工程。包括他第一回行刺张清入狱,争取提前释放的优良表现,都是这一工程的组成部分。尤其是重回矿山之后,他的复仇显示了空前的残酷性和行动力量——像影子似的追迫着张清,以种种暗示虐杀他的精神,终于使他丧失了最后的安全感,跳窑自尽。

　　这篇作品给人的激动是复杂而奇特的,首先我觉得马海州的复仇方式有一种异文化的气质,那就是其中所包含的理性与精神成分。中国式的复仇故事尽管也有"君子报仇,十年不晚"的坚执,但一般不会诉诸精神虐杀和灵魂拷问,因而比较缺乏人性的深度。马海州所设计的精神复仇使人怀疑他是否在狱中听到过《基督山伯爵》之类的故事,而他那过于迷狂的复仇过程又很像《白鲸》中的船长追杀白鲸,在走向极端之后又供出了自己的某种邪恶。

男性的原型中有"战神",女性才有"复仇女神"。但女性又毕竟是柔弱的,在马海州那"战神"般的虐杀中,妻子小蛾终于由参与者变成了牺牲品。小蛾较为全面地回归了中国女性的原型形象,她先是像祥林嫂一样为自己的失身赎罪,后来又追随丈夫一起复仇,但她和污辱过她的张清一样,也是被丈夫逼到死角的猎物。最后,在张清跳窑的同时,她也竟像是为之殉情似的跳了楼,她似乎是以女性的柔弱之心完成了双重的赎罪。马海州是"胜利者一无所有"。我们当然不能简单地责备马海州的自私和狭隘,至少不能无意义地说他对小蛾的珍爱缺乏现代爱情的精神高度,因为这正是走窑汉们的现实生存。他们最恨"人家在地面上勾引他们的老婆",尤其当他们在深井下流汗的时候。他们捍卫妻子,实质上是捍卫自己在另一个世界——"地面上"光明生存的权利。对他们来说,爱情等于光明,爱情被劫,就是光明被劫。而且,难道张清之流还有什么无辜可言吗?对于马海州,张清意味着整个的黑暗。不过,如果我们离开现实批评的角度,又可以发现马海州的悲剧中更深刻的文化肇因。走窑汉们"性智慧"的核心是一种深重的禁忌,这种禁忌不仅来自一般的道德传统,也来自男性原型的强大暗示。被侵犯之后的奋起复仇,是我们基本的男子汉意识或男子汉情结。"复仇在我,我必复仇",这是别无选择的文化选择,强悍的心灵在此必然要失去平衡和空间(自由)感。

浩烈情,迷茫劫,欲望是劫,"文化超我"的压抑也是劫,劫波实难渡。在刘庆邦的另一篇小说《拉倒》(《上海文学》1988年第11期)中,这种压抑的驱役性表现得更加明显。矿工杨金成被一个外号叫"大苹果"的同伴"摸了窑",占了自己老婆的便宜。经过班长的调解,以"大苹果"把他的老婆(可怜的老婆们)让给杨金成一次为条件,两个人的仇隙"拉倒"了。于是情况也果然向拉倒发展,以至人们都相信他俩拉倒了。但事过三年,杨金成还是用斧子结束了"大苹果"的拉倒之梦。显然,杨金成所要求的并不是一般的"吃米还米,吃面还面"的正义,而是一种从远古走来的男子汉的尊严。可以说,他的复仇不具有充分的社会意义,而只是出于文化的惯例和习俗,或者可以称为"习俗性复仇"。这几乎能令人感动,中国深井下的矿工们可以鄙视权势和金钱,但却宁愿为心中的女性抛命洒血。大地之子也是巨大"文化超我"的压抑之子,而在性与爱的废墟上,刘庆邦为他们升起了复仇者爱憎分明的旗帜。

同样的分析也适用于《保镖》和《玉字》,但这两篇作品主人公的心理经验似乎更加复杂一些。《保镖》(《北京文学》1988年第3期)的表层意义并不是复仇而只是谋财害命的故事：年近五十的窑主与豆蔻年华的代销员小五陷入了热恋，而他花钱雇佣的保镖顺头（令人想起《金瓶梅》中的玳安）在给他们无数的销魂之夜站岗的过程中也偷偷地爱上了小五。终于有一天，顺头神秘地杀害了窑主，并早就盗取了他的钱财。只是小五并没能随他远走高飞，因为她已像朱丽叶似地为窑主服毒殉情。这篇小说的叙述有点朦胧和神秘，看不出作者的褒贬意向。但有一点可以肯定，保镖顺头在心灵深处还是潜藏着复仇愿望的。实际上他不仅幻觉着自己是小五的丈夫，而且还幻觉着他没有尽到做丈夫的责任。他要维护性的生态平衡，要拯救小五于窑主乱伦式的青春劫夺，至少有使她从良的愿望。顺头的这种心态并不是孤立突兀的，《玉字》中的张庄人因为本村少女在高粱地里被污辱，就逮住邻村的高粱地乱砍撒气，也表现了同样的贞操理想和责任感。

《玉字》(《北京文学》1986 年第 10 期) 读起来更像聊斋，气氛怪异而凄壮。少女玉字在看电影回来的路上被两个汉子威逼而失身，于是哥哥便让她去死，而她却偏要倔强地活着，并主动嫁给了强奸者之一，最后终于在一个风雪之夜为自己伸张了正义。生存是反抗的结晶，作为女性，玉字所承受的道德压力比走窑汉们更沉重，所以她的反抗也更哀婉有力。她似乎显示了一种男性的原型力量，并使自己在某种程度上失去了女性原型的柔弱和明丽。但从忍辱负重的少妇到风雪之夜的复仇者，玉字的形象还是有其独特魅力的。她令人想起李慧娘的刚烈和鲁迅所写的"女吊"的坚执精神，甚至也就是鲁迅自身的一种精神：这里是"报仇雪耻之乡"，而不是"藏垢纳污之地"！

三

如果把复仇这一人类最古老的攻击性行为孤立着看，它也许并不构成深刻的思想价值，但作为一种久远的情感价值它是无可置疑的。复仇的语义本身就包含着内在的尊严和正义，因此也可以说它是历史民间的最普通的价值神话。但我们应该怎样考察它的现代人意义呢？如前所述，刘庆邦的复仇故事总是带有某种社会批评的意向，而这些意向又都能归结为对现代生存的原型化思考。我们所谓的原型化指其重复性和象征性，而正是这种重复和象征才强烈地显示了大地上的"存在者的真理"。在《走窑汉》之前发表的《打围》就是一篇高度象征的作品，几乎可以视为生态或生存的寓言。它为刘庆邦所有表现攻击性的文本提供了脚注，正如人的攻击性本身就是起源于狩猎一样。

只是《打围》(《奔流》1985 年第 1 期) 中的狩猎令人觉得有些荒谬。在刘庄的村路上集合起来的浩浩荡荡的打围队伍仅仅是为了打一只被称为"老黄脚"的兔子。打它的原因是它"大逆不道",说它大逆不道的理由是它"不好捉"。而"老黄脚"的反抗是英勇悲壮的,它把一个野生家族最卑微者的仇恨和轻蔑投向了人及其帮凶的狗和鹰,最后与鹰同归于尽。这时候,刘庄的人们才"突然间似乎记起,兔子原本就很可怜",并且发问:"一个兔子碍你啥事啦?"在联想的意义上,每一个人都像是"老黄脚",当你的"不好捉"被视为"大逆不道",当你毫无道理地被"打围",你除了复仇,除了同归于尽,还有别的可以证明自己善良的存在吗?

同归于尽是一个悲剧的思想,这在刘庆邦小说的结局中显得十分突出。于是这些小说的阅读就给人一种迷茫的劫难感和只剩下茫茫大地的空旷感,于是痛苦的精神也就"一无所有",更无法"回归家园"。

《煎心》(《北京文学》1988年第7期)中的叶美美把自己奉献给"健全"的经理,却仍然挚爱着自己不太健全的丈夫。当最后发现丈夫和她实际上是互相欺骗的时候,她断然选择了同归于尽。但即使在另一个世界里她不也同样会"煎心日日复年年"吗?《找死》(《上海文学》1989年第3期)中的杨素素终于决定不再"找死",而等待与"小丈夫"同归于尽。但我们并不难发现她要活下去的另一个心理原因,那就是她还没有完成自己的赎罪。当"一种至高无上的生命诱惑,以它在劫难逃的力量"使她杀死了自己儿子的时候,她的赎罪就开始了。但真正的忏悔对于她,又几乎是一个无法开始的天路历程。

不管叶美美和杨素素的复仇具有多少"新生活的特点和时代精神",赎罪是她们共同的心灵渴望。前者实际上是因要赎罪而不得所产生的焦虑导致谋杀,而后者的复仇则更应该指向自己。也许弗洛伊德是有道理的:在超我的强大监督下,无意识中罪错感的增长也会使人犯罪。这是一个悖论,但却揭示了真正的凶手——道德异化给予我们心灵的压抑。同样,玉字的申冤雪耻以及小蛾、小五的"殉情",也是出于同样的自我赎救心理。只是难以说明她们何以都是女性,或许只是因为"文化超我"本身就是一个阴性的暴君吧。

刘庆邦为我们提供的,是在"文化超我"的压抑下反抗和攻击的精神文本。但真正有意义的反抗和攻击应该是对这压抑本身。也许这才更接近鲁迅那种"报仇雪耻"的思想高度。但这是可能的吗?

同归于尽是精神的自我消解,可是还有一个更充满悲剧意味的消解,那就是复仇者的反抗和攻击正是对压抑的屈从。没有压抑的驱使,我们不会去攻击,而我们的攻击只能证明自己是压抑的顺民。这就是我们与"老黄脚"的不同,"老黄脚"毕竟没有压抑。压抑只配给我们卑琐的人生,而又以道德的伪装导演我们发动欲望之战,难道不是这样吗?一切都会消解,只有压抑永存。压抑就是我们面前的茫茫大地,在这片大地上没有"胜利者"。

《还乡》(《人民文学》1990年第4期)可能是唯一的"胜利者"的故事。这篇像是貌不惊人的作品在刘庆邦的小说世界中显示了新的意义。还乡的定哥承包煤窑挣了大钱,全村人都跟着沾光,只有老二依然穷苦。老二当年曾欺负过定嫂,但因定嫂的家庭成分,不仅不敢声张,反而成了老二被"拉下了水"。这一切全靠"管党"的老大包庇。然而还乡的定哥似乎不计前嫌,仍然和善、宽厚而宁静。他只是向老二显示着沉重的精神地位的优越,甚至取代了他在老大跟前的"兄弟"地位。最后老二放火烧了老大的新居和妻小,兄弟俩可能要同归于尽。这简直是一个充满诗意的复仇故事,其人性深度也许超过了《走窑汉》那种"事先张扬的谋杀"。在定哥身上表现着一种不同既往的精神勇气,他是绅士,是基督山伯爵,又是地地道道的中国农民。他确乎是"胜利者",即使不是真正的反抗文化压抑的英雄。但是从历史的宿命和报应中我们又该看到什么呢?复仇精神的终极语义是一种自我选择,它表明了对一切上帝的不信任和粗暴怀疑,包括社会的公德和法律的正义。攻击的欲望被自然史建构于我们的本性,它也应当并能够成为现代人性的一部分。伟大的爱情不也同样来自攻击本性的鼓励吗?但这肯定是需要社会来提供"对象化"的条件,否则它就不能建构为美的人性,至少不能在玉字、叶美美、杨素素那里建构为"永恒之女性"。

在迷茫的人生中,欲望向何处去?精神向何处去?魂兮归来,是谓"还乡"。

对刘庆邦的小说作上述的解读只是我的一种选择,自信并不是"独与天地精神往来",但果真如此岂不是更高的境界。确实,刘庆邦从未写过带有寻根意向的作品,但作品内在的文化精神与这并没有关系。正像人们经常指出的那样,它是作家主体人格的外化,或者说是一种"生命形式"。当然,刘庆邦的创作水准总的来说是参差不齐的,而且也不是稳定地走向成熟和发展。此外,更重要的是他还需要克服自己形成的套式。套式即使是发自生命经验,并具有充分的原型意义,也同样有待于不断突破。刘庆邦还没有进入"制作的盛典",但正因为如此,我觉得他更有希望。他的大部分作品我感到就像凡·高所画的、曾使海德格尔为之激动不已的一双农妇的靴子,是那样的朴实而充满意义——历史的和文化的亲切意义。靴子所显露的疲惫是短暂的,而且是"健康的疲惫",只不过意味着明天更坚实的劳动和劳动后的喜悦。

1990年7月于沈阳
原载《当代作家评论》1990年第5期

话语·记忆·叙事
——读刘庆邦的小说

张颐武

尽管经历过太多的磨难与挫折,尽管人们总是无法控制语言与符号秩序自身的运动,尽管我们并不知道那飘浮在我们周围的无穷的能指之链会将我们带向何方,但我们总能从中国作者写出的作品中读出那一份焦虑与希冀,读出那一份对语言的挣扎与腾挪,读出那一份浮出话语层面的渴望。这是"第三世界文化"中作家的宿命般的选择,也是他处身其中的语言/生存处境的作用。无论我们走向何方,这一个永恒戳记,不会消逝;我们生存于我们的母语之中,也就承担了在母语表意背后的记忆与艰辛;我们的写作也就变成了对这记忆与艰辛的不断地寓言式的重新书写,成为一种自我拯救和自我超越的活动。我们只有在对母语的运用中,才能更为平易地面对潮水般涌来的语言与意识形态的作用。正是从这个意义上,我对刘庆邦的小说产生了兴趣。刘庆邦的写作是静寂的,他似乎无心把自身作为一个特殊的能指卷入文学的浪潮之中,他似乎远离任何运动和潮流,他安然地处于文学的边缘之处,但他却又是无法忽略和抹杀的"边缘",是活跃的,不断参与、见证、化解和重组着文学的活动。刘庆邦用他平易的讲述和自我指涉的智慧,提供了一种特具本土性的叙事方式,我们不必拘泥于刘庆邦所写的煤窑、村子,而是在这些煤窑、村子的符码中看到了我们自己的镜像式的反射,看到了处于第三世界的中国的语言/生存状况的反射。刘庆邦提供了一种碑铭式的记忆,一种意识形态与生存的冲突与综合,一种语言的交错缤纷的滑动,一种重组经验但最终被语言所重组的言语表演。他为第三世界文化的特异表意方式——汉语文学提供了一个有趣的见证。

欲望/话语:两重世界之间

热衷于表现某种边缘状态的生存,是刘庆邦小说的特异之处。他的小说世界永远在各个话语与符号秩序之间滑动。《家属房》、《站不稳》都涉及了处于城乡边缘状态的人们的日常生活。《宣传队》则写"文革"时期一个脱离了农村的生产活动,临时拼凑起来的宣传队。而《还乡》则涉及了回乡开窑者的发家引起的原有秩序的破坏。刘庆邦把他的小说放置在城/乡、身体/语言的多重分裂的状态之中。但这些分裂与对立不过是小说展开的配景而已,刘庆邦并不着眼于从文化、历史的角度去引出对这些分裂与对立的分析与反思(像许多作家所热衷的那样),而是在一个模糊含混的配景之下展开欲望与话语的冲突,展开无意识自身的涌动与秩序、权力、语言间的分裂和断层。阅读刘庆邦的小说似乎使我们无法逃避一种难堪与局促,本文并未在欲望/话语的分裂间留下任何余地和间隙,而是直接地面对着这种分裂。或者说,刘庆邦把一种隐秘的、暗示的空间语言化了。刘庆邦不打算留下让他的读者溜走的出口,而是逼使他们赤裸裸地面对无可逃避的尖刻的揭示,他把我们留在了举足维艰之处,他调动了我们积压的记忆,让我们清楚地认识到自身的困惑与局促。刘庆邦的一个又一个讲述得相当完整的故事,似乎更像是一个个隐喻和寓言,更像是用那些第三世界的普通生命的能指叙事喻示一个更为广阔的语言/生存空间。这样,这里的欲望/话语间冲突就变成了我们第三世界文化处境的象征。

在《宣传队》这个中篇小说中,有一个闹剧式的荒唐的演出片段。我们如果不作吹求的话,这个片段可以说是戏剧化地处理了拉康式的看/被看间的关系,并把这种关系转化为欲望/话语间的冲突与分裂。这个片段讲述了在演出盘子舞"金色的太阳,升起在东方"时,观众却把注意力集中在女演员的乳房上,并引起了骚动与兴奋。在这里看/被看的关系由某种"话语"式转向了"欲望",引起了秩序的断裂与混乱。这个场景值得我们详细分析。法国著名电影理论家麦茨在讨论戏剧演出时曾经指出:"在剧场中演员和观众互相呈现,(表演者和观众的)行动就是共同在表演中承担角色(职务),这是双方积极认可的行动,同时也是一种具有某种公众性的仪式。"(《历史与话语》)麦茨的论点旨在说明观众对演员的"看"是与演员对观众的"看"同步的,他们是互为镜像地参照着的。演员与观众同时是看者与被看者,他们都处于同一个话语系统之中。在刘庆邦的这个片段中,理应在观众/演员间建立的共谋关系应是以"金色的太阳,升起在东方"为基础的,这应该是演员表达的话语与意识形态,也是观众理应"看"到的内容。演员表达这一意义,而观众又在这一意义的接受中获得满足。但观众却把"看"的对象转移到女演员的乳房上,把话语中的表意转化为某种失控的欲望的表达。演员表意的能指链与观众读解的能指链产生了断裂,难怪这个场面造成了小说中的演员"铁梅"的难堪。这似乎在说明着任何表意系统和意指方式天然具有的歧义性,它不是个人的主观愿望所能控制的。对话语和意识形态的表达却引起了观众的欲望的满足。这个闹剧式的场面从意识形态层面上说,意味着对"四人帮"文化专制主义的尖刻的嘲讽,从更广阔的意义上说,则是对欲望/话语的二元对立的解构式的表达。在话语中有欲望(在演员充满政治性的表演中却依然有性的暗示),在欲望中依然有话语(对性的欲望的表达也充满了文化色彩)。这似乎是刘庆邦的小说的特殊的着眼点。

刘庆邦的小说永远把情境设置在话语与欲望的分裂之中,这种分裂几乎是无处不在的,但却是可以相互转化的而又无可确定的。他似乎把欲望/话语的冲突化作了一种无可逃避的播散与弥散之物。在这里,话语意味着语言、意识、权力,是主宰每一个人生存的超验的秩序,它既是伦理,又是权威和意识形态,它永远为你规定和设计着"做什么"、"怎样做",而欲望则是无意识、混乱和个人的要求,它是无序的,又是混乱的,处于身体/语言的深处。它处在被压抑、控制和禁止的地位上,它干扰着、分离了语言的权威性,它栖居于语言的缝隙和间歇之处。刘庆邦热衷于发掘这二者间的种种对抗及其相互转化与分裂,并最终对之进行了解构式的分析。

在刘庆邦较早的《检身》中,欲望/话语的对立被编码于矿工下井时禁止带易于引起危险的烟火这一规定中。老工人包长更的儿子死于带下井的香烟引起的事故,于是,包长更变成一个安全检查员。儿子的死使他把话语化为了生存的唯一支柱,话语在这里转化为欲望。以至于他甚至在小卖部里搜检了不相干者的香烟而受到嘲弄,又由于检查女性而受到了讽刺。包长更把话语作为生存的唯一根据,规则对他来说起了超乎一切之上的作用。但另一方面话语的强化也引起了欲望的强化,我们在小说中看到对规定的刻意的违反似乎正是来自于对包长更的执着与严肃的试探与好奇。欲望/话语之间的冲突实际上是互相设定的,话语引起欲望,欲望引起话语。小说的结尾是讽刺性的,正是由于包长更的"缺席",使孙二球再次尝试带火下井失掉了意义,他扔掉了藏好的烟火。这个结尾的有趣之处在于揭示了话语和欲望最终都是处于语言领域中的能指,它们之间的争夺与冲突并没有明显的意义。孙二球们也无意在井下找死,而是试图在打破话语的权威性和统一性中获得欲望的满足。

当然,刘庆邦也注意到话语所具有的权威性和统一性的力量与权威的无所不在性。这种力量与权威不仅仅是具体的权力运作,而是一张无影无踪、无可名状与界定,但却无所不在也无可逃避的语言之网,是能指的滑动和播散所产生的"意义"的幻觉。正是在话语之中,"个人"才可能被编码于自身的"位置",感到一种"立体化"的幻觉的满足,这种满足才使他感到生存本身的特定的意义,这恰恰是话语对欲望的压抑的必然性的方面。刘庆邦的《站不稳》以一种真切的同情的语调写一个美丽女人的不幸,这种不幸却是话语/欲望冲突的结果。桂桂的外号"站不稳"来自于话语与习俗对欲望的压抑所造成的不可思议的盲目性。桂桂在话语中被界定为被排斥、被压抑和不被承认的"异己之物",桂桂变成了一个"名声不好"的女人。这种界定在小说中理由含混不明,但却是一种普遍的共识。桂桂为了争取一个被话语权力所认可的"位置",付出了巨大的牺牲,包括失掉了美丽和失掉了在工厂的工作。"站不稳"这个名词本身在摧毁着一个人的生活。桂桂最后获得了站得稳的赞词,但她却失掉了一切。话语本身的力量最终把一切编码进它的表意之中,人既然无法超越语言的作用,也就无法不被话语所编码和书写,这种编码的权威性和统一性是我们所无可反抗的。话语在这里又成了一种超验的永恒存在,一种能指的功能的意指作用。刘庆邦把生活的悲剧和琐碎的日常的艰难苦闷化作了一个语言和能指的悲剧,把他的故事变成了能指权力和语言暴力的戏剧化的探讨和表达。

刘庆邦的叙事总是放在大量未经清理的琐碎的日常生活事件之中,但这一切又常常不可避免地被戏剧化。《家属房》围绕优化组合这一新的话语运作所引起的纷争就是一例。新的话语带来了新的权力策略。但《家属房》这篇小说并不刻意强调这一"事件"本身的戏剧性。他强调的是各种失控的偶然性是如何被话语和权力所"解释""书写"直至"压抑"的。"老嫖"因意外事故而死亡,却又担心被来到的"安全检查团"所发现,于是他被称为"煤"运回了家。人/煤之间取得了一种荒唐的能指同一性。死亡的人被压抑、忽略和隐没,是旨在获得话语权力的认可,旨在通过压抑死亡来获得话语权力的永恒权威的虚妄的肯定与赞赏。小艾受到了工会主席的玩弄,但这却是以话语的名义,以"关心工人"的名义出现的,在虚构的话语内部,个人的欲望借用话语的名义出现,借以获得欲望本身无以名状、无处取得的东西,这似乎是《家属房》这篇小说的关键之处。

刘庆邦对话语/欲望的二元对立的书写是非常独特的,他的独特性在于文本所具有的特殊的游移之处。刘庆邦的文本似乎总在话语/欲望之间摆动。文本变成了无解的惶惑的"踪迹",化作了各种歧义、分离、差异的自我指涉活动的"场"。刘庆邦的文本一方面倾向于对欲望的观察,认为欲望是生命中最真切的东西,是被话语所压抑的"本初之我",但另一方面又意识到人类只要存在于语言之中,只要构成社会,话语的存在就是无可逃避的。这一切都并不能由我们选择。我们前面所作的片断而零散的分析,都证明了这一点。我们似乎还可以从刘庆邦的文本中常常出现的人物之间下流笑话和性玩笑中感到这一点(他的《为你们保密》几乎反讽性地集中在这一领域中)。这些玩笑透过了话语的缝隙浮现了出来,它们既无法消除和抹去,又无法被遗忘地存留于文本之中,我们无法删略和忽视它们的存在。它们处于话语的边缘,模糊含混,无边无际,无始无终,在文本中零散地出现又转瞬即逝,无法追踪。我宁愿把它们视为一种拉康式的"无意识",一种"他者的语言"对语言秩序的分离和破解。在这里出现的是马克思称之为"历史的讽刺"的东西。话语/欲望总是相互依存,缺一不可的。它们永远在冲突和分离,却又转化、融合并化解着各自的完整性。这些玩笑是语言的表述,是一种话语,但却是一种"欲望的话语"。它们的存在隐喻地说明着话语是欲望的一种表现方式,而欲望正在话语的存在中显露自身。在这里,刘庆邦以一种完整的叙事凸现了一个指涉着"后现代性"的主题。

记忆:历史的叙事

刘庆邦小说所关注的另一个问题是对回忆和历史的潜能的释放。他的小说总是力图在"共时"的叙事中对回忆与历史进行编码,使回忆与历史成为话语的核心成分。回忆与历史永远是无力也无法摆脱的东西,它化作零碎的语言片断,却每每浮现在记忆之中,如巨兽,如毒蛇,纠缠着,干涉着我们的生存,它是我们获得语言的前提和条件。在回忆和历史面前,我们似乎无路可逃。对我来说,回忆和历史并不是超然的实体或具体的事件,它们其实是一种"记忆",是一种如拉康所说的"镜像"的反射;也可以说它是一个巨大的"词库",充满着人的无尽的感受。"记忆"是一切历史叙事的前提,或者说任何历史都是对"记忆"的书写方式。在刘庆邦的小说中,他并没有试图对历史进行一种以"反记忆"的幻觉编码的写实性的书写,而是试图发掘记忆/现时间的深刻的联系,把记忆化为某种实践性的语言活动。这种对"记忆"的思考来自于两个方面。首先,文本所喻示的空间本身就是由"记忆的言语"构成的。这里有《宣传队》式的对"文革"时代往事的"记忆",也有如《走窑汉》、《检身》式的对奇事奇人的"记忆","记忆"是叙事赖以生存的前提,是虚构之母,是文本生成的动因。这是刘庆邦的故事存在的基础,"记忆"可以说是一种症候和宿命,它只有在叙事的进程中才可能得到减轻和解脱。在这个意义上,"记忆"乃是一种"无能指的所指",是一种焦虑。它只有通过写作,也就是在获得"能指"的过程中才可能被释放出来。这一切似乎很像列维·斯特劳斯在《结构人类学》中描述的巫医的神话式的治疗过程。巫医借助神话模式赋予病人的异常以"名",使之得到解脱和超越。写作在这个意义上正是对"记忆"的这种治疗过程。刘庆邦只有在写作的能指过程中才能得到平静和安宁。其次,"记忆"也是指小说中人物的噩梦式的记忆对生活的搅动,指小说文本对"记忆"的陈述活动。在刘庆邦这里,"记忆"是他的主人公经常不得不面对的梦魇和恐惧,它意味着不堪回首,却又无法不面对的东西,它不是光荣的、永恒的瞬间,而是失控的瞬间,是力图将之压入无意识,让它永远不获得表达的瞬间。但"记忆"又是无法摆脱的,它总在你的身侧,总在你的眼旁。刘庆邦的《检身》写包长更正是由于儿子的死亡的"记忆"把他变成了怪人,而《为你们保密》则写微末卑琐的小人物老李偶尔在星期天看到了在办公室里搞男女关系的一对,这一点"记忆"变成了老李生命中最有趣、最珍秘的财富,这"记忆"也搅乱了老李的生活。老李对这记忆加以"叙事"的欲望和他要为人保密的大度变成了难解的矛盾。老李的叙事欲望实际上就是试图给这一事件赋予明确的指称的努力,但这一努力又由于他的迟滞和刻意表现宽容而一再地被隐抑。"记忆"给老李带来了难以置信的兴奋与欣悦,但又给他带来了无可摆脱的困扰。"记忆"变成了困境的源头。而刘庆邦的最新作品《还乡》则直接涉及了记忆与暴力的关系。老二在十几年前仗着他哥哥在村中的权势玩弄了定哥的妻子,但现在定哥却回到村子开办煤窑,成了村中的首富。而老二的行为在村人和他自己的"记忆"中成了无处不在的永恒的噩梦。因为这"记忆"老二的生活被排斥于村人之外,最终老二为了摆脱这"记忆"对他的控制,在大年夜放一把火烧了与定哥交好的他的亲哥哥的房子。这一把大火是遗忘、遏制记忆的努力,是以暴力对记忆的对抗,是如同末日审判般的绝望的呼号。

　　刘庆邦对"记忆"的表现,是一次对历史的捕捉、寻找和释放。他把一个原来宁静的无言世界,一个令人难测其深浅的神秘的语境呈示给我们。"记忆"搅动了文本的陈述,成为一种无法夺走的第三世界处境的表意。《家属房》中写出了一个"秀才",可以说是对"记忆"的铭刻与表达的艰难性的隐喻。这位"秀才"在不停地从事写作,试图表现他的世界的悲欢。但他的写作总得不到发表的机会,同时写作活动还受到了各种各样的干扰。"叛徒"在帮他送回退稿信时,认定是发表的小说,定要打开看看,而"老嫖"则因未明说的原因打开他的箱子乱翻。"记忆"变成了无言的言语,找不到表达的出口。"记忆"变成了翻腾、奔涌的生命之底层的隐秘,但它如铭刻的碑文般印入了脑海,渴念着表达。刘庆邦写出了没有写出本文的秀才,也就是释放在本文内的人物符码所不能表达的潜能。他的文本变成了一个无底的旋转之物。《家属房》可以说是被秀才书写但终被断送的一切的叙事。这样我们就把"记忆"的本文化作了"本文"的记忆。小说最终转变为一个无穷的自我指涉的"记忆"的网。

　　但刘庆邦所写出的"记忆",却不同于第一世界作家在后现代主义时代所惯用的无序的语嫡的无穷的自由奔涌,而是在"记忆"中容纳了第三世界文化处境中的"中国"的特殊的历史本身。"记忆"乃是个体对历史的叙事,是急切地倾诉的机遇和渴望。在他的本文中,"记忆"的叙事乃是救赎与超越的唯一的希望,第三世界的贫困、奋斗与希望所能找到的最佳的表意。刘庆邦把噩梦般的"记忆"所支配的个人的苦难视为一种必须超越和化解的东西,他在对"记忆"

的打捞中隐约地闪出了对无辜女性的同情,对下层人民生命力的热烈的礼赞的语调。尤其令人震撼的是《家属房》结尾处的一句话,"小艾大约不会来了"。小艾是《家属房》中妇女所承担的苦难的象征,她被工会主席所玩弄和欺骗,她失去了丈夫,她为人们所议论。但结尾的这句话却使人想到了沈从文的《边城》的那句著名的结尾。"大约"一词,提供了一种开放式的、含混的、推测性的、处于迷离恍惚之中的效果。它喻示着的是一种转机、一种可能和无法掩抑的隐约的机遇。这使得刘庆邦的本文不仅仅处于"记忆"的控制之下,还似乎在无数记忆的能指的游动中透出了某种"超记忆"的可能性,也就在叙事中容纳了时间性本身,并期待着我们的阅读。

本土性:面对第三世界的读者

　　无可怀疑,对于一个中国作家来说,他不能不面对的是他身后的几千年漫长的文明,但这还是一种积淀于语言深处的存在。他首先无法逃避的是他在"共时性"的世界"位置"。在全球性后现代文化中,第一世界/第三世界的二元对立是任何一个第三世界作者的困境的中心。第三世界在身体/语言方面所受到的压抑、忽略,第三世界物质的贫瘠以及在话语领域中的次等的地位都使得第三世界的作者不能不敏感地体验到鸿沟和分裂的存在,他们无论写作何种文本,这总是无法摆脱的焦虑之处。也就是说,不论他持有何种立场和如何进入写作,这一问题总是他所不能不面对的挑战。这里的问题是,他将如何运用他的母语写作?他将如何面对自己的身处"第三世界文化"处境中的读者?这是任何一位中国作者面临的课题。在这种紧张的探索中,我们看到了如王蒙的《活动变人形》,张洁的《只有一个太阳》,查建英的《丛林下的冰河》这样的直接深入探讨第一世界/第三世界二元对立的文本,也看到了如余华的《古典爱情》、《往事与刑罚》、格非的《敌人》、刘恒的《逍遥颂》这样把这一问题化入了文本的结构与句法之中的文本。这些文本都从不同的侧面试图打破第一世界话语的权威性与整体性,在其边缘分裂之处发掘汉语文学自身的特异性,也就使文本具有了特殊的本土性。在文本中为自己的第三世界处境中的读者留下了位置,把他们化入了文本。在这里,第一世界小说中的作者读者间的俄狄浦斯式的对立关系(正是这种关系导致了现代主义的文学作者对读者的漠视和巴尔特与福柯的"作者之死"论)被消解了,而读者/作者共同投入对文本的创造,在对本土"语言"和"视点"的共识中共同编码文本。

　　从这个立场上分析刘庆邦的文本,无论是他对欲望/话语二元对立的开掘,还是对"记忆"的不断地追索,都具有明显的第三世界文化的独特表意特征。他总是用特有的方式把读者化入文本之中,使读者/作者/文本处于一个共有的平面之中;也就使他的文本成为一种特有的"镜像",既反射着我们,观看着我们,又为我们所观看和反射。这里他主要使用两种策略进行表达。首先,采用缺少人物个性特征的人物符码,如《为你们保密》中的老李、王同事,《还乡》中的老大、老二、定哥,《家属房》中的那些以外号相称的人物,等等。这些人物符码并不追求刻意的所谓"性格"的形容词聚会,而是把他们视为普通的本土中国人的转喻式的代表。他们的人生遭遇和处境并不是特异的,而是任何一个处于第三世界中的个体都可能遇到的。在刘庆邦这里,人物符码的编排卷入了一个意识形态的运作过程,它不断地试图激发读者的"想象",期待着读者以自身的话语背景对文本的介入。刘庆邦的小说可以在某种意义上被"视为"写实性的作品,但他无意从"性格""形象"等语言聚合的表意策略上下功夫,而是把人物符码化为能指运作的功能,由此让我们这些第三世界的读者受到影响和触动。或者说,他的"人物"是读者意识的镜像,我们在读着刘庆邦的小说时,也从中读着我们自己。刘庆邦的小说不再存在所谓的"主角",而是把所有的"人物"视为文本结构的一个功能。以往欧洲写实主义以"主角"的人生进展为中心,使读者产生认同的表意策略被忽视了,读者为"主角"的命运所感动的个人化的意识形态缝合方式被取消了,而代之以众多人物符码的编排与运作。这可以说是一种第三世界小说的特异文化寓言性的表意策略,是文本的"第三世界文化"特征的表现。

其次,刘庆邦对于传统情节剧样式的借用与转化是他的本文的第三世界文化特征的表现。在西方文学中,"情节剧"式的完整的故事被用来掩饰一种中产阶级的意识形态的幻觉,所谓"真实"的人物和故事(这往往被视为现实世界的"反映",而非语言的能指运作),被用来宣谕资产阶级意识形态的永恒性。"情节剧"的所谓"真实"式的表现,实际上是意识形态国家机器的编码功能而已。这在马克思的《神圣家族》中对欧仁·苏的《巴黎的秘密》的卓越分析中就可以找到科学的论述。把完整的故事视为文学"真实性"的基础,不能不说是一种可笑的短视。但刘庆邦的小说对"故事"的兴趣,却是在对"情节剧"意识形态的不断消解中出现的,它逼使我们在对叙事的阅读中不是对幻觉和神话产生认同,而是不断地对之产生间离和困扰。刘庆邦对欲望/话语的二元对立的表现和"记忆"的表现都包含着对虚幻的人文热情和意识形态的深刻的消解运作。在这里,故事并不封闭和完整,而是向它的第三世界读者开放。在这里,读者原有的稳固的话语幻觉受到了撼动。我们在读刘庆邦的小说时,也不能不断地发出追问:是谁在编码这些本文?我们的生活是否需要不断地更新和创造?刘庆邦无心编排美丽的幻梦，无心传达一种甜蜜的自我陶醉的语言幻想，而是把第三世界语言/生存的处境不断地加以揭示，在类似"情节剧"式的故事中，刘庆邦赋予了其不同的含义。刘庆邦的故事没有给任何幻想的话语留下空间和余地，刘庆邦在生活世界与"情节剧"式的叙事世界之间作了辩证法式的分析。我们在《家属房》、《宣传队》这样的本文中一再地看到这样的分析。《宣传队》更是一个对于"情节剧"的幻觉的精彩的反讽。那里演出的冠冕堂皇的"样板戏"和日常生活的无能为力构造了尖锐的对照。这一切为第三世界读者破除虚假的"自我意识"，清醒地面对自身与世界起到了作用。正像法国马克思主义理论家阿尔都塞在论及布莱希特的戏剧时所指出的："如果戏剧的目的是要触犯自我承认这一不可触犯的形象，是要动摇这静止不动的、神秘的幻觉世界，那么，剧本就必定在观众中产生和发展一种新意识，这种新意识是尚未完成的意识，它在这种未完成状态、这种由此而产生的间离状态以及这种源源不断的批判的推动下，通过演出而创造出新的观众。这些观众是在剧终后开始演出的演员，是在生活中把已开始的演出最后演完的演员。"（《保卫马克思》，127页）阿尔都塞的这些见解也适用于刘庆邦对第三世界读者的作用。

　　正是这样，刘庆邦的小说给我们展示了一个具有本土性的语言的世界。他的平和的讲述却铭记了过往的生命，破碎的、永远搅动我们而又失控的"记忆"，给我们一份焦灼、期待和不安，他整合了我们在无数缤纷破碎的话语中的位置，他把第三世界的语言/生存的深层意义揭示给我们。我们在刘庆邦这里，不能不承担一份我们必须承担的东西，无法逃避和隐遁。

　　正因为如此，刘庆邦在诱惑和吸引着我们。

1990年5月14日京郊魏公村
原载《当代作家评论》1990年第5期

季风与地火
——刘庆邦小说面面观

雷 达

原先读过刘庆邦的几篇小说,也知道他是矿工出身且常以"煤黑子"为描写对象的青年作家,还知道王安忆赞赏他写的复仇故事,专门评论过。于是对于他浮现脑际的判断便是:其全部创作可用"炼狱里的人性分野"概括。我很为自己的这个判断得意。然而,当我最近差不多看完他的全部作品以后(约七十万字),却一时陷入茫然,原先看到的只是一面或一个局部,真正的刘庆邦似乎藏匿着,我不由感叹起"复杂的刘庆邦"来。

一个朦胧的、捉摸不定的对象,一个陌生的、不易界定的作家,可能正是一个较有深度的、独特的存在。评论者的职业习惯决定,他总是喜欢捕捉作家作品的创作个性和风格标志,但轻而易举的归纳却往往是单向思维或简单类比的产物。就作家一面看,风格特色的过度明晰和确定,也许正潜藏着凝固化的危机。倘若一个对象可以一语中的,一览无余,是否是临近死亡的信号?幸好,刘庆邦虽不免时有自我重复,但他终究不断变幻着自己的形象,好像是为了躲避批评者的捕捉,不断设置着一个个陷阱:不是说他专写地表下矿坑里生灵们的坚忍生存吗,但旋即就会发现,他也写地面上农村的夏夜与晴空、劳动与爱情;不是说他多写暴力、性爱、死亡之类的生命主题,因而社会历史意识较为淡薄吗,随即就又发现,他也正面写改革,长篇《断层》写的便是"断层"的极难打通;不是说他善写强悍的灵魂故而其格调应属"阳刚"吗?但紧接着就看到,他同样善写清纯的农家"闺女儿"和雨丝花朵般的柔情,其格调倒近乎"阴柔"一类了。刘庆邦就是这样的扑朔迷离。不过,作为一个正在不断扩张自己艺术空间的青年作家,刘庆邦既是多变的,又是统一的,只要我们平心静气地思索一番,只要从他的主体精神建构和形象世界入手,抓住其创作动力的核心和审美意识的要点,我想真正的刘庆邦将会浮露在我们面前。

一

的确,仅仅看到刘庆邦小说中闷暗的环境,强悍恣肆的灵魂,粗鄙的言语、残酷的复仇等方面是不够的,那不是全部的刘庆邦。首先需要看到的是,他的小说是由两大块构成的:一半儿是农村、平原,一半儿是煤窑、竖井。农村的一半儿,有春夏秋冬的时序,日月星辰的照耀,鼓荡着平原的风,洋溢着农业文化的气息,那里有传统的人伦、亲情、道义和梦想;煤矿的一半儿,是别一种特殊的生存,进入地层深处的人们,被置入幽暗、险恶的环境,那里有死亡和本能需求匮乏的阴影,更有地下火一般的顽强和灼热。这样一种二元结构,既是刘庆邦作品格局的特点,也是他主体心理结构的特点。这是由他独特的人生经历决定的。

他自己就说过:"那块平原用粮食用水,也用野菜、树皮和杂草养我到十九岁,那里的父老乡亲、河流、田陌、秋天飘飞的芦花和冬季压倒一切的大雪等,都像血液一样,在我记忆的血管里流淌,只要感到血液的搏动,就记起了那块生我养我的土地。一个偶然的机会,我到煤矿去了,一去九年,才有机会看到别一层炼狱般的天地,在矿工面前,我只感到自己的渺小和乏力,所受的艰难困苦一句也提不起了。"这段话对了解刘庆邦至关重要,可以使我们明白,他为什么忽而写煤矿,忽而写农村,两者格调迥然不同,免得只盯住他写煤矿的小说以偏概全。同时,由这里也可见出这颗年轻的心灵何以装载着比一般青年作者更丰富深刻的体验。

更值得思索的是,他的世界里的两个方面,并非如表面上的互不相涉,而是有一以贯之的血脉。如果说农村的一半是他的根、他的魂、他的血源,那么煤矿的一半便是这"根"伸出的枝叶,是魂的寻觅、血的扩散。事实上,刘庆邦笔下的"煤黑子"们,不过是脱离了田野,穿上工作服的、面孔更黑一些的农村弟兄罢了。他们来到一种特异的环境谋生,像是一些切断了农村文化背景却又并未真正找到大工业生存方式的精神上的流浪儿,因为文化上的失重而变得既倔强又暴躁。所以,依我看,刘庆邦写农村,又是因他在矿井找不到真正的文化出路折返回来寻求精神家园的一种表现。这也就是为什么他描绘的乡土总是那么淳朴,真挚,充满梦幻和诗意的原因。只要与他写煤矿的严酷沉重一比较,就看得很清楚。其实,他的乡土已非原本意义上的乡土,而是涂着一抹浓重的精神暖色和理想折光,与常见的农村题材作家直面矛盾的写法不同。倘若回到真实的乡土中去,情况大约会相距甚远。应该说,刘庆邦的道德观、价值观,他的精神理想和审美情趣,与养育他的乡土有着深刻的渊源关系,即使后来在他全力描写煤矿生活时,这些东西作为隐蔽的尺度也没有消失。这倒并不意味着他完全认同于乡土文化观念,没有清醒的理性审视,而是说,他总是拿乡土的纯真来烛照人性的扭曲和变态。于是,他的乡土作品主要不是批判,而是诗化。

比如中篇《大平原》,虽很少有人提及,但对他是重要的,甚至可当作他的心灵备忘录和精神上的自叙传。作为表现农村生活的作品来要求，它揭示的矛盾不深，但你读着读着就会恍然发现，它是用小说形式写就的一首抒情诗，它压根儿就不准备陷入具体的现实矛盾，而是要写出心目中的圣地——大平原——这人格力量的象征和民族精神的象征，写出它的坦荡、博大、深情，写出它的忧患和坚贞。看到这一点，你就反会觉得它写得巧妙，富于色彩感，表现性强。它也有个简单的故事线索：回乡知青林生原本因落榜而心灰意冷，但在他进入自然，进入大平原之后，参加割麦、锄禾之类的劳动，并与红寥姑娘产生了朦胧的爱情，便终于体验到一种融身大平原的奇幻而幽深的感觉，他放开沉默已久的歌喉，唱了一支流传在大平原上的苍凉歌曲。随后，他在高粱地酣睡了，坐在不远处的红寥则一直等他醒来……就是这么一点简单的情事，作者居然撑满了近三万字，而且读来意趣盎然，不能不令人惊奇。秘密就在意味与形式的统一，具象与抽象的契合。林生和红寥这对大平原上的儿女，既是真实灵动的活人，又像是平原的"人化"。写割麦时的汗湿两鬓的生动模样，风撩起她的衣衫时的俊拔的身材，似在写她的健美，其实在写平原的美；写林生一旦贴伏在田野大地上，就涌起一股涤荡肺腑的清流，似在写他的感觉，其实在写平原的魂魄。作者用于情节性交代的笔墨很少，大量的是故事空隙里弥漫的情绪，故事框架下潜藏的意味。红寥对林生说"我常常想哭"，所表达的是包括作者在内的一种隐藏极深的对故土的热恋和感伤的情绪。读《大平原》，会一下子想到契诃夫的《草原》，那将地域拟人化的写法，那发香的、轻快的、忧郁的风格。这里，刘庆邦显然是师法了《草原》的。但它一样的朴素、真挚，我们由此不难感知刘庆邦的审美理想是什么。

读过了《大平原》，就好理解《闺女儿》、《曲胡》、《玉字》、《夫妻》等篇什了。否则很难想象，常以严峻的目光瞠视着矿井里沉重的生存的作者，怎么会在《闺女儿》中那么热衷纯情、空灵、缥缈似梦的境界，就像一双粗糙的手拈弄绣花针一样。短篇《闺女儿》几乎是无法叙述的，硬要说，那就是写一个叫"香"的豆腐场的女儿，如一朵含苞欲放的鲜花，她去相了一回亲，回来做了一个梦，如此而已。她的心态、言动是那么洁白无邪，仿佛能嗅到豆腐的清香，但这封闭环境的女儿，做梦也逃不出她想象力的疆界，不免令人惋叹。《上海文学》的编者说它"以其精到的艺术剪裁扩大了小说的人生内容"，"从文化层次上提供了未来人生的暗示，使小说在清丽中透出幽深"。格调的清丽，剪裁的精巧，我都有同感，但我认为"香"这个人物与沈从文笔下的翠翠、萧萧们没有太大的区别，她只是作者审美理想幻化出来的人物，或者说是作者的白日梦，所以在究竟表现了多少现实性人生内容方面倒不必太认真。

刘庆邦是个尊重人性、崇尚人格力量的作家，而他关于人性、人格的许多观念又与民族传统的人文精神有较深联系。例如,他热爱乡土,同情弱小,重视气节和情操,赞赏匹夫不可夺志的刚毅,感动于有血性的复仇等。这并非坏事,也大可不必一听"传统"就视为陈旧。事实上,一个作家只有把根子扎到民族精神传统的土壤,才有底气。刘庆邦不少小说的爆发点,常表现在人格人性与道德伦理的冲突,这给他赢来了有魅力的悲剧感。更有意思的是,他的人物常常自我矛盾:既遵从传统道德,又侵犯传统道德,最后成为自我矛盾的牺牲,完成了一种人格精神之美。试看《曲胡》,这可说是刘庆邦最精彩的短篇。它也像瞎子阿祥的琴声那样优美伤感,让人们走神,心绪飘飞到很远,进入一种恍惚的、灵魂飘浮的境界。瞎子阿祥的曲胡起先拉得不好,但是自从城里的哥哥抛弃了善良的嫂子,家道日渐衰落之后,瞎祥的琴声就如怨如诉,不同凡响了。人们说他拉的是"心弦"。冬夜里琴声起处,真所谓"行人驻足听,寡妇起彷徨"。琴声里,瞎祥与离婚不离家的嫂子相依为命,琴声里,嫂子的儿子结婚了,娶了新媳妇,但瞎祥还是在拉琴。瞎祥与嫂子的秘密终于有一天被新媳妇窥破,这新媳妇不知是因为自身婚姻的失败还是被瞎祥的琴声勾了魂,竟钻了空子按琴声的暗号去代替婆婆的角色,"盲目不盲心"的瞎祥立即发现了异常,脸色陡变,琴弦随之绷断。因秘密的败露,瞎祥把自己悬挂到挂曲胡的地方,不久嫂子也以同样的方式殉情,并且把曲胡带进了坟墓。读这样的作品,我们不能不受到极大的震撼,沉思曲胡为谁而鸣,惊讶于人性的庄严。感动之余还会想到,瞎祥既敢于冲破传统道德,把爱奉献给孤苦伶仃的嫂子,但他终究又被传统道德压碎,或者说以死来表达人性的尊严,一种无可解脱的解决方式。另一篇人们谈论较多的复仇故事《玉字》,同样是一首人性尊严的赞歌。美丽的农村姑娘玉字,在一个晚上不幸被两个坏人在高粱地里奸污,本来声价很高的她就此一落千丈,掉进欲死不能欲活不得的苦境,后来她换了个人似的一扫忧苦,并主动嫁给了嫌疑犯马三,不动声色地找到仇人,巧妙地诱使他们火拼。等雪了大耻,她也失了踪影。小说由极度的悲愤转为极度的安静,实际内蕴着骇人的心理能量。和《曲胡》里的瞎祥一样,玉字在皈依传统道德的形式下,表现了人的尊严的凛然不可侵犯。《玉字》很容易让人联想起唐宋传奇中的《谢小娥传》,聊斋中的《庚娘》、《红玉》诸篇。在审美精神上,它们确是一脉相承的。

二

就是这样一位对乡土和人民怀着深挚热爱的,呼吸领受过大平原上清新空气的,崇尚民族人文精神的作者,因偶然的机缘来到煤矿,成了一名矿工,看到了别一样酷厉的生存,其心灵的震动幅度是可想而知的。刘庆邦说过他的惊讶和哀撼,也说到他在罕见的艰苦卓绝面前感到自身的渺小与乏力。现在他面对的是"把命系在麻绳上的人们"。他们极少见到白昼,白天在黑暗中。夜晚自然也在黑暗中。这在工业劳动中也是极特殊的。与正常生活的反差之悬殊还表现在,他们既要在大地的腹心承受重负,进行高强度的粗重劳动,还要在地面上忍受偏见、歧视,为生存付出更大的代价。在饥渴、匮乏、沉重、危险的环境中,他们表现出或粗犷、或恣肆、或狂放、或阴郁的种种性格面貌。我认为刘庆邦虽然也写乡土,写纯情,还有专门写幽深的潜意识的精神分析型作品,但他最主要的成绩还在于对一系列矿工形象的刻画。这些作品,有较大的人性深度和格调上的力度、硬度和强度。

篇幅很大的中篇《东家》,就是一部揭示灵魂中的惊涛骇浪的扎实深厚之作。说我们看这部作品会给看"傻"(吃惊意)并不过分。你可以说它的故事并不怎么新鲜,但你无法否认性格的巨大魔力。而且不是一个人物,是三四个。自从那个秋雨的黄昏李天顺踏进了张富海的小煤窑,我们的心就被紧紧地攫住了。李天顺精瘦,机警,白面书生的模样,小说通过他求职时的狡黠,受到其他窑工轻蔑、排挤时的冷静气度,摔跤时猿猴般的矫健,特别是第一次掘煤的不凡身手,把个阅历丰富、心计很深的硬汉又活化出来。这样的角色很快取得窑主的赏识是不奇怪的。然而,强中自有强中手,如果说李天顺的犷悍中含着正直,那么窑主张富海的沉默中便藏着极度的阴险。这是个让人不寒而栗的家伙,他的热笑、冷笑、简短的阴沉沉的对话,"快滴水的脸子",都显示着他不仅善于压榨窑工的血汗,而且惯会整治人、摧残人。他给环境带来一种窒息感。相形之下,他的羽翼张石旦,就凶恶有余、智谋不足了。在这样一个威压的氛围,李天顺不啻掉进了虎穴。虽然他暂时受到信用,但我们知道等待他的是什么。李的"失势",几乎在一瞬间发生,起因不过是他点破了新修路的奥秘,还有关于他与喜梅(张富海的女儿)或老四有无偷情的捕风捉影的传言。其实,李天顺与张富海的反目,除了斗智、妒忌,还有两个男人心理上的较量。这部小说的一个重要特色是写出了极度的紧张感:并非外在的紧张,主要是心理、神经、灵魂的高度紧张。恐怖的影子在一步步逼近,我们不能不为李天顺的命运捏一把汗。他在窑工中揭露大伙受盘剥的秘密,暗中鼓动怠工,而张富海也已策划好暗害他的办法。李天顺死里逃生,在炸毁小煤窑之后逃亡了,但按小说"引子"中的交代来看,他最终是在狱中切断动脉血管自杀的。

《东家》是发生在个体户小煤窑里的一幕比较复杂的悲剧。李天顺算不上产业工人,只是个流浪的劳工,张富海则是个钻改革空子的暴发户,李的斗争含有反抗剥削的性质。但我们发现,作者其实无意于分辨这一斗争的社会经济性质,他密切关注的是精神力量的强度、个性的硬度、性格的魅力。在作者看来,斗争的性质是次要的,一个人有无足以应对环境的精神魄力才是最重要的。其实《东家》里还有个光彩逼人的角色,那就是"老四"——一个掉在泥淖里的泼辣女人。男人的窝囊,经济的重负,迫使她来到矿山,以粗野对付粗野。她一面被张富海霸占着,一面做炊事员,与矿工无异。按说她是麻木的,但她对李天顺的倾慕和保护含有同是天涯沦落人似的相知,又是她无颜表达的压抑着的正常人的爱欲。她内心有不可摧毁的自尊,毅然出走的场面有声有色,令人于怜惜中生出敬意,比起那个虎妞式的喜梅,她不知要高出多少。这么一些强悍的、泼辣的、阴暗的灵魂相互撞击,遂使小说中心理波澜迭起,很吸引人。只是作者对李天顺的结局把握不准,又模拟推理小说的首尾,给这部原本完整、深沉的作品带来瑕疵。

如果说刘庆邦描写矿工的小说具有某种紧张性,那么它不是外在环境的紧张、事件的紧张,而是内在灵魂的紧张、心理动作的紧张。由于这一注意灵魂开掘、注重心理潜意识探索的特点,他的人物较少雷同,各色各样,且具有相当的深度。《走窑汉》是刘庆邦的成名作,评者甚多,或着眼于生存相,或着眼复仇方式的奇特,或着眼于善恶分析。我想它的主要成功还在刻画了一个令人浑身起栗的强有力的性格,表现了一种令人震骇的精神力量。作者说,长年在沉闷矿井里劳作的矿工,"最珍爱的莫过于女人",他们白天在地底掉汗,"最恨人家在地面上勾引他们的老婆",确是抓住了矿工心理上的一个重要特点。马海州的报复张清,就不仅仅是捍卫妻子的贞洁,而是在捍卫他理应享受的与地面上普通人一样的权利,其正义性质是不言而喻的。按说,马海州捅了张清一刀,事情就该了结,但一切才刚刚开始。这也就是王安忆称赞的"在别人停下来的地方开始"。接下来的过程完全像一个噩梦:马海州和他的妻子影子似的跟住了张清,永远是一双充满敌意和精神拷问性的眼睛。马的威慑力无时不在,无处不在,他甚至救了张清的性命又接着"拷问"他,有点猫捉弄耗子的味道。前支部书记张清被折磨得近乎疯狂,最后一死了之。怎样评价马海州是另一个问题,我们欣赏的是作者刻画人物的功力,是马海州的真实、独特、合乎逻辑、心理深度。这个曾经是"胸佩红花的青年突击手",因他心爱的人和他的生活被毁坏而怀抱的仇恨太深了,由于他本来就是个"识字很少,头脑清晰,遇事有独到见解,吐口唾沫一个坑,有种使人服从的威力"的人,他的行动便不足为怪了。

刘庆邦创造的矿工形象,倒也并不一味地粗犷、强悍,很有一些人物超出我们惯常的审美经验,带着新鲜、陌生的活气,是特定环境里的特产。《窑哥儿》中的泉子,刚十八岁就下了窑,开始把别人的照顾视为耻辱,要做"窑柱子"似的男子汉。但他太纯了,纯得像水晶,腼腆如处子,对于粗俗的性玩笑极为反感。他像不能看着自己的姐姐受欺侮一样,企图救拔一个绰号"老白"的卖身女子,结果被认为"犯傻"惹恼了一些人。小说写泉子未经污染的清纯非常准确,以至连"老白"也不得不对他重新估量。小说超出矿山的樊篱,有种透示人生的广度。短篇《检身》同样很特别。包长更老师傅的独子因违章带火柴香烟下井而殒命,矿里便调老包去当"检身员"。他果然铁面无私,执法如山,领导以为他出于切肤之痛,便频频表扬,并自得于"知人善任"。其实,这个孤独老人的隐痛被忽视着,无异于在伤口上撒盐。小说以深细的笔调写出了老人表里的矛盾和痛苦复杂的精神状态,令人深思。也许更值得一提的是中篇小说《胡辣汤》。刘庆邦给人的印象是个不苟言笑、严肃沉思型的作家,他的小说中虽不乏粗话和谑笑,但让人笑不起来,因为背后是沉重。《胡辣汤》却大异其趣,满是诙谐、调侃、笑料,好像一锅胡辣汤,而"羊"这位老工人的性格,也恰可用胡辣汤喻之。这完全是个发生在眼前的故事,矿区的生活气息扑面而来。"羊"当过 20 年的劳模,是位掘进队长,因家庭负担重,灵机一动开了一间专卖胡辣汤的小吃店,从此他的生活不再安宁。随着开店,"羊"这个老工人埋藏的智慧、幽默也一起被开掘出来。他对无端的指责已无所谓,他冷嘲了把"几多几少"玩了几十年的王科长的文牍主义,他为胡辣汤做广告的出奇制胜,还有他为"不再当劳模"感到的轻松,都表现了他的精神的蜕变和解放。可笑的是,他对过时的陈旧价值的藐视是以装傻充愣的形式表现着,这个精明鬼确乎得了风气之先,却不得不与旧观念虚与委蛇。他仍不失为优秀的采煤工,但他今天是活出自信来了。《胡辣汤》的容量既体现在"羊"的喜剧性格上,也体现在作者对矿区最新生态的生动描绘。我们常常感叹于日常生活的丰富被过滤掉不少,而刘庆邦恰能把"不入诗"的东西写出,好像专在别人指缝漏掉的东西上下手,比如氛围感,比如尴尬、焦虑、失落、莫名的烦恼等情绪。

三

近年来,刘庆邦的创作视角和审美意识发生了较明显的变化。一方面他与对象拉开适当距离,加入了文化性和整体性的思考,更注重生存状态和生存境遇的群体性揭示。另一方面,在对个体人物的描写上,有剥离横向联系垂直型地探究潜意识隐蔽层面的倾向,加浓了精神分析的色调。前者以《家属房》、《宣传队》为代表,后者以《找死》、《煎心》、《为你们保密》等较为典型。虽然各样小说他都在写,但这一变化是带阶段性的。在这两个方向上,对性文化、性本能的审视,又居于非常重要的位置,它是切点和窗口。我认为,就作者思考的深化而言,这些作品很值得重视,若论创作实绩和成熟程度,却仍在那些比较传统的现实主义方法刻画的一系列棱角分明、鼓突饱满的人物上。

《家属房》当然是有分量的作品。从创作思潮的角度看,它与《风景》、《烦恼人生》、《新兵连》、《头人》、《单位》等,可说是同声相应,同气相求。它们都是以直面现实的精神,以更为本色的笔调,对群体生存相的文化观照,都把"状态"推到了显豁的位置。作者对矿工生存的艰辛,本来就有长期观察,他扎到了"家属房"这个矿区特有的风景线,就找到了一种视角和把握方式。"家属房"是来矿探亲者的临时住所,每年冬闲,乡下的妻子便来这里团圆。所以,"家属房"也是城乡交叉的一个点,两种生活方式交合的一个点。性饥渴是矿工中较普遍的问题,家属房里的争闹也常缘此而发。在这一排排简陋、狭窄的房间,便上演着各式各样的话剧。但小说并不停留在性问题上,而是借此展开各种本能与压抑、欲望与匮乏、物质与精神的矛盾。每个人都有个绰号,如老嫖、黑丙、空枪、叛徒、秀才、路妈妈之类,而每个绰号的来历都不是没有意义。在这个管理很混乱的煤矿,优化组合如同儿戏,来得快去得也快,倒是老嫖的死和小艾的被诱骗,使人感到沉重的生存还没有真正的改变。作者无意于刻画单个人,因而人物是符号化、类型化的;作者也无意于做结论下判断,因而满纸是文化失范引起的紊乱心态。"家属房"是可以看作一种文化隐喻或生存象征的。

《宣传队》与《家属房》的写法很相似,它们好像是一对姊妹篇。虽然小说的背景是农村,我们却不可太老实地以为它要表现农村的生活。事实上它也是一个大寓言,用极写实的笔法来表达一种文化思考、一种典型境遇。时间是"文革"期间,一个临时搭就的班子,走乡串户地大演样板戏,大跳忠字舞。他们上演的节目充满阶级斗争的火药味,而这个班子的内部,也在不断按阶级斗争的原则来整肃。然而精神的沙漠,并不因宣传队的名义有所改变。宣传队外的民众,早就厌倦节目的贫乏空洞,渴望真正的精神食粮;宣传队内的各色人等,也自有压抑不住的正常人欲,于是爱情也罢,偷情也罢,时有发生。小说对宣传队内被扭曲的人际关系,有微妙的描绘,那是不同于刘震云《单位》的另一种单位。小说对文化专制主义的嘲讽也很辛辣。例如,一位女演员在跳"金色的太阳"舞蹈时,因没有束好胸,乳房兔子似的乱蹦,台下的观众不断发出嬉笑声,宣传队长误以为演出大获成功,等看明白后他又恼羞成怒,苛责演员,就是很有力的细节,决非浅薄的玩笑。这样的宣传队在当时自难存在下去,于是只能宣布解散。我们说"宣传队"是个已经成为历史的典型共相,作者力图通过它来隐括那个没有文化的时代对人性的压抑。

我们注意到,在另一个问题上,刘庆邦探索着理性掩蔽下的潜意识活动,关注人的原欲、本能怎样导致了精神的扭曲和狂乱。他基本撇开社会历史的视角,专注于人自身,写情欲的野马会把一个人引向哪里。这方面有代表性的作品是《找死》,写一个女人在迷狂状态下杀害了亲生儿子的故事,还有《煎心》、《为你们保密》等。由于作者长于缜密的叙述和动作性很强的心理暗示,没有意识流小说的繁冗散漫,这类小说都很可读。我们不可能在此细致分析这些作品,但可以肯定的是,把笔伸向人的无意识心理层,甚至注意到性本能欲望对人行为的作用(如果不是夸大和绝对化的),对于深入揭示人的复杂性还是有积极意义的,就像弗洛伊德在谈到茨威格小说时说的,一个女人的"一次出乎意料的际遇会使她干出她自己也感到惊异的出格行为"。但是,把性本能看作理解人物的万能钥匙,必将缩小作品应有的社会内容。刘庆邦似乎也有这样的偏颇,在这类作品中,我既看到他向潜意识挺进的才能,也感到了一种狭窄。

四

刘庆邦说,他喜欢雨天,也喜欢雪天,这个时候他的思绪能飘到很远,有无尽的联想和人生的感触,他将这谓之"走神",并且说寻求走神成了他的一种自觉。联系到创作,他认为一部作品要做到"抓人"还比较容易,要做到放人(即"走神")就不那么容易了。在我看来,刘庆邦的一些好作品,其特点就在于能"抓人",能"放人"。"抓人"是因为它们大都有个逻辑(合理性)严密的故事圈,一条动人的趣味线;"放人"则因为它们有个内在的诗化结构,有很强的表意性、抒情性,能与整个人生体验沟通起来。这尤其体现在他的短篇中。若论艺术的纯度和意境的优美,他的短篇高于中篇。真实朴素是他作品的外貌特征,但并非那种直向的朴素,他的朴素带有一定的扩张性。就是说他追求象外之象,味外之味。读《曲胡》、《夫妻》、《窑哥儿》等篇,常可见到在叙事的空白处,有情绪的游动、联想的触手,把读者带到更开旷的境界。

语言像生活一样,天天在变,倘若墨守某种语言规范、词语规范、句式规范,就很可能使作品蒙上一层尘埃,有文物感。刘庆邦的语言意识敏锐,他能及时捉住生活化的最新语汇,使对话充满俗趣,还能发现一些微妙的语言习惯。比如,冬天的"家属房"有冰溜子,路滑,来人不免跌跤,"他们只小声说了一句'我操',就很快地爬起来了"。这种无人称情状,不是我们很熟悉也很滑稽的吗?又如党委书记总爱对人说"找时间好好聊聊",而这"好好聊聊"又总是引而不发(《胡辣汤》)。这样的例子真是俯拾即是。更强的还是他的叙述,干净、利索,有黏性,善于创造悬念,虽然没有中断、倒错、闪回之类的手法,比较平实,但在叙述的夹缝中常常冒出氛围,带出意蕴。《大平原》中写麦田和夏夜,《宣传队》一开头写演出结束,就夹上一句"大团的凉气正从土路两边的麦田里涌出来",都是例子。刘恒认为他的叙述控制力好,分寸感恰当,如不高贵的好酒,喝起来过瘾,大约不是为了捧场。

  刘庆邦就是这样一个让人"走神"的作家,一个既关注农民又关注矿工的生存的作家,一个热衷于探究人的本体矛盾的作家,一个把创作的根子扎在民族人文传统土壤里的作家。我用"季风"和"地火"两个意象来概括他的小说,是表明农村和矿山是他的两个对比、沟通的世界。诚然,他的一部分作品存在缺少变化、雷同、拘谨、狭窄的缺点。但他终究处在上升的势头,终究踏在坚实的生活大地上,他理应有更大的前途。

1992 年 8 月 31 日
原载《文学评论》1992 年第 6 期

我读刘庆邦

王必胜

　　刘庆邦小说展示的是平实朴素的艺术世界,他描绘的多是底层人物生活的风景。他小心翼翼地绕过现代新潮作品惯常的象征、戏谑、反讽以及渲染文化、追寻历史等手法,直视当代人物的生活状态和心灵情感,他不以阔大的生活场景和壮丽的历史面貌来构筑作品的背景,甚至在人物的关系上处理得都极为简单,人物的活动范围也是单一集中的。他也不强求小说负载浓厚的人生内容和历史指向,当然也不是轻吟浅唱地使小说作为精致的摆设。诚如他自己所说"老老实实"地写他的生活感受,写他心中的人生世态。

　　算起来,刘庆邦创作小说已十年有余,他是追着新时期文学的步子缓步迈上文坛的。他长篇、中篇、短篇都写,而潜心热衷的是短篇,林林总总,他创作了百余万字的小说。他逐渐进入读者和评家的视野开始于1985年创作的短篇《走窑汉》,4年之后,他的《家属房》、《找死》、《宣传队》的出现,标志着他的成熟,体现出他有了自己独到而确定的风格。

　　像诸多作家一样,刘庆邦创作面貌经历了由单纯到复杂,由稚拙到成熟的过程。他不是起点就显赫炫目的作家,也不是以数量取胜,连篇出手、花样层出的写匠。他的小说题材多集中在过去煤矿生活和农村生活两个基点,算得上一个执着的阵地战作家。他不露声色地在这个阵地上汇纳人生世相,贬褒美刺尽丑在平实沉重的生活面貌中展现;他不故作深沉地把作品当作某种主义和观念的注解,或高雅或低俗地自鸣得意佯作潇洒地博取轻薄的欢颜和廉价的喝彩声。他沉重地写人生的辛酸苦情,写普通人的生命意识,挖掘他们生命情感的原始情态;他效法中国小说写实精神的传统路数,注重人物的性格行为,故事情节的完整……

　　这就是刘庆邦。

　　刘庆邦初期小说是回忆他所经历的那段奉献了青春,感受了社会人生后精神世界发生变异的生活内容。小说的基调是哀婉地回忆过往岁月中人情世态,为那些消损青春热血和生命情感的不正常生活情态投以深沉的思索。在表现手法上,他用童年的记忆和乡村情结绾系小说的内容,而作品的艺术趋向是对社会历史形成的群体力量进行审美的评价。我们看到,无论是因为粮食的拮据困窘致使人生遭逢不幸(《看看谁家有福》,《奔流》1980年第3期),还是因情爱问题而使生之艰难(《对象》,《北京文学》1982 年第 12 期),或者像寓言式的描绘小动物"老黄脚"兔子的狡黠坚韧(《打围》,《奔流》1985 年第 1 期),他的小说关注的是人与社会、人与人在特殊的环境中的联系,表现出小说浓郁的人生意识。但是,在表现社会群体与个体生命的联系上,刘庆邦更关注的是社会群体的力量对个体生命的悖反而不是依存和联系。

  他悲怜和同情作为个体的生命是善良无辜和坚韧顽强的,他心中萦回的是那方土地上的人们顽强的生命活力和人生追求的执着。这是因为"那块平原用粮食用水,也用野菜、树皮和杂草养我到十九岁,那里的父老乡亲、河流、田陌、秋天飘飞的芦花和冬季压倒一切的大雪等,都像血液一样,在我记忆的血管里流淌,只要感到血液的搏动,就记起了那块生我养我的土地"。(《老老实实地写》,《走窑汉代序》)在早期的小说中,刘庆邦写苦难,写艰辛悲痛的人生命运,但他的着眼点并不在于对人物自身精神的描绘,他的主人公们在人生舞台上的悲欢离合,更多的是从那个特殊年月或者那些个体生命与群体(社会的和人与人之间的)关系中,表现人生命里的沉重和无奈。在强大的社会力量面前,个体生命的渺小和命运的飘忽,社会环境的改变是人生发展的关键。这些小说,刘庆邦的思考是深沉的。作为一个远离这段生活后的文化人,作者站在新的时空背景下来回首这段生活,他一方面保持着故乡情结,那份真纯的乡恋情绪,另一方面他在现代文明的启示下,从社会历史的责任来认识人的尊严和生命的价值。可以说,这包含着一种悖论,作为从故乡母体中走出来的作者,他的思绪时时飘忽在对家乡的亲情之中,但是作为现代人文明视野的扩大,他又冷静地对那段埋葬了青春、压抑了生命活力和腐蚀着人尊严的痛苦历史进行无情的批评。虽然,刘庆邦早期小说不多,但可以看出他起步时那种真诚的艺术态度和深沉的思考。

  随着作家自己思考的深入和新时期文学大潮的推动,当刘庆邦小说创作走向新的发展时,他面临着痛苦而艰难的选择。这大约在 1985 年新时期文学新潮洪波涌起的时候,创作有年的刘庆邦,虽然从故乡的生活记忆中描绘他熟悉的乡亲和矿工们,可以倾注十分热情为人间的善良和美丽讴歌,可以深恶痛绝地贬斥丑陋和腐恶。但是,文学新潮的旗帜林立,创新意识时兴一时,标新立异的作家们在寻找自己的艺术支点时,在创新探索的诱惑下不得不对自己的创作进行自省。刘庆邦属于沉稳型的作家,他操守自己的艺术阵地,虽然他不会使艺术视野逼迫到拘守一隅而自命清高,也不会对炫目迷人的各种新论高见予以忽略。但是,刘庆邦毕竟没有追逐"新潮""现代"的流风,"老老实实"地在他已经开拓的艺术天地,进行力所能及的调整。这就是我们看到的由《走窑汉》开始后的刘庆邦的艺术成熟。

特别需要提到的是,"85 新潮"中崛起了一大批新进的作家,他们踔厉风发,把由伤痕文学开始的新时期文学"造山运动"推向一个个高潮,影响和成就了一大批作家,即使那些艺术思想较为恒定的作家们,也因此形成适合自己的"变法维新"。

刘庆邦这一时期小说的变异是他从文学新潮运动中看清了自己的艺术位置,他汲取现代哲学的理性精神,对人的思考,对人的精神本位和潜质的开掘,特别是从普通人、底层生活的芸芸众生,从这些普通生命中开掘人生的沉重感。他着力于表现平凡人生的基本生命情态,而不是表现这些人物的无所归依的精神求索,也不是从灵魂的依托中再现人生的理想和精神,等等。他对人生的苦难和沉痛的描绘不再仅仅从时代和社会的环境中寻索客观的历史因素。如前所说,对人与社会、个体与群体的思考,他不是表现个体之于群体、主体之于客体的无奈和庸常,强化悲剧的社会性,而是从悲剧的主体责任进行形而上的思索。这种思考并非贯注明显的哲学和主义的说教,他从人生的自在的精神形态和生命情状来思考人的生命过程中无意识的力量;从新潮文学的哲学意识的强化中汲取反观人自身的潜意识的作用,反观自我生命中精神和物质的能动性,把人的本能情感生命开掘,作为他小说的主旨和内蕴。他对人生命运的幽远深长的描绘,更多的是从人的精神救赎和自审的意义来认识的,因而更接近现代文化中生命哲学的理解。

死亡、复仇、情爱、性是刘庆邦这一时期小说的主要故事内涵。他不惮重复,几乎在每篇作品中都在涉及。他写两性关系不是田园牧歌,也不是新潮男女的始乱终弃或才子佳人的大团圆,他多写原始情态的性畸形,写性错置,写由此展开的恩恩怨怨、复仇与死亡。他的男欢女爱,并非是封建主义古典情调的,失意与得意,不是以性别而论,他极富心力地写性对人命运的影响,写性作为个体生命同群体社会联系的生命链条上的重要一环,在构建文明大厦中的重要意义。他描绘人生的基本生命中强悍粗蛮的一面,同时他也毫不留情地展示由性错置造成的文明落差,酿成的人生不幸和社会悲剧。刘庆邦的性认识很难说是上升到一定的文化意义,但是他从联结生命的个体与群体的关系中,认识到性作为人类基本的生活内容,是社会中人不可忽视的。刘庆邦小说中的性内容,很少有行为和过程的描绘,也不做低俗的性心理分析,他只是写两性关系引发的后果,于是,较多的是复仇是"人性与攻击",不论当事者双方结果如何,由此,个体生命的社会责任潜藏在小说的意义之中。所以,刘庆邦实际上是用小说来显示他对人类自身弱点的认识和理解。人类本能的生命情感健全了人类,基本的人性使之优于其他生物,而人的自身发展和解放,还在于人自身走出自我。如果说马海州(《走窑汉》)、杨素素(《找死》)、叶美美(《煎心》)们的悲剧在于自我的束缚（无一例外是因为性关系的过失），而新生也在于自我救赎。从这里也不能简单地视刘庆邦为写性而写性，他以性作为人生发展的一个符号，由此来审视人生走出自我误区，才是个体生命健全的关键。于是，我们才可以理解刘庆邦为何如此热衷地把性作为他小说人物活动的重要内容。

　　刘庆邦小说有浓郁的写实精神，他可以归于写实小说家一脉。他又不同于"新写实"作家们的细琐和平实，他的小说故事较完整，而且有些情节和细节又颇具戏剧性，人物的性格突现犹如现实主义的经典作品的流韵。他后期小说渐渐融进心理分析，比如《找死》，从结构和手法上都注入了现代心理分析的技巧，他新近的作品又多有散文的恬淡。我觉得，庆邦之长在于他挖掘不幸人生的痛苦灵魂，描绘人类在普通生命情感上的精神缺失，如同一句常见的警言"认识你自己"，因此，刘庆邦照此开掘下去，他将会更有收获。

原载《文艺争鸣》1992 年第 6 期

吹响自己的唢呐

林斤澜

北京作协这两年人气火旺,现在叫做"签约作家"的高手云集,各路英雄的招数层出不穷。前不久几位掌柜的一起闲聊,统观全局,还要"做大"。有位说:刘庆邦这一路偏单,何故?

这是不耻下问了。我积极抢答,仓促出了胡言:庆邦现在是珍稀动物。

这话突兀,想想也不安,化解道:他这条路曾经车水马龙,不过眼前有点冷落。我指的是路况,不是个人上下。

一位说:不吧,这两年他的"选载率"挺高的。选是选刊,载指的是转载,他们当掌柜的得揣着这么本账。

另一位说:"选载率"不错,可也不见大红大火的。何故?

我又逞能:恐怕是众掌柜有偏。本当两句话,偏爱一句"物以稀为贵"。忽略另一句"物以时为尚"。稀贵管"选"管"转",红火需要时尚。

话刚出口,立遭反应,但已驷马难追,只好"匪"起来显摆观点。

观点乃理论的子民。文学可以"跟着感觉走",若规规矩矩理论起来难免深奥了。我一向只能够走简化的小路。所谓简化,也不过说说好听,其实只是开只眼闭只眼也。

文学写作,无非让一个作家,去写一片生活。生活是"客观",作家所作就归"主观"吧。主观和客观的凑合,还离得了偏轻或着重吗?轻重的配搭,好比中药方上的君臣佐使,都是辨证论治,也都从这里分出路数、派数、解数来了。

不时地有作家心想主客一半对一半,兼得熊掌与鱼,这样的好事只怕难办,老古话说:天无二日,国无二君。

还有一种说法,把盯住客观的都叫做现实主义,把心向主观的,都归到浪漫主义名下。这说法当然粗略,又有简要的好处。

若论时尚,这两种主义恰恰是轮流坐庄的规矩。一生可以一个、大半个世纪,领尊风骚几十年,但谁也不能永远行时当令。

我们闭关锁国,一旦开放,请看上世纪的 80 年代,劈里扒拉赶了一个世纪的路程,可叫我们开了眼界。先是接下从属政治的所谓"写实"的衣钵,随后"向内转",把内心世界叫做第二宇宙,到了中期,跟跟跄跄到了"器官反应的永不忠实的纪录",这向内可向到头了。转过来"寻根","新写实",在 80 年代末期,到了"零度写作"、"原生态",也三脚两步到了另一头。

眨眼世纪末矣,"先锋"们、"前卫"们发现读者还跟不上来,随后索性不跟了。新世纪的曙光是"类型化"、"通俗化",瞄着小说的起源说到故事上来。

刘庆邦在20世纪80年代中期,以《走窑汉》走上知名的站台,不论时尚内转外转,一路以"信"、以"鞋"、以"响器"吹响自己的唢呐。不吹"法国号",不吹"萨克斯"。

作家是人。人跟人一样都有神经,人跟人的神经又都不一样。有的神经像铜丝,纹风不动也管自颤抖。有的神经像牛筋,经拉又经拽,经蹬又经踹。谁也不能跟着谁走,其实谁愿意跟谁呀,左不过那里红火,不由得往那赶了。这一赶,早晚是个错。

须知:时尚如法轮常转。中外都有作家说过,他的作品三四十年或是身后会被接受。没准儿是长了这么个心眼。

还有常言道:文章乃寂寞之道,那是高风亮节了。也有说这个话的,听着带"葡萄是酸的"味道。无如"知足常乐",来自平民,出自平常,贵自平实。可说"三平有幸"。

庆邦不久前写了篇散文《不要评论我》,说的不只一处的掌柜,要给他安排研讨会,炒一炒吧。他都谢绝了,说自己是个苦孩子,先天的成分不好,现在当上了作家,已经够幸运了。我和现在的掌柜说,这"幸运"心态,连我这个大耄之人,读后也添了平常心。耄者尖头甩尾,漏网之鱼也。差缺平心,顿失重心。

原载《北京文学》2001年第7期

刘庆邦:守持与转变

娄奕娟

一

刘庆邦是一个擅长讲故事的作家,他把他短篇小说的视角对准社会底层,展现了丰富而层次分明的人性。他熟悉并执着于冀中平原上的农村、矿井和煤窑的世界,在他所描述的这个世界里,对原始生命力的敬畏与感悟,对底层人物的生存和情感的体验,以及对这个世界里人的朴实而复杂本性的挖掘,都表达了一个作家对人的现实境遇、对社会发展状况的深刻认知,也体现了他文学创作的价值取向。

这种价值被众多评论者认为是一种"人性美",认为刘庆邦展示了一个完美丰满的人性世界。但笔者认为,刘庆邦小说中"人性美"的丰厚程度并没有评论者所赞赏的那么高,在某种程度上,他小说中的"人性美"是不充分的,"人性美"的特征虽然明显但却不够丰盈。

刘庆邦小说中的"人性美"大致可以概括为三类:"怀春的思绪","旺盛的性欲"和"坚韧的生命力"。《梅妞放羊》、《闺女儿》、《鞋》属于第一类,《青春期》、《嫂子与处子》属于第二类,《曲胡》则属于第三类。在这些作品中,确实洋溢着一种人性之美,如一道温煦的阳光穿透厚重的痛苦与磨难的阴翳,使平实的生活拥有了一份难得的暖意。

但不可忽视的是,刘庆邦小说中的人性缺乏一种自觉的意识,社会性的因素也不充分。在他的小说世界里,农村自给自足的经济形式制约了人的发展,单一的交往方式,狭隘的生活空间,缺乏创造性的生产劳动,贫乏简单的知识经验,封闭薄弱的信息沟通,以及缓慢凝滞的生活节奏,都是人充分社会化的障碍。马克思说过:"人性的比较高度的发展,只有以牺牲个人的历史过程为代价。"①刘庆邦小说中的社会环境无法为人们提供充分社会化的渠道。特别是在感情和婚姻上,小说里温顺的农村青年们只能凭媒妁之言决定终身大事,不能做出自主的选择,只能与幻象进行情感的交流。这些人物的情欲和生命力处

---

①《马克思恩格斯全集》,第26卷,第125页。

于一种原始的完满状态,他们的人性美是天真单纯和简单粗犷的,如果把这种人性美认为是无比丰盈的,无疑是不符合人性发展的特征的。而且,这些人物具有基本定型的社会身份,大多是处于封闭社会环境中的农民和农民出身的矿工。他们停留在自然村落和矿井煤窑的保守状态,与外部世界是对立的,新潮流对他们基本上没有什么影响,外出打工的女孩子披金戴银回乡,他们就认为这个女子在外面做了不好的事情。刘庆邦本人好像也有意强化这种意识,他曾说:"想到城市的生活比较浮躁,比较纷乱,形不成有价值的美的东西,而美的东西是感天动地回肠荡气的。"[1]在作品《兄妹》与《家园何处》里,这种想法就化成了一种离开乡土的女子命运的现实。所以,刘庆邦小说的人性美缺乏现代性的滋润,是保守的传统农村社会里的历史遗产,只不过这种传统已经感受到了时代浪潮的冲撞。

所以,在刘庆邦的小说中,人性美似乎更像是一种自然的存在。人当然是自然的存在,但不应该仅仅止于此。关于人,马克思有两个著名的论断:"人的类的特征恰恰就是自由自觉的活动"[2];"人是一切社会关系的总和"[3]。也就是说,人的本质是社会性的存在。丰富的社会性是人性健全优美不可或缺的条件。只有如此,人才能获得全面发展的、合乎人本质的"自由自觉"的类的特征。人性之美只有在那些主体意识高扬,个性独立鲜明,拥有较强自我实现意识的人物身上去发现。健全的人拥有丰富而合理的社会关系,他们的个体社会化充分完善,他们还有对自身生存的清醒意识,而刘庆邦众多的人物形象似乎无法承担起人性美范本的重任。

刘庆邦的小说有一种阴柔含蓄的风格,他承认自己的小说"有柔美的性质"[4],这也使得小说中人性美的方向出现了一定程度的偏差。在小说里,总可以望见一个敏感弱质的主体,它常常是以"她"的面目出现,或者是一个刚刚长成的青少年,总的特征是缺乏阳刚之气。阴性和弱势人物是小说的主角和叙述者,对他们的工笔式的心理刻画,是刘庆邦小说的主要特点。小说的这种风格与作者早年丧父的精神创痛有关。刘庆邦把自己的经验作为一种模式不断重复,可以看作一种神秘的冲动——他在文本对象上的移情释放了被压抑的自我,使自我获得暂时的自由快乐。这种潜意识中对瞬间自由的渴望强化了作品流露的柔弱的风格,作品中"父亲"角色的缺席使作品的风格趋于女性化。

---

[1] 刘庆邦:《梅妞放羊》,长江文艺出版社,2001年,第381页。
[2]《马克思恩格斯全集》,第42卷,第96页。
[3]《马克思恩格斯全集》,第3卷,第5页。
[4] 刘庆邦:《遍地白花》,新世界出版社,2002年,第384页。

作者亲历的生活磨炼和塑造了他刻骨铭心的情感,是作家的感情底座。小说叙述者的角色定位体现了他们身上所寄存的作者的自我选择,并影响了作者对人物命运的情感评价。在这个前提下,作者承认他的作品是承担着人性美的教化作用的。但是,把作品中不自觉流露出的柔弱当作一种人性美的突出表现,那么,人性之美难免过于羸弱。

所以,人性美不是刘庆邦作品中打动读者和体现其价值的重要因素。在对逝去年代的怀想中,对生命的敬畏与感悟,才是刘庆邦的独到之处。

在刘庆邦的小说里,人物的生存环境主要是由家庭和天然共同体所构成的农村,以及来自农村的矿工所生活的矿井煤窑。他们主要的活动内容是维持个体生存和基于血缘的日常交往,起支配作用的规范是世代相传的经验传统和风俗习惯。这种自发、原始和简单重复的生活给人带来淳朴、安谧、祥和的家园感觉,可以说这是一种乡恋心态。但与许多乡土作家赞美故乡的同时又批判故乡的做法不同,刘庆邦似乎更贪恋着故乡,贪恋着故乡的传统、故乡的温情和故乡的自足状态。那是用粮食、用水,也用树皮、野菜和杂草养育了他19年的土地,"那里的父老乡亲、河流、田陌、秋天飘飞的芦花和冬季压倒一切的大雪等,都像血液一样,在我记忆的血管里流淌"①。

刘庆邦爱恋着他远逝的故乡,一如在他的作品《太平车》中,堂叔眷恋着他的太平车。"他认为创作时作家会处于一种回忆状态,青少年时期的生活积累非常重要,并且只有和实际生活拉开一段距离,才能进行艺术上的升华。"②在对青少年时期生活的回忆中,刘庆邦发现了可以让疲倦的灵魂休憩的场所,他在昔日的故土上找到了他的文学美感的源泉:"美感源于爱,对自然的爱,对生命的爱,对生活的爱,一个人心里鼓荡着爱,从一朵花、一棵草、一片云、一滴水里都能看出美好来。"③所以,在写自然时,刘庆邦就像描述女儿家细细密密的心事一般,让人感到生命的悸动和温馨。而在写人事时,他偏好的也是最本真状态的自然人事,让人在原始的美和丑中体验生活的真实。

如果说,平原家乡的生活和经历是刘庆邦美好温馨的记忆感受,那么在要为生计而奔波,要在生死之间徘徊的煤矿题材中,刘庆邦则表现了他所感受到的"自己的渺小和乏力"④,以及在死亡面前的无助与无奈。如《走进琥珀》、《白马》诸篇,对个体生命濒临死亡时细致入微的观察,对自然生灵久囿窑下渴念阳

---

① 刘庆邦:《梅妞放羊》,长江文艺出版社,2001年,第381页。
② 弘明:《中国文化报》2000年9月5日。
③ 刘庆邦:《遍地白花》,新世界出版社,2002年,第389页。
④ 刘庆邦:《梅妞放羊》,长江文艺出版社,2001年,第383页。

光的渴望,对突如其来的灾难前的困惑和茫然,都真实地传达了温馨朴实的底层生活的背后,有着艰难和残酷的真实境况。但刘庆邦小说中的生命的坚韧、强悍与饱满,在一定程度上冲淡了题材的悲剧意味,衬出了社会底层空间中的小人物们生命因子的无比活跃。

人性的诸多要求没有充分展开前的原始的完满自足,现代文明尚未入侵前的乡土的质朴淳厚,平原农村上未经污染的自然生机,巷道煤窑里对强悍与本能的崇尚,在刘庆邦的短篇小说中和谐熨帖,组成了留有作者自己心灵烙印的世界。作家视野中的"故乡"绝不是一个由物质社会进化规律主宰的世界,而是一个博大的"生命的社会"。对以往自然生活状态的迷恋,以及其中对原始生命力的敬畏和崇拜,正是这个世界无可替代的精神支柱。

二

但最近几年来,刘庆邦在调整他短篇小说的视角和审美意识。在获得大大小小奖项的同时,刘庆邦也获得了创作转型的成功。从他 2002 年发表的几篇小说来看,在题材上首先就有新的开拓。他除了把目光投向记忆中那方水土那方人之外,还拉近了与现实生活的距离,加入了对现实生存状态和生存境遇的体察,并且在对个体生命的描述中,大力向人性深处开掘,带上了较为自觉的人文关怀,保存着他的爱心,更添一抹悲悯情怀。在从生命向生存的跨越中,他迈出了关键的一步。

新作《城市生活》也取材于实际生活的经验,但刘庆邦首次把眼光投向城市定居者,并展示出当代人真实的生存状况与精神境遇。小说中,田志文的生活平淡无奇,城市的热闹赶不走他的寂寞,于是,他把因一辆死车的安放问题而和无名氏发生的斗争当作"一个乐子"来玩,玩起了策略,玩出了瘾头,并乐此不疲。最后,田志文并没有把死车扔到垃圾车里一了百了,这并非是他胆小,而是他对于车主的种种设想满足了他找乐的欲望,甚至给他带来了精神富有、同情心强的虚假感觉。在小说的最后,刘庆邦强化了这种精神贫困真相的震撼力,当田志文想到也许死车的主人也与他一样,纯属把挪车当作无聊生活的点缀时,他顿时感到意趣索然。这一醒悟虽然来得迟缓,但毕竟还是人物的自省,也是作者对来自生活内部的疼痛与叹息的倾听。没有批判,没有可怜,但小说的字里行间传递出的理解与怜惜,是作者面对众生生存本相的真诚态度。由此,我们也可以感受到作家的博爱心怀。

在《大雁》中,李明坤不顾妻子与村民的讥笑,为自己用渔网捕捉大雁的想法激动不已,"没人干成的事他来干,这才有点儿创造性,才更有趣味"。他想方设法来实现自己的想法,但"其实他捕捉的不过是自己的心……说到底是出于一种对热血沸腾程度不断升级的期望"。在众多被生存驱使而没有精神寄托的人群里,李明坤能够坚守自己的理想,努力维护精神的自尊,似乎透露出一点人类最可贵的品质。在几次精心准备的行动都失败之后,天降凌冰冻住了宿夜的大雁,李明坤最后的"胜利"来得轻而易举,但是却让他处心积虑的努力毫无用武之地,"多多少少有点失望"。刘庆邦是怀着悲悯的意识写这个故事的,人类存在的悲剧意识被渗透在群体与个人、天与人的对抗里。然而,"一个真正负责的作家或思想者,他除了对屈辱的事实要有明确的批判立场之外,还应有一颗充满挚爱的心"[1]。作者最后安排这位一心捕雁的人保护被冰冻得动弹不了的大雁时,关爱的温暖多多少少驱走了一些存在的阴冷。

就连农村题材的《金色小调》,也有了与先前作品不同的气象。麦收季节里,灯嫂无意间发现媳妇小兰与人通奸,就一改平日里对媳妇的态度,与媳妇的关系越来越僵,矛盾也越来越激化。终于,小兰在看电影的问题上与灯嫂争吵并离家。灯嫂痛恨媳妇的不守礼,但是后来却意外得知自己的儿子其实与别人进行着"换妻"的活动。故事戛然而止,真相大白在灯嫂面前,也暴露在读者面前。生活表层与深层的戏剧化转变引发人们反观自身生活:在日常生活的表层形态下有多少真相的消隐?有多少人陶陶然于浅表的平和顺利之上?面对真相,人们持有什么样的精神支柱?这些都是涉及人类存在的可悲地位的思考。

"我深信一个写作者的价值就在于他对这个世界的个性的独立的表达。"刘庆邦如是说。自觉担负起呼唤时代良知的责任,切入现实人类个体存在的刘庆邦,在思索中,迈开了转变和前进的步伐。他的写作像是一种还原,在人事本然的时间空间里观察与言说。在抹去了回忆所携来的距离之美之后,他笔下的一切便开始裸露出生存原来的坚硬、阴冷与尖锐。而这,似乎才是一种真实。

原载《当代文坛》2003 年第 2 期

---

[1] 谢有顺:《话语的德性》,海南出版社,2002 年,第 257 页。

在柔美与酷烈之外
——刘庆邦短篇小说艺术谈

陈思和

刘庆邦把一本作品精选集取名为《民间》,但里面的作品却没有一篇是以此为题的,可见"民间"一词便是蛰存其心底的一种境界。他的小说所表达的,正是他对这个词的理解,对我颇有启发。初读庆邦的小说,是十多年前的一篇《走窑汉》,当时惊悚的人性阴毒之气,至今仍扑鼻而腥。矿工马海州欲杀书记张清,是因张清利用权力奸了他的妻子,但是当故事发生的时候,已经是马海州杀张清不成服刑归来,而张清则受到处分降为矿工,身上还带了伤残,两人始终在一起干活。马海州处心积虑的复仇转化为狠毒的心理攻势,不但折磨张清,而且更无人性地折磨孱弱的妻子小蛾,他利用了法律的空隙作心理战,逼得两人双双自尽。马海州属于恶魔型的人物,也是民间复仇故事中最为邪恶的一种,他把人间阴暗的心理发挥到了极致。只要把马海州的阴毒与《呼啸山庄》里希斯克利夫的狂怒作一对照,文化性格的差别就显得特别清楚。但这样一来,本来令人厌恶的张清缘了与小蛾同受屈辱的遭遇,反而博得了人们的同情。性爱本来是生命的开花,如果因为性的禁忌反而扼杀了生命的活跃,那么性也会成为杀人工具。作家写马海州新婚蜜月中上工去都要把门反锁,暗示了这个男人有变态的性虐待狂病(也是矿工生活环境所致),但尽管有了暗示,他后来的复仇细节仍然让人毛骨悚然。小说里无一字涉及心理描写,但处处是以人物行为动作影射其心理的歹毒与可怕。小说最后极为有力:马海州听到小蛾被逼跳楼,他"呼地站起来……可是他又坐下了"。这一"站"似乎是人性的省醒,但又"坐"了下来,是人性恢复后的颓然,还是恶魔性因素失去了报复对象而颓然,都难以猜测。小说在这里戛然而止。

而小蛾这个人物却要复杂得多。一个遭受奇耻大辱的女人,不但不能堂堂正正地论辩是非,以清名誉,反而沦落为丈夫处心积虑谋划好的复仇工具,也成了变相的杀人工具。张清的死使她感到自己末日真的来临,马海州下一个复仇对象就是赤裸裸的她了。她的自尽使恶魔的另一个报复欲望落了空。但她死在张清之后,似乎又隐含一个更加暧昧的心理——她固然痛恨给他带来灾难的张清,向张清复仇也是她本人的心愿,但是丈夫的阴毒行为,迫使她与张清绑在一起同受耻辱与折磨,产生出相通的求生不得求死亦难的心情。她与张清的最后自尽,其实也是对恶魔的一种反报复和抗争。如有这样一笔,小蛾更有光彩,民间正义的多重含义也能体现出来。可惜庆邦疏忽了,他恐怕自己也被人性阴毒所唬住,他需要逃避这一重心灵劫难,所以遁入了柔美的桃花源。

庆邦说自己的小说风格有两路:柔美小说与酷烈小说。他说:"柔美小说是理想的,酷烈小说是现实的;柔美小说是出世的,酷烈小说是入世的;柔美小说是抒情的,酷烈小说是批判的;酷烈小说如同狠狠抽了人一鞭子,柔美小说马上过来抚慰一下。我就这样处于矛盾之中,一直是自己跟自己干仗。"我不明白他为什么用这样两个词来归纳他的小说,而且这两种不同风格真的像他那样理解的截然对立吗?我读其书想其人,柔美与酷烈都是人性的极致,应该是有机地统一在他的风格里,也是统一在他的人格里,那统一的载体便是民间。对于一个来自河南农村、又经历了矿底下的生活磨炼的敏感青年,他深知压在社会底层的民间所承受的是何等的重负与屈辱,以及自身的无力状况。《神木》里面写了一个父亲被人害死的中学生外出打工,以纯白之心对待杀父仇人,后者良心受到责备而暴露真相,并以一死来为他换取抚恤金,他却不愿昧心骗钱,最后流落到野外无能为力。小说写他"既没找到父亲,又没挣到钱,他不想回家。可不回家又到哪里去呢!"——我以为这是庆邦的心理写照,对于一个软弱的知识分子来说,他只好钻进虚构的想象中安慰自己。这份文学的想象里,既包含了对于传统民间生活方式和纯朴美好心态的追怀,也包括了对于社会邪恶力量无可奈何的假想的酷烈。

《神木》是一个中篇,《走窑汉》是一个短篇,两个作品都写到了暧昧的罪恶与复仇,但从故事紧张的浓烈程度与人物心理的复杂程度而言,《走窑汉》反在《神木》之上,篇幅并不与其内涵成为正比。究其原因,只能说是中篇有足够的篇幅可以交代故事脉络,所以《神木》里不惜篇幅两次描写两个杀人犯的作案过程,想象空间不存在了,虽然悬念犹在,但因为罪恶的恶果已在前面发生,读者的期待反而减弱。而《走窑汉》则是由一个短篇来承载中篇容量,篇幅相当紧凑,往事都是在回叙与想象中补充完成,时间交错加剧了节奏的紧张感,小说内涵超出了读者的期待,才能生出震撼来。刘庆邦所谓的酷烈小说大多是有紧张的情节,故事在很短的篇幅内一气呵成。《平地风雷》不满万字,却惊心动魄地写出了一桩发生在乡村的残杀事件,作家把整个事件的原因、环境、气氛都写得非常充分。这是庆邦的短篇小说的基本技巧。他的描写酷烈性的小说都善于营造一种紧张气氛,犹如描写一桩事先张扬的凶杀案,不是推理故事,也不是侦破故事,而是一开始就在公布,凶杀案即将开始——"村里人传说,货郎要做队长的活儿。"——而后才是有条不紊的细节交代、过程描写、心理刻画以及老百姓如何盼望着惨剧的发生等。事先张扬的恐怖气氛与从容不迫的描写过程形成强烈对照,细节叙述愈显从容,气氛就愈显紧张,作家驾驭故事的能力也得以充分展示。

自然,刘庆邦的酷烈小说在内容上有不少夸张的地方。与其说是表现民间生活的酷烈还不如说是表现人性的阴毒,中国的民间长期在权力的重压之下,几乎没有出头希望和舒缓一口气的可能,生命被压抑甚于牲口在皮鞭下辗转,仇恨积压于集体无意识里盲目冲撞,永无发泄之日便转而成为阴毒的想象,一旦喷发出来便是破坏性极大的暴乱。这就是为什么从奴隶到暴君往往只是一步之遥,法西斯统治下的顺民一旦放纵起来,其残暴性远甚于民主社会的公民。刘庆邦是经历过"文革"、看过暴行的人,民间的阴毒想象成为一种文化的魂,游荡于他的文字间。即便是人对于动物,也是极残酷的人性的丑陋表演。《血劲》里写屠夫杀狗,《人畜》里写人戕害骡子,都是残酷的行为,发展到了杀害人的生命的时候,残酷性更是不遗余力,仿佛是多年仇恨的遗传因子借助于某个雄健躯体猛然地冲突出来。《平地风雷》里结束时写道:"凡跑来的人都在货郎身上下了家伙,不一会儿,货郎就被整得烂糟糟的,像捣碎的一摊红粪。货郎的女儿穿着破裤子也跑来了。她哭喊着不让人们打她父亲的头。她的哭喊好像是对人们有所提醒,其结果是,她父亲的头破碎得几乎找不到了。"残暴性不仅仅表现在前面货郎如何被众人打死,还表现在货郎的女儿求他们不要打死者头颅时,头颅被特意地打碎了。这才是毫无恻隐之心的阴毒心理,超出了人性所能够容忍的正常范围。当刘庆邦夸张地渲染了这种残暴与阴毒时,很难说他是在描写现实或者干预现实,所以他所概括的"现实的"、"入世的"、"批判的"创作态度未必是准确的。在我看来,阴毒心理的展示仍然是他的一种理想的、出世的、抒情的想象力的派生,不过是用一种极端形态表达出来,就像民间因为软弱才会那么喜欢沉醉于武侠小说里一样。刘庆邦说他写残暴行为主要是"想写生命的状态,写人性的丰富性和复杂性"。也只有在这个意义上说,斯言诚哉。

由于面对生活的残暴而软弱,才会如此有分量地描写人性的阴毒;也唯有面对人性的阴毒而恐惧,才会如此讴歌传统生活下的民俗文化。刘庆邦备受好评的田园题材的短篇小说,诸如《鞋》、《相家》、《梅妞放羊》等作品,本身就是一首首现代田园牧歌。在这些作品里,酷烈与阴毒一扫而空,一切都是和谐的——人与环境,人与动物,还有人与人,一切都准乎自然。而在这种自然的艺术气氛中,寄寓的是一个艺术家脆弱的心。在这些优美的风俗小品里,我们似乎看不到历史在上面的践踏痕迹。人性是极为完美的,像《梅妞放羊》,你似乎能够感受到青春生命的形体,如何从一个小姑娘的身体里一点一点地漫溢出来。像《鞋》里的那位为未婚夫做鞋的姑娘,即便是用过时的手艺来表明内心的幸福向往，仍然是极为动人的。像这样美好的艺术境界，我们从现代文学的传统中可以追溯到冯文炳、沈从文、孙犁等作家的短篇小说，凡田园牧歌式的诗情画意和人性的美的极致，都可以找到它的源泉。但我对刘庆邦的小说还是不能满足于此。因为在时代的逼迫下，这样一种对已经成为历史的田园牧歌的艺术想象，通常很难超越前人所能够达到的境界。但刘庆邦在这美好环境下要遮掩的恰恰是他在酷烈小说中所感受到的人性阴毒的恐惧，所以他笔下的田园牧歌，其实是有所期待的。我记得一次参加评审鲁迅文学奖时读到了《鞋》，我起先一路读下去，恍惚是在读孙犁的小说。我不断在问自己：我们还需要重复孙犁写过的境界吗？但读到最后的补白，我才感到了一阵刺心的悲哀。那个补白绝不是可有可无的结尾，也不是为了真的说明这是一篇作者的情场忏悔。有了这个补白我们才意识到，小说作者以全力讴歌的生活方式已经一去不复返了。那个姑娘全身心投入到做鞋的努力其实是徒劳的，当那个男人拉拉她的手走出那个乡村的时候，已经走进了一个不再属于她的世界了，甚至也不再是那个时空了。我想刘庆邦也是会走出那个已经不存在的时空的。

　　刘庆邦笔下的民间是分成这两部分的，一部分是由阴毒的人性所构筑起来的一个阴暗世界，另一部分则是以美好的想象建立起来的田园世界。由于后者美好而容不得一点阴影，似乎少了一点藏污纳垢的气象，遂使前一部分的阴暗世界也变得夸张起来，以致使两者都是以单纯、透明而显现艺术的境界。但是水至清则无鱼，生命只能生存于浑浊的现实之中，谁也不能回避这一点。我心目中的民间，是与苦难以及克服苦难的整个实践联系起来的。民间的苦难本来就是民间的本相，只有到了坦然面对现实社会中的民间苦难，面对民间的罪恶和黑暗时，我们才能感受到生活的急流依然会顽强地存在着，生命在承载着苦难和罪恶的过程中依然会欢乐地生长与开放。我想，庆邦所理解的民间也许与我理解的不尽相同，但是他所创造出来的两个世界无疑表达了民间的两个极致。这两个极致如果能够融会贯通，那么连成一片的才会是真正的元气淋漓的民间世界。

　　所以我读到了刘庆邦寄给本刊的两篇小说时感到一种新意。我说不出这两篇小说属于庆邦以前的哪一类风格的小说，似乎不是田园式的柔美，也不是阴毒人性的酷烈，这是很朴素地直面生活的小说。记得庆邦在去年发表的《别让我再哭了》，喷发出热腾腾的现实气息，一种对当下生活有所担当的勇气出现在庆邦的笔下，我是非常喜欢的。这次发表在本刊的《大活人》基本延续了前一篇的现实风格，它所展现的当下社会的几种生存态度——如小女孩"干部"的父母，一种铤而走险的人生态度：男的涉嫌贩毒而遁逃，女的为生计而卖淫，把女儿一丢了之；如耿文秋老师，一个对现实本来无所求的平安市民，因好心而受累,承担了照顾小女孩的责任,由此而来的是家庭纠纷和缺乏承担勇气的彷徨。这两种生活状况与人生态度的纠葛,正是当下生活的真实写照,显示了生活的无奈。结局是什么?作家没有交代,但是暗示已经有了,那就是小女孩"干部"(我不明白作家为什么要取这个具有讽刺含义的名字)的命运:因为生活缺乏温暖与安全感而带来的与人、与鸟之间的冲突。小说结尾的悲剧其实也是一种暴力,虽然发生在鸟的身上,但是那小女孩的命运里不也同样高悬着那个锋利的大风扇,随时都有可能把她击得粉碎吗?

从《别让我再哭了》开始,庆邦似乎正在从柔美与酷烈的两个极致中走出来,也是从民间的想象中走出来,走在现实的世界里。而这柔美与酷烈之外的道路,或许正是连接两者,使人的生命运动连成一片的空间。民间本来就是最贴近生命的意义。

2003 年 11 月 21 日于黑水斋
原载《上海文学》2003 年第 12 期

刘庆邦:在温情与冷意之间

孙 郁

我和刘庆邦先生不太熟,只是在会上见过几面。他给我的印象是内倾,寡言少语,有点江南人的文弱,一点不像是河南人。20 世纪 80 年代,在一本什么杂志上看到评论他的文章,这才注意到他的作品。在我的记忆里,他擅写短篇小说,且精致高妙,有点孙犁的遗绪。所写的作品多是乡下与矿山里的故事,与都市里的喧嚷没有太大的联系。和河南的几个作家相比,不及刘震云大气,又与阎连科的浑厚有别。刘庆邦的文学像是山里的小溪,缓缓地流着。在清寂中透着柔意,孙犁之后,写北方乡下生活的短篇,最有温情的大概是他。读厌了那些粗糙的文本及名流的杂著后,偶然与刘氏的小说相遇,不能不说是一种快意。

他似乎不长于写宏大的场面,对精小的事物别有体味,所作的小说都是以细节取胜,对人的内心的刻画尤让人心动。作者写乡下的女子,别有一番意味,人物仿佛呼之欲出,有点要动起来了。我记得汪曾祺、孙犁写女性时,就喜用清淳的笔法,山野里的幽香与温情把作品的背景变得单纯优雅。刘庆邦曾写过几部长篇,我均未读过,不知道分量如何,可是那些短篇作品,佳作颇多,可举出一系列的名字来:《听戏》、《女人》、《外面来的女人》、《梅妞放羊》、《响器》、《鞋》、《神木》……作者钟情于纯粹的东西,对人性里闪亮的一面一点也不愿放过。他写乡下人的质朴,带有一种眷恋,好像自己的生命也融入其中了。即便是那里的不好的、扭曲的存在,刘氏亦能以宽容的目光待之,文字背后有不少的暖流。我读他的书,总觉得像个牧羊的人,悠闲地与上苍对白着,小说中的语言如轻风缕缕,让人感到拂面的凉意。古人云,好的书就像一道美餐,食之难忘。真是诚哉斯言。

在一本书的访谈录里,他谈到了自己的一点履历,很有味道,这里不妨引来:

"我写作的题材,一个是农村,一个是矿区。我在农村长到十九岁,对那儿非常熟悉。家乡的那块平原用粮食用水,也用野菜、树皮、和杂草养我到十九岁,那里的父老乡亲、河流、田陌、秋天飘飞的芦花和冬季压倒一切的大雪等,都像血液一样,在我记忆的血管里流淌。后来我又去煤矿,在此之前,我在矿区生活了九年,耐苦习以为常的矿工艰苦卓绝,在他们面前,我只感到自己的渺小和乏力。所受的艰难困苦一句也提不起来了。

人印象最深的是少年、青年时期,我到北京二十多年,很多生活还没有入心,以后也可能会写都市的生活,现在不想写,想到城市的生活比较浮躁,比较纷乱,形不成有价值的美的东西,而美的东西是感天动地回肠荡气的。"

这一段独白可大致看出他的背景,其对乡下生活的深情远致一目了然了。他生于1951年,少年丧父,有过一段很苦的经历,加之后天努力,天赋又好,人间的苦乐体味很深,像他这样有过苦难史的人,要比书斋中的人多一些野味的东西。文字或许还失之单薄,未有孙犁、汪曾祺那样的老到,但泥土中生成的诗,有厚重之感,不像酸儒那么矫揉造作,亦无那种无病呻吟的陋习。我偶读他的短篇,往往心灵为之一动,像被清凉的水洗过了一般,知道这个世上还有如此纯情的人,对文坛也渐渐有了信心。艺术的力量有时远胜于理论的说教,那是的的确确的。

刘庆邦的笔致柔婉细腻,敏感于乡下女子灵动的心。所写人物或皎洁,或柔善,精到之笔让人叹服。《听戏》写痴情,《鞋》中描情爱,其笔法与中外大师亦有一拼,时常有出凡之态。他的叙述是轻快沉稳的,没有用力的痕迹,亦可谓举重若轻。由此可见他是个心地和美的人。小说中常常有田园诗的味道,中国清贫百姓原本的心态,在笔下楚楚动人地流露出来了。沈从文当年写湘西的生活,就用过类似的笔法。不同的是刘庆邦从野味儿里寻觅生命的隐含,沈从文有一种对现代文明的反诘。前者在涵养上似乎缺少哲学的力度,那是精神背景不同,审美趣味相左的缘故吧。我有时想,刘庆邦如能杂一些,多一点学识的修炼,其文本的可读性当会更大一些的。虽然知道这对他是一种苛求。

先前读他的书,觉得温情的东西多,是乡土与田园的交织。后来遇到他的《神木》,不禁有些惊呆,才知道他还有着另一种笔墨。其间的残酷之色,与刘恒的灰色之影庶几近之。《神木》乃一曲悲怆之调,人性的丑与美、明与暗,对比之色很浓。以往纤细的、牧歌式的小调被山崩式的轰鸣代替了。刘庆邦写了乡下人的残忍、惊恐,让人亲历了人间的惨剧。其中的压抑、悲愤是撕裂心魄的。《神木》让我们窥见了他的另一面,那里跳动着忧患之心,唯在此刻,我感到他与天底下清贫的受难者的心贴得那么近了。

汪曾祺生前写小说,常有不忍之笔,每每写到恶人,点到为止,大概怕破坏了自己的心境,刘庆邦似乎也有一点此类心态,不过有时也能放开笔墨,咀嚼着人间的苦果。这是中国文人的儒雅之道,现在的作家大多将此遗弃了,作者的可爱之处在于,即使写了惨不忍睹的一面,亦不忘人性的闪光。他感怀于良知的发现,所以在悲剧的地方,也能生出飘香的花草,让美的气息在此流动,那是唯有大爱的人才有的情怀,不知道现在的读书人看到了此点没有。我以为这是现今文人颇为少有的东西。

一个人地位变了，看人看事的视角也会有所变化。因了反差的存在，打量生活时就会是另一种眼光。刘庆邦似乎格外警惕自己的变化，不喜欢伪态和贵族态，心还留在自己的乡村。他躲在北京的一角，静静地说着自己的故事。那故事大多无奇异的情节，不过言说人的命运和心境而已。在他的平凡的叙述中，有着旧文学中宁静的美，但这美让人读出了感伤和忧郁。他在忍不住的眷恋中，是寂寞与泪水。在广大的天地间，人是多么渺小的存在。可这渺小的心灵里却盛着一个个无边无际的思想。刘庆邦写出了这有限与无限的窘态，背后延伸的却是悲伤的叹息。中国的旧诗，每每写到天地与人，常有生命不过百，常怀千年忧的无奈。后来的作家，写到人心的深处，不免重复着这一情感。我读刘庆邦的小说，不知怎么，就想起古诗十九首，想起六朝的文人。今人与古人，有时在心绪上相通相印，那是不错的。

原载《北京观察》2004 年第 5 期

"老中国儿女"的生存哲学
——评刘庆邦长篇新作《平原上的歌谣》

吴义勤

刘庆邦在当代文坛上享有"短篇小说之王"的美誉,他的短篇小说以其构思的精妙、情感的丰厚和叙述的独特而备受赞赏和推崇。他的短篇小说总是有着特殊的格调和韵味,总能在舒缓、朴实的叙事中给人以强烈的震撼与力量。而这,在他的长篇新作《平原上的歌谣》(上海文艺出版社,2004年5月)中同样也得到了极好的体现。

强烈的痛感

《平原上的歌谣》是一部书写苦难的小说,它首先呈现给我们的就是一幅幅凝重的油画——一群老中国儿女艰难挣扎的生存图像。这是一段特殊的历史记忆:共和国三年困难时期,人为的饥荒和灾祸肆虐全国。小说所展现的华北平原文凤楼村在这个特殊时期凄凉沉痛而又悲苦无助的乡村生活景象可以说正是苦难中国的一个缩影。小说的叙述主要落笔于文凤楼村村民们的日常生活以及他们在艰苦卓绝的困难时期所遭受的煎熬。缺粮、饥荒、病痛、斗争会、要饭、身体水肿、饿死人……村里的牛也因缺少草料而饿趴了架。母畜几年不走犊(意思就是怀孕),妇女几年不怀孕成了文凤楼村历史上绝无仅有的现象。而文钟祥妹夫的饿死在逃荒路上、文钟祥的拉肚而亡、文怀远儿子的"撑死"以及文钟山娘与文钟祥父亲的"临终形象",更是传达出一种惨烈而残酷的痛感。小说虽然没有正面的控诉与批判,但对荒诞图景的真实展示,其实也正是对"苦难"根源的揭示。

"地母"的形象

如果说,《平原上的歌谣》对"苦难"浓墨重彩的渲染构成了小说的表层景观和叙事线索的话,那么,"画面"背后流淌的悲剧性旋律则是小说的内在基调。这种基调也决定了小说对"苦难"历史的揭示与批判只不过是一种假象,而深层的意蕴则是要呈现老中国儿女面对"苦难"时顽强的生存意志和生命力量,展现他们的人性、人情和本分自然的生命态度。魏月明是小说着力刻画的一个受难者形象:丈夫文钟祥在饥荒中病死(实际上饿死),她拖着6个没有成年的孩子在无望的生存困境中挣扎。她是一个"地母"的形象,也是一个"圣母"的形象:放走受尽虐待的秃老电妻子红满;拒绝接受队里照顾工分的委屈、倔犟与自尊;在极端困难情况下仍然把领来的菜汤分给前来要饭的亲戚而宁肯让自己的子女挨饿的义举;消弭自身的性别意识加入到男劳力中劳动的尴尬、艰辛与无奈;让人偷了买猪钱后的自责与悔恨……所有的这一切都是灾难和生存的"原罪",无以退让,无处躲避,无从逃离,她只能用自己孱弱的臂膀肩负起命运的劫数。然而,她的坚强、善良、执着、博大,她的人性美与性格的力量却在这种种苦难的打磨与砥砺下显得更加熠熠生辉。在这样的女性面前,不仅"苦难"变得微不足道,而且"历史"以及对历史的社会学批判也变得不再重要。小说据此从日常生活和历史的表象层面突入到了生存的哲学层面,有关生与死、人与自然、食与性、爱与恨、男与女、文化与人性等问题的思考也都在"老中国儿女"的形象中被彰显了出来。不消说,拥有这样的民众,中华民族无论经受怎样的磨难,都会坚韧顽强地生存下去,这是中华民族的生存观念和生存哲学所决定的。

"反现代性"叙事

从艺术层面来看,《平原上的歌谣》具有"反现代性"的叙事风格。这是一部能充分展现刘庆邦叙事特点的小说,层出不穷的生活细节和缓慢静态的场面描写构成了小说的主体。他不在乎小说的速度和节奏,总是尽可能地挖掘"生活细节"和"生活场面"背后的蕴涵,那种细微的观察、那种铺张的描写、那种尽态极妍的展示,尤其对生活细节的精妙捕捉,使得小说充满"密度"和涵量,也使得小说的每一寸空间都充满了韵味。但与此同时,这种让生活、让土地、让人生自主呈现的方式也构成了对现代性叙事的反动。本质上,这种乐此不疲地在生活的"细部"和细节上驻留的方式仍然是一种短篇小说的写法,它必然会影响长篇小说的推进速度。但刘庆邦对此毫不在意,对他来说,《平原上的歌谣》似乎就是一部无需"叙事"的小说。故事就是生活,小说就是生活本身的流程,它是一个个画面,本质上并不需要奔向一个"结果",而老中国儿女们也都是小说世界里自由自在的精灵,同样不需要作家的调控,所谓"现代性"的叙述更是无用武之地。也许,刘庆邦真是一个缺乏现代性叙事能力的作家,但《平原上的歌谣》却正是一部能"藏拙"的小说,这样的生活,这样的人生,这样的故事,恰恰就适合刘庆邦式的朴实、传统、"反现代性"的叙述。

小说共 41 节,每一节都有一个简短的标题,这些标题统领该节的叙述,并且标题都是由名词、名词性的短语或动词、动词性的短语构成。如"牛"、"草"、"客人"、"工分"、"斗争会"等名词性和"拿馍换老婆"、"嚼盐粒儿"、"吃柿树皮"、"逮蛐蛐儿"等动词性的短语。这些短语都朝着主题意蕴归趋,仅从这些标题就能大致不差地推断作品的生成语境和主题意旨。每一节就像一粒粒的珍珠被统一的题旨和人物线索贯穿起来,从而构成浑然的艺术整体,这很类似于《儒林外史》的串珠结构。此外,小说九章,每一章的冠头都是一首华北平原上广泛流传的民间歌谣,小说的篇名《平原上的歌谣》似乎也正由此而来。这些歌谣像华北平原上的农民一样质朴,添加到小说叙事中,更增添了小说质朴的本色,刘庆邦就是善于化平庸为神奇,在平易、素朴的叙事背后发掘出深沉的悲剧力量。在他笔下,歌谣成了小说主题旋律的外在音符,它配合着小说的人生画面,有时是对故事与人生内涵的凝练,有时又是苦难命运的交响和对人生的反讽,它让作家笔下似乎静态的土地、风物、画面以及人生,有了活力,有了动感,有了韵律。

原载《北京日报》2004 年 11 月 14 日

民间世界的诗意抒写
——刘庆邦乡村系列小说阅读笔记

吕政轩

在新时期的小说创作中,民间已离我们越来越远。作家远离民间,读者远离民间,文学也就自然会远离了民间。文学远离民间表现在:一是反映民间生活的文学作品越来越少;二是即使有,也多为"伪民间"作品。所谓"伪民间",就是表面上写的是民间生活,但深层上却并没有触及到民间生活的精神底蕴。无论是语言风格,还是思想情感;无论是外在风貌,还是内在习俗,都是一种贴着"民间"标签的"非民间"。

就是在这样的文学背景下,作为民间短篇小说家的刘庆邦就凸显了出来。

一

刘庆邦似乎把他所有的目光都投注到了民间,并通过其不懈地创作为我们建构了一个完整而又多样化的民间世界。说它是完整的,就是说刘庆邦并没有走马观花式地信手拈来民间世界的一鳞半爪加以叙写,而后便将民间抛于脑后一走了之。刘庆邦对民间世界的叙写是全方位的,多层次多角度的。如果把刘庆邦所有描写民间生活的短篇小说归结在一起,人们就会发现,这就是一个完整的民间村落。

刘庆邦自己说,他对民间世界的发现与挖掘应归功于他做了三十多年的新闻工作者。他说:"记者工作使我有机会到处跑,可以保持和现实的紧密联系,可以获取大量的生活和心灵变化的信息。更重要的是,我通过采访贫穷、灾难等,通过接触最下层劳动人民,可以使我不断地得到情感上的冲击和情感上的积累。我们每个人的创作,所建构的是情感世界,所调动的是情感积累。而我们每一个人的经历有限,情感积累有限,往往不够我们长期使用。那我们怎么办?只有去寻求新的情感冲击。新闻采访是不断获取情感冲击的有效途径。"

当然,新闻采访只是获取情感冲击和情感积累的有效途径而不是唯一途径。难能可贵的是,刘庆邦能够坚持,能够坚守,能够三十年如一日地以一个记者的身份深入民间,又以一个作家的身份体验民间。所以刘庆邦的民间世界是真实的,是多彩的,是自然的也是纯朴的。

二

刘庆邦乡村系列短篇小说就是一面多棱镜,它折射出来的是一个多角度、多层面的民间世界,现不妨归纳如下。

1. 生命与艺术的启示

《曲胡》:这是一曲心弦。瞎祥的琴技平平。但自从哥哥弃了嫂子进城以后,瞎祥的琴就有了生命。从此,瞎祥和嫂子的情感就注入了瞎祥的琴曲里。但这一心曲却在不经意间被儿媳给破解了。一天,嫂子不在,儿媳踩着婆婆的脚步来到了瞎祥的房间。于是心弦被中止了,琴弦也断了。

瞎祥走了。瞎祥把曲胡留给了嫂子。

嫂子也走了。嫂子又让儿媳把曲胡放入了她的棺材里。

这是一曲爱的悲歌。

《曲胡》的叙述语气在平静中有波澜,在舒缓中有漩涡。平静和舒缓是表层的,波澜和漩涡是深层的。不细体味便难得其真味。

《响器》:能把死人的场面写得这么令人神往,这是刘庆邦的神力。何以故?"因为世间有这样的乐声相伴,死亡就不再是一件可怕的事情了。"

庄户人有一种习俗:把白事当喜事来办。老人死了,请一班响器,响器吹起来时,丧事就热闹了,村里人都围过来看,围过来听。其他人只是听听而已,高妮却感动得哭了,满脸泪痕。令高妮感动的是,这撩开云幕下来的音乐不是人歌而是天歌,或者说是仙乐。这样梦幻般的仙乐听起来别有一番韵味,更能牵动人的思绪,让人想到哪里就到哪里,想看什么就看什么。

高妮完全被这仙乐迷住了,并决心献身于此。父亲、母亲、亲戚都没有劝止住高妮。

高妮成了大笛手,并成了气候。大笛仿佛成了她身体的一部分,与她有了共同的呼吸和命运。

生命注入了艺术,艺术提升了生命。

2. 风俗与人情的图画

《相家》:相家写的完全是一个过程,这一过程写得具体、详尽,几乎到了烦琐的程度。但这又是一个必要的过程,因为这关系到女儿一生的幸福。所以表叔说了不算,请别人去相也不放心,还得母亲亲自出马。

相家前,先写心理准备,后又写手头上的准备,中间还穿插了一个梦。这个梦不是可有可无的,这是伏笔,也是母亲的一块心病——母亲梦见自己相家相到了卫生院。这是一个不祥的征兆,母亲担心女儿是否会重蹈自己的覆辙。

相家的时候,母亲不仅用眼,也用心,更是用神去相。全神贯注的母亲一定相得很累:她相路,相村子,相院子,相屋子,相屋子里的一摆一设、一尘一土,以至于她差点忘了相最主要的东西——人。

母亲不是想包办女儿的婚事,母亲是太爱女儿了。爱有时也会产生专制,萌生蛮横——这是不是刘庆邦在他的小说《相家》中所要表达的意思呢?

所以,作者没有写女儿,而写了母亲。

所以,作者没有写相亲,而写了相家。

而且,在开篇他就强调:相亲之前先相家,这是两道不可颠倒的程序。

《春天的仪式》:《春天的仪式》是写三月三的。三月三是幅图,是一幅农村庙会图:这里有小学的腰鼓队,有镇南镇北的戏场,有唢呐班子,有耍猴的、练武的、卖药的、吹糖人的、有玩魔术的,有变戏法的,还有摇课的,有看麻衣相的。三月三也是一幅乡村商贸图:有牵牛的,有拉羊的,有逮鸡的,有笼子里装猪娃子的,有桑杈扫帚,有箅子草帽,有大块的咸牛肉、整只的熟羊、闪着油光的卤猪头,还有馒头、烧饼、麻花儿……

这些都是小说的主人公——星采心外的世界。心外的世界虽然热闹,但只是在她的眼前一晃而过。星采的心内世界只有一个人——张庄的那个人——但这个人已容满了她的内心空间,让她膨胀,让她焦虑,让她头晕目眩。

作者把星采的心外世界写得如此细致、如此具体、如此五光十色,其用意正是为了映衬星采心内世界之精细、之多彩。这是一个美丽少女的一个美丽的梦。

3. 土地与爱情的乐章

《鞋》:大胆一点想象的话,鞋的样子很像一颗心——一颗姑娘的心。鞋底有多少层,姑娘的心就有多少层;鞋有多少针,姑娘的心就有多少针。在《鞋》这篇小说里,刘庆邦要表现的是他心目中理想的爱情,这种爱情似乎离我们很远,又似乎离我们很近。这是一种初萌的爱,一种纯粹的爱,一种没有被污染的爱。这种爱只有在人们的记忆中存在,在艺术中存在。作者正是在记忆中把这种爱进行了提纯与升华。

《夜色》:爱能改变一个人。正如小说《夜色》的开篇所说的那样:有了对象以后,周文兴变了,变成一个有心人了。

这里所说的有心,具体的理解就是有了责任感,一种对家的责任感。比如把篱笆扎好,把菜园子修好,不随便到外面去睡觉,等等。

更重要的是,周文兴时时牵挂着"高家庄的那闺女"。其实,牵挂也是一种责任感,是一种心理的责任感。这种心理的责任感付诸行动就是趁着夜色去帮助"高家庄的那闺女"脱土坯。在一个朦胧的夜晚,周文兴和"高家庄的那闺女"相聚了。但经过一段时间的对峙后,高玉华突然转身离开了。周文兴在叹息之余忽然又想到,那些已经晒干了的坯子该垛起来了。说干就干,他马上垛坯子去了。

在这篇小说里,作者向人们叙写了一种乡村爱情的表达方式:爱有心,但却无言。这是一种源自于大地深处的爱,因而显得更真实,也更深沉。

4. 孤独与苦难的童话

《梅妞放羊》:人是自然的一部分,动物也是自然的一部分。自然是美妙的,动物是善良的,人是有灵性的。在小说《梅妞放羊》里,人、动物、自然就这样和谐地统一在了一起。和谐就是宁静。

和谐就是艺术。和谐就是一种生命的契合。

朦朦胧胧中,放羊的梅妞懂得了什么是生命,什么是爱,什么是羞怯,什么是性与母爱。

生活虽然是孤独的苦难的,在孤独和苦难中,梅妞和羊相依为命。

梅妞的日子过得很平淡,也很幸福。

这是人、动物和自然组成的一处和谐美妙的童话世界。

《人畜》:骡子也是人,是有灵性的。公骡子年富力强,精壮无比,简直就像铁打的一样。年富力强的公骡子日复一日年复一年地在老祥的皮鞭子下干活。它埋着头,犁着地,干得毫无怨言。

老祥用鞭子抽骡子,开始完全是一种习惯性的动作。后来,由于他对队长的不服气,再加上骡子也流露出几分对他的不耐烦和抗议,老祥就由一种习惯性的抽骡子变为了一种对骡子的有意惩罚。

屡遭毒打的骡子开始反抗:它踢老祥,咬老祥,最后甚至将老祥扑倒在地,骡子的前蹄踏住了他,在他的身上乱啃一气。一头好端端的骡子就这样疯了,最后被民兵队长打死在一颗大柳树下。

骡子是老祥逼疯的。而老祥的背后还有谁呢?

这是一则寓言,也是一则童话,更是一出苦难的悲剧。

5. 民间法规的原始注解

《在牲口屋》:俗话说,国有国法,家有家规。民间也有民间的法规,民间法规在一定程度上就是那个小王国的国法。他们往往用这样的法规来惩恶扬善,当然,这个恶与善只是他们靠他们朴素的理解所判定的恶与善。

杨伙头与金宝私通了二十多年。那时候杨伙头能给金宝买咸牛舌头,金宝也还可以坐杨伙头的马车进城里去。金宝需要杨伙头,所以他们俩就明火执仗地往来私通,谁也不说什么。

可现在,儿子大了,女儿也大了。尤其是儿子多次提亲都不明不白地被告吹了,这时,金宝就认为杨伙头已成了她儿子为她传宗接代的一大障碍。

杨伙头的苗子太旺,看来不除掉他是不行了。金宝的主意一次次地在坚定。

可杨伙头偏要一次次地往刀刃上走:先是骚扰,后是揭房瓦,后又是当着儿女们的面调戏金宝……最后一次,杨伙头被金宝诱到了牲口屋给收拾了。

最后,村长出面了。村长让金宝家的人买了一副棺材把杨伙头埋了。

小说的结尾没有用问号,也没有用感叹号,只是用了一个极为平常的句号。

这个句号就是点睛之笔。因为这样的事情在这样的时代这样的环境中本身就是一件极为平常的事。

无需疑问,也无需惊叹。

原因其实很简单:杨伙头该死。

这是一种最原始的民间法规。

三

我想用"小巧玲珑"这四个字来形容刘庆邦的短篇小说。刘庆邦短篇小说的那种质地之柔软、纤细,工艺之巧妙、精致,让人读了以后会怀疑这样的作品是不是出自一位男子汉之手。我感到,刘庆邦的短篇小说更像一件件出自少女之手的工艺品:一幅剪纸、一双鞋垫、一顶草帽、一只荷包……它把少女那柔美的情思以及少女对生活那种切身的感受和神奇的向往一股脑地织进了她手中的一针一线一剪一刀之中。

说白了,刘庆邦的短篇小说就是一件工艺品。一件晶莹剔透的玻璃器皿,简单纯朴中折射出一种自然的灵光;一幅古色古香的水墨画,浓墨重彩中浸透着生命的气息。

刘庆邦就是这样,总是把他手中的写作素材选了又选,挑了又挑,这样精挑细选之后,留下来的便是一些纯粹的"艺术材料",然后再将这些艺术材料浓缩、挤压、提炼、升华,加工成一件精神浓度很高的艺术作品。所以,刘庆邦的每一篇短篇小说都会有一个聚焦点,作者把他对生活的全部感情和对生命的全部感受都凝结在这一聚焦点上。这一聚焦点可能是一把曲胡,一件响器,一只鞋,一颗倭瓜,一只羊;也可能是一朵白花,一把唢呐,一支高跷,一张网,一顶草帽……我之所以称其为小说的聚焦点,而不称其为通常意义上的线索,那是因为线索只起链接小说情节的作用,而聚焦点却凝聚着作者的全部思想感情和生活感受。二者的区别就在这里。

刘庆邦小说的语言是一种纯文学化的民间语言。文学民间语言并不等于原始民间语言,它应该是对原始民间语言的一种思想提纯和情感净化,是一种审美化的语言。所谓文学化的民间语言,我的理解是:它是一种自然化的语言,一种生活化的语言,一种地方化的语言。

刘庆邦在他的小说中就很好地运用了这种自然化、生活化、地方化的民间语言。比如,"一片树叶,一朵花,一种音响,或一个符号,若赋予一种叫人心跳的内容,久而久之,这些东西就是心跳的同义词了。"(《曲胡》)"太阳升起来了,草叶上的露珠落下去,梅妞该去放羊了。"(《梅妞放羊》)"日子像树叶一样生出来,又像树叶一样纷纷落去。"(《闺女儿》)"麦子甩穗,豌豆开花,三月三到了,三月三是柳镇的庙会。"(《春天的仪式》)这就是一种纯自然的语言,自然的如日出日落、花开花谢、春雨冬雪一样应时而至,顺理成章。

生活化的语言就是通过对生活的体验、感受,用最能体现生活情调的语言来表情达意。如"阳光见人分外亲,人走到哪儿,它照到哪儿,伸手抓一把,满把都是金。"(《春天的仪式》)"母亲去相家,左手提的是左手,右手提的是右手,两只手都是空的。走了一会儿,她觉得不对劲,甚至有点别扭,好像失去了抓挠失去了凭借似的。"(《相家》)

地方化的语言是民间语言的一种集中表现,"十里不同音,百里不同俗",这是一种自然的现象。读刘庆邦的小说,我们就有一种在有意无意间与这种地方语言进行对话、交流的感觉:"我们这地方,胡琴有四种,板胡、曲胡、坠胡、二胡。瞎祥拉的是曲胡。"(《曲胡》)"好看不过对肚子瓜,当媒人的两头夸。母亲允许表叔的话有所夸张,待表叔把话说成车轱辘……"(《相家》)

这就是刘庆邦的乡村民间小说,刘庆邦的乡村民间小说就是这样,以民间的语言来抒写民间的生活。读刘庆邦的小说,我们读到的是民间语言的美,民间生活的真,民间情感的纯,以及民间世界的诗情画意。

原载《小说评论》2005 年第 3 期

论刘庆邦的短篇小说的理论与创作

柯贵文

一

作为一个小说作家,刘庆邦自 1978 年发表处女作以来一直都是长、中、短篇各体皆备。但作为一个具有独特风格的小说作家,他显然更以短篇见长。到目前为止,他已经发表了一百七十余部短篇小说,完全可以称得上是一位多产作家。随着《短篇小说的种子》、《生长的短篇小说》等文章的发表,他的短篇小说理论也初见雏形。他的理论来自于对其创作的概括与总结;他的创作则很好地实践了他的理论。

在中国现代文学的发生发展史上始终都横亘着一个显在的异域文学背景,现代短篇小说理论建设也同样没有例外。胡适发表于 1918 年的《论短篇小说》,就直接从西方引进了短篇小说(Short story)的定义:短篇小说是用最经济的文学手段,描写事实中最精彩的一段,或一方面,而能使人充分满意的文章。①定义者选择"经济"一词作为其定义的核心概念,表明他已充分地注意到了短篇小说形体方面的有限性。接着,他又指出了克服它的有效途径——从事实中截取"最精彩"的"一段,或一方面"。后来,这一说法得到普遍的认可并被逐步地加以补充、完善,成为中国现代短篇小说理论的主流。其中最为流行的表达就是沿用胡适的"横截面说",将短篇小说看作"人生的横截面"。但在我看来,这一说法明显存在着两方面的不足:其一,短篇小说仿佛是社会生活中固有的存在,作家的任务只是寻找到一个合适的角度,然后操刀下手,即可从中"切"或者"截"出一篇短篇小说。那么,这是否意味着短篇小说并不是作家"创作"的成果而只是其"发现"的产物?其二,尽管胡适对于"经济"的解释是不可增减,不可涂饰,处处恰到好处。但在许多人的理解中,"经济"的本质就是高效。所以,"借一斑而窥全豹""以一目而尽传精神"被一些作家奉为圭臬;"以小见大"成了人们对短篇小说最基本的审美要求。于是,短篇小说被普遍地理解为只是中篇甚至是长篇小说的浓缩而已。为了追求"以小见大"的审美效果,作家们在叙

---

① 胡适:《论短篇小说》,《中国新文学大系·建设理论集》(影印本),上海文艺出版社,1981 年,第 272 页。

述方式上或是将人生加以高度地浓缩,或是选择虽然短小却具有典型性的历史插曲。从而形成了两种叙述类型,即"第一类是浓缩的故事……第二类是长篇历史中的一段插曲"。结果正如陈思和先生所指出的那样:"阅读这样的作品与阅读中长篇作品的审美方式是一致的……"①短篇小说失去了它作为一种文体在审美方式上应该具有的独特性。而在作品的意义生成方式上,现代短篇小说则明显地倚重于寓言化以及象征手法。就此而言,在现代短篇小说理论发源地的西方,情况也大致如此。美国当代文学评论家玛丽·罗尔伯杰教授就认为,尽管短篇小说在西方已经过了三个阶段的历史发展,但"象征"自始至终是其意义生成的主要手段。她深刻地指出:"短篇小说作家大量借助象征,因为短篇小说篇幅短。借助象征,作者能够在深度上弥补小说在长度上的不足。"②而透过"象征",我们不难看出其背后仍然是对"以小见大"审美方式的执着。由此可见,以胡适先生引进的短篇小说定义为基础、具有明显西方文学背景的中国现代主流短篇小说理论一个重大的缺憾就是没有很好地解决现代短篇小说的审美独特性问题,没能有效地将短篇小说与中、长篇小说从文体上区分开来。

在上述背景之下,刘庆邦的短篇小说理论就显得别具一格。在他的理论术语中,"种子"与"生长"是两个具有伴生关系的核心概念,几乎包含了其小说理论的全部信息,并由此而生发出一系列相关的理论命题。关于短篇小说的"种子",刘庆邦是这样解释的:短篇小说的种子是有可能生长成一篇短篇小说的基本因素……不少优秀短篇小说的种子大都是一个细节……当然,短篇小说的种子多种多样,有时是一句哲语、一个题目、一处场景、一种感觉,有时还是一个人③。如果说"短篇小说的种子是有可能生长成一篇短篇小说的基本因素"只是一个抽象的定义,那么,"细节、哲语、题目、场景、感觉、人"等则是对其存在形态所作的具体描述。但通观全文我们就会发现,它们都没有具体解释短篇小说种子究竟是什么。因此,我们有必要作进一步的阐释。

我认为刘庆邦所谓"短篇小说的种子"首先指的是一部短篇小说的灵魂。在这个意义上,正如他自己所指出的那样,它与"支点、闪光点、黄金点、内核儿、纲、眼睛之说,意思都差不多"。但我认为,刘庆邦之所以特别爱用"种子"而不是其他类似的说法,除了他所说的"短篇小说的种子的说法更对我的心思"之外,还因为这一说法与其他说法之间存在着细微却又重大的差异:作为中国现

---

① 陈思和:《关于中国现代短篇小说》,《小说评论》2000 年第 1 期。
② 〔美〕玛丽·罗尔伯杰:《作为一种文学体裁的短篇小说》,陈许译,《国外文学》1994 年第 1 期。
③ 刘庆邦:《短篇小说的种子》,《北京文学》1997 年第 9 期。

代主流短篇小说理论中的重要概念,无论是"支点"、"闪光点",还是"内核儿"或是"眼睛"所表露出的都是局部与整体之间的关系,而在这两者之中人们更为强调的又是局部的重要性,小说的整体性则被相对地忽略。相比之下,刘庆邦的"种子说"则更为强调小说种子与小说整体之间有机的、不可分割的联系——短篇小说类似于某种由种子生长发育而成的动物或者植物,它的形体可以十分有限,但应该是具体而微、浑然天成、牵一发而动全身的,尤其重要的是,好的短篇小说应该具有动物或植物一般的精气神儿。

"短篇小说的种子"更为重要的意义在于它乃是一部短篇小说赖以"生长"的基础。刘庆邦说:"我认为短篇小说是发展的,生长的……它从生活中记忆中只取一点点种子,然后全力加以培养,使之生长壮大起来。或者说它一开始只是一个细胞,在生长过程中,细胞不断裂变,不断增多,不断组合,最后就生长成了新的生命。"①"生长说"的提出使得"种子说"显得更为周密、完备,这突出地表现在它深刻地揭示出了短篇小说在"有限性"与"无限性"方面的统一。短篇小说的种子从其存在形态来说固然是有限的,但又天然地具有可生长的潜质。虽然它是可生长的,但又不是无止境的,而是被先天地规定了限度与规模,因为"种子"有限的形体却包含着决定其生长可能性的全部基因信息。他指出:"不管再好的中、长篇小说,取其一块也变不成短篇小说,好像虎皮贴不到羊身上一样。同样,任何一粒短篇小说的种子也生长不出中、长篇小说,这是它的潜质决定的。"②由此我们可以清楚地看到,刘氏对主流短篇小说理论的修正是根本性的:短篇小说不仅形体有限而且其内涵也应该同样有限。因此,短篇小说作家的根本任务不在于从有限之中追求无限,而在于想方设法让短篇小说的种子充分地生长、发育,不在于让一棵灌木长成一株参天大树,而在于让这棵灌木长得枝繁叶茂、肥肥壮壮;短篇小说不是一个有弹性的口袋,可以任由作家塞进无量数的"意义",而是一个由基因限定了的生命有机体,其意义应该由其"种子"自然而然地"生长"出来,而不应该是通过某种外在手段的强加。

"种子说"与"生长说"的相互补充还产生出了强大的理论再生能力,孕育出了一系列相关的理论命题。这不仅使得刘氏短篇小说理论的内涵显得更为丰厚,而且使它获得了较强的体系性。刘庆邦正是借此而初步实现了他对短篇小说理论的个性化构建。这些命题主要包括以下四个方面。第一,就作品与社会生活、作家的关系而言,短篇"小说的种子是在生活里,更在我们心中"。在肯定了文学来源于生活这一前提之下,刘庆邦特别强调小说的种子存在于作家的

---

① 刘庆邦:《生长的短篇小说》,《北京文学》2001 年第 7 期。
② 刘庆邦:《生长的短篇小说》,《北京文学》2001 年第 7 期。

心中。这就意味着短篇小说并非现成的某种生活的"截面"。它需要作家以其独特的心灵加以发现、孕育,因而只能是作家心血浇灌的结晶。通过对创作主体重要性的强调,他有力地校正了"横截面"说的根本性不足,使其小说理论更为符合文学创作自身的规律。作为补充,刘庆邦还特别强调说:"短篇小说的种子不同于植物和动物的种子,短篇小说的种子只用于播种和生发,不宜于流传,也就是说它的使用是一次性的。"①

第二,就其表现对象而言,刘庆邦认为短篇小说应该特别关注人的"精神世界"。"短篇小说像是给人们提供了另外一双眼睛,让人们一下子看到了平常看不到的新世界。这些眼睛跟显微镜有那么一点像,但绝非显微镜可比。显微镜再放大,它放大的只能是物质对象,而这双眼睛让人看到的是精神世界。"②我认为他将短篇小说的表现对象锁定于人的"精神世界"是非常明智的。他要求短篇小说放弃宏大的历史叙事,不以对历史、社会的深广反映为己任,转而追求自身的诗性品格,以对人类心灵的深入探究为专长,说明他已清楚地认识到了无论在表现现实的深度还是广度上,短篇小说都无法与中篇、长篇小说一较高下,而在表现人的心灵方面却可以大有作为。对表现对象的界定表明刘庆邦为短篇小说划定了明确的疆界——短篇小说应该有所为,也应该有所不为。

第三,在审美方式上,刘庆邦强调短篇小说应该追求"精致"与"美妙"。在舍弃了"宏大"与"深广"之后,短篇小说何以为美?这对于刘氏小说理论无疑是一个富有挑战性的问题。对此,刘庆邦有他自己的思考:"我认为短篇小说关注的表现的就是一些微妙的东西,是细微的,又是美妙的。"③他要求短篇小说放弃对"宏大"的偏爱,转而以"细致"作为新的美学追求。在他看来,"小"是短篇小说固有的特征,无法改变,也不需改变,因为我们可以让它小得巧妙,小得精致,小得灵动。我们无须为短篇小说舍弃那本来就不属于它的"大"而感到遗憾,而应该致力于对短篇小说的打磨、雕琢,以精致、完美取胜。

第四,在作品的意义生成方式上,刘庆邦认为"生长"是克服短篇之"短"的有效方法,而"想象"乃是"生长"的基本动力。短小是短篇小说固有的本质特征,因而"生长"就显得十分必要。那么,它是如何生长的呢?刘庆邦认为它生长在作家的心里:"一粒短篇小说的种子埋在我们心里,我们用心血滋养它,有的甚至要滋养若干年,它才会一点点长大。"④他认为作家在创作短篇小说时一

---

①刘庆邦:《短篇小说的种子》,《北京文学》1997年第9期。
②刘庆邦:《生长的短篇小说》,《北京文学》2001年第7期。
③刘庆邦:《生长的短篇小说》,《北京文学》2001年第7期。
④刘庆邦:《生长的短篇小说》,《北京文学》2001年第7期。

定要全身心地参与,"除了脑子要思索,要想象,听觉、视觉、味觉、嗅觉、触觉、知觉等,都要参与进来"①。也就是说,短篇小说种子能否生长的关键在于作家能否以自己的思想、情感充分地浸润它。它生长所需的养分全部来自于作家的主观方面,其中,作家的想象力尤其重要,"想象力是短篇小说的生产力……想象力可以为短篇小说的种子在我们心中的生长提供一切必要的条件。"②不同于主流短篇小说理论对象征的依赖,刘庆邦更强调以创作主体的想象来丰富作品的意义内涵。

综上所述,我认为刘氏短篇小说理论的精魂在于它摒弃了"以小见大"之成说,而重新构建了现代短篇小说的审美方式——"以小见心"。与此同时,他以对创作主体性的强调、对表现对象及审美方式的重新界定、对作品意义生成方式的调整全面构建出了短篇小说的诗性审美品格——从人们的心灵之中寻找到短篇小说的种子,然后放入作家的心灵使之生长,再以此打动读者的心灵。这在某种意义上很有点正本清源的意味,它相当有效地让短篇小说从中篇及长篇小说的阵营之中独立开来。

二

"以小见心"是刘庆邦短篇小说理论的精髓,自然也是他短篇小说最主要的风格。其"小"突出地表现为题材选择上的"日常化"与人物设置上的"平民化"。在刘庆邦的短篇小说中我们很难找到通常所谓的"重大"题材,更多的不过是一些在许多人看来简直是鸡毛蒜皮的日常琐事,小说所涉及的人物则是清一色的普通得不能再普通的矿区男女与乡间百姓。的确,我们难以从这类琐事中发现激荡的时代风云、巨大的历史变迁或是深邃的人性内涵,也无法从这些人物身上找到精彩、辉煌与传奇。或许也正因为如此,这些琐事与平民都难以进入那些偏爱"宏大"与"深刻"的作家的视野。但有谁能够否认正是这些琐事构成了芸芸众生生活的全部?正是这些芸芸众生又构成了平平常常却实实在在的现实人间?就此而言,我认为刘庆邦短篇小说选材上的"小"恰恰表现出了他创作视野上的阔大;对平凡百姓的关注则表现出了强烈的平民意识及其发自内心的人道情怀。因为他所关注的是这样一个群体:他们为数众多,但在历史上却长期处于失语状态,以至于在许多人那里都是视而不见;他们曾经被知识

---

① 刘庆邦:《生长的短篇小说》,《北京文学》2001 年第 7 期。
② 刘庆邦:《短篇小说的种子》,《北京文学》1997 年第 9 期。

界精英当作过启蒙的主要对象,也曾让不少人道主义者为他们洒下了同情的泪水,甚至还充当过知识分子的灵魂净化剂,却少有作家愿意以朋友的姿态深入地走进他们同样色彩斑斓的内心。而刘庆邦却视之为自己创作的源泉,他说:"家乡我每年都要回去,回去也不刻意去体验什么,一回去心就激活了,那里的山水、草木、人,看什么都有感觉,乡村有让我心动的东西。"[①]他正是从这些平凡之人与琐碎之事中为短篇小说找到了适宜的表现对象。

"见心"首先表现在刘庆邦放弃了现代短篇小说的一贯追求,即对社会现实的深广反映,转而特别注重于对人物心灵世界的表现,以此形成了人物塑造上的"心灵化"倾向。这是由他所选择的题材及人物性质所决定的。面对那些平凡的乡间琐事与普通的乡间人物,他既无曲折离奇的故事可以讲述,也无异乎寻常的性格可以塑造——他可以用力的唯有他们那藏而不露又变动不居的心灵世界。他的小说创作中有两个非常耀眼的形象系列,即"女子与小人"。这是刘庆邦笔下两个丰富无比的心灵富矿。少年阶段正是个体心灵混沌初开并不断丰富的时期,周围世界的一切对于他们都是那样的陌生而又新鲜。他们对于现实往往感到无所适从,但又不得不有所应对;他们对于自我也是茫然无知,所以不得不加以谨慎地探索。他们的心灵柔弱而又敏感,许多为成年人所熟视无睹的小事在他们的心里却要引起轩然大波;他们的体力还十分有限而意志力却是无比的坚强,不达目的决不罢休。这是一种相当独特的心灵现象,浅显而又深邃,稚嫩而又成熟,非童心与理性兼备之作家断难有独特的发现。而刘庆邦凭借其深厚的乡村记忆与一颗不老的童心写起来竟是得心应手,以《远足》、《谁家的小姑娘》、《少男》、《户主》、《种在坟上的倭瓜》、《梅妞放羊》、《回乡知青》、《拉网》、《毛信》、《桃子熟了》等作品构筑了一个长长的"成长小说"系列,对乡间少年所特有的敏感、自尊、倔强的性格予以精细的描摹,从他们的心海深处采撷来一朵朵细小的浪花炼成纯朴淡雅的文字,移于纸上而成一首首清新可人的诗。

尽管在外延上与"成长小说"有所交叉,但我还是想特别地指出,女性形象系列构成了刘庆邦短篇小说的又一座重镇。不同于其他作家或侧重于表现劳动女性的勤劳、善良等传统美德,或以女性生存景观的变化来展示时代的变迁,刘庆邦显然更愿意走进女性的心灵。在我看来,他对女性尤其是乡村少女有着一种特别的洞察力与非凡的想象力。透过她们的一颦一笑,一举一动,他总能准确地捕捉到她们丰富的心灵信息并细致而传神地传达出来。可以说,正是对女性心灵的诗意发现显示了刘庆邦最为出色的艺术功力。《响器》、《听戏》惟

[①] 夏榆、刘庆邦:《梅妞放羊》跋,长江文艺出版社,2001年。

妙惟肖地描摹出了乡村女性那种灵秀的艺术化的心灵；《毛信》、《桃子熟了》、《梅妞放羊》、《鞋》、《不定嫁给谁》、《外面来的女人》则细致地表现了女性性意识的各种宛曲情态，共同构成了一部相当完整的女性性意识的成长及变异的历史。

　　说刘庆邦放弃了对社会现实的深广再现并不意味着他已经彻底地疏离了社会现实。他说："作家还是要讲良心，我觉得劳动人民是一个巨大的存在，不把他们的疾苦反映出来心里很有愧。"①但他并没有将这种强烈的责任感化为煽情的呐喊或是激烈的批判，而是习惯于将之处理成一种背景性存在。他的大多数作品都笼罩着由乡村的贫穷、苦难、封闭和矿区生活的艰辛乃至不幸所构成的特定心理氛围。其基本功能就在于它可以为人物的行为方式、性格成因等提供充分的心理学及社会学解释。于是，我们注意到过早失去父爱是如何使得金生等乡村少年变得那么敏感自尊，贫穷又如何使得梅妞等乡村少女只能在自然之中与花草动物们一起发育着自己的母性；男权社会的压抑如何激发出高妮、"姑姑"们在艺术上的智慧与灵性，而矿区的苦难又是如何映照出刘水云等人"金子般的心"与国师傅们高洁的品行——社会现实的背景化不仅增强了人物性格的真实感，而且强化了其小说形象塑造的心灵化。进而，这种悲凉背影通过与人物心理、性格的相互交融形成了一种忧郁感伤的情感基调，一种阴柔纤弱的美学风格。是的，它无法对社会形成强烈的现实冲击，也难以给读者带来巨大的心灵震撼，但它却可以深深地触动人们心底的柔情，从而激发出他们的同情、怜悯与向善求美之心，进而给有缺陷的人生以炉火般的温暖与春雨般的滋润。

　　在人物塑造的"心灵化"方面，刘庆邦小说的特别之处在于他并不刻意追求深刻与复杂，而是固执地以单纯取胜。应该说，刘庆邦并不缺乏把握复杂性格的能力，他的中篇《神木》就是很好的例证。但他的短篇小说更多展示给我们的却是人性的单纯。他或写矿区人心地的善良、品性的纯朴；或写乡村女性对艺术的执着、对爱情的忠诚；或写乡村少年面对苦难时的坚强、承担家庭重担时的感伤。他尤其擅长于表现乡村人生命的诗意流露，或写少女母性生长的自然，或写少妇春心荡漾之多趣；或写少男情窦初开的羞涩，或写新人新婚燕尔之懵懂。人物性格因为单纯而显得集中，因为单纯而得以精粹，从而获得一种出人意料的力度。需要指出的是，刘庆邦的小说单纯却并不单调。一方面，他总是能将他对人的生命诗意的展示与对自然万物的描写、对民俗事象的图绘、对劳动场景的再现充分地糅合在一起，营造出一种自然到了无痕迹的意境，从而实

---

① 夏榆、刘庆邦：《梅妞放羊》跋，长江文艺出版社，2001年。

现他自己提出的目标:好的小说和自然是相通的……一切都平平常常,一切都恰到好处,都是那么美妙和谐,闪射着诗意的光辉①。他以对乡村生命内在诗意的自然呈现超越了陶渊明作为与"官场"对照的东晋桃源,以生命与自然、社会诗意的交融直逼沈从文的现代湘西,却又比它更富于人间气息。另一方面,他又能在有限的篇幅之中让人物的性格得以充分地生长,让人物的情感能够得到完全的发育。他的"成长小说"往往都是通过对事件仪式意味的发掘来展示人物性格的走向成熟,呈现出清晰可见的过程性、层次性。这使得他的小说篇幅虽然短小,却颇为摇曳多姿。他的以女性系列为代表的旨在揭示人物心灵的小说也绝少平铺直叙,人物的情感大多不乏起伏。这又使得他的小说能在尺寸之间而时见波澜。

"见心"还表现在作家情感对其创作的积极介入。对于其小说人物的心灵世界,刘庆邦不是以"情感的零度"去冷眼静观,而是以自己心灵加以热烈的拥抱,从而在他对人物心灵世界的表现中打上明显的个人印记:从《毛信》、《美少年》、《谁家的小姑娘》、《远足》、《少男》、《户主》这样一些以失怙少年为主人公的作品中我们可以明显地感觉到"少年丧父"对刘庆邦心灵的巨大影响。从他的作品对凄凉背景的反复呈现、对浅浅的诗意与淡淡的忧伤的执着追求之中,我们也不难理解他何以有如下的夫子自道:我的"性格深处有感伤的东西,忧郁的东西"②。作家心灵的介入使得刘庆邦的短篇小说在叙述方式上特别钟情于第三人称全知叙事。因为这种方式不仅给他的笔触深入到人物心灵的各个角落提供了方便,而且有利于他在叙述中自由地放飞想象的翅膀、融入自己的主观情感,而作家的主观情感与其小说人物情感的交融、碰撞则为其小说的充分"生长"提供了更大的空间。

原载《理论与创作》2005 年第 4 期

---

①夏榆、刘庆邦:《梅妞放羊》跋,长江文艺出版社,2001 年。
②刘庆邦:《刘庆邦中短篇小说精选》代序,花山文艺出版社,2002 年。

刘庆邦小说论

焦会生

当代著名作家刘庆邦,以其两百余万字的创作实绩和"对这个世界的个性的独立的表达"赢得了人们的广泛关注和喜爱。本文不揣谫陋,拟从叙事学角度,对其小说略作探讨,以就教于方家。

一

叙述内容是指叙事文学所讲述的故事,它表明了作者取材的范围和关注的重点。就刘庆邦的小说来看,其取材范围主要是乡村农民生活和矿井矿工生活,正如他自己所言:"我的创作主要取材于农村生活和煤矿生活,这是我比较熟悉、感受比较深切的两个题材领域。"[①]而其关注的重点则主要是普通人身上所表现出来的人性的美好和丑恶。

如果说"取材范围"只表明作者生活经历的"铁门限"的话,那么"关注重点"则表明了作者的审美理想和审美趣味,表明了作者的价值立场和人生追求,因而更值得注意。下面我们就根据刘庆邦的"关注重点",对其作品进行分类研究。

综观刘庆邦的小说创作,大体上可以分为"证美"和"审丑"两个大的类别。也就是说,我们把那些表现人性美好、赞美美好人性的作品叫做"证美小说",而把那些表现人性的丑恶、批判人性丑恶的作品叫做"审丑小说"。而无论是"证美小说"还是"审丑小说"都充分表现了作者的审美理想和审美趣味,表现了他的价值立场和人生追求。

就其"证美小说"来说,主要包括五个方面的内容。其一,歌颂小人物身上的"勤劳、善良"等美好品德,可以《灯》、《种在坟上的倭瓜》、《谁家的小姑娘》等作品为代表。它们多以生活在农村的有着纯洁、善良心灵的少年儿童为主人公,像双目失明却盼望别的小朋友有一双明亮眼睛的小连,勤劳而懂事的猜小,

---

[①] 弘明:《当代著名作家刘庆邦》,《中国文化报》2000年9月5日。

善良而纯洁的改鸽,等等。通过他们所做的一些富于爱心、富于同情心以及热爱劳动、热爱生命等事件来赞美他们身上所闪现出来的人性的光辉和美好,歌颂他们那纯洁而又善良的优秀品质。其二,赞美人生的执着追求,可以《听戏》、《响器》、《信》等作品为代表。它们的主人公大都有一种精神追求,而且在他们的追求过程中都遇到了"阻碍者",都遭到了不同程度的打击,像痴迷于听戏的姑姑,专注于学习吹大笛的高妮,沉迷于死去的前夫写给自己的信的李桂常,等等,不论怎样,他们都是痴心不改,执着而坚韧。其三,歌唱人与人之间的"爱和关爱",可以《鞋》、《梅妞放羊》、《草帽》、《屠妇老塘》、《继父》等作品为代表。它们或写男女之间那甜蜜而又真挚的恋情,像18岁订了婚的守明;或写助人为乐的高尚品质,像善良的刘水云夫妇和其他矿工们,以及见义勇为的老塘;或写那令人惊叹的父爱与浓得化不开的亲情,像视继子如亲子的张师傅……这些作品,充分表现了生活在农村和矿区的小人物身上那种充满真情的爱。其四,赞颂长辈对下一代的呵护、扶携与锻炼,可以《户主》、《拉网》、《少男》、《远足》等为代表。这些作品热情赞美了家庭和家族的长辈对未成年的下一代的关爱与关心,写出了他们在培养子弟问题上的良苦用心。其五,表现对人的尊严的维护与坚守,可以《玉字》、《晚上十点:一切正常》、《枯水季节》等为代表。这些作品的主人公为了维护做人的尊严而进行着顽强的努力,追求"走得正,站得正",像复仇者玉字,勇于改过的李顺和,不损人利己的母亲,都是这样的人。总之,刘庆邦的"证美小说"从不同的侧面,充分表现了人性的美好,对人性中的勤劳、善良、关爱、执着、关心与培养、尊严与操守等美好的东西,都给予了热情的讴歌与赞颂。

就其"审丑小说"来说,则包括四个方面的内容。其一,充分表现人性的残忍,可以《神木》、《保镖》、《在牲口屋》、《雷庄户》等作品为代表。它们的主人公或是农民或是矿工,但身上都具有一种疯狂与残忍的品性,或谋财害命如赵上河、李西民,或贪色杀人如顺头,或为满足某种私欲而相互倾轧、相互残杀如老灰橛一家。其二,充分展示性道德的堕落,表现人身上的奴性与兽性,可以《新房》、《躲不开悲剧》、《金色小调》、《兄妹》等作品为代表。它们或表现"权占有色"和"色奉迎权"等"权色交易",或表现违背伦理天常的淫乱,展示了人在"性"问题上所表现出来的丑恶本质。其三,展示嫉妒、自私、虚荣、报复等阴暗心理,表现人性的丑陋。可以《守身》、《黑地》、《眼睛》、《到城里去》、《只好搞树》等作品为代表。它们的主人公都是普通的矿工和农民,他们身上普遍存在着嫉妒、自私、虚荣、报复等丑恶因素,这些因素严重侵蚀了美好的人性。其四,展示权力"对人的尊严的蔑视",表现"人吃人"的丑恶行为,可以《一块板皮》、《群众演员》、《刷牙》等作品为代表。它们的主人公都是一些处在社会最底层的工人和农民，在强权面前他们是那么的无助和无奈，最终成了权力面前的牺牲品。总之，刘庆邦的"审丑"小说，主要从上述四个方面充分描写和透视普通人身上所存在的人性的丑恶，揭露并批判了残忍、堕落、嫉妒、自私、虚荣、报复、漠视个人权利与尊严等丑恶的现象，从而对改善人心起到了促进作用。这是对鲁迅开创的"改造国民性"、"改良人生"的文学传统的继承与发扬。

二

叙述视角是指在叙事文本中对故事进行观察和讲述的角度，也就是作者在文本中进行叙事时所选择的文化立场。它能够让我们更清楚地把握文本的思想倾向和价值取向。在作品中它主要体现为叙述人称。通观刘庆邦的小说创作，除《户主》、《拉网》、《泥沼》、《枯水季节》、《听戏》、《躲不开悲剧》、《一亩地里的故事》等少数文本用第一人称来进行叙述外，其余大多数文本是用第三人称来进行叙述的。在第一人称文本中，叙述者同时又是故事中一个角色，他不仅可以参与事件过程，而且还可以脱离开故事环境面向读者进行讲述和评价，带有明显的主观性。刘庆邦小说中的"我"，或者是一个正在成长的少年，或者是一个有一定地位和影响、有正气的文化人，或者是一个富有正义感的工厂宣传队队员。但不论是谁，他的叙事动机都是切身的，是植根于他的现实经验和生命体验的。从叙述者"我"身上，我们可以清楚地看到刘庆邦的影子，看到他作为一个平民作家对人性的叩问与探索。在第三人称文本中，叙述者虽然外在于人物世界，但他可以自由地展示人物的言行和情感，同时也可以自由地表达他自己的理想和倾向。在刘庆邦的小说中，第三人称叙述者或者热情讴歌普通人身上那种人性的美好；或者冷静而细致地描述因疯狂追求"金钱"与"性"的满足而残杀同类的"恶魔"们的丧尽天良的行为，让我们看到了人性的阴冷与残忍；或者真切地展示现实生活中严重存在着的"性道德堕落"的现象，表现了"权色交易"中弱者的"奴性"和性行为中普通人身上体现出来的"兽性"，也描写了恪守性道德和婚姻道德的人对"性混乱"的憎恶，从而呼唤坚守"性道德"的纯洁性；或者通过展示普通人身上那些嫉妒、自私、虚荣、报复等阴暗品质，表现出对人性丑恶的厌恶，让我们深刻反省，弃恶扬善；或者通过对"权势压抑并剥夺人性"的社会现象的描写，表现出维护个性、维护人权的倾向性，引起我们对仗权欺人和形式主义政治的厌恶……这些都可以看作刘庆邦的理想和态度。正如张炜所说："作家的著作塑造了众多人物，最重要的一个人物从来都是他自已。读完一个作家的著作,作家本人或高大或卑微也就浮现在眼前了。"①质言之,刘庆邦是站在平民立场"凭良心"对普通农民和矿工的现实生存状态和生存境遇进行体察,站在现实主义、人文主义立场来赞美美好人性和批判丑恶人性的。

他之所以这样,是由他自己的人生经历、艺术传承和艺术态度所决定的。

刘庆邦曾说:"作家所创造的是一个和现实世界并不对应的另一个属于作家自己的心灵世界、情感世界。"这与叶嘉莹所说的"凡是最好的诗人,都不是用文字写诗,而总是用自己整个的生命去写诗的"②是相通的。现代文艺心理学也告诉我们,艺术创作源于人的生命体验。而生命体验又是如何生成的呢?"艺术家的体验生成多是处于两种联系中,一是与艺术家在特定时期所处的外部社会环境的联系;一是与艺术家个人经历中早期经验以及由教育和各种活动所形成的心理反应图式的联系。"③也就是说,艺术家的生命体验是与他所处的现实环境及其自身的早期生活经历有着密切关系的。

我们知道,刘庆邦出生在豫东平原一个农民家庭,从小丧父,跟着母亲及四个兄弟姐妹过着穷人的日子。更为不幸的是,父亲"历史问题"的阴影一直笼罩着他的生活,使他不能当兵,也不能入党。因此,他一直处在一个低于普通平民境遇的生活环境中。他曾自称是"一个穷人",说他"在农村长到19岁,对那儿非常熟悉"。而那儿的一切又在"记忆的血管里流淌"。后来他又去煤矿呆了9年,矿工艰苦的生活给他留下了难以磨灭的印象。他还做了30年的新闻记者,通过采访贫穷、灾难等,通过接触最下层的劳动人民,使他不断得到情感上的冲击和情感上的积累。正是这样的经历,为他的整个人生定下了基调,并规定了他"关注平民生活、关注人性美好与异化"的发展方向和深刻程度。

文艺心理学还告诉我们,艺术家在童年时父母亡故或离异、家道中落等的痛苦经验对其性格和气质的影响尤其巨大,并在相当程度上决定着他的创作题材选择、人物原型、情感基调、艺术风格,等等。而且痛苦的体验常常能使艺术家具有敏感的心灵和博大的同情心,养成独立思考的习惯。刘庆邦正是这样。他从小丧父及由此造成的早期痛苦的生活经验,直接影响了他那温和、不骄不躁、淡泊宁静性格特征的形成和他独立反思人性的美与丑的文化立场和角度,形成了他的平民主义立场,形成了他对勤劳善良的农民和矿工的那份深切的同情与怜悯,同时形成了他对强权、凶蛮、自私自利、损人利己等人性丑恶的憎恶

---

① 杜书瀛:《文学原理创作论》,社会科学文献出版社,1989年。
② 叶嘉莹:《汉魏六朝诗讲录》,河北教育出版社,2001年。
③ 童庆炳、程正民:《文艺心理学教程》,高等教育出版社,2001年。

与批判。

就艺术传承来说,刘庆邦深受曹雪芹、沈从文和茨威格的影响。他自己曾说:"外国的作家,我最喜欢茨威格。中国的作家,我最喜欢沈从文。对了,还有曹雪芹。要说作品,我最爱读的作品是《红楼梦》和《边城》。"[1]就茨威格来说,其小说具有冷静而严酷,环境描写真切,细节描写生动,语言明快、自然、接近口语等特征。这些特征对刘庆邦的创作产生了比较大的影响,我们从刘庆邦小说注重语言的冷静、平实和生动细节的描写等方面便可以看出。当然,刘庆邦不像某些新潮作家那样亦步亦趋地跟在外国作家后边模仿,而只是取其可用的地方为我所用,其骨子里还是我们民族的作风和气派。对他影响更为深刻的是曹雪芹和沈从文。曹雪芹的《红楼梦》是我们民族的文化瑰宝,其影响是深远的。刘庆邦更是自觉地学习它,接受它的影响,自觉地继承了它的现实主义精神和艺术表现手法。我们从刘庆邦小说的特征可以看出这种影响。比如他立足于对日常生活进行开掘,在语言上简洁而纯净,准确而传神,朴素而多彩;在刻画人物上,常常把人物放在特定的艺术氛围里来烘托人物的内心情绪,深入、细腻地揭示人物的精神面貌和内心秘密。这些都是对《红楼梦》学习和继承的结果。至于沈从文,对刘庆邦小说创作的影响就更大了。沈从文过早面对社会的残酷和周围生活的愚昧,使他以后将"残酷"、"愚昧"写入作品时消除了任何炫耀猎奇的可能,反而形成了一种追求美好人生、善良德性的品格。他说,"我只想造希腊小庙","这神庙供奉的是'人性'"。为此,对中国社会现代文明的历史进程中"民族品德的消失"、"人性"的堕落、人类"不可知的命运"的忧患意识及"重造"民族的不懈追寻,构成了沈从文创作的内在动力与思想内核[2]。这一点,对刘庆邦影响深远,从他"证美"小说对人性美好的歌颂及"审丑"小说对人性丑恶的批判,都可以看出沈从文的这种影响。

由于痛苦的平民生活经历和曹雪芹、沈从文、茨威格等现实主义大家的深刻影响,使得刘庆邦牢牢坚守着现实主义的创作道路,正如他自己表白的那样:"我的创作谈不上什么别的主义,所走的不过是现实主义的路子。"[3]而现实主义的基本精神就是按照生活本来的样子再现生活。所以刘庆邦总是立足于现实,正视现实,表现现实,自觉坚守现实主义的人文情怀,对现实进行独特的思考和发现,对生活中的一切真善美给予深切的歌颂与赞美,对生活中的一切假恶丑给予猛烈的揭露和批判。他不仅通过《鞋》、《草帽》、《灯》等作品对人性美

---

[1] 刘庆邦:《民间》,新疆人民出版社,2002年。
[2] 钱理群等:《中国现代文学三十年》,北京大学出版社,1998年。
[3] 刘庆邦:《超越现实》,《长城》2003年第1期。

进行热情的讴歌与赞颂,而且通过《新房》、《守身》、《雷庄户》等作品对人性的丑恶进行了深刻的揭露和批判。在《超越现实》中他说:"我们在现实中很少看到美好的东西,理想的东西。所见所闻,往往是一些欲望化了的糟糕的东西,甚至是污浊和丑恶的东西。"在《凭良心》中他又说:"现在不凭良心的人和事不算少了,你只要随便翻翻报纸,几乎每天都能看到:为官的,鱼肉百姓;执法的,贪赃枉法;做工的,偷工减料;经商的,掺水使假;等等,连有的老百姓之间也弱肉强食,互相残杀。"①也就是说,现实生活中有这样沉重的一面,而"我们的创作只能从现实中获取材料",所以作者在选取生活中美的东西进行创作的同时也选择了生活中的丑恶的东西来进行创作,正如他自己所说,"我写了酷烈小说,写了一些残暴的行为,主要是写生命的状态,写人性的丰富性和复杂性",并通过这种写作,"希望能够改善人心,提高人们的精神品质"②。事实也确实如此。可见,平民的人生经历和现实主义的艺术传承,决定了他对现实主义人文情怀的坚守。

三

叙述话语是指叙事文本中使故事得以呈现的陈述语句本身,也就是作者为表达写作意图而选用的叙述、描写等语言手段,它直接影响着作者表情达意的效果和读者接受的效果。凡是优秀的作家,无不在这方面刻意追求,古人不是有"只将五字句,用破一生心"吗?就刘庆邦的小说创作来说,之所以有震撼人心的效果,也与作者对叙述话语的刻意追求分不开。

首先,他注重贴近生活。由于刘庆邦坚守着现实主义的人文情怀,所以他在叙事时,总是注重立足于生活,从生活中选取材料,并贴着人物写。正如他所说:"我们写小说写什么呢?无非是写人,写人的喜怒哀乐,写人与人之间的关系,写多姿多彩的人生形式,写人性的丰富性,并通过刻画人物、塑造人物,赋予人物以血肉和灵魂,让人物活起来,站起来,存在下去。"既然注重对人物的刻画和描写,那么如何来写人物呢?刘庆邦强调要贴着人物写:"看来还得贴着人物写,这是我们写作者的唯一选择。要贴着人物写,我们脑子里起码要装着一些人物。这些人物或者是故乡的乡亲,或者是以前的工友,或者就是自己的亲人亲戚,等等。对这些人物,我们是应该比较熟悉的,知道他们怎样说话,怎样走

---

① 刘庆邦:《凭良心》,《小说界》2003年第2期。
② 刘庆邦:《从写恋爱信开始》,《作家》2001年第1期。

路,怎样哭笑,怎样咳嗽。闭上眼睛,他们如在眼前。否则我们就无从贴起。"①由此出发,他精心刻画了纯洁善良的灯、梅妞、猜小,见义勇为的老塘,谋财害命的赵上河、李西民,淫荡而狠毒的大白鹅,为情而疯狂的杨素素,铤而走险的成,虚荣心极强的宋家银,复仇者玉字、杨公才等鲜活的人物形象,充分展示了人性的复杂,歌颂了人性的美好,揭示了人性深处存在着的丑陋和邪恶。从作者对人物的这种重视与刻画,我们可以看到沈从文"一切作品皆应植根在'人事'上面。一切伟大作品皆必然贴近血肉人生"的观点的影响,也可以看到刘庆邦所受《红楼梦》那种贴近现实、贴近人物特征的影响。

其次,追求本色化语言,在平实中创造神奇。所谓本色化语言,是指叙述话语与人的本来面目极为相符,有"风行水上,自然成纹"的特征,能够充分表现人物的身份、性格或面貌。刘庆邦向来追求的就是这种语言,他的小说都是从生活中捕捉一个人,或一件事,或一个场景,娓娓道来,虽没有什么轰轰烈烈的大事,却总是能够让人感到生动真切,富有意蕴。具体地说,他的本色化语言又表现为"本色化叙述人语言"和"本色化对话"两方面。

本色化叙述人语言,是指文学文本中叙述人所使用的描述语言,非常符合被刻画的人物的独特身份和性格特征。也就是只有这样的语言才能准确而生动地刻画出人物的性格本色和活动状况。比如《新房》中有这样一段叙述:

> 在女儿出差的日子里,国师傅的脸上成天阴沉着。他吃菜不香,喝酒也不香。喝完了酒,他倒头便睡了。睡醒了,他老也不出门,在床边垂头呆坐着。他在井下老是听工友说,现在当官的,有钱的,都比着搞二奶,二奶越搞越多,越搞越年轻。好像搞二奶是当官和有钱人的重要标志,不搞个二奶三奶什么的,官就白当了,钱就白挣了。以前工友们议论,他也跟着议论,跟着骂人。反正觉得那些乱七八糟的事都离他很远,跟他一点都不沾边。他怎么也没想到,该自抽嘴巴的事竟找到他头上来了。

如此本色化的语言,清晰地表现出了人物的本色化性格,把老实正直的国师傅在得知自己女儿与矿长进行着"权色交易"之后那种痛心、羞耻、憎恨而又无可奈何的心理活动及这个老工人柔中有刚的性格特征充分表现了出来。《新匪》中对成的描写,《金色小调》中对灯嫂的描写,《眼睛》中对春穗爹的描写,《群众演员》中对老常的描写……都使用了本色化叙述语言,非常贴切地把人物写活了,有力地表现了作者对人性丑恶的憎恶。

本色化对话是指人物所说的话与他的身份和性格极为相符,怎样的人,处

---

① 刘庆邦:《贴着人物写》,《中篇小说月报》2004年第2期。

在怎样的地位,具有怎样的情趣,便现出怎样的言行风采,叫人一见就觉其和谐完整。比如,《到城里去》宋家银教丈夫说谎时,作品写到:

> 她教给杨成方,不许杨成方说预制厂已经黄了。要是有人问起来,就说是回来休假,休完了假再去上班。她问杨成方记住她的话没有。杨成方疑惑地看看她,没有回答。宋家银拧起眉头,样子有些着恼,说:"你看我干什么? 说话呀,你哑巴了?"杨成方说:"我不会说瞎话。"宋家银骂他放狗屁,说:"这是瞎话吗? 要不是看你是个工人,我还不嫁给你呢。你当工人,就得给我当到底,别回来恶心我。我给你生了儿子,还生了闺女,对得起你了,你还想怎么着! 还说你不会说瞎话,不会说瞎话有什么值得骄傲的,只能说明你憨,你笨,笨得不透气。人来到世上,哪有不说瞎话的,不会说瞎话,就别在世上混!"杨成方被宋家银吵得像浇了倾盆大雨,他塌下眼皮,几乎捂了耳朵,连说:"好好好,别吵了好不好,你说啥就是啥,我听你的还不行吗?"

只几句话就把那个虚荣心极强的宋家银和老实巴交的杨成方活灵活现地刻画了出来,给人一种毛茸茸、活生生的感觉。在《新房》、《金色小调》、《守身》、《只好搞树》、《一块板皮》等作品中作者也都是采用这样的叙述语言。

再次,追求生动真切的心理描写和细节描写。生动真切的心理描写和细节描写能够于细微之处深刻点化出人物、事件、环境的特征,能够以小见大,耐人品味,增强艺术感染力。正如著名小说家汪曾祺所说:"写小说就是要把一件平平淡淡的事说得很有情致。要把一件事说得有滋有味,得要慢慢地说,不能着急,这样才能体察人情物理,审词定气,从而提神醒脑,引人入胜。"① 刘庆邦更是追求"细到连花托上的绒毛都清晰可见,细到每句话、每个字、每个标点都不放过,都要精心推敲"②。像《守身》中老狄拉王东玉手的心理和细节,《人畜》中老祥痛打骡子和骡子扑咬老祥的心理和细节,《新匪》中村长被打闷棍、割耳朵、抠双眼的心理和细节,《屠妇老塘》中老塘割劳资科长的耳朵的心理和细节,《眼睛》中春穗爹行贿的心理和细节,都写得细密真切,给人以深刻的印象。

总之,贴近人物,本色化语言和生动的心理与细节描写,使得刘庆邦的小说在整体上具有了平静而又意味隽永的语言风格,从而给人留下难以磨灭的印象。

原载《当代文坛》2005 年第 4 期

---

① 汪曾祺:《晚翠文谈新编》,生活·读书·新知三联书店,2002 年。
② 刘庆邦:《生长的短篇小说》,《小说选刊》2001 年第 9 期。

论刘庆邦小说中的暴虐想象

关　峰

　　暴虐是残酷的表现形式之一,也是自由理论的有机组成部分。就自由而言,暴虐始终是一种核心动力。远古时代,专制和暴虐一度曾是自由的徽标,只是在阶级意识和个人意识的觉醒下,它才逐渐沦为自由的敌人。而在诸种暴虐中,社会暴虐是最不为人注意同时却使人伤害最深的破坏力量,对此,英国思想家约翰·密尔这样解释:"它(社会暴虐)虽不常以极端性的刑罚为后盾,却使人们有更少的逃避办法,这是由于它透入生活细节更深得多,由于它奴役到灵魂本身。"①时至今日,社会暴虐依然逡巡不去,作为文明社会里最野蛮样式的暴虐成了人们心中永远无法抹去的隐痛和悲哀。从"文革"和农村走出的作家刘庆邦正是这些隐痛和悲哀的发掘者和解剖者。

一

　　历来人们对悲剧的解说尽管不大相同,但对由美的事物或品质的消失所带来的情感体验总是大体相似的。从《荷马史诗》到《雪国》,从《诗经》到《边城》,美好情愫的陨落昭示着人类生活丑的特性,虽然基于美的抗争的光明始终给人们以希望。在刘庆邦那里,这可以算是社会暴虐的第一个层次,它往往表现为美丑对峙、丑掩盖美,与此同时,相应地伴随着难以释怀的悲凉情调。获奖小说《鞋》②就显示了这样的情感趋向。小说细腻而又稍戏谑,农村姑娘守明为自己的"那个人"苦心做鞋,而她幸福的耽想终于没能实现,其"后记"也不无伤感地暗示了守明凄凉的运命。守明的"那个人"要外出当工人了,这意味着他们之间已经不平衡了,维系婚姻的可能性也就大大降低了,其后正是社会暴虐的阴影,如约翰·密尔所说的"(社会)所颁的诏令是错的而不是对的"③。社会客观上鼓励了那种由于物质势力的变动带来的婚变的残酷性,而不管它加在受害人精

---

① 〔英〕约翰·密尔:《论自由》,程崇华译,商务印书馆,1959年。
② 刘庆邦:《刘庆邦作品系列》,上海文艺出版社,2003年。
③ 〔英〕约翰·密尔:《论自由》,程崇华译,商务印书馆,1959年。

神上的负担有多重。写于世纪之交的短篇小说《响器》也是刘庆邦的代表性作品。农村少女高妮痴迷于响器,母亲、父亲、老太太轮番软硬兼施,也没能动摇她要学大笛的决心。富于悲剧意味的是,高妮有些神化的大笛技巧是以宝贵的贞操代价换得的,而为她所神往的展现大笛技艺的神圣场景也并没能使她在京城的画报上"露脸儿",崇高的信仰瘗于地面,她的追求以彰显自己始,随以湮没自己终,社会的价值品质成为了人的宿命感的最终根据。

刘庆邦是个理想主义者,他不惜笔墨不厌其烦地描绘出人类生存的自然和人文美景,不过他不是盲目的理想主义者,而是在生活炼狱的悲喜锻冶下成长的清醒的理想主义者,家庭的苦甜、世故的冷眼、交往的豁达、人生的无奈都在美与丑的张力下现身出来。在一些牧歌式的作品如《野烧》、《遍地白花》、《种在坟上的倭瓜》、《夜色》中,悠远静谧的乡村田野在醇朴疏淡的农家儿女的辉映下达成了中国山水画的朦胧和深致,虽然其间也有对这美的延展的阻遏。三个少年的野烧、女画家荞麦花的梦境、猜小的希望、周文兴和高玉华如夜色般的初恋等恰同遥远时代刻骨铭心的一带风景,一片情感。与此相联系的还有《大雁》,请看下面一段话:"那些人看什么事情都是实用主义观点,看到大雁的一泡白粪,他们也爱看看是不是大雁下的蛋。若不是蛋,他们还会指出雁粪的肥料性质。而他(李明坤)用撒网逮大雁呢,从没有想到食大雁的肉,拔大雁的毛。他不过是出于一种趣味,或者说是一种追求。"李明坤"爱玩儿"的人生态度实际上是在个人和社会紧张的伦理关系上寻求生活本身的优裕从容,道家的洒脱、儒家的"无可无不可"、佛教的"相对观"都在这样的人生态度中得到了融合,当整个社会沉浸于革命所带来的狂热中时,这种态度绝非偶然,这种评价也决不为过,正是在这些美好情感与理想的烛照下,现实的暴虐才变得如此面目狰狞,骇人听闻。反映抗日战争生活的小说《五月榴花》里涂云的悲剧已不单是日军轮奸后的羞辱,也不仅是丈夫张成把她"撕成了两半"的残忍与狠毒,而是习俗暴虐的强大惯性的摧残。涂云落入鬼子之手已注定必死无疑了,即使她侥幸偷生,社会也会将暴虐与厄运加之于她。涂云的命运正如五月榴花一样红艳,而果子却苦涩难耐。

历史地看,人类法则的横蛮已经把自己拖回到动物状态里去了,然而动物弱肉强食的竞争全归本能驱使,纯是力量与实力的抗衡,尽有强悍、正义之美,决没有人类的理性的斗法,演出许多欺诈与蒙骗的伎俩。更为凶险的是,人类暴虐的魔爪已经延伸进了动物界,《喜鹊的悲剧》中任大爹任大妈强行以鸡蛋替换下喜鹊卵,毕竟懵懂的喜鹊不仅痛失了自己的孩子,辛苦孵出的小鸡也被褫夺,只好自己远赴天河去搭鹊桥,喜鹊或许至死也不明白,它的悲剧恰恰根植于人类伦理下的暴虐。另一篇《阳光》偏多黑暗。"老白"本是一匹壮健肥硕的白马,长期井下的拉煤生活已使它日渐衰敝,几乎成了黑马了,就是在漫漫长夜里也只能蜷缩在地层深处,与老鼠为伴,见不到阳光的老白终于踏上井口时却什么也看不见了,它瞎了,像喜鹊一样,它也不会明白人类榨取的卑劣。其他如《起塘》中的大鱼,《开馆子》中的黑狗白眼圈子等都在人与自然和谐关系的肆虐意义上展开,它们本身就是一曲人类自我毁灭的挽歌。

　　成长小说是刘庆邦小说最主要的类型之一,也是他美与丑审美观念最为有效的境域,《谁家的小姑娘》《少男》《毛信》《远足》等都提供了差相仿佛的架构:成长并不是一帆风顺的,它要在颠簸中坚强起来,最重要的是要在人生和生活中锻冶自己向善的意志,不论付出什么代价,趋美避丑都是人所竭力株守的不二法门。《小小的船》里少年船送锅饼子的动力来自于"受罪女人"的"心眼儿真好"的话。《拉网》中人鱼之战的壮观反而逊色于堂叔、母亲等人对"我"地位的置重。《梅妞放羊》和《青春期》都写了青年性觉醒的过程,性的生理冲动是无可非议的,倒是就社会所能有的偏见和褊狭而言,梅妞的乳房体验和杨子明的性的冲动却都是自然的和无辜的。《女人》中女孩儿杏枝的出现给死气沉沉的矿区带来了勃勃生机,"对于伙计们来说,女人是万物之母,女人什么都能代替,女人就是一切啊!"女人礼赞的背后正在于对和谐的审美观念的执守。《守身》更是一曲美好品格的赞歌,王东玉惊人的美丽丝毫也没损及她的人格,在重重复杂的考验面前坚守了自己的清白,虽然婚姻彻底烙伤了她,但也终究无损于一个可崇敬者所应得到的一切。这些小说之所以有着悲壮的情绪弥漫其间,最重要的原因恐怕还是隐性的巨大社会阴影的存在,也即社会暴虐的强大压力,作品中的成长主体或是处于相对弱势的地位,或是人生漫漫长路的寻梦者,他们可贵的进步之美与其说是个人孜孜追求的伟大,倒不如说是之于社会暴虐的孤独前行的壮丽,因此《户主》里"我"站立雪中桥头时"一种孤立无援的忧郁心情"的出现也就不难理解了。

二

　　20世纪90年代以后,文学创作多元化世俗化的趋势使得现实主义的英雄主义和理想主义的文学观念受到了空前的挑战,不过文学的良心很快重新获得了源于新的转型社会的灵感,面对滔滔者天下皆是的沉重,文学反倒变得轻松起来,一场针对物质主义的围剿战很快不约而同地在作家间铺展开来,20世纪八九十年代之交的诗人自杀风波、人文精神论争等不仅不是偶然的,而且还应当被视为过渡时代的痕迹,其实正像乡村儿童蜂拥追撵卡车吸嗅汽油尾气一样,如今因了污水、泥土铅量超标而诉诸法律等都变成了时代留给文学的把柄。刘庆邦从文学自身的立场出发,坚持精神与个体发展的原则,提示了与时代精神相联系着的当代中国思想发展所能选择的最具国情的轨道。

　　农村和城市的分立是社会结构中最富影响力的模式,物质与精神的重大差距则是其最重要的内容。刘庆邦深谙农村和城市生活的内在节奏,归根结底,一如人类情绪资源所能提供的最大负荷,较之城市,农村所得的同情与偏爱既庞大又亲切,《种高粱喂鸽子》里"年轻人的心终日为都市的污浊空气和喧嚣声浪所烦扰,所折磨"与退休工人吴师傅对鸽子"黄老儿"的挚爱之间已远远超出了对比双方的意义。《红鹅》则深刻与圆润并举。农村妇女大田在镇上的生活使她再也不愿回到山洼子里元石窝的老家,商品经济的教育不仅让她以宰杀生活了9年的大白鹅要挟丈夫普金绪拆房搬家,而且更为重要的是,她的思想观念已经不复是过去的大田所有的了,什么都以钱作标准,邻家有人感冒上火,跟她要几颗山里红熬水喝,她也要以秤说话。在普金绪的眼里,山村麦子成熟时散发出的香气是醉人的,布谷、高粱、倭瓜、蝈蝈的天地是山外世界所没有的水墨画般的宁静,纯洁而深远,"城市是不错,楼高,人多,汽车多,商店一个挨一个,比山里热闹一百倍。可不知为什么,他(普金绪)在城里就是呆不惯。就拿睡觉来说,他在城里的工棚老是睡不踏实,听见这也响那也响,觉得天也晃地也晃。好不容易睡着了,又连着做吓人的梦。只有回到元石窝自己家里,他才睡得舒舒服服,一觉睡到大天光。"大田普金绪搬家之争已不只是利益、理想的角逐,而是人类生存法则的普遍困境与前景,乌托邦、大同、黄金世界、无何有之乡、净土、天堂、蓬莱,林林总总,作为人类思想现实的影子,其最具功利性的方面也就是它们永远无法剪除的伦理意义。与《永远有多远》(铁凝)①、《采浆果的人》(迟子建)②、《袴镰·残摩》(李锐)③比较起来,刘庆邦的这篇小说情感愈益炽烈,表现手法也更加显豁。

　　实际上,与不言而喻的情感反应和价值判断相应,城市始终在暴虐的关系上建构着农村,以优越的意义理解着农村,现代化某种意义上被默认为城市化,不可谓非伦理霸权,恰是约翰·密尔所说的"其内容是它所不应干预的事",这成为刘庆邦小说中暴虐想象的第二个层次,面对蓬蓬勃勃的欲望和捉摸不透的恐惧,小说的立场还是把同情和无可奈何留给了传统道德下的人们,维护了反抗暴虐的原则。家族小说《家道》中的岳父是个"思想单纯的人,从一开始他就

---

① 铁凝:《永远有多远》,《十月》1999 年第 1 期。
② 迟子建:《采浆果的人》,《收获》2004 年第 5 期。
③ 李锐:《袴镰·残摩》,《收获》2004 年第 5 期。

应付不了这个复杂的社会,他的一生都活得懵懵懂懂",他的时代是随着退休过去的,一夜暴富的儿媳妇三芹一家成了他最难以逾越的心理障碍。"现代生活令人目不暇接眼花缭乱如坠云雾昏头昏脑,裂变得快组合得快",时代的变化也让他充满了抵触情绪,虽然虚荣也并不拒绝物质的心境使他堕入更大的漩涡之中。他的确是个转型期的牺牲者。中篇《家园何处》难免模式化之嫌,但这种烂熟的现代传奇故事在作家的叙事系统里也还是有意义的。女主人公何香停外出打工了,从此她也就走进了"现代"陷阱,成了中国的包法利夫人,小说结尾作为"城市的母亲"的停和男友一道离开了城市,且不管路在何方,明显象征意味的行为方式本身就难免要规划为一种乡村认同。和曹禺的《日出》不同,也比沈从文的《丈夫》更多了些隐忧,内里升腾出对现代生活的深层恐惧。另一部中篇《神木》更把这种恐惧推向了极致。如果说城市文明已是丑恶温床的代码的话,那么被认为道德净土的乡村的伤痕累累更足以使人惶恐和惊心动魄了。唐朝阳和宋金明合伙骗人去私营小矿打工,目的却在杀人敛财,他们称之为办点子。其实他们俩彼此也不熟悉,就连对方的真实姓名都不知道,尽管小说结尾作家没有给他们好的结局,但在煤矿一隅的"震惊"体验还是让人们读到了整个社会的道德寓言。此外,《金色小调》中小兰铁虎和小华铁狼两个家庭之间的性交易也不啻给社会文化与道德一个致命性打击,以致铁虎的母亲灯嫂觉得以后的日子没法过了。这些现代生活的渣滓重重地划破了固有人伦观念的肌体,显示了暴虐的破坏根性。

刘庆邦是在农村和城市的对比框架里把握暴虐的,而且暴虐视角始终是以农村为本位的,如《月光依旧》中的"城里人对人有些骄傲,冷淡";刘庆邦小说中少见的直接表现都市的《城市生活》里"城市人多更寂寞,农村对人的生死是重视的,城市不把人的生死当回事,城市生活只有结果,不见过程";《草帽》里对"世界正方兴未艾地花下去"的喟叹;《外衣》中在城市工作的丈夫刘德玉笃奉"任何把自己的意志强加于对方的做法都是不道德的"这一信条,对农村的妻子张桂良始终采取所谓尊重对方的策略,作家也借此批判了虚伪的城市文化。可以发现,对城市暴虐的叙述越张扬,对农村审视的目光也愈尖锐。

三

刘庆邦小说中暴虐想象的第三个层次来自于"多数的暴虐",约翰·密尔认为它比政治压迫还可怕,要"列入社会所须警防的诸种灾祸之内"①,作为暴虐的最富于伪装的形式,"多数的暴虐"已没有任何理性可言,完全呈现出狂乱的冲动性行为,一切附着于个人的性质都已在盲从、膨胀、破坏的洪流里清洗殆尽,裸露出野蛮性动物性的征候,与第一个层次单纯性的丑美对抗不同,这里暴虐的能量更加巨大,所激起的反抗也更具崇高感。

  与基于毁灭动机的多数的暴虐联系着的是言语及行为的暴力,它出之沉淀于心与身中的野性的力量,倒不一定是对专制与压迫的叛逆。刘庆邦的小说几乎没有大规模的"文革"批斗场面的展览,也因此很少这种政治诱发下群众非理性宣泄的揭示,虽然那种经验对他来说也许是惊心动魄的。不过变换了的方式本身就是对他的恐惧的进一步强化。《黄胶泥》的"黄胶泥"正是多数的暴虐最恰切不过的象征。乡党委书记方良俊最终成为暴虐的牺牲品,他为小护士"注射",为小媳妇"撑腰",借丧事大收钱财,泛泛地说,这些事没什么大不了的,真正可怕的倒是"我们家乡那特定的环境","我们家乡好多话像河坡的野草一样,都是见风长,都是越传越多",而借丧事送礼,"那不过是在根深蒂固的民俗文化的掩护下,是乡民们对方良俊发起的一场围攻,是真正的群起而攻之",谁挣扎其中都将会栗栗悚惧,精疲力竭。《听戏》却是"多数的暴虐"的另一种形式。姑姑嗜好听戏,姑父对此却痛恨有加,大有"灭此朝食"之意,他的观点是:"听戏有什么用,一个粮食子儿的用处都没有,这个耳朵听,那个耳朵冒,跟刮一阵风差不多。"实际上它是要人遵从于"面朝黄土背朝天"的宿命生活,也在宣扬一种唯功利是图的短视主义。姑姑的反抗某种程度上也是对无端加于人的暴力的抗争。《平地风雷》则更有血腥气,货郎最终蹀躞地做了队长的活儿,张三爷、李四嫂、王二爷"功不可没",他们两方煽风点火,唯恐看不到杀人的盛景。张三爷们有一股强烈的嗜血性,"他们希望看到一点动静",至少总要"一谈起来就兴致勃勃,感叹不已",直到在王二爷的撺掇下,逼货郎于梁山,用钉耙搂死了队长,人们真正的表演才开始了:货郎被激昂的人群一顿乱打,"整得烂糟糟的,像捣碎的一摊红粪","头碎得几乎找不到了"。下面这段文字也不必全贴上"文革"的标签:"这村的人好久没有这样群情振奋了,他们莫名其妙地叫着,像是过大年,像是围猎,又像是举行武装起义,有些干旱的麦田里腾起冲天的晨雾",看得出,比起鲁迅的时代来,庸众的心理似乎没有多大变化。其他如《外面来的女人》中河沟砖桥上的人们,《拾麦》里具有"老二"思想的村民,《不定嫁给谁》中小文儿婚姻的苦果正是"作为一个姑娘家,在相亲的问题上应该拿一点劲"的教条酿就的,《幸福票》的窑主、李顺堂、小五红的世界对孟银孩的挤压等都在自觉

---

① 〔英〕约翰·密尔:《论自由》,程崇华译,商务印书馆,1959 年。

不自觉地阐释着多数的暴虐的意义。

  中国社会挣脱集团生活的路不能不说还很漫长,"五四"个性解放的呼号无论从空间还是时间上都没引起足够的反响,当市场经济渐渐把伦理方式置入其内在机制的航线而变得不能不有所服膺时,乐观才会不再那么廉价,而我们身处的时代可以担当如此重任吗？某种意义上刘庆邦的小说纵身时代的选择不无对当下社会现实的反拨和纠治。《踩高跷》里乔明泉和小虫子兄妹高考落榜的无奈都是环境禁锢与高压的佐证。《信》展现出的毋宁说是人们心中魂牵梦绕、雍雅恬谧的美的境界,那种自然质朴的调子既是对市场经济时代的刻意反讽,更是对那个时代的暴虐所能有的最为有力的抗诉。而近期发表的短篇《摸鱼儿》在生产队工分制集体生活的背景下展开少年春水和替的性爱故事,或许会被以为淡化了暴虐色彩,客观地说,它恰恰发端于当着一种暴虐的抗衡,只是更为隐晦罢了。

原载《江淮论坛》2006 年第 1 期

畸变的背后
——读刘庆邦的长篇新作《红煤》

白　烨

一直以短篇小说写作见长的刘庆邦,近年来涉足长篇小说创作,作品频频亮相,成绩不菲,尤其是新推出的长篇新作《红煤》(北京十月文艺出版社,2006年),以充沛的生活元气和细切的艺术质感引人入胜,也把他的创作推向了一个新的高度,使得人们对写长篇之后的刘庆邦不能不刮目相看。

《红煤》主要描写的是青年农民宋长玉得到在国营煤矿当轮换工的机会后,怀揣着改变命运的种种梦想去苦苦奋斗,但却在走向成功的过程中步入邪路的故事。简单地说,这是一个当下中国的"红"与"黑"的故事,即一个原本质朴、本色的农村青年渐渐变成一个刻薄、势利的不法商人的经过。但作者并没有把这个故事简单化,而是具体而微地写出了这种变异的演进过程和内外原因。

宋长玉原本想从一个采煤工开始,一步步实现自己的种种人生梦想。这个当了轮换工的农民,与我们在路遥的《平凡的世界》里看到的孙少安、孙少平并无多少区别,但有两件事使他感受到了人生的莫大挫败,这就是追求漂亮的女护士唐丽华碰了钉子,而后被她的当矿长的继父唐洪涛借机辞退,这种让他重回农村等于逼他退回原地的变故,使他从人生到心态都发生了巨大的变异。他在邻近的红煤厂村找到了一份临时工的活,并以此作为立足点重新奋起。他从这个时候起,不仅在为改变自己的命运而拼搏,也在为改写别人的命运而攒力。为了在红煤厂村站住脚,他有意去赢得支书女儿金凤的芳心,取得支书明守福的逐步信任,最终成为了明家的上门女婿。他又通过策划旅游、张罗办矿等手段,从砖厂工人摇身成为红煤厂矿长,在千方百计地聚敛着财富的同时他也在想方设法地攫取着名声。随着身份与地位的日渐显赫,他的心态与性情也愈见跋扈,他制造了受贿的陷阱使唐洪涛犯罪丢官,又把已为人妻的唐丽华勾引到手肆意玩弄;他利用井下作业故意把煤道掘向乔集矿,截断了这个曾经辞退了他的煤矿的煤路;他利用经济实力回家乡炫富,并以向乡镇干部行贿的方式把村支书换成了自家堂弟。这种极尽能事的报复行为,一直发展到他的矿井出了漏水淹人的特大事故,自己只好仓皇出逃。这时候的宋长玉,已完完全全变得与他所厌恶的、所反对的唐洪涛、宋海林等人毫无二致,甚至在势利与冷酷上有过之而无不及了。

在宋长玉的这样一个奋斗者由"红"变"黑"的畸变中,作品实际上实现了两个真实的揭示。一方面,是真实地揭示了社会转型期一部分农村青年心理世界的不平衡与不健全。他们出于小农心理的短视与虚荣,以及简单的交换意识和浓重的报复心理,使得他们在看待问题和处理事情时,常常从一个极端走向另一个极端。这种小农意识的存在与显现,不仅表现于宋长玉的人生蜕变中,还表现于孟东辉待人的极其势利,宋长兴为人的得意忘形等方面。可以说,他们身上潜藏的这些问题因子,正是他们的命运最终发生变故的内因所在。另一方面,是真实地揭示了一些基层掌权者的病态状况,如乔集矿长唐洪涛的沽名钓誉、两面三刀,县煤炭局局长王利民的欺下媚上、受贿行贿,乡党委书记国世才的趋炎附势、随风使舵,包括宋家庄支书宋海林的欺压百姓,红煤厂村支书明守福的以权谋私,这样一些掌权者的比比皆是和相互作用,必然造成管理体制的麻木与社会环境的腐败,而这又构成了如宋长玉这样的人由"红"变"黑"的外部因素。小农意识的势利与基层官员的腐败这两种病症是彼此感染、相互影响的。换句话说,过去是"官逼民反",现在则可能是"官腐民变"。写出这样一个在看似痛快中让人倍感痛苦的真实现状,是这部作品的深刻寓意所在,也是这部作品的最大价值所在。

《红煤》一作在艺术表现方面,也把刘庆邦小说创作上的固有特点发挥得淋漓尽致。简要地说,主要是两个方面。一是在描述事态时始终注意人物心态的显现,二是在叙述故事情节时特别注重细节描写。刘庆邦一般不单纯写故事,也不纯粹写心理,他总是把事态与心态交织起来描写,写行动中的思想和思想中的行动,如开首一节描写宋长玉从矿井出来的洗澡,在整个漫长的洗澡过程中,始终伴之以人物的种种心理活动,使得人物在洗澡的同时也在做着精神上的徜徉。这样,事情的所由有了心理的依托,人物的表现及故事的演进也具有了律动感和立体感。在重细节描写方面,《红煤》也达到了令人叹服的程度。开首写宋长玉的洗澡,一上手就是近七千字的篇幅。从宋长玉进入洗澡的步骤到认真洗澡的过程,步步都有他关于洗澡和超出洗澡的不同想法,从干净的自我感觉到干净的给予别人特别是女性带来的好感,以及这种好感可能带来的意外收获,等等,在这种认真与想象之中,他获得了超出洗澡本身的更多的满足与快感。这便把一个爱干净、有想法和有个性的宋长玉,在登场亮相阶段就写得不同凡响。接下来写宋长玉给唐丽华写信,也是近五千字的篇幅。这样有关生活细节的两段文字,字数之多,篇幅之长,一般的小说作品中极其少见,在这里以其精彩异常对塑造人物和展开故事,都起到了无以替代的独特作用。细节描写,不是单靠凭空想象和文字堆砌,它依仗的是生活的积累、生活的观察与生活的玩味。只有生活的热爱者与生活的有心人才能拥有如此丰沛的感受,写出如此精妙的细节。

刘庆邦区别于别的作家的,是他与现实生活的密切联系。他出身矿工,成长于矿区,长期做煤矿报道与宣传工作,成为职业作家也与煤矿保持着千丝万缕的联系。可以说,我们的作家很多,但像他这样的作家实属凤毛麟角。因而,在小说创作中,他几乎是天然地比别人更见底气,更有元气。正因为这样,刘庆邦特别值得敬重,也特别值得人们期待。这是他难能可贵的优势所在,也是他能够写出《红煤》这样的分量独具的力作的缘由所在。

原载《北京日报》2006 年 4 月 11 日

"谦恭"与"沉默"
——论刘庆邦的中短篇小说

李丹梦

刘庆邦在河南作家中是以短篇小说的创作闻名的。他的短篇不仅数量大,且佳作频出,多次获全国大奖,作家也因此被誉为"中国短篇小说之王"。在这个崇尚长篇、大部头的时代,能如此潜心钻研短篇的技艺实属不易。而这除了归功于作者排除干扰、抵御诱惑的定力外,更大程度上是和作家的个人偏好与气质联系在一起的。王安忆就曾说过:"刘庆邦天性里头,似乎就有些与短篇小说投合的东西,这是一种谦虚和淳朴的东西,它们忠实于自己的所感所思,在承认有限之中,尽全心全力地发展完善……这种天性是短篇小说更为本质的东西,可说是短篇小说的心……唯有特别温柔丰富的心灵,才可能赋局部以完整而活泼的情感过程。"①应该说,这种印象式的点评是非常准确、到位的,它成为我们解读刘庆邦的起点。但究竟是怎样的"谦虚和淳朴",这"温柔"之心的内涵又意指什么?王安忆并没有说透,我以为这是和主体②的自我定位紧密联系在一起的。所谓温柔敦厚,乃是刘庆邦的自我提示与边界意识。

就风格而言,刘庆邦的小说大体可分为两类:一类柔美,一类酷烈。前者以《鞋》为代表,后者如《平地风雷》、《走窑汉》等。读他的小说,时常能感觉到某种单纯、透明的质地。曾有论者以"独自踏步的舞蹈"来描述此种特质,认为在刘庆邦的短篇之间,存在着"类"的倾向③。在我看来,这毋宁说是一种内在的呼应与重现,它向我们揭示了主体某种隐秘的想法(或可称为元构思?④)。这在刘庆邦那些柔美风格的作品里表现得尤为明显。当我们把《鞋》、《梅姐放

---

① 王安忆:《独立的,却一定不是孤立的(代跋)》,《少年时代》,新疆人民出版社,2002年,第329页。
② 此处的主体不是指作品里某个具体的人物,亦不完全等同于作者,而毋宁说是一个作者在作品里不断追认的、希望与之趋同的形象感召,是作者、叙述人与人物交织、互动后得出的一个"我"之印象。
③ 阎连科、梁鸿:《"中原突破"的陷阱——阎连科、梁鸿对话录》,《小说评论》2002年第2期。
④ 我向来以为,主体的选择与自我建构从逻辑上讲应该是在小说的构思之前的,至少也是同时的,因此,在这里用了"元构思"一词。

羊》、《种在坟上的倭瓜》、《响器》、《听戏》等这些小说放在一起品评时,会深刻地体察到这种共通的特征,包括其中的感动模式:主人公敏感、弱质,常常以"她"的面目出现,或者是一个刚刚长成的、害羞的男少年,亦带有女性化的色彩。而对"她们"进行工笔式的心理刻画,成为刘庆邦小说的主要特点。可预先提请注意的是,这个女性的"她"不单是描述对象的性别指称,还透露出了小说叙述上的阴性特征,系主体隐匿、栖身的地方。故事从她的希冀开始,精描细绘:守明绣鞋,梅妞喂羊,猜小种倭瓜,高妮吹大笛,姑姑听戏成痴……一切均发自天性,一种内在的渴望与爱情(宽泛意义上的)。故事亦由此晕染开来,如同做国画一般,通过一点(希冀)生发、浸润,笔墨既蓬松,又绵密;既清醒,又沉溺。而主体也就在这看似矛盾的纠结处显身出来。其运筹帷幄的结果是,一个憧憬和向往的结构主宰了小说。悲剧早已注定——此系"谋划"的一部分——让纯洁的希冀在不经意间遭受打击与重创,从而给人的灵魂带来震撼。而此前的期盼与等待愈是描述得漫长、纯粹,由此所带来的(阅读)受挫感就愈是强烈。从这个角度而言,刘庆邦可谓深谙制造悲剧之法门。

"拿到了鞋样子,等于知道那个人的脚的大小。她(指主人公守明)把鞋底的样子放在床上,张开指头拃了拃,心中不免大惊,天哪,那个人人不算大,脚怎么这样大。俗话说脚大走四方,要是他四处乱走,剩下她一个人可怎么办。她想有了,应该在鞋上做些文章,把鞋做得比原鞋样儿稍小些,给他一双小鞋穿,让他的脚疼,走不成四方。想到这里,她仿佛已看见那个人穿上了她做的新鞋,那个人由于用力提鞋,脸都憋红了。"①

这是短篇《鞋》中的一段描述,颇有些沈从文柔美、清新的味道。女儿细密的心事犹如冬日窗上的冰凌花一般浮现出来,让人感到生命的悸动和温暖。李万武曾以"对人性动把恻隐心"为题来肯定刘庆邦对人性美好一面的追溯与寻觅②。依据李万武的说法,在审丑成为写作时尚和所谓"深刻"的代名词时,刘庆邦那颇具传统意味的审美呈现(一种阳光或曰善的结构,针对"恶结构"而言)反倒成了一种可贵的另类了。对此,我不再多作评论。它无疑是正确的,但"证美"只是文本显在的一面,我所关注的乃是其中所透露出的主体的叙述立场和策略。即美与善是在怎样的"道德伦理原型"中构建出来的?这种对美、善的追寻与坚守又是怎样融入了主体建设的范畴,成为其中的有机部分?

---

① 刘庆邦:《鞋》,《女儿家》,中国文联出版社,2003年,第293页。
② 李万武:《对人性动把恻隐心——读刘庆邦、孙春平、迟子建的"证美"小说》,《文艺评论》
   2003年第5期。

回到小说《鞋》的文本,故事缘起于一个"当地的规矩",接受了男方彩礼的女方要为未婚夫做一双鞋。"这是一个仪式,也是一个关口,人家男方不光通过你献上的鞋来检验你女红的优劣,还要从鞋上揣测你的态度,看看你对人家有多深的情义……从纳底,做帮儿,到缝合,需要几个环节儿,哪个环节做不对了,错了针线,鞋就立不起来,拿不出手。给未婚夫的第一双鞋,必须由未婚妻亲手来做,任何人不得代替,一针一线都不能动。让别人代做是犯忌的,它暗示着对男人的不贞,对今后日子的预兆是不吉祥的。"①我们发现,这是一个预设的前提和标尺,主人公守明全部的美好与善良都是建立在对这种"仪式"的忠诚践守之上的。"鞋"在这里成了一个象征,一种关系的暗示与结晶:它要求女性无条件地服从男方,奉献自己。对此,我并不想做任何价值的评判,而女权主义式的否定我认为也是不足取的②。(我在随后的论述中还会借用一些女性批评的术语,但那只是为了呈现某种事实,包括小说所提供的经验方式与叙述特征等。)本来,文学的审美就没有等级高下之分,不应该局限在某个单纯的视角内对之进行评判,不管这视角是女性的,抑或男性的。我们不能否认已被《鞋》中脆弱的美所触动,更何况守明式的女子确实有着坚固的现实基础,我们不仅不会觉得她离谱,还感到她熟悉、亲切和温馨。这里,创作主体与接受者之间显然有着共同的心理积淀。我们可将此称为审美共识,它属于文化惯例的一部分。具体到文本来说,守明的绣鞋表面看来是一种主动甚至积极的行为选择,但宏观地看,她只是一个执行者,背后操纵的是强大的文化惯例,一种骨子里的乡土理念及价值体系。守明已把这种惯例转化成了自我的内在要求和行为驱动,我们看到她步履坚定地走在惯例所规训的既定道路上。从这个角度而言,守明的个性是天然自足的,没有任何反抗与自觉,她本人就是乡土理念得以运作的一个齿轮。这也是《鞋》让人稍感不足的地方,它在刘庆邦的其他短篇中也或多或少地存在着。小说出示的只是一种结果,人物从其社会的关系网中被抽离了,在一个相对真空的环境里体现着乡土理念的审美规范,充当惯例的祭品。一种清澈的心痛。由于社会性的因素酝酿不充分,守明身上所体现的单纯的人性美是不完善的。换句话说,她的美是在主体层层设防(过滤?)的封闭构思中成长的。这种人性与其说是一种真实的描绘,不如说更像是一种条件假设与想象。守明接触的只是自己的母亲、家人和村中的姐妹,没有外界的信息冲击与碰撞。单一的规范,单一的人情,构成了她的全部世界。我并不想以缺乏现代性来苛求或指责作者——这往往会流于武断——我想说的是我们能够从这种构思中体

---

① 刘庆邦:《女儿家》,中国文联出版社,2003 年,第 292 页。
② 唐欣:《女性:被限定的存在》,《名作欣赏》2002 年第 5 期。

会出主体的某种潜在而固执的欲望与倾向。守明身上所集中的温存、柔顺、美丽、善良、勤劳等特质使她成为了一个男性眼中的尤物,一个女性的神话。这并非偶然现象,翻开刘庆邦的小说,守明式的女性大量存在着,如李美云(《心疼初恋》)、小文儿(《不定嫁给谁》)、王东玉(《守身》),等等。个性"赋予"本身即是欲望书写的直接体现。

由此可以得出这样的结论,虽然乍看之下刘庆邦的小说充满了阴柔的特质——这在前文已有所提示——但阴柔的芯子里却是雄性的刚硬与规矩。一切都不能逾越规矩,它是主体"谦恭"的前提。那些看似虚拟、细腻的笔触正是以此为底线来生长和铺衍的,一种典型的"雌雄同体"的叙述。细腻柔美的语调是男性的一种变嗓,犹如梅兰芳入戏,唱到动人处,已物我两忘了。这在刘庆邦的小说中形成了一种非常独特的表达。这种风格的成因,我想这并不是简单的叙述"伪装"与策略,而是一种相对自然的抒情方式,确切地说,主体的抒情(倾向)天然便是与阴性联系在一起的。我们知道,刘庆邦自幼丧父,母亲含辛茹苦,拉扯着他及四个兄弟姐妹艰难度日。这种父亲缺席的惨痛记忆与文本的柔弱风格是否有着内在的联系呢?不难推测,出于孩子寻求庇护的天性,刘庆邦对母亲充满了拳拳的亲近、感激与崇敬之情,而母亲身上所体现的善良、忍让与承受力作为最早的审美示范与标尺,也深深地印在了作家的心灵深处。以此来看刘庆邦笔下的女性神话,或许能够增加一份理解与宽容。这里有多少是出自对母亲的怀念与诗性回顾,我们无从定论,但其间的移情冲动以及对女性的亲近、友善却是明白无误的。对此,可引作证明的是,刘庆邦的小说中经常出现失去父亲的男孩,像《野烧》中的水生,《远足》中的金生,《美少年》里的文周,等等。他们害羞、自尊又好强,对母亲或姐妹满怀依赖,这多少有些自我影子的投射。水生和两个伙伴"密谋"到地里烤红薯,作为孩子渴望长大的反叛活动,一场野烧写得童趣盎然,充满冒险和刺激。但在野烧的过程中,三个孩子却各怀心事。水生想到了母亲的辛苦和无奈的哭泣,顿生忐忑与歉疚;金生随表哥第一次出远门走亲戚,感觉受了局促与冷落,盼着回家"见到母亲好好哭一场",最终又改了主意,"回到家坚决不能再哭了,他要做得高高兴兴的。要让母亲知道,她的儿子出门远行之后,已长成一个大人了"[①]。文周的姐姐在城里做皮肉生意,以此供文周读书。(从供养的角度来看,姐姐与文周之间已超出了单纯的姐弟关系,而带上了母子关系的内涵。)然而村人对姐姐的议论和流言却让文周倍感压抑和羞辱。尤其是光棍汉皮货在嘴上拿姐姐"开荤",让文周忍无可忍。他试图报复,最后惨死在皮货的锄下……我们从文周等人和母亲及女性的关系上能够

[①] 刘庆邦:《远足》,《别让我再哭了》,上海文艺出版社,2003年,第250页。

体会出主体对母亲那份难言、复杂的情感,这里既有感激的成分,又有负担的意味,一种不胜其累的"情债"……

关于这一点,还有两篇小说要提请注意:《梅妞放羊》和《在牲口屋》,全然不同的文风,却都隐含着母爱主题的因子。少女梅妞的情窦初开与性萌动是和其母性的成长同时进行的。当梅妞鼓足勇气,初解布衫,让羊羔"驸马"咀嚼她处女的乳头时,其母性开始在本能的层面上快速生长了,并且一发而不可收。正如她自己骂自己的那样:"梅妞,你完了,你的奶让人家吃了……"梅妞哺乳上了瘾。通过给羊羔喂奶,她获得了一种难以言传却刻骨铭心的生命体验。在梅妞身上,我们发现了一种别样的美,那不是成熟的母性,而是母性与少女纯真天性的结合。这种结合在一定程度上反映了主体看待女性的态度,至少是他的一种视角选择与审美取向:在少女身上发掘母性的种子,提取关于母亲的记忆。这不是移情又是什么?在梅妞解襟喂奶的刹那,我们没有产生任何邪念。刘庆邦力图告诉我们,少女之美不在其"性",而在其"母性"。"母性"在刘庆邦的审美世界里具有至高无上的地位,它成为裁定女性美感价值的一把潜在而硬性的标尺。《在牲口屋》并没有直接写母性,它在刘庆邦的小说中是非常奇特的一篇。由于自始至终都保持着不动声色的口吻,乍看之下,你居然把握不住作品的主旨与意图,仿佛它只是在和盘托出一种风俗。故事发生在某个村庄,女主人公金宝与杨伙头相好多年,却突然要与其断交。杨伙头不肯,金宝便和丈夫、儿子设计在牲口屋里杀死了杨伙头。没有顾念任何旧情,金宝的举动似乎有悖常理。她给杨伙头的解释很简单:"孩子大了,咱们不能像以前那样不管不顾……大梁相了两次亲,都是因为你,人家不愿意了。你想怎么着?你想让我儿子拉寡汉是不是?你想让我断子绝孙是不是?……以前是以前,现在是现在。以前孩子小,不懂事,我也不懂事。现在孩子大了,我也得有个当妈的样子。我活过来了,该让孩子活了。谁不让我的孩子好好活,我就不让他活。"[①]这理由看似牵强、突兀,但如果将其放在刘庆邦的小说整体来看,便顺理成章了。它即是说当性爱的快乐超越、阻碍了母性的发挥时,便成为禁忌而可诅咒了。这与《梅妞放羊》的审美逻辑是相通的,母性的权威从中可见。值得注意的是,此处的母性是和民间传宗接代的意识联系在一起的。它意味着,母性也并非女子纯然的天性,而带有后天教化的成分。如果追根溯源,母性的酝酿应该是与土地意识交织一处的。土地要耕种、收获,就必须人丁兴旺。这是母性叙述背后的民间伦理。它是规定的、制约的和刚性的。

由此回过头来看刘庆邦那抒情的笔调,它们都是在涉及女性的时候自然生

---

① 刘庆邦:《在牲口屋》,《别让我再哭了》,上海文艺出版社,2003年,第89~90页。

出的,一种进入(女性)角色的模拟和贴近,由此移情地滑入对母亲的回忆与期待。既小心翼翼,又寻求释放;既是创造,又是追忆。这种外阴内阳、外柔内刚的叙述在《鞋》的结尾增加的"后记"中明确地表露出来了:

"后记:我在农村老家时,人家给我介绍了一个对象。那个姑娘很精心地给我做了一双鞋。参加工作后,我把那双鞋带进了城里,先是舍不得穿,想留作美好的纪念。后来买了运动鞋、皮鞋之后,觉得那双鞋已经过时了,穿不出去了。第一次回家探亲,我把那双鞋退给了那位姑娘。那姑娘接过鞋后,眼里一直泪汪汪的。后来我想到,我一定伤害了那位农村姑娘的心,我辜负了她,一辈子都对不起她。"①

前文中模糊不清的"那个人",即守明心中那美好得近乎幻觉似的情感附丽,变成了"我",一个确确实实的男性,他是真正的叙述者。而原本清晰的守明则变为了"那个姑娘",一个指示代词引导下的不定称呼。这在某种程度上构成了对前文的颠覆,它表明之前精心勾勒的美丽、纯洁的女主人公实际上只是主体对于女性的一种类的想象。就像李春波所唱的《小芳》那样:"村里有个姑娘叫小芳,长得好看又善良,一双美丽的大眼睛,辫子粗又长……谢谢你给我的爱,今生今世我不忘怀,谢谢你给我的温柔,伴我度过那个年代。"其间的忧伤意境及对于女性的审美认同与小说《鞋》是息息相通的。包括对"她"的黯然歉意,也如出一辙。我们发现,两者的叙述均采用了一种回望的姿态,以城里望乡下,以当下找从前。时间萦绕在过去,如如不动。而小芳和守明是属于往昔的,她们不会侵入现在(由此也避免了衰老与饶舌,一种审美眼光下的取舍与删除),更不会破坏"我"的生活。她们与"我"没有利害冲突,因为她们是温顺的,是善于,甚至乐于牺牲和奉献的。如果承认守明是乡土理念得以运作的齿轮,那么对于守明的叙述也应该隶属于乡土理念的范畴。透过守明这个人物的塑造,我们能够察觉主体与他从中走出的乡土之间的微妙关联——一种温情脉脉的批判。它经由守明的遭遇(或曰悲剧?)体现出来,但最终是妥协的。守明没有控诉,没有反抗,就叙述的推动来看,这也是主体默许、允诺,甚至赞美的。因而守明的承受某种程度上讲也是主体的承受,他由此达到了一种打通自我的境界,在过去与现在、乡土与城市之间。

以上我们分析了刘庆邦的柔美风格的小说,包括它的感动模式,以及那看似谦恭、贴心的描述中所包含的"刚性"特质。这种男性气质在刘庆邦酷烈风格的小说中"发扬光大"了。首先是故事的惨烈度。在"酷"的情节设置、暴力的

---

① 刘庆邦:《鞋》,《女儿家》,中国文联出版社,2003年,第305页。

想象方面刘庆邦显然并不逊人。《神木》中深黑的煤窑成了得天独厚的杀人场所,煤工唐朝阳与宋金明神不知鬼不觉就把同类给办了,然后以此向窑主索要钱财;《平地风雷》里,老实巴交的货郎在众人的挑唆下把耀武扬威的队长"做活儿"(当地话,指杀人之意)了,结果自己也被群众打成了肉酱,"烂糟糟的,像捣碎的一摊红粪"。① 值得注意的是,这里的"众人"不像通常的小说那样是一个无声的陪衬群体,它有自身鲜明的性格标记:一股生动、立体的"恶势力"。其中有男有女,如张三爹、李四嫂等,他们搬弄是非、恃强凌弱、手段阴狠。作品纯然一派丑陋的挖掘与暴露,与《梅妞放羊》式的清纯、晶莹之美迥异其趣。

　　较之刘庆邦的柔美之作,酷烈风格的作品还有一个显著的变化:主要人物由守明式的柔弱女子变成了硬汉,如《打手》里的图,《走窑汉》中的马海州等。心理描写亦相应地收敛。尽管仍旧是第三人称全知全能型的叙述视角,但叙述人(系形成、建构主体形象的重要元素)在对男主人公的内心描述方面显得讳莫如深,一种有意识的"沉默"与省略。人物成了不折不扣的"行动派",只做不想。如此,小说的节奏明显加快了,一种简洁的白描与勾勒。看得出,主体在克制自己的情绪而力图显得客观与冷峻,他更愿意通过行动与对话来凸显人物的个性。在去除了缠绵与粘连后,造成了一派阳刚的叙述。这在《五月榴花》里体现得尤为显著。故事发生在抗战时期,主人公叫张成,曾入过匪道。他的新婚妻子涂云被鬼子活捉去做饭,备受凌辱。张成以残酷的手段报复了鬼子后,居然对失贞的妻子也横加折磨。他把涂云关在地窖里,本想将其活活饿死。事情败露后,张成索性一不做二不休,当着众人的面,"用脚踏住她(指涂云)的一条胳膊,双手抓住另一条腿,像掀铡刀似的那么一掀,就把涂云从阴部那儿撕开了,撕成了两半"②。故事就此戛然而止。自始至终,我们都不清楚张成究竟在想些什么,我们甚至抱着一线希望,他能重新接纳自己的妻子,既然之前的铺叙表明他们是如此相爱,而这又实在并非涂云的过错。但结局敞亮了张成的内心,一个自私凶狠、独占欲望强烈、视女性为私有财产的男人,这便是主体一直试图遮掩、缄口不言的部分。问题在于,我们看不出主体对此有任何的谴责与批判,难道他是想通过一种冷静的叙述来实现残酷的审美效果并激发起读者的愤慨吗? 不能排除这种考虑,但答案并非如此简单。既然在柔美风格的作品里主体可以畅快地抒情,立场鲜明地赞美,为什么到了这里,主体的情绪就收敛得如此干脆、彻底呢? 不妨把《五月榴花》与《鞋》比照阅读一下,我们发觉前者试图掩饰的部分与后者竭力张扬的内容是全然和谐统一的,犹如同一叙述的正反

---

① 刘庆邦:《平地风雷》,《别让我再哭了》,上海文艺出版社,2003年,第170页。
② 刘庆邦:《五月榴花》,《响器》,上海文艺出版社,2003年,第156页。

两面。具体地说,守明的美丽在于她贞静、柔顺,恪守了乡土的风俗规范;而张成之所以杀害涂云,正是因为她永远失去了守明的品质,成了一个"体制外"的人,不仅如此,她还试图反抗,于是罪上加罪、罪不可赦了。以守明赞美者(主体)的眼光来看张成,尽管他举动残忍,似乎也有可以理解的部分。就像主体对守明的负心人,"我"的宽宥与偏袒一样——既然"我"对守明心存歉意,那就往事如烟,算了吧——他给张成也找了个土匪的头衔作为托辞,张成之所以下此毒手,部分地可归咎为其匪气未消。不仅如此,连抗日也是一个虚设的背景,因为我们感觉不出它和故事之间有不可分割的一体性。小说的重点在于写出乡村男女的某种关系,它让人联想起中原农村大量存在的家庭暴力,对失了贞德的女人,丈夫可任意打骂。其行动的依据来自古老的乡土伦理对女性贞操的苛求。这很可能是作家构思《五月榴花》的故事原型,也就是说,张成与涂云的悲剧完全可以发生在当代,只要将鬼子换成某个地痞流氓即可。而之所以选择抗日,是为了渲染某种恐怖的气氛,同时亦作为催化剂,促使张成对妻子由爱慕到厌恶,进而为他的痛下杀手铺平道路并假以借口。前文曾说过,在守明形象的塑造中,我们能够看出主体与乡土之间的关系,一种温情脉脉的批判。它同样适用于张成,在对张成暴力谴责的缺席与沉默上,我们再一次感受到这种温情。不管主体意识到与否,他一直在自我与乡土之间寻找着一种平衡。由于"我"是从乡土中走出的,"我"的呼吸和血液中永远缠绕着乡土的气息,连同思维,也不时呈现出乡土的惯性,在对待张成的态度上就是如此。说到底,这也是给自己一点余地与空间。人无法和自己的过去一刀两断,这是除了叙述技巧的考虑外,刘庆邦"沉默"的真正原因。一种下意识里的不自伤的原则,就这样从描述张成的笔触里透露出来。

由此,我们触到了刘庆邦柔美小说与酷烈小说之间某种深层的关联,前者谦恭细致的笔法与后者冷静克制的表达其实源于同样的心结——对乡土那份割舍不下的情怀。就主体的角度而言,这反映了现在之"我"在对待过去之"我"时的一种抗争与妥协。刘庆邦曾这样描述自己的经历:"我在农村长到19岁,对那儿非常熟悉。家乡的那块平原用粮食用水,也用野菜、树皮和杂草养我到19岁。那里的父老乡亲、河流、田陌、秋天飘飞的芦花和冬季压倒一切的大雪等,都像血液一样,在我记忆的血管里流淌……"[①]这种复杂的情绪注定了他对乡土的审视只能是一种"只缘身在此山中"的局部批判,柔情与温煦是永恒的心灵底色。这构成了刘庆邦柔美小说与酷烈小说的共同特质。不仅如此,两者的感动模式亦是相通的,悲剧都建立在弱者(常常是女子)的身上,她(他)们既

---

① 刘庆邦、夏榆:《得地独厚的刘庆邦》,《作家》2000年第11期。

是悲剧的承受者,又是产生悲感意识、激发悲剧共鸣的基础。《平地风雷》的结尾出现了货郎的女儿,"她穿着破裤子跑来了,她哭喊着不让人们打她父亲的头。她的哭喊像是对人们有所提醒,其结果是,她父亲的头碎得几乎找不到了"①。这意味深长的一笔补叙加重了悲剧的效果,让人油生怜意。《神木》里促使宋金明良心发现的是少年元凤鸣——又一个羸弱而沉重的悲剧砝码——当宋无意间发觉自己上次在煤窑杀害的人居然是元的父亲时,对元就再也下不了手了。为了赎罪,宋制造了一个假的事故现场,自杀身亡。临死前他嘱托元可以此向窑主索赔,但结果却是"窑主只给了元凤鸣一点回家的路费,就打发元凤鸣回家去了"②。这种让弱小者遭受打击的情节设置是较容易打动人心的,虽然难免有煽情的色彩,但总的说来,它不突兀、生硬,在润物细无声的感染中体现了主体的平民立场。

  与河南其他作家相比,刘庆邦的小说并不以批判的力度取胜,而且其批判的兴趣与着眼点也不局限在权力上,有一种诗兴的忧郁在里面,它自成一格,圆满安详。很难说这是对权力情结的超越或有意疏离。在我看来,它更多地出于风格的考虑,系心灵的惯性使然。确切地讲,刘庆邦的谦恭与沉默、随和与低调是由主体对母亲的记忆以及他所生活的乡土环境决定的,他属于那里,一种类似于良心式的律法选择:"我忠于我的过去即是忠于我的良心,任何对它的背叛与破坏都将使人产生负罪感。"这也是为什么我们在被他的小说打动的同时,又感到类同倾向的原因。刘庆邦的反省与批判永远在乡土的边缘徘徊、挣扎,包括反映煤窑生活的作品,也是如此。煤窑表面看来似乎与农村、乡土拉开了距离(从空间上讲),但由于窑工大多来自贫困的乡村,身上打着乡村群体、乡土道德意识的烙印,这使得煤窑成为了一个现代城乡的交叉地带,一个多元的环境,刘庆邦把它处理成了一块展示乡里人的沉沦和欲望、生存与尊严的土壤。矿工图为了加工分,成了班长手里的"一杆枪",指哪打哪。然而就是这样一个满身横肉的打手,为了实践向一个女人许下的诺言,不愿再打人了。(《打手》)这让人想起《鞋》的末尾那让人抱憾的未曾兑现的承诺,"鞋"在此处因为凝聚了一个女人(守明)的失落与泪水,而成了一个触目的提示。迥然不同的故事,却有着相通的柔情与构思,煤窑与村庄也经由此而心有灵犀。发生在村庄的《五月榴花》的故事在这里上演(改编)成了《走窑汉》,两个窑工与一个女人之间的爱恨纠葛。张清趁马海州下井之际欺负了马海州的新婚妻子小蛾,马海州怀恨在心,他疯狂地报复张清,折磨妻子,逼得两人双双自杀。从《五月榴花》到《走窑

---

① 刘庆邦:《平地风雷》,《别让我再哭了》,上海文艺出版社,2003年,第170页。
② 刘庆邦:《神木》,《家园何处》,上海文艺出版社,2003年,第87页。

汉》,同样是丈夫作践妻子,从前者的肉体毁灭,到后来的精神蹂躏,运作着同样的逻辑:男人对女人的独占意识——它作为主体沉默的所指与神髓,演绎出了诸多响亮、沉重、形异质同的故事——在叙述风格上也是一色的冷峻与节制。就像我们读不懂张成一样,我们也看不透马海州的心思,只能透过其言词与行动来揣度与猜测。这也是沉默的魅力所在吧?

犹如一层保护衣,沉默阻隔了我们对主体本身的深入探讨,而专注于故事的氛围,主体也借此掩饰了自己内心的隐痛,达到了自我的平衡与统一。换句话说,乡土伦理与主体建构是相对融洽地结合在一起的。然而,偶尔也有例外,《嫂子与处子》便是一例。"村里的规矩,弟媳不能跟大伯子哥开玩笑,但嫂子可以随便跟弟弟们开玩笑,玩笑开到什么程度都不算过分。反过来说,当哥的不能跟弟媳们开玩笑,而当弟弟的可以尽情跟嫂子们嬉闹。"民儿与二嫂、会嫂之间便是这样的关系。民儿本来是怯她们的,嬉闹了几回,不由生了情谊。小说以"文革"为背景,民儿由于成分不好,常挨斗。二嫂、会嫂就借着阶级斗争的名义,把民儿叫到隐蔽处"斗争"一下:

"别人都说二嫂的阶级斗争够坚定的,斗争性够强的。会嫂和民儿作斗争的情况就不细述了。会嫂还是乐意在野地里和民儿进行斗争。玉米收割了,他们就转移到菜园的泥巴屋里开展斗争。在一个美好的秋夜,会嫂发扬连续作战的作风,竟和民儿斗争了三次,可把民儿斗孬了。"[1]一派天然欢腾的场面,用政治话语来描写性爱,不仅是对政治本身的戏拟与反讽,也在严密、僵硬的村庄礼仪之外捕捉到了一种真情与意外。这让人想起阎连科的《坚硬如水》,同样是"文革"加性爱的框架,但前者远比后者自然、鲜活。这和刘庆邦的谦逊是不无关系的,他对人心(人性)一直小心地守护,极少去违心地生造什么。一个"得地独厚"的骄子,他的故事里总有土地的依托。在《嫂子与处子》里,由于撤除了羞赧与负罪感,性爱以少有的明亮敞开在我们面前。由此,作品突破了"雌雄同体"的叙述与感动模式,而真正地趋于"中性"与客观。一种对乡土伦理阳奉阴违的背离。虽然主体尚不自觉,这样的机会也不多,但它毕竟使我们得以瞥见了主体的另一面:一个试图挣脱乡土伦理的个性化叙述,在若有若无之间。

原载《山花》(上半月)2006 年第 4 期

---

[1] 刘庆邦:《嫂子与处子》,《响器》,上海文艺出版社,2003 年,第 327 页。

发现埋在心底的精神"哑炮"
——读刘庆邦的《哑炮》

贺绍俊

刘庆邦小说中有两个世界,一个是乡村世界,一个是煤矿世界,他对这两个世界无一例外地注满了善意和温情。这种善意和温情把一个中原汉子刘庆邦变得格外的细腻和体贴,也铸就了他的叙述风格:朴实畅晓的诉说方式和毫发毕现的细节刻画。这种叙述风格能够深入到人物内心最细微的变化,又正是在对细微变化的关注中传递出作者的善意和温情。体贴的刘庆邦常常会将笔粘上他所钟情的人物。就像这篇小说的开头一样,作者忍不住要让他重点表现的乔新枝首先登场。乔新枝一出来,天空也不知不觉地飘起了雪花,为乔新枝营造了一个轻柔与温馨的活动舞台。作者的笔始终跟随着乔新枝,不放过乔新枝的一笑一颦、一举一动。这种事无巨细不急不慢从容道来的叙述,甚至会让我们感到有些絮絮叨叨的味道。但正是在这种絮叨中,我们会品咂出人世间的日常温馨。相对而言,我更喜欢刘庆邦笔下的煤矿世界,也许是他面对煤矿世界时,少了一些面对乡村世界时难以避免的传统伦理的束缚吧。因此,他对煤矿世界里的善意的挖掘更具有一种人类的共同性。

《哑炮》的故事元素也许不是特别新鲜的。乔新枝是一名煤矿工人的妻子。因为煤矿的危险性,作为煤矿工人的妻子,每天都有可能因为丈夫的井下遇难而成为寡妇。煤矿工人的妻子往往也就成为作家关注的重点。这使我想起二十多年前另一位矿工出身的作家谭谈写的中篇小说《山道弯弯》,因为这篇小说的故事元素与《哑炮》的故事元素基本相近,小说的主角金竹也是一位煤矿工人的妻子,后来也不幸成了一名寡妇。故事元素的相近之处还不止于此。两篇小说的主人公都体现了上个世纪的中国城乡差距所带来的社会现象。就是说,乡村妇女嫁给煤矿工人是摆脱贫困乡村的一种方式,如果矿工因工死去,其亲属可以顶替安排到矿井当工人。两篇小说的女主人公在遭遇到丈夫死亡悲剧的同时,也面临着改变农村身份的宝贵机会。两个主人公都作出了同一种决定,把这个机会让给丈夫的弟弟。刘庆邦和谭谈在处理这一故事元素时也无一例外地借此来表现主人公的善良品德。也许可以说,从谭谈的《山道弯弯》到刘庆邦的《哑炮》,两位作家通过煤矿工人的生活,来塑造善良的女性。但同中又有异。在《山道弯弯》中,谭谈从美好品德的角度对金竹让出招工机会的故事元素加以浓墨重彩的书写,而整篇小说都是围绕讴歌金竹的美好品德来写的。《山道弯弯》发表的年代正是"文革"结束不久,当时针对"文革"十年的道德沦丧,社会有一种呼唤传统美德的共识。塑造金竹这样一个"牺牲自我、先人后己的金子一样的纯洁而坚贞的女性形象"(1986年出版的《新时期文学六年》一书对《山道弯弯》的评价),顺应了时代的潮流,因此这篇小说也获得了全国优秀中篇小说奖。当时也有评论家盛赞这篇小说是让文学回归到人性。善良美好的品德当然是人性的表现,但今天来读《山道弯弯》,就会感到小说拘泥于道德意识,对人物的塑造显得比较简单化。刘庆邦对同样一个故事元素的处理显然就要复杂得多,他笔下的乔新枝也是一个善良的女性,传统美德也在她身上留下深深的烙印。但刘庆邦并不是简单地将乔新枝的言行进行道德的诠释,因此像让出招工机会这样的细节,最能表现人物的无私品德,在《山道弯弯》中被作为关键性的情节加以浓墨重彩的书写,而刘庆邦在《哑炮》中只是用一句话带过:"然而乔新枝没有和宋春来的弟弟宋春宝争,她把唯一一个参加工作的指标让给宋春宝了。"在这里我们看到了当代思想史的轨迹。二十多年前,我们的文学开始正面思考人性的问题,但出于长年政治意识形态的思维习惯,作家们自觉不自觉地要把人性问题纳入到严格的道德规范之中,因而对人性的开掘基本上停留在浅表面。随着思想不断的开放和深化,文学对于人性的思考在社会学、心理学、文化人类学、历史观的现代性演进等新的思想成果的激励下有了深入全面的发展。如果说《山道弯弯》代表着20世纪80年代的人性思考特征的话,那么《哑炮》就可以说是代表着新世纪的人性思考特征。

作家的思考点不断地接近,或者说趋向于人类的共同性,我以为这是新世纪人性思考特征中最突出的一点。《哑炮》就是这样一篇小说。人性善还是人性恶,因为作家的立场和视点不同,也许会有不同的取舍,但不管作品的基础是建立在人性善还是人性恶上,作家所做的都是要揭示人性在纷繁复杂的社会人生大舞台上的种种表现。但《哑炮》的高明之处是把人性善还是人性恶作了悬置的处理,善与恶就像是两个幽灵游走在人的内心世界,人的情感和思维与这两个幽灵相遇相撞,就引导我们做出不同寻常的事情来。江水君是小说中不可忽略的一个人物。他是乔新枝丈夫宋春来的老乡,又有一点儿像共患难的朋友,因为宋春来在井下没有人愿意和他搭档,江水君却不嫌弃他。两个人干起活来合作得还不错。但单身寂寞的江水君看上了宋春来的妻子乔新枝。这从道德的角度说当然是不合适的。但你也不能断言这就是人性之"恶",因为从人性之源来说,这是爱情的表露,爱情应该是人性中最为美好的情感。江水君看上乔新枝是他内心爱情在现实中的求证,乔新枝恰好吻合了他梦想中的恋人。道德要从维护秩序出发为爱情筑一道堤坝,江水君站在堤坝上却挡不住内心的爱情波涛汹涌,他因此不敢正常地面对宋春来和乔新枝。虽然他逮着一个机会向乔新枝袒露心迹,但遭到拒绝后,他感到了愧疚。这一切都还说不上是"恶"。直到有一次在井下与宋春来一起作业,江水君发现了地底下埋着一个哑炮,"恶"这个幽灵很快紧紧攫住了他的内心,使他萌生了恶的念头,他要听任宋春来被一颗哑炮炸死。在这个过程中他也曾犹豫、惊恐、自责,这无疑说明"善"这个幽灵也在争取他的内心。但最终恶的幽灵占了上风,哑炮炸死了宋春来,也炸开了他爱情上的最大障碍。我详细复述这段情节,是因为小说充分表现了这一点,江水君并不是"性本恶"的人。后来虽然他如愿娶了乔新枝,但他始终有一个心病,他为了掩饰自己的心病,就几乎变成了另一个人。

  小说的核心还是乔新枝。写江水君都是为了要写出乔新枝,所以小说最终归结到乔新枝身上。当江水君在医院里即将死去时,他要把压在心头二十多年的事情告诉乔新枝,这就是他发现了哑炮却没有提醒宋春来的事情。乔新枝一再制止江水君,劝他什么事情也不要说。当江水君说出来后,乔新枝的反应则是"平平静静,一点都不惊讶。她拿起毛巾给江水君擦泪,擦汗,说:这下你踏实了吧,你真是个孩子"。我以为,这是小说最精彩的一笔,因为这一笔,小说的思想发现顿时闪耀出光芒。事实上,乔新枝知道事情的真相,也就是说,她知道江水君是杀害自己丈夫的凶手,但她却原谅了他。她的原谅又是可以理解的。也就是说,从人性的整体性来看,江水君并不是"恶"人,他对宋春来的行为只是"恶"的幽灵一时发威的结果。他以后的行为其实都是在对自己的"恶"进行自我惩罚,对"恶"所造成的后果进行精神上的补救。更重要的是,乔新枝传达给我们的不仅仅是"原谅"。原谅,宽恕,这类主题也曾在许多文学经典中作过精彩的表现。那么,《哑炮》在原谅的基础上还有什么新的诠释呢?乔新枝无疑有着宽恕的博大胸怀,因此她才能接受江水君的爱情,也能容忍江水君的自我谴责式的行为。如果她要表达她的原谅,她在很多的场合都可以表达。因为表达了原谅的意愿,就能使当事者从自我谴责的境地中走出。但乔新枝不愿去揭开江水君的内心隐痛。她是把这种内心隐痛看成是埋藏在江水君内心的精神"哑炮",她知道如果引爆了这颗"哑炮",将会对江水君的精神带来摧毁性的打击,于是她总是牵着江水君的手引他小心地绕过这颗精神"哑炮"。她这么做,自然出自她善良的本性和豁达的胸怀,还有她内秀般的聪慧。可以说,刘庆邦在这篇小说里为我们塑造了一位看似平常实则不同寻常的善良聪明的女性形象。

  小说最有新意的思想发现也就在这里。当善与恶的幽灵在我们的内心世界里游走时，也许不经意间就在我们的心底埋下了一颗精神"哑炮"。所以我们得提防着，我们也得小心地处置精神"哑炮"。我以为，这就是一个人类共同性的问题。

原载《北京文学》2007年第4期

生活的暖色调 艺术的新境界
——读刘庆邦短篇小说新作《好了》兼及其短篇小说的若干艺术特色

何镇邦

环视当今文坛,专心致志于短篇小说的创作者实属凤毛麟角。老一辈作家,如汪曾祺、林斤澜者,一辈子在写短篇小说,为读者奉献了不少精品。汪老在十年前走了,于是就剩下林老,林老年事已高,短篇也只能偶尔为之了。他们有了接班人,其佼佼者叫刘庆邦。庆邦也写过长篇与中篇,但他的精力大都集中在短篇小说创作上。据他说,他步上文坛的这20年间,已写了200多篇短篇小说,出了十多本集子。今年春天,在刘庆邦的一个作品研讨会上,林斤澜也来了,与会者说如果林斤澜可以称为"短篇之王"的话,那么刘庆邦就可以叫做"短篇之王子"。

刘庆邦专注于短篇小说创作,深谙短篇小说艺术之道,在短篇小说创作中有较高的艺术追求,写出了不少短篇小说精品。这是人们所共知的。

现在读到的这篇新鲜出炉的短篇小说《好了》,是刘庆邦应《红豆》杂志之约写出来的。我有了先睹为快的机会,读后觉得它既写出了生活中的暖色彩,表现出庆邦的社会责任感,又展现出一种艺术的新境界、新追求,是短篇小说的上乘之作。

《好了》写的是一位乡村中学的女学生因为受到媒体的蛊惑,放弃学业,专注于写小说,最后落了个小说写不成,学业又荒废的结局。这个女中学生本来考大学是很有希望的。可自她听说有个中学生写了部小说,赚了一百万,买了别墅和赛车,学也不上了……可是到头来,小说也没写成,就是写成了也卖不到钱,只好又去上学,可这时普通高中没有了,只好上了职业高中。

上个世纪末以来,南方有一家杂志发明了所谓的"新概念作文",培养了几个"少年作家",此举救活了一个杂志,培养了几个少年作家,却坑害了一代人。不少像农村中学生宋月民这样的少年,受到名与利的诱惑,梦想走"终南捷径",结果作家没当成,学业也荒废了。刘庆邦对此表示出极大的忧虑,于是构思了《好了》这篇短篇小说,对宋月民们进行劝诫。小说也许可以划归社会问题小说一类,提出某种社会问题,对其进行解剖与讽喻,是有一定批评锋芒的。但这种解剖与讽喻还是很温和的,表现出一种生活中的暖意。

类似的作品庆邦还写过一些,诸如《八月十五月儿圆》(《北京文学·精彩阅读》2007年第2期),写农村妇女田桂花的丈夫李春和在外打工四年多没回家了,丈夫在外打工学会了挖煤的全套手艺,当了几年包工头,攒下一些钱,盘下一座煤窑。有了钱,传说在外有了新欢,田桂花不信,直到八月十五丈夫回了家,带来了与"新欢"生的孩子,田桂花才感到如梦初醒。田桂花从容应对着这一切。小说的批判锋芒是指向田桂花的丈夫李春和的,但仍然是温和的批判,仍然荡漾着生活的暖意。

另一短篇《守不住的爹》(《刘庆邦小说》,中国社会出版社)以农村小姑娘小青的视角,写她爹在丧妻之后,"守不住",甚至把一个女人带回家过了几天,还要小青姊弟伺候这个女人的情景。作者也是用一种比较温和的笔墨对这个"守不住的爹"进行批判的。

刘庆邦是一位很有社会责任感和道德感的作家。他在短篇小说《八月十五月儿圆》的创作谈中说:"我个人认为,一个写作者最需要诚实劳动,最需要始终保持一颗赤子之心。""所谓诚实劳动,无非是忠实劳动,无非是忠实于自己的内心,忠实于自己的真实所感和真实所思,真正做到独立思考,以我之手写我之心。"(《北京文学·精彩阅读》2007年第2期)刘庆邦是这么说的,也是这么做的。他的大部分作品,包括写矿山和写农村的,都诚实地记下他在生活中的"真实所感和真实所思",因此文风朴实。既善于写出生活中的暖意,表现出生活的暖色调,又毫不掩饰自己的观点,对生活中一些不合理或不道德现象进行有理有节的揭示与批判。写农村女中学生宋月民沉迷于写小说而荒废了学业的这篇新作《好了》,批判谴责一些富起来的企业家违背道德准则,在外"包二奶"的《八月十五月儿圆》,还有用十四岁的农村少女的视角批判父亲的《守不住的爹》,等等,都是这样的作品。这样的作品,读了既让人眼睛雪亮,又让人心生暖意。这可以说是刘庆邦短篇小说最重要的特色。

刘庆邦这样对我说,他是把不少短篇小说当作诗来写的。诚哉斯言!读庆邦的短篇小说,可以发现不少景物、人物与情节都是诗意化的,他的小说充满一种来自乡间与矿山的生活深处开掘出来和独特发现的浓郁的诗意。正是这种具有主观抒情色彩的诗意,使庆邦的短篇小说独具艺术魅力。《好了》中对农村集市的描写和对农家日常生活的描写,是充满诗意的;《八月十五月儿圆》对与女主人公的命运呈鲜明对比的月色的描写,也是充满诗意的。而像荣获第二届"鲁迅文学奖"的《鞋》,还有《梅妞放羊》诸篇什,更是诗意充盈的篇章。《鞋》写一位叫守明的农村姑娘订婚后为未婚夫做鞋的情景,那种羞涩中十分热烈的感情,是充满诗意的抒写。《梅妞放羊》中写一个放羊的小姑娘梅妞,她对羊的感情,尤其是对两只刚下的小羊羔的感情,也抒写得淋漓尽致,诗意充盈。我尤其欣赏《响器》这篇短篇小说,它写崔豁子响器班子为死者送葬吹奏的情景,写农村小姑娘高妮热衷于响器、迷恋大笛吹奏的情景,尤其是写她不顾家长阻挠,不顾其父的痛打,坚持跟着崔家班学大笛吹奏的情节,十分感人,也富于诗意。请读下面这段描写大笛吹奏的文字:

> 大笛响起来了,满地的高粱霎时红遍,它与天边的红霞相衔接,谁也分不清哪是高粱,哪是红霞,哪是天上,哪是人间。然而好景不长,地上刮起了狂风,天上下起了暴雨。那风是呼啸着过来的,显示出无比强大的吹奏力。地上的一切,不管是有孔的和无孔的,疾风都能使它们发出声响。……

对于大笛奏响引出的画面与大自然的音乐,写得多么美、多么富于想象力、多么富于诗意啊!这种诗意,是庆邦对生活的开掘与升华而形成的,它具有独特的审美价值,构成小说无穷的艺术魅力。

短篇小说由于篇幅不长,又要求具有较大的生活容量与思想容量,善于以小见大,因此特别讲究构思、结构与叙述艺术。在这方面,刘庆邦的短篇小说也有尚佳的表现。

庆邦的短篇小说大都注意选择一个独特的视角进行叙述。《守不住的爹》采取的是这个"爹"的女儿14岁农村小姑娘小青的视角,以她的视角来观照她那个"守不住的爹"的行为,当然更有意思;《鞋》采用的是第一人称的叙述,这样便于写出农村少女守明为未婚夫做鞋时的心理活动;《梅妮放羊》与《响器》采用梅妮与高妮的视角进行叙述,但有时又用全知视角,这种视角的变换使叙述显得更丰富多彩些;而这篇近作《好了》与《八月十五月儿圆》,采用的是全知视角,但《好了》有时插入农村女中学生宋月民父母宋怀木与包玉英的视角,《八月十五月儿圆》有时插入留守在家的田桂花的视角,这样写似更真实些。

庆邦的短篇小说在结构上也都很讲究,呈现多彩的形态。像《响器》、《鞋》、《梅妮放羊》等具有较强主观抒情色彩、诗意化的作品,大都采用一种以第一人称叙事抒情的比较简单的诗化的结构形式;而像《空屋》这样的作品,具有较强的纪实性,又采用一种散文化的结构;《好了》、《八月十五月儿圆》、《车信儿》、《鸽子》等作品,情节跌宕,有的还有点传奇色彩,结构上也就复杂些。小说结构也是量体裁衣的,有什么内容,就有相应的结构形式。这方面,庆邦已经运用得相当娴熟自如了。

庆邦短篇小说的语言也是相当讲究的,他每天只写千把字,一篇万把字的短篇小说,要写上一周或十天左右,这同那些下笔千言的多产作家截然不同。

由于控制住写作的速度,他不仅在结构与叙述方法上相当讲究,语言上也反复琢磨、千锤百炼,于是在朴素中见精致,有的则是完全诗化了的。庆邦的小说耐读,同他的小说语言有韵味、朴素而精致是分不开的。

原载《红豆》2007 年第 23 期

对底层的诗意抒写
——论刘庆邦的小说创作

杨建兵

从刘庆邦20世纪80年代开始发表小说到当下的近三十年时间里,当代文学的变化颇有些让人应接不暇,文坛热浪高潮迭起,求新求变作为对相当长一段时间僵化文学的反弹,为当代文学的多向探索与发展,开启了多种可能性空间。但刘庆邦给人的一般印象似乎是,既不开风气,也不凑热闹,而是默默穿梭于乡村和煤矿之间,把写作当作了一种生活方式。

有研究者称刘庆邦是"一个让人'走神'的作家,一个既关注农民又关注矿工的生存的作家,一个热衷于探究人的本体矛盾的作家,一个把创作的根子扎在民族人文传统土壤里的作家"[1]。这是确论。不过在我看来,刘庆邦还是一个充满迷惘和困惑的作家。他的创作风格与题材等的多样性,是他的迷惘与困惑的注脚和证明。

柔美与酷烈

童年的经历对于一个人的影响是终身的,对于一个作家来说,似乎有着更为重要的意义。刘庆邦出身于农民之家,直到十九岁才离开乡土进入煤矿,从此故乡离他越来越远。但距离的拉长不仅没有割断他与乡土的联系,反而增大了他思念故土的空间。当刘庆邦成为一个作家,在稿纸上写下自己的生命体验时,乡村成了他最重要的创作意象。像大多数乡土作家一样,刘庆邦是以"侨寓"者的身份追忆或回望故乡的。因此,故乡在他的笔下不再是现实层面的山水田园和父老乡亲,而已幻化成无尽的乡愁,是他安放灵魂的栖息之地,也是他精神守望的温柔之乡。在这个意义上说,刘庆邦的乡村系列小说因远离现实的乡土而更接近于"浪漫乡土"或"梦幻乡土"。

"浪漫乡土"是20世纪30年代以沈从文为代表的京派作家的文学选择。

---

[1]雷达:《季风与地火——刘庆邦小说面面观》,《文学评论》1992年第6期。

对乡土的梦幻般的描摹是京派小说的一大特点。京派作家是在视艺术即梦、情感即真,也就是在朱光潜所谓"理想界"与"现实界"二元对立的观念中建构他们的乡土梦幻的。基于此,他们对宗法制的乡风民俗多取宁静认同的态度,努力从中开掘纯朴的人性人情美、奇特的风俗美和静穆的自然美。沈从文的湘西世界,废名的鄂东山野,芦焚的河南果园城,汪曾祺的苏北乡镇,萧乾的京华贫民区等构成了庞大的"乡村中国"的身影。"师从"沈从文的刘庆邦自觉接受了京派小说的文学价值取向,以河南老家为基地,构建了他独有的"豫东平原世界"。

以刘庆邦笔下的乡村婚俗为例。自"五四"以来,作为封建毒瘤的包办婚姻一直是现代作家批判的焦点,但刘庆邦对此采取了宽容认同的态度,不仅如此,刘庆邦笔下的包办婚姻还呈现出与自由恋爱迥然不同的生命质感。短篇小说《鞋》讲述的是一个待字闺中的农家少女为她的未婚夫做鞋的故事。年仅18岁的守明由"父母之命,媒妁之言"定了亲,按照当地风俗,守明要为"那个人"做双鞋。但这不是普通意义上的做鞋,而是一种仪式,是男方对未过门的新娘子的考试,"人家男方不光通过你献上的鞋来检验你女红的优劣,还要从鞋上揣摸你的态度,看看你对人家有多深的情义"。而且"给未婚夫的第一双鞋,必须由未婚妻亲手来做,任何人不得代替,一针一线都不能动。让别人代做是犯忌的,它暗示着对男人的不贞,对今后日子的预兆是不吉祥的"。鞋,已不再是简简单单的一双鞋,还承载着沉淀了千年的乡村文化。于是,做鞋的过程,既是守明一次温暖而真实的情感旅行,也是一个农家少女心中最隐秘也最富诗意的情感记忆。然而,当守明在飞针走线中编织着动人的梦想,与"那个人"倾诉衷肠时,谁又能想得到,她与"那个人"只照过几面,连他的鞋码都是她间接获得的呢?但就是那普普通通的一双鞋,与古往今来的海誓山盟和黄金钻戒相比,似乎也毫不逊色。

在"工业文明参照下的'风俗画描写'和'地方色彩'",被人认为是"乡土小说的重要特征"①。长期受中原文化熏染的刘庆邦通过《鞋》、《相家》等系列小说向我们展示了豫东乡村的淳朴风俗。

但这只是问题的一个方面。问题的另一方面是,刘庆邦同时又是一个有着强烈社会责任感的作家②。不幸的童年,又赶上多灾多难的岁月,历史留给刘庆邦的更多是充满苦涩的记忆。也许是所受的苦难太多太深,刘庆邦要借助"浪漫乡土"的翅膀来腾越现实的苦难。但与此同时,儿时的隐痛已化为一种"个人

---

① 丁帆等:《中国乡土小说史》,北京大学出版社,2007年,第2页。
② 刘洋:《刘庆邦:作家要有责任心》,《河南日报》2007年5月16日。

无意识",时时奔突于他的胸间。更重要的是,刘庆邦置身于世纪之交这个风云变幻的时代,推土机的吼声打破了农业文明的均衡和诗意,固守田园的农民纷纷离开他们赖以生存、生命得以舒展的土地,涌向城市寻找生计,传统的乡土中国正在走向瓦解。习惯遁入回忆的刘庆邦不可能对此超然物外,无视身边变动不居的现实世界。尽管他有意识地与现实保持一定的距离,但现实的足音终究要在他的作品中留下回响。于是我们看到,刘庆邦在"浪漫乡土"中遨游徘徊的同时,从来就没有离开过"现实乡土"。这就形成了他乡土小说的两种风格——"柔美"和"酷烈"。在一篇访谈录中,刘庆邦有一段夫子自道,他说:"我写小说基本上两个路子,简单归纳起来,就是柔美小说和酷烈小说。柔美小说是理想的,酷烈小说是现实的;柔美小说是出世的,酷烈小说是入世的;柔美小说是抒情的,酷烈小说是批判的;酷烈小说如同狠狠抽了人一鞭子,柔美小说马上过来抚慰一下。我就这样处于矛盾中,一直是自己跟自己干仗。我自己比较偏爱柔美小说。可写了两篇觉得不过瘾,又经不住现实生活的诱惑和纠缠,就得写两篇酷烈小说。我写了酷烈小说,觉得很紧张,很累,甚至觉得人活着特没劲,就回过头来再写点柔美小说。"①《嫂子和处子》、《平地风雷》、《美少年》、《新娘》、《外面来的女人》、《金色小调》等便是"酷烈小说"的代表。

在这些作品中,我们不难看到,刘庆邦在继承沈从文等京派小说"浪漫乡土"的同时,也继承了鲁迅开创的"现实乡土"的传统。他一面不断地翻捡自己美好的记忆,并为这些记忆涂抹上梦幻的色彩,一面又密切地关注着当下的农村现实,以清醒的现实主义态度揭示乡村生活的沉重与苦难、乡民的愚昧与麻木。既想超越现实,又不可能不去关注身边的世界,刘庆邦在"浪漫乡土"与"现实乡土"之间来回穿梭,从而形成了他创作风格的两面。而在这种创作现象的背后,表现出的则是刘庆邦在文化立场和价值观念上存在着的深刻的矛盾与困惑,换言之,他的理性精神和文化情感始终处在难以弥合的紧张之中。他对乡土文化既鞭挞,又挽悼;他既看到传统的宗法文化是人性健全发展的障碍,又对传统乡土文化的魅力恋恋不舍;一方面是对那方"净土"的深刻眷恋,一方面是对乡村的深刻批判,这种精神上的矛盾和困惑同时也使刘庆邦的创作充满张力,是他的上述两类乡土小说的活力和魅力之源。

---

① 赛妮亚、刘庆邦:《刘庆邦访谈录》,《民间》,新疆人民出版社,2002年,第357~358页。

农村与城市

　　城乡差别是现代中国的客观存在,在现当代文学中,这种差别常常被转化为尖锐的城乡二元对立。在沈从文等京派作家笔下,城市基本上是作为农村的衬托物或补充物而存在的,它本身并没有独立的价值和意义。与沈从文有着相似背景的刘庆邦似乎也对城市心存偏见,尤其是当他站在道德立场上来叙述城市时,城市在他的笔下,几乎成了人性堕落的渊薮、欲望的化身和罪恶的陷阱。

　　尽管农村充满梦幻色彩和诗情画意,但摆脱传统乡土的禁锢,"到城里去",过上现代化的城市生活,才是现代农村人共同的物质与精神诉求。中篇《到城里去》就是对农村人这种诉求的艺术表达。工人高于农民,城市胜过农村,宋家银的观念也代表了现代农村人的普遍观念。宋家银先通过婚姻完成了由一个普通农家女到工人家属的角色转变。

　　如果说《到城里去》是以一个农村人的目光,表达了现代农村人对城市生活的想象,而真正的城市生活并没有向他们敞开,那么《城市生活》则是以一个城市人的视角,演奏了一段城市日常生活的小插曲。与杨成方式的城市打工族不同,田志文是真正的城里人。他有一份令人艳羡的工作,还有一个幸福的三口之家,住在一座25层住宅楼的第13层,"是这座楼上正儿八经的住户,住的是上层建筑,是楼房的主人,也是有身份的人"。他称不上显赫,也够不上"小资",只是一个普通的小市民,但绝对不会有乡下人随时都可能有的衣食之忧,在他身上找不到一点儿因经济的困窘而造成的生存压力。然而透过田志文的城市生活体验,我们发现他生活得并不幸福。田志文"在一家报社总编室上班","他们办的报纸说是登新闻,其实登的东西都跟表扬稿差不多,没一点趣味",而田志文还不得不忍受着这种毫无趣味的人生。尽管他对这份工作早就厌倦了,但"报社给他发工资,报纸等于是他的饭碗,他不捧着饭碗不行"。而且,作为一个从农村进入城市的"城市乡下人",田志文不喜欢当下城里人最为热衷的业余消遣方式。他不爱搓麻将,打扑克,下棋,喝酒,甚至看电视,工作和生活的单调与枯燥已将他挤到了一个非常逼仄的精神空间。但他并没有因此而丧失一个农家子弟的淳朴本色,面对如梦歌厅和洗浴中心的挑逗与诱惑,尽管田志文也有过情欲的冲动与挣扎,但他最终选择了道德上的持守。田志文已是宋家银拼命追求的城里人,但他的心灵却不无矛盾地漂泊在城市与乡村之间,城市对他来说,是"在"却"不属于",他的心与城市始终是有隔膜的。正如文中所言:"田志文在这个城市的生活是漂浮的,他没有深入进去。田志文的心是寂寞的心。城市是人多,但人多并不能改变他的寂寞,反而使他觉得更寂寞。"对此,刘庆邦没有对城市生活作全景式的观照与整体性的扫描,而是紧紧抓住一个与城市工薪族的日常生活息息相关的"自行车停放事件",作为叙述的重心,并由此进入都市生活的深处,去体味它的喜怒与悲欢。存放自行车本是普通市民生活中微不足道的一件小事,但田志文却为此煞费苦心,甚至一度占据了田志文的大部分精神空间,并由此引发了一场"一个人的战争",都市精神生活中的逼仄、荒诞和无聊可见一斑。

结合刘庆邦的人生经历来看,《城市生活》明显带有一种自叙传特征。因此,田志文城市生活的生存现实和精神体验既是田志文的,也是刘庆邦的。田志文这种"在而不属于"城市的生命体验似乎昭示着,田志文虽身为城市人,实为乡下人。当然,这里的城市和乡村已不是通常意义上的地域概念或社区概念,而是文化概念,在某种意义上,它们分别是现代城市文明与传统乡土文明的代表。而"城市人"与"乡下人"的指称,也不是通常意义上的社会身份,更主要的是一种文化身份。引发联想的是沈从文始终以"乡下人"自居:"在大都市住上十年,我还是个乡下人,永远不习惯城里人所习惯的道德的愉快,伦理的愉快。"①尽管刘庆邦清醒地看到了乡土中国的滞重与苦难,揭示了乡村人的愚昧与麻木,但从刘庆邦的总体审美倾向上看,刘庆邦对乡土文明的迷醉胜于对现代都市文明的关注。他在贬抑都市文明的同时,极力美化乡村,挖掘并张扬乡土中国的人性美人情美。刘庆邦与前辈作家沈从文等一样,遭遇了前现代农业文明和现代都市文明的双重恐惧,面临着两种文化情感困惑的艰难选择。他无法摆脱"约定俗成"的城乡二元对立的评判标准,不断变换着"城市人"与"乡下人"的多重眼光去观照丰富复杂的人生世态。有时是用经过文明熏染的"城市人"眼光去看待"乡下人"和"乡下事",有时是以"乡下人"的视阈去观照"乡下人",有时又站在"乡下人"的立场去看取"城市文明"。这种多重转换的特殊表现视角,大大丰富和延展了刘庆邦小说的多义性,同时也将读者带入一种复杂莫名的情感天地。

底层的诗意

在当代文坛,刘庆邦享有"中国当代短篇之王"的美誉。提起"短篇小说之王",我们自然会想到世界短篇小说三大巨匠:契诃夫、莫泊桑和欧·亨利。阅

---

① 沈从文:《〈篱下集〉题记》,《沈从文文集》(第11卷),花城出版社,1984年,第33页。

读刘庆邦的短篇,不难发现他学习的对象不是莫泊桑和欧·亨利,而是契诃夫。创造一种风格独特的抒情心理小说,被认为是契诃夫对短篇小说的一大贡献。在这一点上,刘庆邦有着与契诃夫同样的艺术追求。他虽然不乏杰出的讲故事的才华,但从不追求离奇的情节,也不以叙述故事为目的,而是以故事层面的叙事为依托,以揭示人物的心理流变为重心,将读者引入人物丰富复杂的内心世界。因此在他的小说中很少看到莫泊桑的"突转"式结构和"欧·亨利式的结尾",更多的是浓郁的抒情和淡淡的诗意。这种散文化的结构使刘庆邦的短篇称不上好看,但是耐看,初看朴素平常,仔细品读却意味深远,具有独特的审美品格和深长的艺术魅力。

刘庆邦的短篇大多取材于农村,因此有人称其为"新乡土小说"。是"乡土"还是"新乡土"姑且不论,但他继承了现代乡土小说的遗风余绪,并且将它发扬光大则是不容置疑的。尤其是他的短篇乡土小说注重于风景画、风俗画和风情画的描绘,获得了当代文坛的普遍称赞。有论者指出:"'三画'即风景画、风俗画和风情画,它们是形成现代乡土小说美学品格的最基本的艺术质素,赋予了乡土小说区别于其他文类的美学风格,以及魅力四射的生命力度。"[1]

对于风俗画,从民俗中取材,刘庆邦坦言"这些年是自觉的,下了力的,并写出了一系列关于民俗文化的小说"。他认为:"民间文化主要体现在民俗文化上,过年过节,婚丧嫁娶,是民俗文化的主要载体。经过几千年的积累,民俗文化有着深厚的根基和丰富的蕴藏,并具有根本性的民族文化特色,非常值得我们深入学习,很好表现。"[2]刘庆邦很擅长描写豫东平原的乡风民俗,浓厚的地方色彩也在这些乡风民俗中得到了呈现。如青年男女相亲必须经媒人撮合(《闺女儿》);在相亲之前,女方先到男方相家,考察男方的家庭状况(《相家》);定亲时男方要向女方送彩礼,女方要亲自给未婚夫做双鞋(《鞋》);新女婿正月初二要拜新媳妇娘家(《走新客》);还有办丧事要请响器班子吹吹打打(《响器》);元宵节做笼灯,玩笼灯(《灯》);三月三赶庙会(《春天的仪式》),凡此种种,不一而足。当然,作家也不是为了写风俗而写风俗,而是以一种积极介入的姿态,以一种欣赏和敬仰的心态来展开对"人"的叙事。因此,刘庆邦小说中的风俗成分是一种自然的融入,他写风俗的目的是为了写"人",那些与"人"无关的风俗都被有意悬置起来了。

对风景画、风俗画和风情画的细致描绘,使刘庆邦的小说充满了浓郁的诗

---

[1] 丁帆等:《中国乡土小说史》,北京大学出版社,2007年,第24页。
[2] 杨建兵、刘庆邦:《"我的创作是诚实的风格"——刘庆邦访谈录》,《小说评论》2009年第3期。

情画意。这是他的短篇小说最重要的特点之一。他的短篇叙述的其实都是极其简单的故事,但由于作者只把这些故事作为人物活动的时空背景,不借助外在的矛盾冲突来强化人物的悲剧性或喜剧性,也很少刻意将情节推向高潮,这样,我们收获的就不是故事情节的震撼,而是由这些乡风民俗所酿造的诗情画意的感动。

在中国社会发生急剧转型的现阶段,农民工问题、贫富分化问题、矿难事故问题等,都是摆在我们面前的亟待解决的生活现实。以农民、民工、煤矿工等社会弱势群体为书写对象的底层文学,是对底层民众生活状态和情感世界的客观叙述,苦难无疑是他们生存状态的真实写照,因此也是底层写作的题中应有之义。刘庆邦的底层叙事与一般的苦难叙述之不同,在于它不回避苦难,但也不渲染苦难,而是将苦难用轻松或温馨的叙述笔调轻轻化解,从而达到从苦难中发掘出诗意的艺术目的。

煤矿是刘庆邦人生的一大驿站,煤矿题材也是他擅长的题材之一。《女人》就是一篇关于煤矿生活的日常叙事。女人是性别和生活单一的矿工经常涉及的话题。在工友的撺掇下,花图决定将自己的妻子弄到煤矿,"调节"一下单调的煤矿生活。不想回家没带来妻子,却带来了年仅四五岁的女儿杏枝。但就是这个四五岁的小女孩,也为矿工们的生活增添了无穷的乐趣,激发出他们粗粝而不失温柔的内心情感。小说略去了对井下恶劣工作环境的描述,将重心放在对矿工情感世界的表现上,但小说背后隐约透露的煤矿生活的苦难依然清晰可辨。刘庆邦巧妙地避开了这些苦难,从众多的日常生活场景中抓拍到这个优美镜头,生活的诗意便一下子从笔下漫溢开来。

对底层生活诗意的开掘不仅体现在刘庆邦的短篇创作中,也延伸到他的中长篇创作领域。《神木》、《平原上的歌谣》、《红煤》等虽然都触及到特殊情况下人性的恶,甚至写到恶的极致,但也表现出留存在底层和民间的人性美和人情美。如《神木》中专门以诱杀矿工来骗取"点子费"的王明君,在准备杀掉一个孩子时突然良心发现,最后用自杀完成了自己灵魂上的救赎。《平原上的歌谣》写饥饿对人性的扭曲和损害,但透过魏月明,我们看到了"她的坚强、善良、执着、博大,她的人性美与性格的力量却在这种种苦难的打磨与砥砺下显得更加熠熠生辉"①。《红煤》中几乎所有的男性都是作家批判的对象,而心理变态后的宋长玉更是恶的化身,但杨师傅的存在却是地火深处一点人性的微光。可见,即使是在最丑陋最坚硬的人性深处,依然保留着一份柔软的良知。正是这份良知,使充满苦难的底层生活也笼上了一层淡淡的诗意。

---

① 吴义勤:《"老中国儿女"的生存哲学》,《北京日报》2004 年 11 月 14 日。

刘庆邦出身于农民家庭,对农民的苦难与疼痛有着切身的感受。丰富的乡村经历,质朴的乡村情感,使他始终保持着对题材的敏感和触角的广泛,密切关注着现代化进程给乡村带来的强烈震荡,关注着农民的命运沉浮和人性的变迁。尤其他对底层的"诗意"抒写,为中国当代乡土小说开启了一种新的观照视角,丰富拓展了乡土小说的审美空间。因此,刘庆邦在新世纪乡土小说中的地位是无人可以取代的。但刘庆邦也面临着文化情感选择的迷惘与困惑,面临着艺术表现失衡的困惑,面临着单一与丰盈的困惑……不过,在今天这个文化的批判和重建正在紧张进行的时代,没有一点迷惘与困惑的作家,是很难写出有深度和广度的作品的。也许刘庆邦更多的精品力作,将会在这种迷惘与困惑中孕育诞生,这是读者的期待,也是刘庆邦的宿命。

原载《小说评论》2009 年第 3 期

残酷的诗意
——刘庆邦短篇小说论

张学昕

一、持续写作短篇小说的作家

刘庆邦在当代文坛,以短篇小说闻名,这已是有目共睹的事实。这些年,我们完全可以用"苦心经营"这个字眼,来形容刘庆邦的短篇小说写作。他在二十余年"持续性"的短篇小说写作中,凭借他叙述的耐性和笔力的稳健,使他成为与苏童、迟子建、阿成齐名的近十年来成就卓著的当代短篇小说大家。有人说他是当代中国文学的"短篇王",也有人称其为"当代中国写底层人的契诃夫",我认为这些都不为过。对于一位创作力正当旺盛的作家,在此,我们并不急于确立刘庆邦在将来的文学史上的意义,也许随着时间的淘洗,他的有些作品或许成为经典,或者将会黯淡,但刘庆邦对短篇小说文体的坚守,对既有写作秩序的抵抗,他小说的价值、意义和局限,一定是与他在短篇小说创作上的成就分不开的。这些年,刘庆邦短篇小说的创作量极丰,平心而论,虽然其前后期作品的水准时有参差,但整体上,他的短篇小说毫无疑问地代表着这个时代短篇小说写作的一个高度。无论怎么讲,刘庆邦短篇小说的影响力,足以令我们这个时代的写作与阅读感到震撼和惊喜。人所共知,20世纪70年代末至90年代末,是一个喜欢给文学和作家归类、界定某种"属性"的时间段,但是,对于像刘庆邦这样基本上不为潮流所裹挟的作家,是很难依据某种特性给其"定位"的。因此,如果现在一定要对他的写作或本身有某种"说法"的话,那么在此我们恐怕只能称其为"持续写作的短篇小说作家"。

可以说,刘庆邦对于短篇小说的钟爱,已经到了难以割舍、如痴如醉的地步。在这里,我们可以陈列出数十篇能够代表他创作风格的不同时期颇具影响力的作品,从他前期的《走窑汉》、《保镖》、《黑胡子》、《煎心》、《鞋》、《梅妞放羊》到后来的《响器》、《踩高跷》、《夜色》、《不定嫁给谁》、《遍地白花》、《幸福票》、《别让我再哭了》、《红围巾》、《空屋》、《福利》等,直到近期《黄花绣》、《燕子》、《一块白云》、《玉米地》、《远山》等。仅他二十余年写作的两百余个短篇的创作量,就已经令人瞠目,其间又不断有撼动人心之作,足见他写作短篇小说的用心用力,执着坚定,甚至九死不悔的韧劲和信念。显然,这样的写作,已远远不限于对短篇小说文体本身的热爱,这其中还蕴藉着一个有良知、有责任感、有艺术追求作家的赤子情怀。一方面,他认为"短篇小说是更纯粹更艺术的一种文体,因为体积小所以也掺不了假"①。他所追求的"掺不了假"的写作,迥异于许多当下作家难以免俗的"功利心"写作,因为在当代,"为稻粮谋"的写作似乎不再是一种"诟病",而是理直气壮的"顺理成章"。不计较"回报"地对待短篇小说这种职业或事业,对于一个已有很大名气,并有很多机会"利用"文字创造财富的作家,无法不让你对其满怀敬畏。因此,在我们这个时代,喜欢或钟爱短篇小说写作,在一定程度上就具有了某种写作伦理上的崇高意义。"挣钱从来不是我写作的动力,不挣钱成了我的反动力"②,这种写作姿态使得他的写作在很大程度上偏离了现实的文化语境,具有了一定的自足性。而坚持对纯粹文学写作的追求,成为他执拗的文学理想和精神坐标。另一方面,他笃信短篇小说对现实、生活和存在具有非凡的"穿透力",它对于生活所构成的绝不是普通的压力,而是巨大的"压强"③。因此,在近年对刘庆邦大量作品的阅读中,我愈来愈坚信,庆邦对待短篇小说写作的态度,就是他对待生活的态度和对待生命的态度。他对纯文学是如此的赤诚,他似乎以此在对抗着他与现实的某种龃龉。这就不免使他的文字在表现生活世界时,显现出叙事形态上的激奋和粗粝。对于他而言,短篇小说的确是一种非常纯粹的东西,也正是这种相对寂寞的文体,使他紧迫而从容地逼近存在的真实面相。

数年来,他全神贯注地聚焦他所熟悉的那两块生活领地——乡村和煤矿,那里有他挖掘不尽的艺术矿藏,小心翼翼,不屈不挠。我注意到,自上世纪50年代迄今,像庆邦这样,独独对一种文体,对自己眷顾的题材,其文本表现出或苍凉沉重,或抒情缱绻,或激情残酷,或平静舒缓,他都沉浸、沉醉其中,近乎忘我的写作姿态,近乎某种宿命的写作,颇像鲁迅先生所说的那种"独自彷徨"的状态,这确属鲜见。他深深地了解和体悟到艺术传达对于小说形式的内在要求,但庆邦写作的初衷始终影响着他对生活和存在的审美判断。"我觉得,写作光用心还不够,还得有良心,也就是凭良心。你可以说凭才华、凭勇气、凭想象,等等,这些对一个作家来说都需要,或者说都不可缺少,但这些都不是最重要

---

①夏榆、刘庆邦:《得地独厚的刘庆邦》,《梅妞放羊》,长江文艺出版社,2001年,第380页。
②夏榆、刘庆邦:《得地独厚的刘庆邦》,《梅妞放羊》,长江文艺出版社,2001年,第380页。
③刘庆邦前不久与笔者的一次通信。

的,最重要的恐怕还是要凭良心。"①刘庆邦对良心的理解,是指人的内心对人间是非所作出的认识和判断,是一种极其高尚的人生观和价值观。而且,这不仅具有道德方面的含义,更具有良知良能的人性方面的内容。在这里,短篇小说似乎已成为他思考生活和存在的一种方式,或者说,就是他生命存在的方式。许多人在谈论到长篇小说写作时,都喜欢强调作家需要巨大的写作耐心和耐力,其实我觉得,像刘庆邦这样迷恋短篇小说的作家,是更需要写作的耐心的。看得出,他努力抗拒着无数的非文学的物质诱惑,虔诚地信奉小说的力量和魅力,凭自己的良心在发掘一个时代的良心,在书写善和恶的审美空间,在思考和叙述中不断地解决自己创作中的悖论,不断地找寻我们时代灵魂和精神的出路。所以,从这个角度来看刘庆邦,他实质上又是一位满怀理想主义的小说家。

那么,面对刘庆邦的短篇小说创作,我们就不能不进一步地思考:他在短篇小说的思想、结构、语言、人物,包括叙事美学方面所呈现出怎样的与众不同的特征?刘庆邦如何在短篇小说的空间里,克服自己的局限性,"苦心经营"并且做精神"腾挪"?如何发掘短篇小说形式内在的能量,拓展这一文体的想象视野?他的经验如何通过他的才华、激情和虚构进入小说?他的结实而略显寂寞的写作,给这个时代的文学叙述所带来的新的元素和活力是什么?像刘庆邦这样主要写作短篇小说的作家,究竟什么是支撑他持续性写作的动力?他每次在给自己的短篇小说规划结构、爬梳细节的时候,他内心是否总是有一个最能够接近事物和存在本身的"心灵的仪式"呢?

二、"残酷美学"与小说家的道德考量

我早就感觉到,刘庆邦前期的短篇小说写作一点也不轻松。而我对刘庆邦小说的阅读也绝不轻松。庆邦很早就说过,他写作每一个短篇小说的时候,最初他都是想将它们写得美一些,可是,他的笔一旦触摸到现实,就变得紧张、严峻起来。明显地,这种"紧张"长久以来充溢在他写作的过程之中。所以,总体上,他的小说在美学形态或者说诗性建构上就呈现出异常"残酷"的意味。也许这一点,既与他小说的题材选择有关,也与他的道德承载信念有直接的关系。但近年来,刘庆邦似乎渐渐意识到这样的"情绪"会大大地影响小说本身的质地、品性,会冲淡小说独有的"劲道"、丰润和疏朗,于是他开始注意抑制自己强

---

① 刘庆邦:《凭良心》,《中国当代作家面面观——寻找文学的灵魂》,春风文艺出版社,2003年,第159页。

烈的道德节律和"愤怒"的冲动,竭力调整小说的审美方位,文字也尽力躲避开机锋,日益变得平淡隽永起来。或者说,残酷和柔美,都在小说文本中纠缠撕扯,起伏消长,并且,他在其中尽力找寻俗世生活和人性的美。我不知道,这对于刘庆邦来说,是否更符合他的本意或本性。但我们会看到,刘庆邦的短篇小说开始以浓郁的文学性,进入到一个可以自由驰骋的、非常文学化的空间。我们有理由推断,刘庆邦对小说,尤其是对短篇小说的理解已经发生了质的变化。他之所以沉迷于短篇小说的世界,更多的是这种文体给他平实的真情实感、丰富的想象和虚构,及其所追求的寓奇崛于平实的叙述风格,既提供了丝丝入扣的结构力量,也在文字的"空白"处蕴蓄了思想和精神的空间。

其实,刘庆邦最早给我留下深刻印象的作品,还是他写于2001年的短篇小说《幸福票》和《别让我再哭了》。这两篇小说对我内心的震动非常大,甚至可以说是一种灵魂的惊悚。我想,庆邦在写这两个小说的时候,一定是迫不及待地太想对现实发声了。当然,我们正是在这里真正地见识了刘庆邦的"残酷美学"。应该说,短篇小说《别让我再哭了》是当代小说叙述苦难、悲伤和充满生命苍凉感的佳作,它也是写"哭泣"最精彩的篇章之一。由于这个小说的基调是建立在死亡和宿命的叙述方位之上的,这种哭泣也就成为了关乎生死的哭泣。小说叙述的主体是孙保川的两次惊心动魄的哭泣。两次哭泣一次为假,一次为真,前者是真戏假做,后者是假戏真演。孙保川的两次哭泣将生命、生存的境遇演绎得淋漓尽致,凸现出艰难人生的存在镜像。死亡在这里是被硬性规定的,百万吨煤产量约等于两个矿工的可能性死亡指数。这似乎预设某种宿命的合理性存在。但郑师傅和孙保川父亲的死则与众不同,他们都是执意选择死亡的提前来临,以"透支"死亡的决绝姿态,谋求解决自己子女的就业问题。郑师傅突然意识到自己的"能耐"是极其有限的,他对儿子说理的力量是苍白的。他朴素地相信会有办法摆脱这种为父的自责和痛苦。于是,他选择了"主动赴死",这也许就是一个人能够自己把握自己的最后能耐。他没有任何恐惧和不安,主动去接受死神的拥抱。我们不能说老郑是草率的,他才是一个真正有存在感和不苟活的人。孙保川洞悉了老郑生死的隐秘,也恍然觉悟自己父亲的死亡谜团,因此才有了这种"惊天地泣鬼神"的生死歌哭。刘庆邦有意选择略带夸张的"死亡后"哭泣,表现当代人对坎坷命运不屈从、不回避的残酷的心灵抵抗。就像一个凝固的意象,刘庆邦的这种貌似舒缓的叙述,的确残酷得令人憋闷和窒息。《幸福票》所表现的是几乎无声的残酷现实,以及人承受存在苦难时的不屈命运和永不绝望的挣扎。刘庆邦通过一张看似可以计量幸福的"幸福票",向我们展示了矿工和农民存在的"艰难时世"和灰色图景,也向我们提供了认识现实残酷和真实的一个维度。刘庆邦是清醒的,他似乎没有面对现实时对把握现实无能为力的尴尬和无奈,我们从他的文本中依然能够呼吸到他直面存在真相的现实主义气息。在今天我们所面临的这个急剧变化,繁复无序的生活现场,孟银孩的生存现状和现实遭遇,具有很强烈的悲剧性因素。一个煤矿的窑主以一张难以厘定价格和价值的"幸福票",使孟银孩们的内心展开一场惊心动魄的自我搏斗,也带出整个社会道德、价值体系的混乱和无序。孟银孩质朴、厚实的品性能够轻松地抵御住欲望的引诱,却无法将意欲兑换成现金的"幸福票"顺利地出手。当"幸福票"被宣布作废时,孟银孩所选择的是没有任何抗争的接受或隐忍。

在这里,小说想表现的绝不仅仅是人性面对落后和贫困时的"低贱",而是彰显在"死寂"与荒凉的人心沙漠上,小人物的羸弱、无助和艰涩。作者在此并没有显示任何救赎的姿态,其平静的、不露声色的叙述仿佛榨干了生活全部的水分,貌似平淡地实施撼人心魄的"残酷"叙述,进而形成短篇小说叙事强大的内暴力。这里,我们再次体会到小说叙事的意义所在:小说,尤其是短篇小说,仅仅讲述一个故事是不够的,即使它是一个有趣的故事,它应该是既有趣又被升华的故事。刘庆邦就是这样,常常娴熟而自然地将一个普通的故事进行富有寓意和吸引力的升华。而这种"升华"的内在底蕴则在于作家的价值取向和叙事伦理。

稍晚些时候的短篇小说《福利》,接续了前面两篇小说的写作惯性,加之他那个著名的中篇小说《神木》,基本上延宕着刘庆邦对现实的深入思考。它们将刘庆邦小说的"残酷美学"推向了极致。刘庆邦在《福利》中所表现的,同样是"无法直面的存在本相"。读过这篇小说的人,丝毫不会怀疑作者一定是一个有着深厚生活积累的人,即使一个想象力异常丰富的作家,也难以产生这样的关于"棺材"的细腻而奇崛的想象。煤矿窑主的创意,直接将家旺们拉到生死的临界点上。棺材的功能在小煤矿这个黑白颠倒的世界,发生了彻底的变异。其间的生命、金钱、性等人性的形态尽显无遗。生命的贫瘠和世事的苍凉在叙述的字里行间弥漫开来。在这里我无法不提到中篇《神木》,它所描述的人性、内心世界的道德异化和伦理整形,现实和存在的孤寂和冰冷,则是别样的"叙述的暴力"。冷酷和残忍作为一种植根于人内心的结构性因素,在当代社会的重大历史转型期被彻底凸显出来。无论是叫唐朝阳、宋金明(赵上河),还是名字换成张敦厚、王明君,他们凶狠、残忍的阴谋已将人性扭曲到令人发指的地步。即使是灵魂、良心訇然苏醒的王明君,作家也不得不让他以暴力的方式结束或涤荡掉自己的罪恶。

这里,我不由得想起作家余华一些中短篇小说的"残酷"。但余华小说的虚拟性、抽象性显而易见,荒诞、象征、隐喻埋藏其间;而刘庆邦的短篇写实意味浓郁，贴近现实，所以，他的残酷有时更近于惨烈，有时小说叙述的紧张，压抑得让人透不过气来。像《走窑汉》《有了枪》和《回家》等作品，文字中分别缠绕和笼罩的那种突兀、阴冷、惊悚、失落和惶惑，甚至荒诞和悖谬，直逼人的灵魂。《走窑汉》是最早给庆邦带来声誉的小说，我猜想，也许正是这篇具有实验性的早期作品，才给他增添了继续写作短篇的信心。刘庆邦在这篇小说里主要写了张清、马海州和小蛾三个人物，表现他们之间复杂的情感纠葛和爱恨情仇。人物性格的偏斜与怪异，激烈的心理冲突，人性中的黑暗和非理性状态，他们自身的发展逻辑，呈现出煤矿人生活特定的氛围与情境。这篇写于1985年的短篇小说，给我最大的印象是，它是一篇非常讲究技术的作品。刘庆邦始终把握住人物、事件和事件发展的状态，让他们在这种偏斜的生存状态中，呈示出非常独特、细腻的人生滋味。而对这种状态的精准的把握，成为小说持续的推动力量。作者的情感和态度在叙述中隐匿得很深，我们看不出有丝毫的倾向性，他将所有的有关道德的判断先交给了读者。我想，也许正是因为这一点，它入选了当年上海文艺出版社编选的《探索小说集》。

如果说，刘庆邦在写作《走窑汉》时，还没有很明晰地意识到生活本身所具有的"残酷品质"，并且对自己未来的写作路径一度有些迷茫的话，那么，从后来的《踩高跷》《有了枪》和《回家》等作品中便可以看出，他对现实和写作及其关系的理解，已经到达一个很自觉的状态。《踩高跷》写出了人的命运的必然与偶然。乔明泉是一个恐惧井下生活和未来命运的青年，但命运偏偏不眷顾并且有意折磨他，井下事故恰恰砸断他能踩高跷的腿，使他永远也没有机会摆脱一生的恐惧；《有了枪》试图表达一个人在行使工作职责的时候，不经意间对无辜的伤害，从而导致自己的无辜，铸成后半生的遗憾；《回家》则通过外出谋生的一个乡村大学毕业生梁建明遭劫的故事，描述其丢失毕业文凭，从此难以就业，无颜见家乡父老，仿佛丢失了文凭就彻底地丢失了身份，丢失了机会，从此也就丧失掉存在的理由。他无法在自己家里久留，只能再次离家出走，小说写出另一种"无家可归"的痛苦、艰涩的生存境遇。应该说，这些小说都是书写关于"残酷"的不幸的故事，写得平实而凝重，人性的丰富与稚拙也尽显无疑。在人性的微妙的摇摆之中，人性的棱角和善恶的因子，无法逃脱的宿命，被不动声色地讲述。当然，在这里，刘庆邦也无法变得不"残酷"，因为他面对存在，无力也不想给出这些有关生存的答案。那么，刘庆邦的内心肯定也是焦灼、困惑和痛苦的。其实，从一定的意义上讲，写作就是抵抗和拯救，作家就是要与人物一起，对抗日常生活可能带来的堕落。我们能够感觉到，刘庆邦一方面每时每刻都在文字叙述的过程中，苦苦地为他的人物寻找光明的出路，另一方面，他的小说向我们展现的却常常是无奈的宽厚和忍受。也许，小说的魅力就在这样富于表现力的坚实的悖论。

后来,我重新阅读刘庆邦前期的大量小说,愈加感到这时的刘庆邦的确是真正地越过了小说写作的一般性边界和层面,通过写作,他在努力抵达存在现场的同时,正竭力抵达自己的内心。故乡河南老家的乡村和煤矿,形成了刘庆邦开阔的小说天地。他几乎所有的作品皆取材于此,以此作为想象、虚构的心灵和地理载体。这不免使我想起近几年所谓"中国经验"和"底层叙事"的一些话语和争论。我倒是觉得,像时下人们所界定的"底层写作"过于简单和草率,而将"底层写作"视为作家写作中一种审美原则更显得僵直和浅薄。其实,像刘庆邦这样的作家,近三十年如一日,早就在用心叙述我们现在所说的那个所谓"底层"。而他对这个存在层面的观察,对题材、经验的处理,最能够体现出一个作家对生活和存在的把握能力和艺术功力,同时,强大的道德判断力和道德激情,成为刘庆邦写作的主要原动力。尤其是面对自己非常熟悉的生活,又是以短篇小说的形式来"掉阖"生活,这也对作家的控制力和想象力提出了一个巨大的挑战。我认为,生活和所谓的"经验"是一回事,写作则是另外一回事,现实世界和文学世界之间存在着我在前面提到的一个作家如何"经营"和"腾挪"的问题。这实际上就是作家写作的创造性的问题。所以,我们可能会感慨,刘庆邦三十余年来都在"揣摩"、"回味"他曾有的经验,在他所尊重的小说形式中,超越日常生活对精神的覆盖,在想象、经验和叙述之间,发现时代、人性、存在的种种可能性。而我们知道,有更多的写作者,他们非常快地就将他们的经验转换成了文字。倘若如此,在经验和叙述之间就不可避免地会造成想象力的缺失,也就是叙述张力、想象空间的逼仄或狭小。尤其对于短篇小说而言,作家一直要摆脱和避免的,主要是作者在小说中人为的、操作性的或刻意的痕迹。究竟什么样的经验能够进入小说,叙述所呈示给我们的能够唤醒每个人生命经验的故事、情节、细节,它具有多大的引申性和暗示性,这对每个作家都是不小的考验。人们不免会发问:你的故事是精彩和新鲜的吗?你的人物和情境与写作主体之间的审美距离究竟有多远?刘庆邦短篇小说的故事、人物和语言恐怕不仅是精彩和新鲜的问题,它蕴蓄着写作主体有关灵魂状态的考证,特别是小说人性探索的深度和锋利。它们所"点击"到的社会、存在的隐痛和"穴位",穿越矿井黑暗的河流,渴望光明的愿望,都令我们震颤,进而对刘庆邦的敏锐与执着充满了敬畏。

在这里,我们的确不能不认真地思考作家的写作、审美及其道德感的关系问题。桑塔格说:"一位坚守文学岗位的小说家必然是一个思考道德问题的人,思考什么是公正和不公正,什么是更好或更坏,什么是令人讨厌和令人赞许的。这并不是说需要在任何直接或粗鲁的意义上进行道德说教。严肃的小说作家是实实在在地思考道德问题的。他们讲故事,他们叙述,他们在我们可以认同的叙述作品中唤起我们的共同人性,尽管那些生命可能远离我们自己的生命。他们刺激我们的想象力。他们讲的故事扩大并复杂化,因此也改善我们的同情。他们培养我们的道德判断力。"①无疑,刘庆邦就是这样一位有着出色道德判断力、"坚守文学岗位的小说家"。那么,进一步说,道德感一直在激发或刺激着刘庆邦的持续性写作和不竭的想象力。一个写作者为什么写作?他为什么会如此信赖文学?这究竟意味着什么?我敢肯定,这一定是他的写作与他的灵魂结合得非常紧密的缘故。许多作家的写作,是源于其与现实的一层紧张关系。对于刘庆邦来说也是如此。但庆邦没有引发自身的焦虑,他智慧地将内心的冲突转化成对存在的宽厚和情感担当。正是这种内心状态决定了他选择短篇小说写作的方向,决定了他直面存在真相的勇气和气度。尽管他在有的时候难免会显得急迫,但是,他终究能够坚决而从容地以自己的方式表达对这个世界的看法。记得诗人雪莱曾经说过,诗人是这个社会没有被承认的立法者。"立法者"必然是那些经历过"道德考量"的人。我相信,刘庆邦一定是一个有当立法者愿望的小说家。

素朴而深邃的诗意呈现

米兰·昆德拉曾经将小说划分为三个层次,一是讲述一个故事,二是叙述一个故事,三是思考一个故事。乔治·桑塔耶纳在谈到审美表现的时候,讲到了审美的"第一项"和"第二项"的问题:"在一切表现中,我们可以区别出两项:第一项是实际呈现出的事物,一个字,一个形象,或一件富于表现力的东西;第二项是所暗示的事物,更深远的思想、感情,或被唤起的形象、被表现的东西。"②在这里,桑塔耶纳赋予审美的"第二项"以深邃的期待。那么,桑塔耶纳的这个"第二项"所要求的,一定与米兰·昆德拉划分的后两个层次的故事密切相关。后者讲到的对"故事"的"叙述"和"思考",实际上,这时的叙述已经接近了诗的品质,也是我们常说的被"升华"的叙事。像《空屋》这样的具有浓郁个性的、自传色彩的短篇,就是在亲情、土地、生命的兴衰中揭示生活的沧桑变化、人生的宿命感,在日常生活中发现唯有小说而非传记才能发现和表现的精神、

---

① 〔美〕苏珊·桑塔格:《同时:小说家与道德考量》,《同时》,上海译文出版社,2009年,第218~219页。
② 〔美〕乔治·桑塔耶纳:《美感》,中国社会科学出版社,1982年,第132页。

心理、文化亘古不变的存在法则。"空屋"就像是一个巨大的隐喻,母亲的念想、愿望和期待,唤醒、唤起我们更深邃的思想。这是一个叙述的故事,是一个思考的故事,也是一个由"第一项"唤起"第二项"的被升华的故事。

一般而论,即使从文体的内在机制方面考虑,我觉得短篇小说是最接近诗歌的文体。它也近乎是"戴着镣铐舞蹈"的一种技术性要求很高的话语叙述范式。那么,如何摆平其中每一个元素是对作家包括控制力、想象力、叙述能力在内的所有功力的最大考验。因此,敢于非常自信地在短篇这条路上走下去的作家,一定是"经验"和艺术感都相当好的作家。所以,应该说刘庆邦是一位短篇小说的艺术水准和境界都非常高的作家。

我们看到,这些年来刘庆邦在叙写苦难的同时,并没有放弃在这两种题材中进行顽强的诗意发掘。我注意到,他那些写得优美、蕴含诗意的短篇大多取材于乡村生活的文学想象。也许,这类题材的作品更具有古典性,它细腻而细碎的生活形态,更容易进入短篇小说的视野。那些动人的东西也才更容易被彻底的审美化,尤其是在一个有理想的作家那里,即使是非常现实的事物也会充满浪漫主义的遐想。因而,在从生活到艺术的转换中,其作品的审美的"第一项"和"第二项"可能是相互黏滞的,难以区分的。刘庆邦前期的《鞋》、《红围巾》、《梅妞放羊》、《空屋》和近期的《黄花绣》、《燕子》、《玉米地》等都可以说是抒写人性、人情美的经典之作。从某种意义上说,刘庆邦的这类小说,也是对残酷和苦难书写的一种精神的或神经性的缓解。

《鞋》、《红围巾》、《梅妞放羊》都是充满叙事智慧的、非常精致的短篇。《鞋》这个短篇最大的特点是小说的整体氛围充溢着温暖和期待。对期待出嫁的少女守明做"定亲鞋"整个过程的描述都充满情感的紧迫力。一个少女的日常生活发生的静悄悄的令人心动的变化,女性的渴望与羞涩,生命中的悸动、虔诚、等待、寄托、守望,统统集合在没有任何叙事极端的宁静的厚度里。《红围巾》与前一篇有异曲同工之妙。少女喜如就像是守明的姊妹一样,对自己的未来满怀着向往,她与守明很相似,也是想凭借自己的勤劳创造幸福。在刘庆邦的小说中,有许多篇什是表现少女内心情感世界的。我感到,他试图表现在现代物质社会纷繁的喧嚣中,乡土世界的纯洁的青春躁动、宁静和美好。《梅妞放羊》中的梅妞和那两只刚出生的羔羊,仿佛具有一样的灵性。与前者不同的是,梅妞内心和身体的微妙、美好、纯洁和幻想,完全是一次自我实现和完成。刘庆邦的想象力和叙述功力在这里同样显露无遗。小说很巧妙地越过了某种禁忌,干净而坦荡地释放生命的本真状态和美好情致。人性中朦胧的表情和意绪,与羔羊、与大自然顺理成章地构成一幅美的生命图景,充满纯洁的神性和力量。

我一直觉得《梅妞放羊》和《鞋》这两篇小说之间有着某种隐秘的联系。它们有相近或相同的叙述节奏和小说的韵致,结构简洁而浑圆,汁液饱满,意绪温馨,诗意横生。前者更加蕴蓄、绵密,舒和回荡;后者清雅、感伤,情节富有张力却不事张扬。人物也都是近些年当代文学中难得一见的全新形象。可以说,这是刘庆邦小说中最具诗意和美感的两个短篇,也是他短篇中最具沉郁感的作品。

也就是说,一个作家最终的写作成就有多大,不仅与他的小说智慧有关,与他的才情、韧性或神性有关,恐怕在很大程度上还取决于他的德性。在一定意义上讲,美好的德性必是神性的外化,而神性和德性的对面则是世俗。能够在世俗中发现诗意,仍然需要从世俗中"腾挪"出来,这是一个有良知作家的责任。若细细盘整刘庆邦上世纪90年代以来的创作,在他小说写作的脉络中,我们会清晰地看到这一点。他日渐从高亢激进的理想表达,走入深邃博大的境界,柔软细腻的内里精神在文字中熠熠生辉。这些年,他基本上不受意识形态的干扰,始终按着审美的精神和立场向前滑行。虽然,我们前面提及的他所具有的深重的道德承载力,不可避免地在很大程度上制约着他审美形态的自然和浑厚。"文以载道"的古训也会在相当大的程度上赋予他写作的信仰和激情。但在当代,这个"道"更多地实际上蕴含着强烈的道德力量和情感担当。其实,刘庆邦十分清楚,对于一个职业作家来说,对社会的批判力量和发掘美的能力是同样重要的。用心去冷静观察、细致体悟和大胆想象,作家才能揭示人们在日常生活中忽视的东西,才能去"发现唯有小说才能发现的东西"①。这一点被昆德拉视为小说唯一存在的理由。刘庆邦之所以能够不断地发现存在世界的那些幽微的生动细节和别有洞天之处,一个重要的原因就是他特有的将现实的人生体验转化为文字的能力和特质,以及他出色的结构才华。

刘庆邦的小说还经常给我们带来细节和叙事策略上的惊喜。《一捧鸟窝》、《守不住的爹》是故事意蕴、叙事结构都很有特点的小说。我注意到,在时间上这两篇小说是连续写成的。在写《一捧鸟窝》时,我感到刘庆邦特别地沉浸于少女小青和弟弟小龙善良美好心灵所滋生的诗意。姐弟俩相依为命的朴素生活,他们对鸟窝的呵护的隐秘内心,纯粹的、无私的天真和爱,他们弱小心灵所承载的生活的磨砺,映射出成人世界的庸俗、低劣和粗暴。这篇小说,我读到结尾时有种通体透明的感觉。我想,这可能是庆邦写得最细腻的一篇小说,小说散发着淡淡的感伤的愁绪。看得出,他无法掩饰住叙述中诗性的沉迷,所以,在他完成这篇小说的第二天,他似乎还不能平息自己内心的情感波澜,接着写出了《守不住的爹》。虽然,小说在表意上没有延续前一篇小说的主旨,却在完全属于另

---

① 〔法〕米兰·昆德拉:《小说的艺术》,上海译文出版社,2004年,第6页。

一篇小说的结构里放大了前一篇小说的某个细节,通过表现小青爹婚姻的尴尬和困窘,进一步反衬出小青姐弟超越年龄和阅历的单纯与宽厚。让先后完成的两篇小说形成互文,虽不是那种以人物贯穿的"系列小说",却给人以开阔、舒展的感觉。

《燕子》是刘庆邦刻意"寻美"的代表性作品。这篇写矿区生活的短篇小说,虽然它的故事底色隐隐嵌有悲伤,但林志文和幼年就失去爸爸的纯真的小燕子之间发生的故事,演绎的却是人性、人情和人心无尽的美好。细节是短篇小说最重要的元素,它承载着小说的血肉、温度和个性。我们不能想象一部没有细节的小说会苍白到何种程度。细节的绵密、动人,是刘庆邦短篇小说呈现美好的重要的叙事选择。所以,通过细节展现生活诗意的光辉和美的旋律,是刘庆邦积极地将存在带进另一种形态的魅力之源。《黄花绣》也是一篇重视细节想象的短篇。叙事的耐心,情节的细腻,节奏的从容不迫,内敛而隽永。主人公格明的"黄花绣"既是古老乡村对死亡敬畏的一个纯洁仪式,也绣出了一个少女自我的觉醒和憧憬。小说于平实、平淡、平静中闪耀着不屈的光泽,于无声处孕育着人物内心的美好向往和波澜壮阔。"时常听到一些抱怨,说现实生活中不如意者十有八九,哪有多少美的东西可写。对了,正因为现实不那么美好,才需要我们从事创作的人去虚构,去想象,去创造一个个美的世界。一些真实的、实话实说的东西往往是不美的,而从作者的理想出发,所虚构和想象的东西,才会到达美的境界。"①可以说,这段话基本上道出了刘庆邦小说写作的美学原则和出发点。

近些年,尽管刘庆邦开始注意比较"刻意"地捕捉存在的诗意,但其中的艰辛和苦涩、恐惧和焦虑、隐忍与绝望仍包含在叙述的内核之中,挤压着生活自身应有的温润光泽。实际上,刘庆邦并不是一位具有较强形式激情的作家,这方面他的小说与阿来的短篇小说颇为相像,在外在形式上都具有一种"拙"气,而很少有那些戏剧性的紧张。虽然叙述中既有描写和铺陈,也有转折、突兀和起伏,更有很强的写实功力,常常想制造出清逸和诗化的意境,但刘庆邦写作短篇小说的秘密,更在于追求素朴而且深邃的文学境界。在"经营"这种文体的时候,能否"腾挪"和灵动起来,避免小说叙述的"类型化",智慧地将存在、现实审美化,是刘庆邦持续写作并保持个性的重要方面。深邃和深刻是有区别的两个判断文本的关键词,深邃应该是相当诗意的形态。我觉得,刘庆邦小说素朴的美学无疑都是源于对生活深入思考所带来的深邃。这种思考有时是坚硬或沉重的,但那些故事和形象却让我们感到生动、飘溢和柔软。而庆邦小说叙述语

---

① 刘庆邦:《哪儿美往哪儿走》,《山花》2008年第9期。

言和结构的质朴力量就是在这个时候显示出来的。

所以,我们有充分的理由说刘庆邦是非常"懂"小说的小说家。我这样讲,是想说明他对小说叙事的重视程度。他重视每一篇小说的叙事方法、叙事角度、情节构成和推进,结构、叙事是否合理。特别是,他始终坚持以自己朴素、结实、厚重沉郁的语言风格进行叙述。这对于一位主要写作短篇小说的作家来说,不仅是小说本身的诗性的要求,也体现一个作家最宝贵的坚持创造、锤炼生活、高度概括生活能力的专业品质,以及更好地发掘、表现人性的美好与幽暗的良苦用心。

虽然,我们现在能够努力并清晰地描绘出刘庆邦短篇小说写作及其发展变化的轮廓,但他的写作还正处于接近峰值的一个阶段,我们现在还无法预知他作品未来的形态和格局。需要提醒庆邦注意的是,对于短篇小说写作这样寂寞的工作而言,对于像刘庆邦这样有着深厚生活底蕴的小说家,想象固然是极其重要的,但想象和虚拟不仅仅需要经验和材料,还需要作家具备洞悉存在的能力。只有打破经验的有限性,彻底地打开想象的翅膀,才会满怀慧心、匠心和虔诚的耐心,避免"躁气"和"匠气"。否则,想象就会距离事实越来越远,继而为现实所窒息。我相信刘庆邦会越写越好,因为他具备这样的功力和才能,满怀超越存在的智慧和信念,而且诗意化的文学写作是他不懈的追求。还有最为关键的一点,刘庆邦是我们这个时代为数不多的内心诚实的好作家,他永远会以自己正直、善良、温暖的目光以及短篇小说的姿势,注视着我们时代整个存在世界的冷暖。

原载《山花》2009 年第 7 期

刘庆邦短篇小说创作的理论自觉

余志平

刘庆邦三十余年一直坚持短篇小说创作。他不仅先后创作短篇小说两百余篇,而且20世纪90年代中后期开始了他的短篇小说理论探索。刘庆邦虽然还称不上是短篇小说理论家,但他的实践色彩鲜明的理论表述,形象化、通俗化的理论表述模式,个性化的短篇小说观念,还是值得我们认真探讨的。至少,这也是他小说艺术追求的一个重要方面。

从"五四"新文学运动到上世纪80年代,短篇小说一直在我国文学史上占有重要地位。

早在1918年,胡适就在他的《论短篇小说》中断定,"短篇小说"同"写情短诗"和"独幕剧"三项"代表世界文学最近的趋向"①。同年,鲁迅先生以《狂人日记》开启白话短篇小说之先河,并努力开拓创新,在短短几年中创作出《呐喊》、《彷徨》,进而形成"中国现代小说在鲁迅手中开始,又在鲁迅手中成熟"②这一文学史奇观,极大地推动了中国白话短篇小说创作的发展。对于这个时期短篇小说取得的成绩,茅盾在总结新文学第一个十年的创作成就时,称短篇小说创作"在一天一天地热闹起来"③。雷达后来说,中国现代文学史上,短篇小说的思想艺术成就非常突出,地位也是最重要的。许多大作家、优秀作家都创作了大量优秀的短篇小说。新时期的文坛上,从伤痕文学、反思文学、改革文学到先锋文学和新写实文学,又是短篇小说在承载着改变文学史航向急先锋的历史使命。

然而,自20世纪90年代以来,短篇小说在商业气息浓厚的文坛上却处于一种日趋边缘化的处境。短篇小说往往被当作作家历练的跳板,一些年富力强的作家常常把目标锁定在中长篇小说的创作,这就使得短篇小说的质量不高,从而导致读者阅读短篇小说的兴致锐减。与此同时,小小说和微型小说作为现代社会的一种精神快餐也对短篇小说市场产生了冲击,"一本《小小说选刊》的发行量几乎是所有文学类月刊(不含大型文学刊物)发行量的总和,正是短篇小

---

① 胡适:《论短篇小说》,《胡适研究资料》,北京十月文艺出版社,1989年,第358~369页。
② 严家炎:《求实集》,北京大学出版社,1983年,第101页。
③ 茅盾:《现代小说导论》(一),《中国新文学大系导论集》,上海书店影印,1982年,第84页。

说的尴尬处境的如实写照。"①其实,沈从文早就深刻认识到短篇小说的这种处境:"从事于此道(短篇小说)的,既难成名,也难谋利,且决不能用它去讨个小官儿做做,唯有短篇小说是个实实在在的工作,玩不来花样,擅长政术的分子决不会来摸它。天才不是不敢过问,就是装作不屑于过问。"②这充分表明,只有远离功名利禄,耐得住寂寞,能沉醉于短篇小说艺术创作的人,才能真正在短篇小说领域取得成果。

值得庆幸的是,在短篇小说如此不景气的情况下,仍然有一部分作家一直坚守着短篇小说创作的阵地,如汪曾祺(已故)、林斤澜两位老前辈,还有刘庆邦、苏童、王祥夫、迟子建等一大批正活跃于文坛的作家。其中尤为值得一提的是刘庆邦,他从事文学创作三十年,创作的短篇小说竟多达两百余篇,被人称作"中国当今短篇小说之王"③。他的短篇小说《鞋》以柔美抒情的风格表达出"一种超越时代的生命激情"④,延续了现代乡土抒情小说的传统,获得第二届鲁迅文学奖。刘庆邦的大多数短篇小说都构思独特精巧,表现了多姿多彩的人生和复杂多变的人性。他还在长期的短篇小说创作中积累了丰富的经验,形成了自己独特的见解,他的这种理论是在总结前人与同代人理论和实践的基础上不断完善而自成一体的。下面主要从他有关小说创作的笔谈、访谈录以及一些文集的序言、后记中进行梳理和总结。

一、"以小见心"⑤的短篇小说观

刘庆邦"以小见心"的短篇小说观是带有浓厚的个人探索意识的,也是他小说实践经验的总结。中国人对短篇小说的理论创设最初来自于西方。胡适的《论短篇小说》直接从西方引进短篇小说的定义:"短篇小说是用最经济的文学手段,描写事实中最精彩的一段或一方面,而能使人充分满意的文章。"⑥胡适强调了短篇小说结构上"用全副精神气力灌注到一段最精彩的事实上去"⑦,即

---

① 王干:《三十年短篇小说艺术创作轨迹回顾》,《文艺报》2008年7月24日。
② 刘庆邦、李冰:《刘庆邦:短篇王是纸糊高帽》,《北京娱乐信报》2004年7月18日。
③ 张锲:《你建构了一个美的情感世界——致刘庆邦》,《文汇报》2002年2月9日。
④ 程绍武:《第二届鲁迅文学奖短篇小说奖评奖侧记》,《人民文学》2001年第10期。
⑤ 涂昊:《二十世纪末中国小说创作理论和创作实践关系研究》博士学位论文,暨南大学, 2006年,第115~117页。
⑥ 胡适:《论短篇小说》,《胡适研究资料》,北京十月文艺出版社,1989年,第358~369页。
⑦ 胡适:《论短篇小说》,《胡适研究资料》,北京十月文艺出版社,1989年,第358~369页。

所谓人生的"横截面"。在此说影响之下,短篇小说仿佛是社会生活中固有的存在,作家只需找到一个合适的截面操刀下手,即可从中"截"出一篇短篇小说。这种以部分代替整体即"以小见大"的观点,成了人们对短篇小说最基本的审美要求。鲁迅就如此赞美短篇小说:"在巍峨灿烂的巨大的纪念碑底的文学之旁,短篇小说也依然有着存在的充足的权利。不但巨细高低,相依为命,也譬如身入大伽蓝中,但见全体非常宏丽,炫人眼睛,令观者心神飞越,而细看一雕阑一画础,虽然细小,所得却更为分明,再以此推及全体,感受遂愈加切实,因此那些终于为人所注重了。""只顷刻间,而仍可借一斑而略知全豹,以一目尽传精神。"①鲁迅先生对短篇小说的认识也体现了一种"以小见大"、"见微知著"的短篇小说观,他强调的是短篇小说的地位、特点与价值。

刘庆邦充分认识到短篇小说的这些特点,但他更强调短篇小说的品质与"含心量",这体现了他"以小见心"的短篇小说观。他把好的短篇小说比作"一首诗"、"一挂瀑布",认为它"是自然的造化,是神来之笔,不可多得"②。他说:"短篇小说之所以美,是因为它代表着人类对美的向往和理想,是一种精神重构。它与现实世界并不对应,在现实世界中很难找到它的完整存在。"③他曾表示,尽管短篇小说的稿费不高,并且面临日趋边缘化的尴尬处境,但他仍然喜欢写短篇。他认为它是他认识世界、把握世界和改造世界的一种方式。它能满足他对纯粹艺术的追求,能够充实自己的心灵。正如汪曾祺称短篇小说是一种思维方式④一样,刘庆邦的每个短篇都写得很用心。正是由于他以心换心,所以他获得由读者投票的《小说月报》百花奖,他的小说的转载率、获奖率一直居高不下,这都反映了刘庆邦的短篇小说得到了社会的认可和读者的喜爱。

"以小见心"的短篇小说观不仅体现在创作主体的"用心"创作,还体现在刘庆邦小说对人物灵魂的挖掘。正如沈从文借"人性小庙"的建设来重铸国民的品格一样,刘庆邦也想借对人性善恶的褒贬来"使人们得到美的享受,心灵得到慰藉,对改善人心起到一点促进作用"⑤。所以,他的小说一方面讴歌善良淳朴的人性美,一方面揭露和批判丑恶残暴的人性恶。实际上,刘庆邦小说的价值取向是追求"真"(真诚写作)、"善"(劝善)、"美"(给人以美的享受、心灵的慰藉)三者的完美结合。在这三点中,刘庆邦对真诚写作强调得最多,他多次谈

---

① 鲁迅:《〈近代世界短篇小说集〉小引》,《鲁迅全集》(第四卷),人民文学出版社,1981年,第131页。
② 刘庆邦:《说多了不好》,《当代作家评论》2005年第1期。
③ 刘庆邦:《短篇小说之美》,《理论与创作》1999年第5期。
④ 汪曾祺:《自序》,《汪曾祺作品自选集》,漓江出版社,1987年,第1~2页。
⑤ 刘庆邦等:《刘庆邦访谈录》,《民间》,新疆人民出版社,2002年,第360~361页。

到"凭良心"、"含心量"等。

所以,创作主体的"服从我心"并非随心所欲,还要受写作伦理倾向的制约。刘庆邦认为:"一个从事写作的人,更应当凭良心。"①他说,"良心"是"人的内心对人间是非所作出的正确认识和判断,是正确的世界观,也是高尚的人生观和价值观。它不仅具有道德方面的含义,更具有良知良能的人性方面的含义"。"写书,是一件最需要凭良心的活儿,如果连写书的人都昧了良心,我们还有什么希望呢?"②刘庆邦说的"凭良心"简单地说就是要写出人性的复杂,写出人性的善恶,并强调作家做人的良心。

于是,"凭良心"便又是一个创作主体精神建构与道德修养的问题。刘庆邦十分重视个人品德修养,尽管他在文坛上有了一定的地位,但他始终保持谦逊的态度,正如徐坤所说,他"是个讷于言,敏于行的人"③。有许多杂志社要给他安排研讨会,刘庆邦都婉言谢绝,并专门写了篇散文《不要讨论我》,林斤澜对他这种平常心态大加赞赏。④ 刘庆邦关心农民和矿工的生活体现在他的行动上,他采访农民和矿工,听说一位矿工的儿子因父亲遇难而失去经济来源不得不面临失学,便拿出手头仅有的 200 元送给这家人以解燃眉之急,事后又寄去 5000 元做其教育经费。他善良淳朴的禀性与他小说闪烁出的人性美的光辉是一致的。

如果说,"凭良心"是刘庆邦对作者的品格与创作伦理提出的要求,那么对小说创作本身,他也提出了一个衡量标准,即"含心量"。他说:"好的短篇小说要像纯金一样,有百分之九十九以上的含心量。"而含心量起码有这么几层意思,也是他对自己写小说的要求。一是所写的东西不是客观社会现象,而是主观感受,是经过心灵化处理的;二是用心灵写作,用整个生命写作;三是所创造的必须是心灵世界,是打上自己的心灵烙印的独特的心灵世界,并通过这个世界建立和现实世界的联系,抓住整个世界。⑤ 这"含心量"的说法,实质上是对他的"种子生长说"的一种补充说明,因为种子生长说中提到的"焐"的过程就是作者注入情感和心灵的过程,他曾形象地说:"把那一点点称为短篇小说的种子,在自己心里培育、生发,然后拿心血滋养它,浇灌它,使它生根,发芽,开花,结果,最后长成一种独立的东西。"⑥

---

① 刘庆邦:《凭良心》,《中国当代作家面面观》,春风文艺出版社,2003 年,第 159 页。
② 刘庆邦:《凭良心》,《中国当代作家面面观》,春风文艺出版社,2003 年,第 159 页。
③ 徐坤:《好人刘庆邦》,《遍地白花》,新世界出版社,2002 年,第 380 页。
④ 林斤澜:《吹响自己的唢呐》,《民间》代序,新疆人民出版社,2002 年,第 2~3 页。
⑤ 刘庆邦:《短篇小说之美》,《理论与创作》1999 年第 5 期。
⑥ 刘庆邦等:《刘庆邦访谈录》,《民间》,新疆人民出版社,2002 年版,第 360~361 页。

二、创作构思——"种子生长说"

长期以来,短篇小说被误认为只是中篇甚至是长篇小说的浓缩而已,因而没能有效地将短篇小说与中、长篇小说区分开来,这不但影响了对短篇小说特质的探索,而且影响了对短篇小说独特艺术价值的认识。如何才能写出好的短篇小说呢?继胡适引进的"横截面说"之后,茅盾进一步阐明:"短篇小说主要是抓住一个富有典型意义的生活片断,来说明一个问题或表现比它本身广阔得多、也复杂得多的社会现象。"①可见,他说的还是要攫取生活中最能体现社会的一个横截面,然后要采用较小的篇幅来描述它。而"短篇有难度。一个短篇,篇幅有限,要求作者螺丝壳里做道场,要简洁,要完整,要有力,要深刻,要丰富,要谋篇布局,要语言句句讲究,等等"②。作家如何才能写出一篇好的短篇小说,这一直是人们探讨的一个问题。马修斯(B. Matthews)比较强调短篇小说的"统一印象",而不在乎"以小见大",他在《短篇小说的哲学》中说:"真实的短篇小说是小说中特殊的一种,并不是篇幅较短者,便可以称之为短篇小说,真正的短篇小说往往含有印象的统一,而这在长篇小说中却是缺乏的,这一点便是长篇与短篇之间根本不同的地方。"③刘庆邦的观点似乎与之接近。作为一个优秀的短篇小说家,他摸索和总结了一种个性化的创作方法——"种子生长说",主要体现在他的《短篇小说的种子》④、《生长的短篇小说》⑤等文章中。

刘庆邦所说的"短篇小说种子"不仅仅指值得写成短篇小说的生活素材,"还可能是一个题目、一句话、一个细节、一种思想、一种理念等"⑥。他说沈从文的《丈夫》这篇小说的种子就是丈夫最后呜呜地一哭,"整个小说的过程就是这个种子生发的,一切过程都在向这个哭走,很感人。当然,还有社会分析、情感因素等都很丰富,这里不讲,讲的就是最后一切都是向这一哭而来"⑦。他说他的《梅妞放羊》的种子就是梅妞向羊敞开母亲般的心怀。他认为我们每一个

---

①茅盾:《试谈短篇小说》,《鼓吹集》,作家出版社,1959年,第256页。
②胡殿红:《短篇小说为何失宠》,《文艺报》2003年1月27日。
③周芬伶:《短篇小说的艺术特征》,《艳异——张爱玲与中国文学》,中国华侨出版社,2003年,第205页。
④刘庆邦:《短篇小说的种子》,《北京文学》1997年第9期。
⑤刘庆邦:《生长的短篇小说》,《北京文学》(精彩阅读)2001年第7期。
⑥刘庆邦:《小说创作论》,http://blog.sina.com.cn/s/blog_46f83afe0100rj8p.html。
⑦刘庆邦:《小说创作论》,http://blog.sina.com.cn/s/blog_46f83afe0100rj8p.html。

人都能得到短篇小说的种子。这种说法与美国短篇小说的先驱者爱伦坡所说的短篇小说特征不谋而合,爱伦坡说:"它不是思想去配合偶发事件,而是先去构想一种独特的单纯的效果,然后创造出偶发事件,组合种种事实来表现它。"[1]这里所说的"单纯的效果"类似于马修斯的"统一印象",与刘庆邦所谓的"小说的种子"也有着某种重合的内涵。刘庆邦经常到各地去采访,听到人们谈论各种稀奇古怪的事,但他却认为并非所有这些故事都有短篇小说的种子和潜质,那些没有种子的故事没有写的必要,其实他是在强调写短篇小说要有类似于散文创作的"文眼",要达到一种感人的"单纯的效果"并统摄全篇。

是不是有了一颗短篇小说种子,就要立即把它写成短篇小说呢?其实不然。汪曾祺曾说他的小说《受戒》"写的是四十三年前的一个梦……隔了四十三年我反复思索,才比较清楚地认识到我所接触的生活的意义。闻一多先生曾劝诫人们,当你们写作欲望冲动很强的时候,最好不要写,让它冷却一下。所谓冷却一下,就是放一放,思索一下,再思索一下"[2]。这位已故艺术家的观点正同刘庆邦的"短篇小说生长说"相一致。刘庆邦认为,短篇小说种子选定后要经作者很长一段时间的"焐"。他反对作者对眼下发生的事即刻写成小说,那样很容易写成一篇新闻报道式的东西,因为写小说一定要把故事放在心里"焐一焐,焐得发热、发酵、化开,化成心灵化、艺术化的东西,再写成小说"[3]。他尤其强调作者要处于回忆状态,"进入我们的内心,像捕捉萤火一样捕捉心灵的闪光和心灵的景观"[4]。而且在"心灵的神游"中,或许会发现新的景观,那么就必须马上把它记下来,因为它将成为下一篇小说。阅读刘庆邦的小说,我们会发现他的一些小说堪称姐妹篇,它们有着极其相似的故事内核,却拥有截然不同的主题和结构。如他的《鞋》以少女守明为故事女主人公,小说以细腻的笔触描绘了她对未来幸福婚姻生活的美好幻想和憧憬之情,而作品结尾的一段后记却写姑娘遭到了退亲,她精心做的鞋也被退了回来,给人以痛心之感。小说《少男》却以弟弟为主人公,通过他的视角去关照姐姐,描写已定了亲的姐姐发生的变化,她每日为自己准备嫁妆,不仅织着各种式样的花格子布,还细细密密地为未婚夫做鞋,最后姐姐遭退亲,弟弟河生为姐姐难过,并一下子长大了似的,他决心充当保护姐姐及家人的小男子汉。这是一个完全不同于《鞋》的故事,是一篇关于少男河生的成长小说。"姐姐遭退亲"的故事经刘庆邦"焐"的过程,竟然诞生两篇不

---

[1] 胡殿红:《短篇小说为何失宠》,《文艺报》2003年1月27日。
[2] 汪曾祺:《晚翠文谈新编》,生活·读书·新知三联书店,2002年,第39、43页。
[3] 刘庆邦:《生长的短篇小说》,《北京文学》2001年第7期。
[4] 刘庆邦:《生长的短篇小说》,《北京文学》2001年第7期。

同的短篇小说。这也许是刘庆邦为什么能创作出如此多的短篇小说的原因。

尽管刘庆邦是短篇小说多产作家,但这丝毫不影响他在小说创作质量上的追求。他说:"短篇小说的生长粗枝大叶不行,一定要细致。细到连花托上的绒毛都清晰可见,细到每句话、每个字、每个标点都不放过,都要精心推敲。"①他的小说以细致入微的白描见长,宛如一幅精美的工笔画。他的语言也追求一种民间情趣美,大俗大雅在刘庆邦的小说中同时并存,让人既能亲近日常的生活美,又能领略作者独具匠心的创造美。如《响器》对大笛所表现出的生命律动美进行了精彩的描写,给人以一种独特的境界美和灵动美,这正是刘庆邦精心酝酿而成的。

三、艺术技巧——贴着人物写

刘庆邦曾经请教林斤澜如何写小说,林斤澜给他讲了一个故事,说他和汪曾祺也曾请教过沈从文先生这个问题,结果沈从文先生只说贴着人物写,两位不甚满足,想听沈从文多说一些,沈从文说的还是那句贴着人物写。经过多年的实践与琢磨,刘庆邦深刻地领会到这句话所包含的既浅显又深奥的道理,"它要求我们理解人物,尊重人物,爱惜人物,而不是把人物当成一个随便摆弄的玩偶,我们只体贴人物还不够,恐怕还要用我们的心去贴作品中人物的心,只有做到了与人物贴心贴肺,才能把人物写出一二"②。正是受沈从文贴着人物写的创作理念的影响,刘庆邦逐渐形成了真切细腻的心理描写特色。首先,通过心理描写表现人物内心深处的意识冲突。如《鞋》中的守明,每天睡觉前总要拿起鞋底看上几遍,想象捧着的是那个人的脚,又是摸又是揉,抱着它怎么也睡不着。后来她对自己说:"守明,好好等着,不许这样,这样不好,让人家笑话!"她自我惩罚似的把自己发烧的红脸拍打了一下。这一连串动作和心理描写表现了守明内心浅层的道德意识与她基于生命本能的性意识的冲突与对立。其次,通过梦境来表现人物的潜意识。如《鞋》、《相家》、《白煤》、《闺女儿》、《神木》、《哑炮》等均有关于梦幻的描写,也揭示了人物的内心隐秘。再次,采取中国传统小说通过人物具体特征的言行等外在描写来间接反映和揭示人物内心世界。如《闺女儿》描写少女香和中学生见完面后回到母亲身边的情景,没有一句心理描写,而仅仅写人物的眼神、动作及语言,把少女香内心忐忑不安却在母亲面前

---

① 刘庆邦:《生长的短篇小说》,《北京文学》2001年第7期。
② 刘庆邦:《贴着人物写》,《到城里去》,中国广播电视出版社,2005年,第1页。

强作镇静的心理准确传神地表现出来。最难能可贵的是刘庆邦还学习西方作家带有精神分析印记的心理描写,直接深入人物内心世界,揭示与评论人物内心世界的矛盾冲突。如《春天的仪式》中用大段文字来展示星采找不着张庄那个跟她订了终身的人时赌气、委屈、懊恼、沮丧的内心活动。

四、语言文字——亲切自然、情趣盎然

汪曾祺说:"小说本来就是语言的艺术,就像绘画,是线条和色彩的艺术。音乐,是旋律和节奏的艺术。"①刘庆邦的小说语言看似平常,接近口语,甚至还夹杂一些方言,称得上是十足的平民日常生活语言,朴实而清新,淡然而充满生活情趣。比如他的《春天的仪式》中的一段描写:"哎呀吓死我吧! 星采身子紧贴在墙上,双手却捂在胸口,一颗心还是止不住地大跳,她一时不知道是停好还是走好,是走好还是跑好……"寥寥数笔竟将少女星采意外见到她久寻不遇的心上人时内心的紧张和兴奋、羞怯和不安的情绪表现得酣畅淋漓、妙趣横生。

关于小说语言,刘庆邦在《启动灵感》一文中提出"没有灵感参与的文字是僵死的、可憎的。注入灵动之气的文字才是亲切的、自然和飞扬的"②。刘庆邦所说的灵感参与的文字,就是指注入作者情感的文字。读刘庆邦的小说,我们会感觉到,其字里行间无不蕴藏着作者的匠心独运。李洁非曾高度评价他的近作《哑炮》:"出人意料地对中国传统小说诗学,有纯正的体现,睹之让人颇有此调久已不弹之感。"③我们不妨赏析一下《哑炮》中描写的雪景,先写背着书包的小姑娘"正在路上走,怎么觉得耳朵凉了下呢? 仰脸看,哦,下雪了。在小姑娘仰脸的工夫,已有几朵雪花落在她的睫毛上,沾得小姑娘眼窝子有些湿"。再接着写一位矿工的老婆,正在绣鞋垫,突然感觉到天有点明了,"往外一瞅,我的老天爷,雪下得真大。她没有接着绣鞋垫,就那么不回眼地望着漫天大雪。只望了一会儿,她的目光就有些迷离,好像走神儿走到别处去了"。接下来写到从井底升上来的矿工,"他们往雪地里一站,一幅两色木刻画就出来了,黑色凸现的是矿工,雪地部分是留白。可挖煤的人从来无意把自己变成画,他们到雪地里就比较兴奋,活跃,一边吟诗一样嚷着好雪,好雪,一边用大胶靴把积雪踢得飞扬起来。"刘庆邦把男人、女人和孩子对雪的不同反应描写得十分贴近生活现

---

① 汪曾祺:《晚翠文谈新编》,生活·读书·新知三联书店,2002 年,第 39、43 页。
② 刘庆邦:《启动灵感》,《青年文学》1993 年第 10 期。
③ 李洁非:《笔墨情趣——说刘庆邦的〈哑炮〉》,《北京日报》2007 年 11 月 19 日。

实,读来倍感亲切,情趣盎然。又如他的《家道》以第一人称来叙述"我"和岳父之间的种种恩怨心结,家常化的口吻和生活化语言的运用使得作品有一种说不出的亲切自然之感。

李敬泽说:"在中国写短篇好的,汪曾祺之后如果让我选我就选刘庆邦。"①这绝非溢美之词。因为,在当今短篇小说不太景气的情形下,能够像刘庆邦那样长期坚守并不断奉献出一些好作品,的确是难能可贵的。他之所以能做到这个境界,是因为他有一种精神,就像他自己所说:"写短篇小说首先要有写短篇小说的精神。这个精神我归为一是对纯粹文学的追求,二是和商品文学对抗的这么一种精神。"②正是这种精神在支撑着他在向沈从文、汪曾祺、林斤澜等前辈学习的同时,也在努力探索着属于自己独特的创作道路,"不吹'法国号',不吹'萨克斯'"③只一路尽情吹响属于自己的唢呐!

原载《当代文坛》2010 年第 3 期

---

① 刘庆邦、夏榆:《得地独厚的刘庆邦》,《作家》2000 年第 11 期。
② 刘庆邦:《小说创作论》,http://blog.sina.com.cn/s/blog_46f83afe0100rj8p.html。
③ 林斤澜:《吹响自己的唢呐》,《民间》代序,新疆人民出版社,2002 年,第 2~3 页。

模仿的快感
——读刘庆邦短篇小说《丹青索》

胡 平

有时候读者困惑,一位著名作家,写过那么多东西,如何还能没完没了地写,难道他不是已经把最好的东西发表过了,难道他不会写空吗?这种疑问不是没有来由的,有些作家就是这样,我们曾见过他很好的作品,不过他接下来便越写越差,他显然受到题材的限制,随着题材而摇摆,直到名声渐渐消寂。但正牌的好作家,总是有得写,他不受题材制约,他才思如涌,长于无中生有,把一个编造的故事描绘得活灵活现,使读者读了感慨万千,甚至为人物的命运而唏嘘,这样的作家是可以写一辈子的。这是我读刘庆邦《丹青索》时想到的一点意思。

庆邦是矿工出身,小说题材常在井下;又是农民出身,小说题材常在乡下。特别是井下,构成他创作动机的主要来源。我不知道,他怎样能写出那么多件关于煤矿的作品,且不会重样,这当然已经显示出他的才华,但我也怀疑过,他是否还能写出点别的呢?之后,见他题材范围逐渐扩大,便更加为他欣喜。我们提倡作家要挖一口深井,建筑自己的生活基地,但不是说作家只能一棵树上吊死。当一个作家,不仅能写自己还能写别人时才成为真正的作家;同样,当一个作家,不仅能写自己独到的题材,也能写其他题材,才成为有重量的作家。《丹青索》等作品显示出刘庆邦是有重量的作家。

《丹青索》写一位画家的沦落经历。像所有画家那样,他有过人生理想,有过事业追求,有过清高、鄙俗和孤傲;但也像许多画家那样,在现实风雨日渐侵蚀冲刷下,逐渐转移了生活的重心,出卖了大量尊严。他们由"家"而"匠",由"匠"而"贾",终于也发生艺术上的蜕变,变为一个连自己也不大熟识的人物。索国欣虽显得有些猥琐,却是成千上万知识分子精神变异的写照,在这样一个房价猛涨,人心惶惶的时代,又有百分之多少的知识分子和艺术家能够持守原本的人生信条呢?20世纪90年代以来,市场经济显示出任何其他力量都相形见绌的魔力,使中国知识阶层发生广泛而深刻的变化,这个阶层分化为一个个单个的、各谋财路的个体,他们不再互相呼应,也没有共同纲领,更不会为了20年后的现实牺牲眼前的利益。小说中的索画家,使我们感到和蔼可亲,他是我们身边的人,住在隔壁单元,在电梯上遇到过,或者在什么场合交换过名片。

当然,这类人物在当代小说中出现过多次,承负的主题也大致相近,可是这个作品依然吸引我们,不仅由于其中的几个人物,索国欣、梅祥文和老桂,都很是生动、个性鲜明。也由于全篇的叙写中,细节里、字里行间,都不乏趣味横生之处。小说中有些东西是主要的,如人物、主题、故事之类,这些地方不过硬,作品就立不起来。但光有这些还不行,读者还要求叙述过程中不断读出味道,这也是考验作者才华的地方。

小说开头,写索国欣在画室里隔着窗玻璃,用画家的眼光看雪,看那雪花横着飘,斜着飘,飘着飘着,就一头栽在地上。于是他得出结论:凡是天上飞的东西,不管怎样不愿落地,不管怎样挣扎,最终还是逃不过落地的命运。这是一个隐喻,预言了画家以后的经历,但雪景与哲理交融,却是来得很巧妙呢。

以后,画商老桂打来电话,问他的货准备得怎么样了。货是指索国欣所画的钟馗,而索国欣不愿听这个词,钟馗在他手里称美术作品,所以他坚持说200幅画快完成了,要老桂晚上来取画。这里面就很调侃:老桂把钟馗说成货是显得有些粗俗,但在索国欣一方,还想把200幅画称为美术作品,当然也不大合适。在这些地方,庆邦是极机敏的,他善于抓住最能使人物捉襟露肘的细部,把人物的要点勾画出来。

以后,小说里介绍索国欣的专业经历,说他只是一个业余画家,画什么没什么准稿子,"他画过伟人,画过李玉和、李铁梅、阿庆嫂,还画过劳动模范、矿山、女工等"。作者使用的是很平淡的语调,把这些一带而过地交代了,仿佛只是交代,但令人忍俊不禁。譬如"伟人"一称就是绝妙修辞,人当然是伟人,但索国欣的艺术相对于伟人像,又构成什么意味呢? 相对于李玉和、李铁梅、阿庆嫂,意味也有些深长。不要小看这一笔,这一笔和上一笔合起来,构成了这位画家的出身与现状,索画家其实从来没有真正作过画,他今日画钟馗与当年画伟人同出一辙。

以后,作品写到画家与钟馗的关系,写他和钟馗一交上手,眼里就只有钟馗,再顾不上赏雪,因为一张钟馗100元,那钟馗环眼、阔嘴,胡须坚硬如戟,身着绿袍,足蹬粉靴,手持一把寒光凛凛的宝剑,甚是威风八面。而钟馗"是个粗枝大叶的人",画他倒也不难。此间,作者用的每一个词都是含蓄和辛辣的,不仅使我们看到画家笔下钟馗的切实风格,也看到画家心中钟馗的审美特色,或者干脆说,能看到画家本人的人格特征。

再以后,作品还写到画家与画商的关系。两人有着同样的职业做派,都留长发,只不过索国欣把长发在脑后扎成羊尾巴,而老桂扎的是马尾巴。索国欣跟老桂一块儿喝过酒,一块儿泡过脚,"还一块儿干过别的"。"别的"是什么,作者没有说清,又是一带而过,仿佛是不经意的,但留给读者会意的微笑。我们喜欢读,是因为读这些是一种精神享受。如果在他的小说中时不时总能读到这类东西,为什么不读呢?

所以,庆邦能够写出那么多作品,能够一直写下去,涉猎不同的题材,又写什么像什么,总能保持住读者的注意力和兴致,就在于他有着作家的天分,或许更多是一种天才的临摹能力。由模仿带来的快感产生了一种对比,如亚里士多德指出的:"我们看见那些图像所以感到快感,就因为我们一面在看,一面在求知,断定每一事物是某一事物,比方说,'这就是那个事物。'"这里似乎是在赞赏一种技能。对于凭借抽象符号的组合描绘事物的文学来说,模仿的技能更值得称赞。庆邦摹写的人物,确是给读者带来快感,他们痛快地发现,作者所写的正是我们生活中见过而又表述不出来的事物,是庆邦讲述出来了。既是临摹,又是发现,又是创造,这就是艺术,与索国欣所从事的有些不同的艺术。

原载《北京文学》2010 年第 9 期

写实与诗化的双重变奏
——刘庆邦短篇小说论

段崇轩

徘徊在乡村、城市与煤矿之间

刘庆邦被誉为"短篇小说之王",这虽不是官方的正式封赐,但却得到了文坛和读者的认同、传播。三十多年来,他以自己谙熟的乡村、煤矿和城市生活为题材,源源不断地发表了两百余篇短篇小说,有二十多篇获得鲁迅文学奖、《小说月报》"百花奖"、《人民文学》奖等写实与诗化的双重变奏奖项,其数量之多、质量之优、影响之广,在新时期文学中可谓"威震一方"。作家王安忆说:"我甚至很难想到,还有谁能像刘庆邦这样,持续地写这样多的好短篇。"评论家李敬泽称:"在汪曾祺之后,中国作家短篇小说写得好的,如果让我选,我就选刘庆邦。"①新时期以来的短篇小说发展,越来越走向多元化,倘若说史铁生、韩少功等体现了一种"启蒙式"的精英文学写作的话,那么刘庆邦则代表了一种"入世式"的底层文学创作,凸显了文学所能达到的广度、深度和高度。

从上世纪80年代之后,已经很少有"单项"写作的小说家了,刘庆邦自然也不例外。他是一个把文学当作生存方式和生命追求的作家,不可能只满足于一种小说文体。他出版了《断层》、《平原上的歌谣》、《红煤》等7部长篇小说,颇受好评,但比起同时代那些长篇小说杰作来,还难以争锋。他发表了《卧底》、《神木》、《到城里去》、《月光依旧》等三十余篇中篇小说,有数篇获得重要奖项,而在蓬勃发展的中篇小说潮流中,也被淹没而无闻了。这些长、中篇小说,同样表现的是乡村、煤矿和城市生活。每个作家有自己的优势和局限,不可能样样占全。刘庆邦的优势更多地表现在短篇小说上,体式凝练、情节精彩、意蕴丰盈,有一种深厚动人的激情、温情和魅力,是一种经典艺术,在短篇小说苑中可谓独具风采,赢得了各个层面的读者特别是大众读者的青睐。

文学是生活之源,这对现实主义作家来说,是一条普遍规律。在20世纪50年代出生的一批作家中,刘庆邦生活阅历之丰富、多样,是令许多作家羡慕的。

---

① 刘庆邦:《从写恋爱信开始》,《小说评论》2009年第3期。

他1951年出生于豫东平原农村。这是一块古老广袤而又动荡多变的土地,又是一方传统文化深厚、民情风俗兴盛的沃壤。父亲在旧军队的经历,成为压在全家头上的阴云,在村里很受压抑。刘庆邦9岁丧父,得到的父爱极少。母亲带着6个未成年的子女辛勤劳作、艰难度日。刘庆邦是家里的长子,上有姐姐下有弟妹,全家的希望寄于一身,使他深感"使命"之沉重。但"文革"暴发打碎了他的大学梦,初中只读了两年就回乡成了农民。19年的乡村生活,一系列的农村变迁,一个普通家庭的艰难岁月,成为刘庆邦最主要的人生积淀和文学资源。从他的《远足》、《鞋》、《平地风雷》、《春天的仪式》、《梅妞放羊》、《响器》等作品中,可以窥见他刻骨铭心的乡村生涯。1970年,偶然的机缘使刘庆邦走出农村,成为河南某煤矿的一名工人。他下井挖煤、支架厂做工、宣传队搞文艺,一待就是9年。他后来回顾说:"到了煤矿才有机会看到别一层炼狱般的天地。耐苦习以为常的矿工不愿让人夸大他们的艰苦卓绝……在他们面前,我只能感到自己的渺小和乏力,所受的艰难困苦一句也提不起了。"①1978年,刘庆邦调往煤炭部创办的报刊当编辑,出于工作的需要,也是他的自愿,他常常要到煤矿去走走看看。庞大、幽深而险峻的煤矿世界,使他看到了别样的社会和生活,看到了别样的人生和人性。从他的《走窑汉》、《检身》、《阳光》、《草帽》、《别让我再哭了》等篇什中,让人们看到了以命作赌的矿工的生存奋争和作者爱憎交织的人文情怀。乡村、煤矿成为刘庆邦的两大生活源泉。

  刘庆邦从1970年参加工作进入城市,先在河南新密后到北京首都,从搞宣传到编报刊后成为专业作家,已有40年。他说:"说实在话,我对城市没有什么偏见,我对城市生活是向往的。我在城市没有受歧视受排斥的感觉,特别是像北京这样的城市,包容性很强,五湖四海的人都可以来。北京的很多人都是从农村来的。"②他的短篇小说主要题材是乡村和煤矿,但也没回避写城市生活,尽管后者只有十多篇作品,也未达到前者的高度,但却是他整个创作的有机组成部分。对于城市生活和文化,刘庆邦的思想感情是复杂而矛盾的,有向往、认同,也有厌倦、批判,而更多的是隔膜、困惑。譬如在《外衣》、《躲不开的悲剧》、《信》中,他对城市人在对待爱情、婚姻问题上的书呆子气、大男子主义、负心背叛等行为,都做了讽刺和批评,对处于弱势的女性则给予了理解和同情。譬如在《朋友》、《人事》里,对城市男女间越轨的情爱、性爱,一方面表现出一种宽容、理性,同时又流露出一种困惑和隐忧。《城市生活》是这一题材的代表作,或

---

① 刘庆邦:《走窑汉》代序,文化艺术出版社,1991年,第4页。
② 杨建兵、刘庆邦:《"我的创作是诚实的风格"——刘庆邦访谈录》,《小说评论》2009年第3期。

许源于作家的亲身经历和感受。作品写报社编辑田志文跟一辆无主自行车搬走复回、不断较劲的奇怪故事,使这位来自农村的青年人,感受到了城市的陌生、神秘和荒诞。他觉得"在这个城市的生活是漂浮的,他没有深入进去……城市是人多,但人多并不能改变他的寂寞,这使他觉得更寂寞"。城市没有让刘庆邦找到根和家,但让他接受了现代生活和文化。城市让刘庆邦感受到了喧嚣和孤独,这又激发了他对世界、社会和人生的遐想和求索。

生活和工作在城市,却心系乡村和煤矿,经常沉潜在社会底层和民众中的刘庆邦,想来时时会有一种"无家可归"的痛感。豫东的平原乡村,那里有他的生活和文化之根,那里的春夏秋冬时时牵动着他的心魂,但那块土地毕竟在地理上、心理上已成为他的"故乡",他更多的是从审美的角度去观照和描述的,亦如沈从文笔下的"浪漫乡土"。煤矿是一个独特而险峻的世界,这里既有乡村社会的特征与众多由农民演变的矿工及家属,又有城市的生活方式和城里人,是乡村和城市的结合部。在这里作家看到了传统文明和现代文明的融合与冲突,看到了人性真善美和假丑恶两面的强烈表现,使他更深入地认识了社会人生。城市是现代文明和文化的创造物,虽然刘庆邦觉得他只是一个"侨寓者",但他在思想、理性乃至生活方式上已被逐渐"同化",成为一个具有现代意识的作家。乡下人、煤矿工、城市人的多重身份和立场,使他在表现生活时,感受到了迷惘、矛盾乃至痛苦,但也使他多了一种参照和理解。这就自然而然地形成了他的小说特别是短篇小说,题材情节的丰富、思想意蕴的驳杂和风格情调的多变。而这正是他的作品充满张力和魅力的深层原因。

刘庆邦是一个感情充沛细腻、思维灵感活跃的作家,有一种天然的短篇小说潜质和才华,正如他所说:"为什么写这么多短篇,想想另一个原因也是我对短篇的偏爱,我觉得短篇小说是非常纯粹的东西,我写短篇是双向的选择,首先是我选择了它,我很尽心地伺候它,把它伺候得很不错,然后它就选择了我,这么长时间的磨合,我跟短篇小说好像达成默契一样,形成一种亲密关系。"[①]文体的特性规律与作家的禀赋精心相契合,自然会孕育出文学的大树来。但刘庆邦并不像有些作家那样,十分注重表现形式和手法的探索,他更重视的是表现内容、艺术格调等。这自然没有错,但也表现出作家审美上的某种局限。关于短篇小说的艺术特性,他有一个比喻:"我愿意拿短篇小说与瀑布相比照,除了觉得短篇小说的开头、中段和结尾与瀑布有许多对应之处,还因为觉得好的短篇小说是自然的造化,是神来之笔,不可多得。它的美像瀑布一样,只可体会,

---

① 夏榆、刘庆邦:《得地独厚的刘庆邦》,《梅妞放羊》,长江文艺出版社,2001年,第380、382页。

不可言传。"①短篇小说虽然是作家的创造,但它更源于生活和自然的赐予。开篇突兀而来、酣畅强劲,中段飞珠溅玉、水声轰鸣、彩虹缥缈,尾声戛然而止、潭深幽幽。这大约就是刘庆邦心目中短篇小说的气象吧。

社会人生的写实图画

新时期文学发展中,有两种文学潮流影响深远。一种是以鲁迅为代表的启蒙现实主义文学潮流,另一种是以沈从文为标志的抒情乡土文学潮流。一般作家往往是跟定某一种潮流,进而借鉴其他表现形式和手法,形成自己的创作方法和风格。而刘庆邦却鱼与熊掌兼得,构成了迥异奇趣的两种文学套路。他说:"在中国的作家中,我比较喜欢曹雪芹的小说,再就是爱读鲁迅和沈从文的小说。我把鲁迅的小说和沈从文的小说作过比较,他们的小说有着不同的风格。鲁迅重理性,沈从文重感性;鲁迅重批判,沈从文重抒情;鲁迅的小说读起来比较坚硬,沈从文的小说读来比较柔软;鲁迅的小说更深刻一些,沈从文的小说则更优美一些;鲁迅小说的风格是沉郁的,沈从文小说的风格是忧郁的。这两位文学大师的小说都对我的创作产生影响。"②刘庆邦确实领悟了鲁、沈的创作真谛,创造了双峰并峙的文学风景。二者各有其美,又神气相通,还在不经意间转化变奏。

刘庆邦的出身、经历以及中原文化的影响,决定了他是一个以现实主义为根基的作家。但他同众多同类作家相异的是,他不大注重从复杂的社会历史中提出有关政治、经济、文化等方面的重要问题,而更钟情于描绘出社会进程中的真实环境和情状,努力写出各种人物的生存与精神状态,还原出一幅写实的社会人生图画,体现出鲁迅创作"为人生"的一面。

乡村的历史演变是刘庆邦格外关注的表现领域。他亲身经历了农村的一系列政治革命和天灾人祸,感受深刻、满怀忧患。在反映农村"大跃进"运动的狂热、荒唐方面,他写了《刷牙》,描写了刘岗村按照上级指示给所有的大牲口刷牙,在全公社放卫星的天下怪事。在表现农村大饥荒时期的艰难、残酷和农民的抗争题材上,他写了《看看谁家有福》《赴宴》,特别是在《枯水季节》里,不仅写了公社社员饿极而疯、集体打死公社干部家的猪分而食之的非常事件,还刻

---

① 赛妮亚、刘庆邦:《刘庆邦访谈录》,《民间》,新疆人民出版社,2002年,第358页。
② 杨建兵、刘庆邦:《"我的创作是诚实的风格"——刘庆邦访谈录》,《小说评论》2009年第3期。

画了一个严守秘密、不吃嗟来之食的宽厚、坚贞的"我母亲"的形象。在揭示人民公社外强内弱的情状和充满斗争的真实生活中,他写了《乡村女教师》和《平地风雷》,在后篇小说中,作家强烈地再现了在所谓的社会主义集体中,不仅想走资本主义道路(偷偷外出做点小买卖)的货郎同坚持无产阶级专政的队长构成了你死我活的斗争,前者竟用钉耙砸烂了后者的头颅;而且社员与社员之间也充满了猜忌和仇恨,几位社员一面暗地里鼓动货郎去挣钱,一面又挑动队长批斗货郎。当货郎忍无可忍砸死了队长后,全村社员又"群情振奋"地打倒、砸烂了卑微的货郎。通过一场群殴事件,不仅揭示了公社化时代干群之间的紧张对立关系,同时折射出农民在当时的愚昧、好斗、残忍的国民劣根性。通读刘庆邦的短篇小说,读者可以窥见中国农村走过的一个个历史脚印。

现实乡村的兴衰沉浮在刘庆邦的笔下,得到了浓墨重彩的描绘。改革开放使农村得到了巨大发展,但也出现了种种社会问题和病象。一些本来很有能力和作为的乡村干部逐渐地腐败堕落了(《黄胶泥》);乡村的伦理道德急剧衰败,导致了代沟的加深和家庭的破裂(《金色小调》、《八月十五月儿圆》),村民之间的贫富差距在扩大、冲突在激化,甚至发展到了暗害、纵火的境地(《开馆子》、《还乡》);大批的农村青年纷纷进城打工,但等待他们的常常是失败和沦落,他们想返乡创业,但乡村已不再能容纳他们,成为漂泊的一代人(《天凉好个秋》、《回家》)。《汉爷》是一篇篇幅精悍、内容丰富、意味深长的佳作,浓缩了中国乡村半个世纪以来的世事变迁。王汉章土改运动时是革命对象,土地被清算、全家被批斗、小妾被抢占。改革开放,冰雪消融,王汉章以省长父亲的身份"衣锦还乡",本想重温乡情、寻根祭祖,但县长镇长把他当神明看待、伺候,心里打的是政治、经济算盘。各色人等甚至包括昔日的情敌——民兵队长,要把前小妾奉还予他,为的是借他之手解决儿女工作等实际问题。他被包围在献媚、利用、诱惑之中。美好的还乡之情破坏殆尽,他懊丧地请镇长赶快送他回城。历史沧桑、人心不古、趋炎附势的乡村现实通过汉爷还乡表现得淋漓尽致。而《美满家庭》则以传神的描绘、荒诞的情节,展现了一些底层农民当下的生存处境和精神幻想。家徒四壁、身处困境的瞎眼农民耿文心,却精心构想了一个楼上楼下、妻子贤淑、儿女成才的"美满家庭"。他的想象与讲述,竟让村人身临其境、如醉如痴。中国农民可怜的生存状态、"精神胜利法"式的自欺欺人,让人震惊和深思。

关于刘庆邦的煤矿题材,夏榆在访谈中对作家说:"我觉得你的小说把矿区这样一个在以前极易简单化模式化的题材领域拓展了,小说具有真正的艺术品质,你的写矿区的小说别具一格。"①刘庆邦用逼真、深情的笔触,刻画了煤矿工险象环生的工作环境和他们贫困多难的家庭生活(《拉倒》、《夫妻》、《光明行》);用讽刺批判的手法,揭示了公有煤矿一些官员的腐化行为和对工人的愚弄欺骗(《新房》、《征婚》);用同情怜悯的感情,描述了矿工儿子往往只能再去下井挖煤的宿命(《踩高跷》、《雪花那个飘》)。同公有煤矿相比,私营小煤窑的状况显得更加复杂而灰暗。这些小煤窑的生存,不仅要忍受政府管理干部的要挟、盘剥,还要对付江湖窃贼的骚扰、抢掠(《鸽子》、《有了枪》);挖煤工的生活和劳动也更加艰苦(《福利》、《幸福票》);煤老板与工人的关系也更加紧张(《打手》)。在当代文学中,写煤矿题材的作家也有一些,但像刘庆邦这样写得真实、广阔、透彻的,还不多见。

刘庆邦并不满足于忠实地、多方面地展现乡村、煤矿的现实图景。他继承鲁迅的创作精神,在构思表现生活时,努力体现"坚硬"、"深刻"、"批判"、"沉郁"这样一些创作特点,形成了他所谓的"酷烈"小说。酷烈写法是对现实生活的深化,是对人自身的钻探,表现出作家对刚健风格的追求。酷烈写法更多地体现在对人的人格、人性、力量的揭示上,既有对正面人格的肯定和赞颂,也有对负面人性的解剖和批判。先看肯定类作品。《美少年》写一个孩子对邪恶力量的反抗。14岁的美少年文周,之所以用刀两次去捅赖人皮货的青玉米,之所以与皮货结下不解的冤仇,是因姐姐在城里做不干净的事而屡受皮货的公开羞辱和捉弄,而自己又无依无靠。他要维护自己的尊严,他要保护姐姐的声誉,为了这些他不惜付出生命与皮货搏斗到死,表现了一个年幼的生命在邪恶势力面前的无畏精神。《走窑汉》是刘庆邦的成名作,同样写的是一个"复仇"故事。矿工马海州曾是一个劳动积极、追求进步、性格强悍的"青年突击手"。因为自己珍爱的妻子小蛾被支部书记张清占有,愤怒出手用刀刺伤了张清而被捕坐牢。出狱之后依然仇恨难消,用他充满敌意的眼睛,用他如影随形的跟踪,威慑、拷问着被贬职的前支书,使张清无可逃避精神崩溃最终跳窑而死。马海州对张清的报复绝不仅仅是普通工人同煤矿管理者之间的个人情仇,而是体现了一个年轻矿工对妻子的贞节、对家庭的幸福、对个人尊严的誓死捍卫。这一人物身上有强者的性格、行为,更有强者的精神力量。《玉字》中的张玉字,则是一个漂亮、心高、富有心计、借他人之手杀死了强奸她的歹人的刚强女性形象。再看批判类作品。在这类作品中,刘庆邦则着力揭示了人性的扭曲、丑陋、残忍,意在剖示国民的劣根性,"引起疗救的注意"。《在牲口屋》中的女人金宝,与杨

---

① 夏榆、刘庆邦:《得地独厚的刘庆邦》,《梅妞放羊》,长江文艺出版社,2001年,第380、382页。

伙头多年相好,最终却让丈夫、儿子合力打死了老情人,显示了一个农家妇女的绝情、狠心。《人畜》写农民老祥与一头骡子的较量,他把人生的愤懑撒到无辜的骡子身上,加重拉犁分量、皮鞭抽打、棍子猛击,甚至用刀刺伤骡眼,把人性的残忍、狡诈、疯狂写得惊心动魄。还有《不是插曲》写矿工精神情感的空虚、扭曲,《保镖》写窑主的保镖顺头的好色、凶狠和背叛,把人性的丑恶写到了极致。让读者看到了在原始、恶劣的生存环境下人的非人性、非人道的一面。

刘庆邦立足现实的社会人生,写了黑暗、丑陋的一面,同时也写了社会现实明朗、温暖和人情人性美好、高尚的一面,使他的现实主义创作出现了变奏。譬如《别让我再哭了》中,描写了一位真正把死难矿工当作亲兄弟的工会主席孙保川的形象,让人感受了他与矿工的手足之情。譬如在《草帽》里,讲述了12个矿工在班长的约定下,用买馄饨的办法帮助公亡工友遗属渡过难关的故事,矿工之间的深厚情谊让人感动不已。刘庆邦还表现了底层矿工人格的高洁。《检身》中的检身员包长更,在他铁面无私、一丝不苟的检查工作中,凸显出的是他对矿工生命看得重如泰山的高度责任心。《窑哥儿》里的年轻窑工泉子,在他无私帮助卖身女人老白的行为中,折射出的是他纯洁、仁义、善良的人品。刘庆邦虔诚地刻画了这些美好形象,给沉重的社会人生涂上了一层诗意的暖色。

需要指出的是,刘庆邦的现实主义小说,虽然写得逼真、鲜活、浓郁,但对错综复杂的社会人生还缺乏自己独到的、新颖的思想发现。他真实地描写了林林总总的社会现象和问题,但往往停留在生活的外层,还难以切入它的深层规律,提出有别同代作家的时代课题。他深入刻画了各种各样人物的精神情感世界,而他的揭示大抵局限在人们的认知范围,还少有他自己的独到洞见和思考。思想性的薄弱不能不说是刘庆邦小说的局限。

风俗、人物的诗化呈现

刘庆邦向往鲁迅小说那种坚硬、深邃的品格,但更钟情沈从文那种柔美、抒情风格。他坦言:"沈从文的小说让我享受到超凡脱俗的情感之美和诗意之美,他的不少小说情感都很饱满,都闪射着诗意的光辉。大概我和沈从文的审美趣味更投合一些,沈从文的小说给我的启迪更大一些。"[①]他在创作初期是以现实主义为主的,后来又探索抒情浪漫小说路子。他来往于"酷烈"和"柔美"两个

---

① 杨建兵、刘庆邦:《"我的创作是诚实的风格"——刘庆邦访谈录》,《小说评论》2009年第3期。

艺术世界之间,或悲或喜,不能自已,说:"我自己比较偏爱柔美小说。可写了两篇觉得不过瘾,又经不住现实生活的诱惑和纠缠,就得写两篇酷烈小说。我写了酷烈小说,觉得很紧张,很累,甚至觉得人活着特没劲,就回过头来再写点柔美小说。"①刘庆邦笔下的柔美小说,再现了豫东平原壮阔优美的自然风景和丰富灿烂的民情风俗,是他童年记忆和历史传说中的地域图画;描绘了那块土地上各种各样的人物形象,特别是小男孩和小女孩的形象,他们纯朴、坚韧、自尊,是传统文化和大自然的儿女,在这些人物身上寄寓了作家的人生和审美理想。刘庆邦的豫东平原与沈从文的湘西乡土,虽然相隔千里,风俗各异,但它们的共同点是都是作家童年记忆的产物,渗透着作家的社会人生理想,饱含着作家的游子感情和诚挚愿景。当然,刘庆邦还缺乏沈从文那种深厚的文化修养和明晰的审美理想,致使他创造的地域风俗和人物形象,很难能达到那种纯净的、深远的艺术至境。这或许与作家兼顾小说的现实性不无关系吧。

  沈从文、汪曾祺的京派乡土小说,对刘庆邦的创作产生了深刻影响。他说:"我们写小说的过程归根结底是审美的,我对自然之美、情感之美、民俗之美的表现和赞美都很热衷。特别是在民俗中取材,这些年我是自觉的,下了力的,并写出了一系列关于民俗文化的小说。"②他在小说中用朴素、洒脱的文字表现了豫东平原的风景和劳动之美。譬如在《拾麦》等多篇作品中,描绘了连天接地、金浪滚涌的麦收情景和人们欣喜而紧张的收麦劳动;在《起塘》里刻画了水美鱼跃的自然风景和全村村民壮观有序的捕鱼场面;在《拉网》中叙述的则是新河里一条黄劫大鱼作怪、十家大网户联合拉网两次出动终于捕获的有趣过程。真是美哉壮哉,如诗如画。他在小说中用多彩、传神的笔墨,渲染了豫东一带的民俗美和民情美。譬如《春天的仪式》写柳镇三月三的庙会,隆重、热烈、欢乐,竟有两班大戏演出、四家唢呐班演奏,还有各种杂耍、买卖、小吃摆摊……"庙会其实是一个约定,或者说是一个节日,到时候方圆几十里、上百里的人们都纷纷聚集到会上去了,以各自的方式,去欢度他们的'节日'。"就在这样一个盛大的"节日"里,情窦初开的星采姑娘,独自一人,众里寻他,竟大海捞针般地找到了那个已经订婚但还陌生的邻村小伙子,她的内心立时充满了惊喜、害羞和慌乱……民俗美和民情美凝结成一首古老而深情的歌。还有《听戏》写豫东乡村唱戏风俗的盛行,爱戏如命的姑姑竟因听戏遭受了丈夫的百般虐待,依然痴心不改。《曲胡》写民间艺人瞎祥把曲胡拉得摄人魂魄,以致感动了守寡的嫂子和新婚的

---

① 赛妮亚、刘庆邦:《刘庆邦访谈录》,《民间》,新疆人民出版社,2002 年,第 358 页。
② 杨建兵、刘庆邦:《"我的创作是诚实的风格"——刘庆邦访谈录》,《小说评论》2009 年第 3 期。

侄媳,竟发生了不该有的私情,瞎祥与嫂子以相同的方式上吊而死。两篇小说写的都是戏剧、音乐、艺术同中原百姓的密切关系。一听戏就进入角色,忘却了尘世的一切,在如泣如诉的音乐中,从心灵的共鸣到肉体结合……从中可见民间艺术的强大魅力,中原百姓的艺术情结。

婚丧嫁娶风俗集中体现了一种地域文化和百姓的生活情趣。在过去的作品中,这种传统风俗是被视为封建的、愚昧的、落后的东西,但在刘庆邦的小说中,则给这种传统风俗赋予了一种积极的文化和审美意义。譬如写婚姻过程中母亲如何亲自出马,为女儿慎重相家(《相家》);譬如写男女青年在见面交往中的观察、考验、定夺的有趣过程(《怎么还是你》);写婚礼上千奇百怪的闹洞房风俗,大年初二新女婿隆重的走新客礼仪(《走新客》)。譬如写老人去世后丧礼的庄重、严格以及响器吹奏在整个仪式中的独特作用……这些逼真、精细的描写,再现了传统婚丧嫁娶风俗的真实情景,表现了它在社会人生中的正面作用,不仅具有社会和审美意义,同时具有民俗学价值。当然,刘庆邦也看到了传统民情风俗中,也有庸俗、虚伪、丑恶的东西,在《冲喜》、《四季歌》、《一句话的事儿》等作品中,尖锐地揭示了娶新媳妇为病危新郎"冲喜"的民间风俗的荒诞,依然流行的童养媳风俗对年幼女孩的压抑和摧残,打卦算命对一个无知女人婚姻的可怕误导,显示了作家的现代思想意识和对传统风俗的理性审视。

每个作家都有自己的人物谱系,他不可能把每一种人物都写好。刘庆邦短篇小说最突出的人物系列有两个。一个是那种"侠骨柔肠"式的矿工形象,如马海州、孙保川、包长更等,属于写实型人物。另一个是那种纯洁、美好的少男少女,特别是少女形象,他把他们提纯了、诗化了。他借鉴了沈从文、汪曾祺写女性人物的表现方法,说:"青春生命之美,是人生最美的阶段,而少女之美,又是青春生命中的美中之美。"[①]他从小接触过不少女孩子,脑子里装了不少美的形象;他爱读《红楼梦》,曹雪芹对年轻女子的思想观念和审美趣味也对他有所影响。这些都促成了他在这一人物系列上的成功创造。

少男形象在刘庆邦的小说中不算多,但有几位十分鲜活、感人。《远足》中不满十岁的金生,是一个感情丰富、孤独内向的孩子。一次从自家到表哥家的走亲戚,使他感受到了世态的冷暖,觉得自己突然长大了。《小小的船》里的男孩把自己节省下来的饼子送给要饭女人和孩子,得到一句"心眼儿好"的感谢和夸奖,竟激发了他自觉地对穷苦人的同情和爱心。《夜色》中的大男孩周文兴也才十八九岁,但一朝订婚有了对象,就突然勤快了、能干了、有心了,滋生了对未婚妻的浓浓关爱。这些少男们纯朴、善良、多情、内向,他们在走向人生、社会、

[①] 杨建兵、刘庆邦:《"我的创作是诚实的风格"——刘庆邦访谈录》,《小说评论》2009年第3期。

婚姻中一步步地成长起来。

少女形象是刘庆邦小说中最美丽、最庞大的一个人物系列。有研究者称他的作品中有一个"女儿国"。在这个系列中,有孤单、勤劳,在爹的坟头上种倭瓜的猜小(《种在坟上的倭瓜》);有贫穷、懂事,主动帮娘务家干活的王改鸽(《谁家的小姑娘》);有娘死爹走、一人承担起拉扯弟弟顶门立户的小青(《一捧鸟窝》、《守不住的爹》)。这是一些懂事、勤快、要强,"穷人的孩子早当家"式的少女形象。还有面对婚姻大事,从慌乱害羞到镇静喜悦的喜如(《红围巾》);有嫁错男人,依然执着地建家立业,追寻真爱的小文儿(《不定嫁给谁》)。《鞋》中的女主角守明是这类人物中的典型形象,作家把一个订婚了的姑娘既幸福又伤感,既向往又胆怯,既多情又理智的性格和情感,表现得纤毫毕露、美妙动人。未婚妻给未婚夫做鞋作为定亲礼物,是小说中的一个文眼,既传递了中原乡村中的婚嫁风俗,又呈现了守明复杂变幻的情感心理。这是一些在乡村的爱情、婚姻中成长、强大起来的女性形象。还有在民间风俗和日常劳动中变化、成熟起来的少女形象。从未做过女红的女孩子格明,却接受了一个神圣的任务,给临终的三奶奶做绣花鞋。她从哆嗦到镇定、从笨拙到熟练,既完成了任务,也从此在精神心理上成人了(《黄花绣》)。《梅妞放羊》是一篇表现少女成长的艺术精品。放羊女梅妞是一个大自然的女儿,她在原始的劳动中感受到了大自然的美丽和富饶,在照护两只小羊给它们喂自己的奶的举动中滋生了天然的母性之爱,特别是在面临风暴险境保护羊群的搏斗中,激发出一种高尚责任感和勇敢精神。作家把最原始的劳动神圣化了,把乡村少女的形象诗化了。

传统叙事艺术的现代转化

短篇小说的艺术表现形式,在新时期文学以来得到了长足发展,古今中外的种种方法、手法和技巧轮番用过,新世纪伊始则呈现出向"本土经验"、"中国传统"回归的趋向。有评论家曾问到刘庆邦在创作中有哪些探索和变化,作家回答说:"至于说变化,一个人的写作当然会有所变化,求变求新,也是作家的基本素质之一。但我觉得现在强调变化太多了,变化似乎成了一个强制性的标准。变化不是赶时尚,时尚都是肥皂泡泡,炫目得很,也易碎得很,我们永远赶不上。生活是在不断变化,不断给我们提供新鲜的感受,我们应予以关注。但变中有不变,文学更应该关注那些不变的东西。世界上有两样最美的东西,一个是太阳,一个是月亮,也就是阳光和月光,它们没有变,却始终是我们人类的审美对象。"①这番话道出了刘庆邦的基本审美思想,他坚持求变求新,但更注重不变和坚守。纵观刘庆邦30年来的短篇小说轨迹,确实可以看到他在艺术风格和具体的表现方法上的探索,但在小说的表现模式和方法上则早已形成、一以贯之。这就是立足中国传统小说的叙事艺术,吸取部分现当代表现形式,形成了一种具有现代风貌而又彰显传统品格的小说艺术模式,较好地实现了传统叙事艺术的现代转化。这种艺术模式,不新不旧,有更长久的艺术生命。

中国古典小说的叙事艺术,博大精深,但它的表现模式基本上是"故事式"的。直到进入现代,才有了"人物式"、"心理式"、"意境式"等多种模式。这是古典小说向现代小说的一次深刻转型。刘庆邦继承了古典小说的讲故事传统,同时又容纳了现当代小说写人物方法,力求在故事的讲述中塑造出独特而丰满的人物形象来,使故事与人物相得益彰。他的小说绝大部分是这样一种套路。譬如《回乡知青》作品开头就写:"人们已经看过了不少下乡知青的故事,今天我来写一篇回乡知青的故事。"作者在这里端出了一个"说书人"的架势。中间写回乡青年王继国的人生命运,情节比较零碎,但因为有一个在场的说书人的讲述,因此碎而不乱,一气呵成。结尾又交代:"到这里,回乡知青王继国的故事就完了。"又补了一句关于王继国因耳聋出车祸他父亲听说后会作何感想的提示。这样就使读者既满足了听故事的愿望,又留下一丝悬念,可谓曲终人散、余音袅袅。再如《不定嫁给谁》篇幅只有九千字,讲述的是乡村姑娘小文儿的爱情和婚姻故事,但作者却别出心裁地把全篇分成三部分。"故事的序幕"讲述的是现实中的小文儿的婚姻概况。"故事这才开始"描写的是虚的小文儿在两个男人之间的爱恨情怨。"故事的结尾"则顺流而下,写了小文儿对心爱的男人示爱遭拒,思考"下一步该怎么走"。以"故事完了,谢谢读者"收尾。作者运用古典话本小说的做法,真真假假,一波三折,引人入胜。这是两篇典型的故事式小说,但人物形象也十分突出。作者的其他小说虽没有使用这样明显的讲故事套路,但大抵有一个完整的或事件、或线索、或细节,精心构思、细针密线、叙述有序,具有很强的可读性。刘庆邦小说叙事的不足是,他太钟情于这种故事人物的复合模式,很少尝试别的叙事模式,显得有点故步自封,导致他的小说有点重复感、保守感。其实生活素材多种多样,"量体裁衣",文无定法,大胆拿来,为我所用,艺术之路才会越走越开阔。

在短篇小说有限的时空中,既要讲故事,又要写人物,有相当的难度。这也正是长期以来短篇不短的原因所在。而刘庆邦的短篇小说,绝大部分限定在八九千字之间,甚至五六千字,极少有万字以上的,且浑然一体,自成世界。其中

---

① 杨建兵、刘庆邦:《"我的创作是诚实的风格"——刘庆邦访谈录》,《小说评论》2009年第3期。

的奥妙就是,作家在创作时总要找到素材中的"文眼",或者说他善于在生活中发现、捕捉文眼,然后以文眼为内核,生发出一个小巧而齐全的艺术世界来。正如吕政轩说的:"刘庆邦的每一篇短篇小说都会有一个聚焦点,作者把他对生活的全部感情和对生命的全部感受都凝结在这一聚焦点上。"①刘庆邦则更形象地称之为"短篇小说的种子"。有了一粒优种,给它一方水土,它自然会生根发芽,抽枝长叶,开花结果。譬如《草帽》中那顶连接三个女人感情的手编麦秆草帽,《响器》里让高妮心驰神往并最终托付一生的大笛,《鸽子》中荒凉小煤窑场院里自由飞翔的几只鸽子等,这些都是有形的物体,极易生成短小而完整的故事。再譬如《赴宴》里的"我"对一次难得的赴宴的渴望和错失机会的悲痛,《开馆子》中善良的女主人公对二宝猝死一案的默默探寻,《夫妻》里丢了一条腿的瘸子矿工对所有人的猜忌和仇气……这些则是人物内在的一种精神情结,它同样可以像"种子"一样长出一连串情节来。这种选取小说"种子"构筑全篇的方法,也是鲁迅惯用的艺术手段。

在短篇小说的叙事语言上,刘庆邦对那种单一、有序、粗放的讲故事语式,进行了革新。他以故事情节的走向为主线融叙述、描写、心理为一体,创造了一种质朴、灵动、细腻、浑厚的叙事语言,它既是古典的,又是现代的。贴着人物的心理展开叙述,这是刘庆邦常用的一种方法。譬如在《远足》、《鞋》、《红围巾》、《幸福票》、《福利》等篇什中,都有一个独特而紧凑的故事,但作者在叙事中以主人公的心理为基点,用人物的心理推进贯穿整个故事。而叙事的语调又是作者自己的,作者边叙述边描绘,甚至跳出来议论、抒情,就像山谷间那种百流相汇、众声相和又簇拥向前的河水一样。当然作者的多数作品还是以自己的叙述为基调的。把植物、动物等拟人化,显示自然万物的和谐相通,也是刘庆邦小说叙事中的一个特点。譬如《阳光》中的主角就是在煤窑下拉车的一匹马,它像人一样有思想、有感情、有愿望,写得沉重、激越、悲凉。又如《喜鹊的悲剧》是以雄雌两只喜鹊为主角的,写它们快乐的生活、辛苦的孵蛋,对人类行为的气愤和困惑,生动有趣,让人深思。还有《起塘》中的大鱼对小女孩的同情和自投罗网;《拾麦》里的麦子与农民们的精神感应,写得自然优美、出神入化。刘庆邦是豫东平原和中原文化的儿子,他在自己的叙事语言中,也渗透了眷恋、感恩、悲悯、忧思的赤子之情。

原载《中国作家》2011 年第 7 期

---

① 吕政轩:《民间世界的诗意抒写》,《小说评论》2005 年第 3 期。

《遍地月光》与长篇小说的语言问题

王彬彬

一

把长篇小说的语言作为一个独立的问题提出来,一方面因为大量的长篇小说,在语言上很随便、很粗糙、很枯涩,另一方面,也因为文学界一些人在长篇小说的语言问题上,有着错误的观念。在长篇小说的创作者中,在文学批评家中,都有些人认为,对于长篇小说来说语言并不是很重要的因素。有人认为长篇小说的结构最重要,有人认为长篇小说的思想最重要。而相对于结构、思想,语言是次要的方面。而我以为,短篇也好,中篇也好,长篇也好,语言都是最重要的。作为长篇小说的《红楼梦》之所以有着那样大的魅力,之所以有着那样高的地位,首先因为语言上有着无与伦比的文学性。如果有人不同意这种看法,就请设想一下,如果《红楼梦》的语言粗率一些、枯燥一些、涩滞一些,那会是怎样的后果。毫无疑问,《红楼梦》的结构是伟大的,《红楼梦》的思想是深刻的,但是,如果《红楼梦》的语言是平庸甚至低劣的,那也就是一部寻常之作。

一部一字一句的表达都很富于文学性的长篇小说,由于故事情节和人物命运已经知晓,重读时实际上从任何一页开始都可读下去。《红楼梦》就具有这种品格。虽然无意于说《遍地月光》已经达到《红楼梦》的境界,但这里还是想给优秀的长篇小说下一个"定义":一部优秀的长篇小说,应该是经得起一读再读的作品;应该是已经读过的人,从任何一页开始都可以又一次读下去的作品;应该是在故事情节、人物命运都谙熟于心后,仍然能够从中获得审美享受的作品;换言之,一部优秀的长篇小说,故事情节、人物命运,最终都退居幕后,而那些对故事情节、人物命运的一字一句的表达,则占据前台。

二

这样给优秀的长篇小说下"定义",有将语言与"内容"、怎么写与写什么割裂开来之嫌。不过,当人们认为长篇小说语言不重要,内容更要紧时,已经进行这种割裂了。孙犁和汪曾祺都明确强调过语言与内容的不可分割。孙犁说："重视语言,就是重视内容了。一个写作的人,为自己的语言努力,也是为了自己的故事内容。他用尽力量追求那些语言,它们能完全而又美丽地传达出这个故事,传达出作者所要抒发的感情。"①汪曾祺把这种思想表达得更充分,他说:"语言不只是一种形式,一种手段,应该提到内容的高度来认识……语言不是外部的东西。它是和内容(思想)同时存在,不可剥离的。语言不能像桔子皮一样,可以剥下来,扔掉。世界上没有没有语言的思想,也没有没有思想的语言。往往有这样的说法:这篇小说写得不错,就是语言差一点。我认为这种说法是不能成立的。我们不能说这首曲子不错,就是旋律和节奏差一点;这张画不错,就是色彩和线条差一点。我们也不能说这篇小说不错,就是语言差一点。语言是小说的本体,不是附加的,可有可无的。从这个意义上说,写小说就是写语言。小说使读者受到感染,小说的魅力之所在,首先是小说的语言。小说的语言是浸透了内容的,浸透了作者的思想的。我们有时看一篇小说,看了三行,就看不下去了,因为语言太粗糙。语言的粗糙就是内容的粗糙。"②孙犁和汪曾祺强调语言与内容、思想的不可分割时,当然没有把长篇小说排除在外。我甚至认为,在某种意义上,长篇小说的语言更重要。中短篇小说,语言即便差一点,也能勉强读完。而阅读长篇小说,那是一段漫长的旅程,如果语言不好,就很难终卷。如果非读完不可,那就是一种苦役了。

促使我以《遍地月光》为例谈长篇小说语言的原因,首先是我觉得这些年的长篇小说,普遍缺乏语言的魅力。有些颇有影响的作品,甚至语言很有些粗糙,文理不通的现象也并不鲜见。要举例,可举出许多。现在不妨以韩东的《知青变形记》为例。《知青变形记》2010年4月由花城出版社出版。选择这部长篇作为例子,首先是因为其在语言的粗率、枯索上,表现得较为典型,同时也因为这部小说被称为"韩东最新力作",问世后产生了较大的影响。同《遍地月光》一样,《知青变形记》也是以"文革"为背景的,写的是知青在农村的故事。整部小说的叙述,都像是一句一句地硬挤出来的。大量的空话、套话、文理不通的话,加上用词常常不当,使得阅读成为一件十分乏味的事情。还是举些具体的例子吧。

《知青变形记》第14页:"王助理是一个白胖子,脑袋上的头发已经歇光了,大概有两三缕头发横过来搭在脑门上,显得油光水滑的。他自备了一把小梳子,说话时不时地掏出来刮刮脑袋。"这部长篇就是由这样的叙述构成,而这样

---

① 孙犁:《孙犁全集》第3卷,人民文学出版社,2004年,第170页。
② 汪曾祺:《汪曾祺文集·文论卷》,江苏文艺出版社,1993年,第1~2页。

的叙述真是非常拙劣的。头发当然是长在脑袋上,难道还能长在别的部位吗?"头发"之"头",已经是脑袋之意,所以"脑袋上的头发"这种说法令人发笑。"歇光"可能是"谢光"的笔误,但也可能是韩东本就不知应该是"谢"而不应是"歇"。当人们使用"大概"时,表明对某种状况不能做出精确的判断。"两三缕头发",在大白天是一眼便能看清的,加上"大概"便很滑稽。更重要的是,既然前面说"脑袋上的头发已经歇光",后面又怎么出现"两三缕头发"呢?脖子上面都是脑袋。脑袋上的头发已经谢光,那就脖子以上一根头发都不应有。实际上,韩东想说的是"头顶上"的头发已经谢光,但落笔时却写成了"脑袋上"。而"头顶上"与"脑袋上",相差是很大的。心手不一,是写作中的常见的现象,是表达能力欠缺的典型表现。至于"他自备了一把小梳子",就让人忍俊不禁了。一个人随身携带的小梳子,不"自备"难道还"他备"不成?我们不能说"他自备了一个钱包"、"他自备了一块手帕",同理我们也不能说"他自备了一把梳子"。把用梳子梳头说成"刮",也属用词不当。用刀子等块状的东西贴着物体表面移动,叫做"刮"。而梳子是齿状的东西。一把随身携带的小梳子,其齿应该是很细的,即便在光秃秃的头皮上移动,也不能称作"刮"。

《知青变形记》第 15 页:"这次事件之后,成集街上再也没有人敢与知青争锋了。赶集的农民看见人保组的人仍然避之不及,人保组的勤务员见到知青也一样,唯恐避之不及。""避之唯恐不及"是一种习惯用法,意思是慌忙躲避,生怕躲避不成。将"避之唯恐不及"简略成"避之不及",就是不通了。"赶集的农民看见人保组的人仍然避之不及",这是什么意思?把"避之唯恐不及"说成"唯恐避之不及",意义上虽没什么问题,但意味却顿减。"避之唯恐不及",动词在前,我们仿佛看见一个人或一群人在慌乱、急促地逃离、躲藏,动作性很强。而"唯恐避之不及",将"避"这个动词放在了后面,便没有那么明显的动作性。

《知青变形记》第 15 页:"我们去成集街上赶集,通常去工农兵饭店吃饭。那是成集街上唯一的一家国营饭店,也是唯一的一家饭店,只卖饭菜、面条,不卖茶水。""文革"期间的饭店都是国营的,强调这是"唯一的一家国营饭店",言外之意就是还可能有非国营的饭店。这表明韩东对"文革"时期的社会状况并不很熟悉。两个"唯一"连用,显得很别扭。饭店不是茶馆,当然"不卖茶水"。强调这工农兵饭店"不卖茶水",就像强调公鸡不下蛋,母鸡不报晓。这其实不是语言问题,而是常识问题。

《知青变形记》第 17 页:"夜幕降临,古老的瓦屋里阴影重重。北风呼啸怒号,闰女窸窸窣窣地反刍着草料。门窗紧闭的主屋那边不时地会传出一些响动,像是有人在拄着拐棍走路。我不由得想起了村上人的说法,那瓦屋是姓范的第一代先人盖的,他们死了之后再也没有搬出来。村上人的意思是瓦屋后来成了老范家的祠堂,用来供奉祖先的牌位。明知道如此,我还是起了一身鸡皮疙瘩。"这一段叙述,也很经不起推敲。有光亮才会有阴影。北风呼啸的冬夜,古老的瓦屋里只能是漆黑一片,怎么会"阴影重重"?闺女是一头牛的名字。牛的反刍是很有节奏的,也并不太急促,用"窸窸窣窣"表达牛反刍的声音,是很不准确的。牛反刍的声音是很细微的,在"北风呼啸怒号"的夜晚应该也难以听见。主屋"门窗紧闭",在"北风呼啸怒号"的夜晚,身在牛屋中的"我"也不可能听见那里面挂着拐棍走路的声音。"明知道如此",有明显的转折之意。但这里的语意实在看不出转折。正因为知道这里是供奉死人牌位的祠堂,所以才产生恐惧,才"起了一身鸡皮疙瘩"。一个"明知道",让人不知作者到底想表达什么。——这样的叙述,真可谓语无伦次。

例子就举这些。这些例子,是很随意地选中的。《知青变形记》这部长篇,通篇就是以这样的语言叙述的。这些问题,与其说是"语言问题",毋宁说是"语文问题"。我们的许多作家,不是"语言"不过关,而是"语文"不过关。

三

语言的美,当然应该是多种多样的。但无论一个作家的语言是何种风格,无论一个作家的语言表现出的是怎样的美,都必须遵守一个共同的准则,这就是准确。你可以是阳刚的,也可以是阴柔的;你不妨是华丽的,也不妨是朴素的。但阳刚也好,阴柔也好;华丽也好,朴素也好,都必须是准确的。这意思当然没有什么独创性,前辈作家和理论家早就强调过。尽管如此,仍然有大力强调的必要。许多当代长篇小说的语言,共同的弊病是不准确。韩东只不过是比较有代表性的一位而已。我推崇刘庆邦的《遍地月光》,并不意味着《遍地月光》的语言表现的是唯一的美。它表现的也只是多种可能的语言美中的一种。《遍地月光》表现了一种语言美,而这种美的表现,首先与准确有关。没有语言的准确,就没有语言的美。还是举些例子吧。《遍地月光》是以一场夏夜的雨开头的:

> 半夜里,下雨了。没有打闪,没有打雷,也没有刮风,皮钱大的雨点子说落就落了下来。这是夏天的雨,比春雨和秋雨显得精力充沛些,有激情些。这体现在它果断,垂直度好,打击力强,不管落到哪里,都能激起应有的反响,谁想不吭不哈都不行。雨点落在地上,是玻璃珠子砸地的声音。雨点落在水塘里,是用带倒刺的锥子往水里扎蛤蟆的声音,雨点落在阔大

的桐树叶子上,发出的是不断敲击羊皮鼓并把鼓面子击破的声音,雨点落在一向沉默持重的石碌上,石碌如被无数指头抓着痒痒,触痒不禁似的,也切切磋磋起来……

其实每间草屋里都有活着的动物。除了人,饲养室里有牛马驴,猪圈里有猪,鸡窝里有鸡,各家各户还有蚊子、苍蝇、跳蚤、臭虫和老鼠等。雨下来时,各类动物只动了动,很快归于平静。马张了张鼻翅,接着吃草。猪哼了两声,对下雨表示过不满,没耽误继续睡觉。母鸡撒娇似的呻吟一声,公鸡及时抓住向母鸡示爱的机会,赶紧向母鸡身边靠拢……(第1~2页)

这不能算是《遍地月光》中最精彩的部分,但已经具有了足够的魅力。对雨落在不同物体上的声音的捕捉,对雨落下后各种动物不同表现的刻画,都表明刘庆邦是十分在意表达的准确的。这不是随随便便写出的话,一定是冥思苦想后找到的最好表达。"雨点落在水塘里,是用带倒刺的锥子往水里扎蛤蟆的声音",这样的说法虽然有些俚俗,但还能找到比这更准确地形容这种声音的语言吗?这应该是仔细寻觅、精心比较、反复权衡后的选择。别的说法可能更文雅些,但是,却没有这种说法准确。刘庆邦舍文雅而取准确。这是一个优秀作家的选择,因为准确是比文雅更为重要的。夜雨骤降,各种动物以自己的方式做出了反应。但是,它们的反应是并不强烈的,是并不以大雨为意的,因此,"各类动物只动了动,很快归于平静"。这可看作细节刻画,但用语是平易而又准确的。"只动了动",恰如其分地写出了各类动物在夜雨骤降时的表现。这几个字,是极寻常的,却又是无可替代的。用语的准确,是一切优秀作品的基本品格,《遍地月光》正具备了这种品格。不妨再举几例。第41页:"地面晒得很烫脚,银种光着脚往坑那边跑时,两只脚都瓦楞着,脚心不敢沾地。""瓦楞"本是名词,刘庆邦将其动词化了。用"瓦楞"来形容脚心不敢沾地的状态,是非常准确的。也许这是作者家乡的习惯说法,那也说明作者很善于借用民间语言。第43页:"他们泼水是从下往上泼,泼水的目标非常明确,银种低着头都躲不过。下雨落下的是雨点子,他们泼出的是水块子。雨点子有缝隙,水块子没缝隙,直接结结实实地砸在银种脸上。"银种因为是地主的儿子,受尽村中孩子的欺侮。在水塘戏水,众多男孩围定银种一齐向他泼水。为了说明遭泼水,比受再大的雨淋都难受,刘庆邦用了"水块子"这个词。我们的日常用语中,有"土块"、"木块"、"石块"、"铁块"这种说法,没有"水块"这种说法。"水块子",这应该是刘庆邦创造的一个词。将一种液体称为"块",很出人意料,但又多么形象而准确。第333页:"端碗的当儿,他闻到附在碗里的面条的气息,说实在话,他连啃瓦碗的心思都有啊。"地主的儿子金种在村中不堪迫害,逃到了一个城市。连续几天的饥饿使他来到一家专卖大碗汤面的饭馆。他抢着替服务员收拾碗筷,希望能得到一点碗中的剩食。那是"文革"期间,这样的饭馆里,有剩食的碗是很少的,金种收拾的通常是空碗。碗中虽没有了面条,但面条的气息仍留在碗里。这面条的气息让金种的饥饿感更加强烈。"附在碗里的面条的气息",这是十分准确的表达。

既然各种语言风格都必须以准确为原则,那准确本身就不是一种风格。《遍地月光》的语言风格,可以说是雅驯杂俚俗。《遍地月光》有一个全知全能的叙述者,这个叙述者是一个知识分子。"垂直度好,打击力强"这样的语言,只会出自有一定知识文化者之口。这样的语言是文雅的。这个叙述者常常以这种文雅的方式说话,但也往往以不那么文雅的语言叙述。"谁想不吭不哈都不行","是用带倒刺的锥子往水里扎蛤蟆的声音",这样的语言有几分村俗,有几分乡土气息。如果整部小说完全是以那种文雅的语言叙述,会显得呆板甚至枯燥。以这种既文雅又俚俗的语言叙述,整体的叙述风格就显得活泼,小说语言在总体上就显得丰富、灵动。例如第368页:

> ……事情明摆着,儿子是没指望了。这意味着,他不会有孙子了,他这一支,到他儿子这一辈,就算完了。他很忌讳绝户这两个字,每想到这两个字,他心里就一阵揪疼。他有儿子,不算绝户。可是,有这样一个儿子,跟没有差不多,他等于提前绝户了。他知道村里人都盯住了他这一点,都在背地里看他的笑话。他不笑,也很少说话,他的情绪是对抗的,脸子一天到晚都黑丧着。他不说话是不说,一说就是说一不二,吐口唾沫就是一颗钉。

上面这番话,前面都是文雅的语言。"这意味着"、"情绪是对抗的"这样的叙述,是典型的知识分子口吻。但最后几句,却变得俚俗起来。"吐口唾沫就是一颗钉"这样的语言,是俚俗的,却又是十分富有神韵的。雅驯与俚俗相交织,并且交织得很自然,毫不让人生出突兀感,这使得《遍地月光》的叙述别有意味。《遍地月光》虽有一个全知全能的知识分子叙述者,但更多的时候,是以人物的视角叙述的。人物都是乡村中人,虽然语言各具有个性,但都是俚俗的。小说语言的俚俗性,其实主要是由人物视角的叙述造成的。

四

《遍地月光》的俚俗性,还通过人物对话表现出来。现在的小说,哪怕是长篇小说,人物对话写得好的,并不多见。没有能力把人物对话写得精彩,是一种原因。不重视对人物对话的经营,也是一种原因。刘庆邦写《遍地月光》,对一字一句的表达都很重视,自然也很重视人物的语言、人物的对话。同是乡村中人,性情、身份、地位、角色也是有种种差异的,这也决定着他们说话有着不同的方式、风格。能够让每个人物的语言都有独特的用词、句式,能够让每个人物的语言都表现他的音容笑貌,也是《遍地月光》的一种特色。姑举一例。小说第四章,地主的儿子金种受到河西、河东、山虎等村中人的严重欺侮、凌辱,不由自主地去找已出嫁的大姐倾诉。然而:

> 金种见到大姐,大姐对他并不是很热情,大姐问:"你怎么这时候来了?下午没上工吗?"金种说:"没上。"大姐又问:"不上工干啥去了?你跟队长请假了吗?"金种说:"没有。"大姐很不悦:"不上工,又不请假,不用说,又跟人家闹气了吧!我跟你说过多少遍了,你就是记不住。人是人,驴是驴。不管到啥时候,都是人牵驴,没有驴牵人的。驴再犟,也犟不过人,犟不过人手中的磨棍,手中的鞭子。犟驴吃犟亏,人把驴打死,驴是活该,死了还得扒皮,吃肉!你得记住,你是地主家的孩子,天生就比人家低一等,低三等。你得服这个低,人家站着你蹲着,人家走路你哈腰。人家捏你的头皮,你得让人家捏。人家把你的头皮捏疼了,你得忍着,别跟人家恼,要跟人家笑。你看看人家杜建勋,人家眼皮子多活,多会来事儿。庄里那么多干部跟他老婆好,让他当乌龟,你见他跟谁恼过,见面该说话还是说,该笑还是笑。当乌龟怎么了,人家把头往肚子里一缩,回到家,老婆还是人家的。我看你得向杜建勋好好学习。你岁数也不小了,还得让别人替你操心,这个心操到啥时候是个头儿!"(第132~133页)

大姐这一番话,固然是对金种的责备、教训,但更让人感到她自己心中的无奈、悲哀。金种的父母早已在迫害中死去,大姐就如母亲一般。大姐作为地主的女儿,本来嫁的也是白马营一个富农的儿子。1959年,上面下达任务,令白马营派一个人到遥远的贵州去参加建煤矿。那时刚开始大吃食堂,吃得还不错,大家都过着"共产主义的生活",没有人肯离乡背井,到以前都不曾听说过的地方去当矿工。大姐的丈夫是富农子弟,这使命便落到了他头上。他自然也不愿去,但又岂敢不去。他哭着去了。就这样,大姐夫因祸得福,从此成了领工资的工人,家里的日子还过得去。正因为是这样当上工人的,姐夫和姐姐都极其珍惜现有的生活状态。姐姐两口子,是提心吊胆地呵护着现有的生活的,因为他们深知这生活的基础其实是极为脆弱的。姐夫虽然侥幸当了工人,某种意义上也是"国家的人",但富农子弟的身份并未改变。在各种表格的"家庭成分"一栏中,仍然只能填上"富农"。这也就意味着,他只要稍有错失,便会被踢出工人的队伍。而如果真这样,后果便不堪设想。姐夫实际上每日都在悬崖边上生活着。金种在家乡不堪迫害,想到贵州投奔姐夫,找点活干。但姐姐坚决不同意。姐姐是怕弟弟给丈夫带来不好的影响,怕丈夫因此从悬崖上掉落。再说,一个富农出身的普通工人,也确实没有可能照顾金种。姐姐一家,虽然过得还好,但无论在政治上还是在经济上,都不能对金种一家有多少实际的帮助。非但不能有什么帮助,大姐一家还要避免与金种一家过于亲密地来往。大姐家虽然是富农,但毕竟有一个工人,在政治上算是有一点淡淡的红色。这一点淡淡的红色,大姐当然看得极其珍贵。这对自己在村中的生存固然不无好处,对孩子们则意义更为重大。而如果大姐与地主娘家来往过于亲密,就可能招来政治性的非议,就可能成为一种罪孽,就可能给自己一家在家乡的生存带来不利的影响。更危险的是,如果有人向丈夫的单位写信,说自己与地主娘家划不清界线,就可能成为丈夫政治上新的污点,最终导致不堪设想的后果也说不定。所以,当金种怀着流血的心来找大姐倾诉时,大姐是并不欢迎的。但大姐又并非不关心弟弟。弟弟受了欺侮,大姐也是心疼的。按常理,她虽然不能给弟弟丝毫实际的帮助,在语言上给弟弟一点抚慰总是应该的吧。但她不能这样做。抚慰不能给弟弟带来任何好处,只能让他在生活中更容易受伤,更经不起不可避免的迫害。明白这道理的大姐,明知弟弟的心在流血,也只能硬起自己的心,指责弟弟。为了弟弟能在风刀霜剑中活下去,她要让弟弟放弃最后一点做人的尊严。从前面的叙述中,我们知道金种本是一个极其聪明的人,一个很有才华的人。而大姐的这一番话,也让我们感到她的不简单。从大姐的这一番话中,我们能读出许多语言以外的东西。不仅这一番人物语言是这样,小说中其他人物的语言,也总有着丰富的言外之意,也总能让我玩味再三。能让读者从人物语言中读出他的性格,读出他的欣喜与悲哀、无奈与隐痛,能让读者从人物语言中读出他的语言所没有表达的东西,远远多于语言所表达的东西,是很难能可贵的,而刘庆邦在《遍地月光》中做到了这一点。

《遍地月光》写人物对话,实际上是在写人物的心理状态。这是一种间接写心理状态的方式。当刘庆邦直接写人物心理状态时,往往也十分精彩。小说中的赵大婶家,也是地主。两个儿子自良和自民,要想娶妻生子,就只能与同样家庭出身不好的人家换亲。赵大婶只有一个女儿,只能解决一个儿子的婚姻问题。于情于理,这唯一的女儿只能为老大自良换回一个女人。与同样是地主的杨家换亲一事定下后,自良当然很高兴。自良忠厚、善良,口拙而手巧。妹妹为了给他这个大哥换回一个女人,不得不嫁给一个自己不喜欢的人,这一点让自良深感不安。他觉得十分对不起妹妹。他竭尽所能地要对妹妹有所补偿。家里穷,妹妹出嫁,没有什么陪嫁。自良决定为妹妹做一个箱子。他找出几块木板。白天上工不能做,他就晚上做。在屋里做点灯费油,他就等有月亮的夜晚在外面做:"他用刨子把木板刮平了,用手摸摸,拿起来对着月光照照,再刮。把木板刮平了还不算,他还要把木板刮光,刮得像月光一样光……他做得很用心,似乎要把轻柔的月光做进箱子里,把他们兄妹间的骨肉之情也做进箱子里。"(第84~85页)箱子做好了,自良还要用真正的漆把箱子漆一漆。买漆需要钱。家中没有钱。自良便趁月夜到河里打鱼。打上的鱼交给娘到集上换成钱。等攒够了,再去买油漆:"在月光的照耀下,有时银光一闪,他发现了一条鱼。他心里也银光一闪,就把鱼从网眼里取出,放进系在身后的鱼篓里去了。有时他怀疑自己从渔网里取出的不是鱼,而是一块月光。"打鱼换钱是为了买油漆,"如果钱花不完,自良还打算给妹妹买一条披巾,要红的。"(第85页)自良没想到,当他怀着歉意、怀着愧疚,默默地做着这些时,弟弟自民暗中干了"扒媒"的勾当。唯一的妹妹为哥哥换了亲,自民便没有了希望。不甘于光棍一生的自民,成功地让杨家看中了自己。由于自民比哥哥帅气、灵活、善言,杨家坚称要换就与自民换,否则作罢。赵大婶也只能认可这既成的变局,但必须瞒着老实巴交的自良。成亲这天,赵大婶打发自良走亲戚,等他回来看见生米煮成了熟饭,也许就默认了。走到半路,自良脑中突然亮起一道闪电,他在一瞬间把一切都想明白了:

> ……是了是了,娘和自民他们一定在背着他搞阴谋诡计,在喜日子里把他支弄开,让杨纪英跟自民拜天地(引按:实际上是拜"毛主席")。自良顿时手脚冰凉,脸色煞白,头也有些晕眩。天上有一只鸟飞过,在他看来,鸟好像快掉到地上了。路边有一块棉花地,在他眼里,满地的白花一跳一跳,好像跳到天上去了。(第110页)

自良的这种心理感觉,应该是作者的想象,这种想象是极其准确的。自良忠厚老实,从不存欺人之心,因此对他人的欺侮也没有丝毫提防。牺牲妹妹而得到一个女人,自良满心羞愧。在许多个月夜,他默默做着木工活。在许多个月夜,他向河中撒下一网又一网。为了能稍稍冲淡一点妹妹的委屈,他做了他所能做的事。正因为是一个老实善良的人,正因为对他人从不存防范之心,正因为他已以实际行动对妹妹表达了愧疚,当他明白自己被如此地欺骗和耍弄了时,才有天旋地转、天崩地裂之感。这种感觉与自良的性情十分吻合,因此显得极其真实。如果是一个性情不同的人,在这种时候的心理反应也一定不同。能从人物的性情、经历出发写人物在特定情境中的心理感觉,这种感觉就特别富有意味。

五

　　为了论述的方便,我现在才谈《遍地月光》语言的简洁。对"简洁",人们或许不无误解。其实不能把行文的简洁仅仅理解为惜墨如金、仅仅理解为字数上的俭省。行文干净利落,就是简洁;该说的说,不该说的不说,就是简洁。单纯强调惜墨如金、行文俭省,可能导致语言枯瘪、意旨单薄。简洁不能以牺牲意蕴的丰厚为代价。行文贵在不拖泥带水,但前提是有泥有水。小说,尤其是长篇小说,必须有泥有水。没有泥没有水的长篇小说,不带人间烟火气的长篇小说,是很难想象的。有泥有水,从污泥浊水中蹚过而不拖泥带水,才值得称道。如果本来就避开了泥水,不拖泥带水也就没有可赞许的。《遍地月光》的行文,可谓简洁而丰腴,简洁而意旨丰富。《遍地月光》没有刻意躲避泥水。小说有着许多枝蔓,叙述了许多复杂的事、难以说清的事,但总是那么有条不紊,同时又字里行间诗意盎然。小说,尤其长篇小说,其实是不能没有枝蔓,不能没有闲话的。小说不怕枝蔓,不怕闲话,怕的是枝枝蔓蔓而又拖泥带水,怕的是说闲话而粘皮带骨。枝枝蔓蔓而又有条有理,常说闲话而又头头是道,叙述最琐屑最无聊的事,也给人以月白风清之感,是《遍地月光》给人的强烈感受。例如第75页:

　　　　太阳渐渐西斜,人的影子渐渐向东,并越拉越长。在阳光的作用下,人的影子无疑是对人体的虚构。一开始还虚构得不离谱,还八九不离十。后来就虚构得有些夸张,有些不着边际。加上锄芝麻的人们手里都有一杆锄,锄杆一动,影子简直有些顶天立地,比孙悟空手里的金箍棒都神奇。金种锄地已锄得很熟练,称得上进退自如。他的熟练在于他的放松,他的放松来源于他的自信。金种不是一个笨人,学锄地对他来说不算什么。再说他已经捋了好几年锄杆。他的锄杆新安上时是涩的,捋了这几年,用汗水浸泡了这几年,已变得十分光滑,表面仿佛有一层玻璃质的东西。他站得很稳,投锄很轻,锄板吃土却不深不浅,极有分寸。他收锄时哔哔剥剥一阵响,野草就被他连根铲除了。他一锄挨一锄地锄过去,锄与锄之间一点空地都不留。锄芝麻不仅仅是锄掉野草,还有其他两项功能:一项功能是保墒;另一项功能是间苗。所谓保墒,就是保持地里应有的水分。把表面一层土锄松,等于给地盖了一层被子,下面的水分不会蒸发得那么快,好的墒情就被保住了。间苗也很重要。种芝麻是撒播,就算撒芝麻的人撒得再老练,芝麻苗子长出来,也不会那么均匀,也有扎堆的情况。间苗就是把扎成一堆的苗子剔一剔,剔除那些瘦苗、小苗,只留下一些肥苗、大苗。金种剔苗剔得格外小心,他用板锄一角,把多余的苗子剔除,对留下的苗子连一根毫毛都不会碰到。他偶尔看一眼杜建明,并不是指望杜建明对他的劳动作出评价,而是在向杜建明看齐。他不能锄得太快,不能超过杜建明,得和杜建明保持齐头并进的速度。

这番叙述,主要是对一种农业知识的介绍。对于小说的整体结构和艺术目的来说,这种很专业的知识并非不可或缺。这是一种枝蔓,一种闲话。如果表达能力差,如果语言没有起码的文学意味,这种叙述就可能语无伦次、枯燥乏味。而语无伦次、枯燥乏味的枝蔓、闲话,绝对是多余的,绝对每一个词都是冗词,每一个句子都是赘句。但这种很专业的知识如果叙述得清楚明白、富有诗意,对于整体的结构、意旨,都是一种丰富,它就成了小说整体上必须有的部分,少了它就是一种损失、一种缺憾。上面所引的这番叙述,就给人不能缺少之感。由于这番叙述既条理分明又一字一句都富有意味,它实际上就成了对金种这个人的描写。叙述的条分缕析,让人觉得金种本是一个有板有眼的人;叙述的诗情画意,让人觉得金种本不是一个乏味的人。《遍地月光》强调了金种的聪慧、精明、机敏。而这番叙述,对于表现金种的这一面无疑很有意义。这不能不让读者产生这样的感慨:这样一个具有良好素质的年轻人,如果在一个正常的环境里,他会以自己的才干为社会、为他人作出贡献,同时也为自己创造美好的生活。但现在,由于是地主的儿子,仅仅因为是地主的儿子,他便只能受尽摧残、凌辱,连最起码的做人的尊严都不能保持。

清人刘熙载论文时,说过这样的话:"刘知几史通谓左传'其言简而要,其事详而博'。余谓百世史家,类不出乎此法。后汉书称荀悦汉纪'辞约事详',新唐书以'文省事增'为尚,其知之矣。"[①]刘知几赞美《左传》的叙述"简而要",同时所叙之事则"详而博"。这让我们明白,"简而要"本身不是一种目的,它应该是实现"详而博"的一种手段。如果不能做到叙事的"详而博",那"简而要"也就没有价值。而要做到叙事的"详而博",语言的"简而要"就不能仅仅意味着惜墨如金,就不能只是在字数上一味俭省,更意味着叙事的干净利落,一个字有一个字的作用,一个词有一个词的意义。所谓"辞约事详"之"辞约",所谓"文省事增"之"文省",也都应如是理解。孙犁在《芸斋琐谈·谈简要》中,对"简要"也发表了精彩的看法。孙犁也从刘知几对"简要"的要求谈起,并做了这样的理论提升:"文字的简练朴实,是文学作品的一种美的素质,不是文学作品的一种

---

① 刘熙载:《艺概》,上海古籍出版社,1978年,第2页。

形式。文章短,句子短,字数少,不一定就是简朴。任何艺术,都要求朴素的美,原始的美,单纯的美。这是指艺术内在力量的表现手段,不是单单指的形式。凡是伟大的艺术家,都有他创作上的质朴的特点,但表现的形式并不相同。班马著史,叙事各有简要之功;韩柳为文,辞句各有质朴之美。因此才形成不同的风格。"①同"准确"一样,"简要"也不是一种风格、一种形式,而是各种风格、各种形式都必须达到的要求。这也就是,简要可以通过各种不同的风格表现出来。简要与拘谨没有必然的联系,简要更不意味捉襟见肘。悬河泻水、汪洋恣肆,也同样可以是简要的。

而刘庆邦的《遍地月光》,很大程度上便做到了"其言简而要,其事详而博"。我还想谈到《遍地月光》对乡村风景的描写。现在的小说中,似乎越来越难见到那种对自然风景的精彩描写了。精彩的风景描写,能给人特别的审美享受。刘庆邦在《遍地月光》中,很频繁地写了乡村风景,并且总是涉笔成趣。读刘庆邦的《遍地月光》,我常常联想到孙犁的《风云初记》。这种联想,往往由《遍地月光》中美妙的风景描写引发。例如《遍地月光》第 153 页:

> ……在麦子没发芽之前,土地是裸露的,呈现出褐黄的本色。一年到头,土地难得这么裸露,它们长出一口气似的,显得轻松而又平静。这时候的太阳好像成熟的果子,发出的阳光有一点儿黄,还有一点儿稠。阳光普照在大地上,扯在田垄之间的蛛丝反射出道道银光。往远处看,似有半人高的水波在波动。那里并没有水,是地气,是土地的呼吸产生的气,地气经阳光一照,如同波动的湖水……

刘庆邦写自然风景,有时用数百字,有时甚至用数千字,仿佛在"炫技"一般。敢于这样做,其实表现的是作家对写作能力的自信。以上所引的这一段,是一番长长的风景描写中的一小部分。身居北京的刘庆邦,应该是通过回忆和想象来描写故乡风景的。回忆和想象居然捕捉到了田垄间的蛛丝,捕捉到了蛛丝在阳光下发出的银光,捕捉到了那似有若无的"地气",有这样的回忆和想象的能力,也难怪他有细致地描写风景的自信。这样的语言是百读不厌的。这就是诗。这就是很美的诗。

---

① 孙犁:《孙犁全集》(第 7 卷),人民文学出版社,2004 年,第 223~224 页。

六

《遍地月光》一开头，就写了乡村夏夜的骤雨，写得很传神。而《遍地月光》更精细地写了乡村的雪。刘庆邦写乡村景物时的精雕细刻，很像一个勤劳的老农对土地的精耕细作。在新文学史上，有不少作家，如鲁迅、废名、沈从文、师陀、孙犁、汪曾祺等，在乡村景物的描写上都留下了美妙的文字。但刘庆邦自有其独特之处。他这样写雪："全灵还在宋玉真家里纳鞋底，纳几针，看看门外的雪。有不远处的一堵黄泥墙衬托着，落雪才看得清楚些。有那么一刻，她以为不是雪在动，是墙在动，墙好像在往上升。眨眨眼再看，原来还是雪在动。"（第279页）这样的视觉经验，很多人既有过又没有过。所谓有过，是指我们都曾像小说中的全灵那样看过雪。所谓没有过，是指这样的景物并未在我们心中引起同样的感觉，或者，同样的错觉我们也曾有过，但稍纵即逝，我们并未意识到它。因为不远处有一堵墙，落雪才看得更清楚些吗？想一想，的确如此。这在科学上也很好解释。我们也一定面对一堵墙看过落雪，也许还一次又一次地看过。但我们当时并未意识到有墙与无墙的差别。面对一堵墙看雪，会有不是雪动而是墙动、墙仿佛在上升的错觉吗？想一想，也的确如此。但我们过去并未在意这种错觉。刘庆邦的描写，不是唤醒了我们的记忆，而是更新了我们的记忆。在这个意义上，刘庆邦不是描写了风景，而是创造了风景。

文学作品对风景的描写，实际上有两种层次。写大家都看到过并且意识到的风景，是一种层次；写大家虽看到过但习焉不察、并未意识到的风景，又是一种层次。大家都看到并且意识到的风景，写得好，也能给人巨大的审美享受。而写那种大家虽看过但并未意识到的风景，写得好，则能给人更高层次的审美享受。如果说，前者让我们感到亲切，后者则让我们感到惊奇。后一种意义上的对自然的描写，不是再现了自然，也不仅仅是表现了自然，更是丰富了自然。再举一个《遍地月光》中的例子吧："全灵不让宋玉真看到她的眼睛，低着眉纳底子。她坐在一个小凳子上，离门口比较近。一朵雪花飘进来，悄无声息地落在她眼前的地上。刚落下时，雪花的花瓣是支棱着的。只一会儿，花瓣就塌下去，变软，变薄，变成雪粉，直至化掉。"（第279～280页）这朵雪花在刘庆邦笔下成了一只小小的动物，一只可怜的小动物。它如果落在外面，就能与伙伴们聚在一起，成为积雪中的一部分。但它鲁莽地闯进了屋里，于是便迅速化成一丝丝水，成为地上眼睛都难以看到的一点点湿痕，并且连这湿痕也很快会消失。我们注意过大片的雪是怎样融化的，但我们留意过一朵雪花的消亡过程吗？我们看到过,但并未留意过。当刘庆邦把这短暂过程中的每一阶段都呈现出来时,我们才对这一过程有了真正的认识。

  刘庆邦用很多笔墨写了乡村美景,看似游离于故事发展和人物命运,其实并不如此。小说由自然和人事两部分组成。自然是那样的美,美得让人心疼。而人事是那样的丑,丑得让人心悸。自然世界的美丽,自然世界的诗情画意,与人间世界的丑陋,与人间世界的荒诞、残酷,形成一种对照。在人间世界的反衬下,自然显得更加美好。在自然世界的反衬下,人间显得更加丑恶。在整体上,自然与人间形成对照。在具体地描写美景的场合,也往往是值得同情的人物特别悲哀的时候。例如,第十章中,金种第一次逃离杜老庄而终于被押送回来。到公社去领人的是杜建国。杜建国押着五花大绑的金种往村里走。快到村口时,金种央求杜建国把绳子解掉。杜建国是比较善良的,也可以说是比较世故的。他解掉了金种身上的绳子。这时,小说有了这样的叙述:"太阳正在下落,下面起了一片红霞。太阳映进水里,不是一点红,是长长的一道红。麦苗起身了,坟头飞起一只老鸹,一落进麦地就不见了。路边的杨穗冒了出来。两个人往杜老庄走……"(第339页)本想逃离杜老庄,却被押送回来,不仅仅极其丢人,还有严酷的惩罚在等着他。而这时,杜建国又告诉金种,全灵要出嫁了。全灵是金种深爱着的姑娘。这消息对于金种当然是雪上加霜。金种内心的哀痛可想而知。然而,落霞、麦苗、老鸹、杨穗——自然是美好的。如此美好的自然与如此哀痛的心灵,就这样对照着。

  以上所说的种种,不全是语言问题,但首先是语言问题。当我们说一部小说把人物心理刻画得很好时,就是在说作家用来刻画人物心理的语言很好,因为我们无法想象一个作家用很差的语言把人物心理刻画得很好。当我们说一部小说把自然风景描写得很好时,就是在说作家用来描写自然风景的语言很好,因为我们也无法想象一个作家用很差的语言把一片风景描写得很好。人物心理是这样,自然风景是这样,其他方面也是这样。特意强调长篇小说的语言问题,也因为长篇小说语言上的平庸比中短篇小说更为严重。那些本来就不可能写出好的语言的人,无论写何种篇幅的作品,语言都是粗劣的、乏味的。对语言的敏感是一个作家的基本素质。在这个意义上,那些从来写不出一句让人眼睛一亮之语的作家,是本不应该从事文学创作这种工作的。但也确有一些作家,当他写短篇时,语言很好;写中篇时,语言也不错;一写长篇,语言就流于一般化,就缺乏神采、韵味。究其原因,我认为有两种。一是没有长时间地苦心经营的耐心。好的语言,是需要苦心经营的——写短篇,字斟句酌,能够做到;写中篇,一字一句都不马虎,也不太难;而长篇小说的创作,是一个漫长的过程。在这漫长的过程中,要做到每一个词都不随便使用,每一句话都不轻易写出,是并不容易的。往往写着写着,那种空话、套话,那种没有文学性的程式化语言,就自然而然地流出来了。另一种原因,或许是对长篇小说的语言本来就重视不够。而如果认为对于长篇小说来说,语言并不很重要,那在创作过程中,自然也就在语言上放松对自己的要求。语言上的自我要求稍一松懈,那种一般化的语言,那种没有多少文学性的语言,就会源源不断地流出,就像水龙头一打开,自来水就会哗哗流出一般。这实在是令人惋惜的。一个在语言上有才华的作家,一个能够写出好的语言的作家,一个在中短篇创作中显示了他的语言天赋的作家,如果写长篇时却不能让他的语言具有充分的魅力,最终也将使他的长篇流于平庸。

原载《文学评论》2012 年第 3 期

都市深处的冷漠与荒寒
——评刘庆邦的短篇小说《骗骗她就得了》

孟繁华

近一个时期,刘庆邦一直在书写系列小说"保姆在北京"。这篇《骗骗她就得了》就是这个系列的第十篇。庆邦过去的小说大多写乡村和煤矿,那是他的生活经验,也是出身和阅历,因此写起来得心应手水到渠成。那些生活庆邦当然还会写。但是,庆邦突然集中写"北京保姆",在我看来是个具有"症候"意义的现象:用文化研究的方法看,保姆的身份是雇工,性别是女性,阶级是底层。因此,在"保姆"的身上集中地体现了现今大都市生活的权力关系、支配关系以及社会底层群体的生存和精神状况。但是,这篇《骗骗她就得了》,并不是讲述保姆的生存或精神状况,而是通过保姆的视角观察都市家庭生活的某些场景,是通过保姆的讲述来呈现今日都市生活某些方面的。

保姆陈香书是雇主曹德海太太强秀文的远房姑表亲戚。曹德海之所以在老家找个远房亲戚照顾太太,就是因为可以和久病的太太"说说话",说说老家,既可照顾又能解闷儿。但是,陈香书进了曹家之后发现,这个表姑父根本不关心表姑,下班回家后表姑喊他才会到表姑房间看她一眼,有时借故出差几天不回家。风烛残年的表姑,女儿在美国因病去世,儿子因吸毒贩毒判了无期徒刑,几乎一无所有的表姑,这时只能将自己的心放在遥远的乡间过去。

表姑夫对表姑的麻木或穷于应对,使陈香书逐渐明白了城里的一些事理:"在老家时,陈香书并不知道什么叫苦。通过到北京伺候姑,通过姑跟她说心里话,她才懂得了,人的苦不是吃不饱,穿不暖,也不是干的活儿有多重,而是在于人有心思,心思里的苦,才是真正的苦。"

表姑去世后,表姑夫将香书带到了另一人家,可这一人家原来是表姑夫的"外室",女主人的肚子"已经高高的了"。义气的香书"打定主意,她明天就走,回老家去。她不能伺候曹德海的小老婆。不然的话,她会觉得对不起表姑强秀文"。

小说一个重要的发现,就是改变了过去的城乡"二元结构"模式:当城市出了问题时,作家总是情不自禁地将情感或目光转移至乡村,乡村已不只是一个空间所在,而是一个完全被道德化、被彻底净化的想象空间。但在这篇小说里情况发生了变化。表姑想听乡下的故事,但是香书说"现在的老家跟你在老家时的老家不一样了"。这种不一样,不止是种植的植物变了,河沟常年都是干的,更重要的是,老家的人不能掌控自己的现在和未来,乡村的面孔越来越模糊不清,谁的灵魂它也安妥不了。

  庆邦通过保姆陈香书的视野看到了她所看到的都市生活的深处,这是一种已经完全溃败的生活,这种溃败在都市的细胞——家庭中展开就更加令人触目惊心。这不只是价值观的迷失或道德底线的洞穿,更可怕的是,在都市生活的深处,有一层坚冰恺甲覆盖在人心,那就是城里的冷漠与荒寒。那漠然、欺骗让人看着都提心吊胆,但在曹德海那里,那种生活他毫无歉疚,坦然处之。因此,《骗骗她就得了》是一篇充满了批判精神的小说,是一篇对现代性有深刻反省和检讨的小说。这样的小说不仅与当下中国现实有关,更重要的是它与今天的世道人心有关。

原载《北京文学》2013 年第 3 期

直面惨淡的人生
——读刘庆邦小说《平地风雷》

樊 星

1987年的《北京文学》5月号上曾经发表过刘恒的短篇小说《杀》,读后令人难忘。在一个叫达摩庄(这庄名多么好!)的村子里,脾气浮躁的王立秋与关大保争窑主的位置,结果败下阵来。去城里生活,又受了骗。回来以后想"吃回头草",而已经发起来的关大保又没有答应。这一连串的倒霉事使王立秋绝望了。他老婆一句"你可别想不开"竟然使他"心里那层窗户纸一下子就破了"!他于是起了杀机,并乘关大保不备,杀害了他。作家写出了命运的无情、倘然的残酷以及浮躁的悲剧。虽然刘恒是"新写实小说"的代表作家,此篇发表时也正值"新写实小说"方兴未艾之际,但此篇却显然没有"新写实小说"的"原生态"笔法,而写出了某种典型情景:在人心浮躁的20世纪80年代,有多少"王立秋"在致富的道路上跌倒以后,无意东山再起,冲向了毁灭的深渊!10年以后的1997年,还是在《北京文学》上,刊登了刘庆邦的短篇小说《平地风雷》。作品也是写一个因为心理失衡而突然发生的杀人故事。那么,《平地风雷》写出了新意没有呢?

如果说,王立秋的杀人是因为一连串的受挫堆积下的不满而发生的,那么,《平地风雷》中货郎杀队长,则别有命运的玄机。小说的背景是"文革"。在那个"割资本主义尾巴"的年代里,货郎因为家里一贫如洗而不得不偷偷地去游乡卖货,不幸被队长抓住,可以"对全村人发号施令","在村里说一不二"的队长决定整治货郎。这不仅因为货郎"一点刚性也没有",还因为"社员们"都在看着,有的传言说"货郎跟他结了仇",而他当然不想让大家"小瞧他"。这样,当事人是货郎与队长,可真正推动着事情发展的是在一边等着"有好戏看"的"社员们"。从开篇写"村里人传说,货郎要做队长的活儿",到随着事情的进展,作家不断点明"队长觉出好多人在看他""社员都……瞪大眼睛看着队长和货郎的一举一动","看来今天有戏!大家在心里有些惊喜地暗叫","好比货郎是一个演员,观众期待他有上乘的表演"……这些场景,作家有意写出那些"看客"的居心叵测。甚至当"好戏"眼看要泡汤时,还有张三爹那样的人阴阳怪气地推波助澜,"将"队长的"军",迫使本来已经因为货郎的畏缩而在思考"走资本"还是

"走社会"问题的队长重新开始批货郎。同时,"看客""都在帮着队长说话"。而更加值得注意的是,同样是这些人,在背地里也"骂队长不是人"。这样一来,作家就写出了人生的荒诞与残酷:那些因为生活贫困、无聊而喜欢"看戏"的人们,正是这场悲剧的导演!于是,生性窝囊的货郎在受尽了队长的羞辱以后(同时他显然也看透了世道人心),用劳动工具结果了队长的性命……如此说来,这个杀人的故事显然就有了针砭"看客"、批判"国民劣根性"的意味。这样的批判很容易使我们想到鲁迅对"看客"的批判。而因此,《平地风雷》也就与《杀》在主题上区别了开来。

写到这里,我很自然想起了20世纪90年代思想界、文学界关于"启蒙终结"的议论。世俗化浪潮的空前高涨、知识分子的"边缘化"生存状态和思想界面对现实巨变的"失语"状态,都共同证明了"启蒙的终结"。然而,另一方面,当我们发现在世俗化浪潮的空前高涨中,社会道德水准急剧下降,官场腐败案不断发生,刑事犯罪率居高不下,迷信、流言迅速传播;知识分子中"犬儒化"倾向像瘟疫一般迅速蔓延……这时,就不能不正视无法回避的现实:启蒙的任务其实远远没有完成。是的,作为神话的"启蒙"话语在无情现实的打压下已经风光不再,可作为现代文明重要尺度的启蒙精神却在忧患现实的呼唤中依然闪烁出不可能被遮蔽的光芒!

从这个角度去看20世纪90年代的文学景观,我们就不难发现:一方面,是余华的《活着》、《许三观卖血记》,刘恒的《贫嘴张大民的幸福生活》,还有2000年发表的池莉的名篇《生活秀》都在讲述着底层的不易,理解着平民的艰难;另一方面,也有刘震云的《故乡相处流传》、韩少功的《马桥词典》、贾平凹的《高老庄》、李佩甫的《羊的门》在继续追问历史、民间、人生的复杂意义,继续深化着对于"启蒙"的认识。而文学评论界和思想界那场旨在批判知识分子"犬儒化"倾向的"人文精神大讨论",还有相当一批作家(从蒋子龙到张承志)发表的怀念鲁迅的文章,也显然是有"继续启蒙"的深刻内涵的。在这样的思想背景中看刘庆邦的这篇《平地风雷》,是可以看出作家对鲁迅精神的继承、对"看客"的愤怒的"启蒙"立场的。

我当然无意将刘庆邦划入启蒙者的阵营。事实上,他发表于20世纪80年代的名篇《走窑汉》就具有相当的心理深度,却并无启蒙内涵。作家与学者的一个重要区别在于:一般学者常常比较注意坚持立场的始终如一(虽然他们常常也在不知不觉中因为时世和心境的变换而改变了立场)和理论的完整,而有个性的作家却常常不愿被"主义"和"理论"束缚了手脚,而对揭示现实与历史的复杂性、微妙性、奇特性一直情有独钟。也正因为这样,《平地风雷》才将一个杀人的故事写出了新意。我不知道刘庆邦在写《平地风雷》之前是否读过刘恒的

《杀》。按刘恒当年的知名度,刘庆邦对他应该不陌生。如果我的猜想成立,那么就不妨把《平地风雷》看作对于《杀》的一次成功改写:将一个性情浮躁者倡然的杀人故事写出了批判"国民劣根性"的意味,从而在一个世俗化的年代里,在一个狂欢气氛越来越浓厚的年代里,唤起了我们蓦然回首,直面惨淡人生的忧患意识。

事实上,无论有些评论家是多么热衷于渲染"娱乐至死"的狂欢气氛(不可否认,这个时代的狂欢氛围的确相当浓厚),现实生活中仍然在源源不断地产生着震撼社会,甚至震惊世界的人生悲剧。单就看这几年吧,从"拉萨事件"到"汶川大地震",再从"奥运火炬传递受阻事件"到"瓮安事件"、"三鹿奶粉事件",还有"邓玉娇案件"、"乌鲁木齐事件"、"甲流",以及那些层出不穷的官僚腐败案件……其中的任何一件所引发的忧患议论,都足以使狂欢的人生相形失色。而新世纪以来文学界"底层文学"的高涨,也在相当程度上冲淡了狂欢的氛围。这样的回顾是耐人寻味的。改革开放的巨大成就以及与这成就共生的新社会矛盾、新现实问题都迫使人们继续探索新的出路。也正因为如此,狂欢好像一直就没有成为当代文学的主流。

在我的印象中,除了1986年的"现代诗大展"和"性文学"、1988年和1992年两度风行的"王朔热"、1993年的《废都》热以及1999年以卫慧的《上海宝贝》的出版为标志的"身体写作热"的流行一时,文学界好像很少有一定规模的狂欢浪潮值得一提。相反,从"朦胧诗"、"伤痕文学"到"新写实小说"再到这些年的"底层文学",思想界、文学界沉重、忧患、感伤、愤怒的感觉一直就不曾减弱过。

这样看来,《平地风雷》的沉重感也就有了深广的社会内涵。

原载《孝感学院学报》2013年第4期

作品年表

刘庆邦作品年表

1978 年
《棉纱白生生》,《郑州文艺》1978 年第 2 期。

1980 年
《看看谁家有福》,《奔流》1980 年第 3 期。

1981 年
《难解难分》,《奔流》1981 年第 2 期。
《在深处》,《莽原》1981 年第 3 期。
《堵鱼》,《奔流》1981 年第 5 期。
《我和秀闺》,《奔流》1981 年第 9 期。

1982 年
《地层下的笑声》,《奔流》1982 年第 3 期。
《对象》,《北京文学》第 1982 年 12 期。

1983 年
《矿山儿女》,《中篇小说新作》1983 年第 6 期。

1984 年
《09 号矿灯》,《奔流》1984 年第 1 期。
《在那偏僻的地方》,《牡丹》1984 年第 3 期。
《矿工的儿子》,《牡丹》1984 年第 3 期。
《盼》,《奔流》1984 年第 8 期。
《芥豆之事》,《抱犊》1984 年第 6 期。
《骑车》,《百花园》1984 年第 12 期。

1985 年
《打围》,《奔流》1985 年第 1 期。

《评点》,《中国微型小说选刊》1985 年第 3 期。
《大地之子》,《莽原》1985 年第 4 期。
《走窑汉》,《北京文学》1985 年第 9 期。

1986 年

《太阳心中的花朵》,《东京文学》1986 年第 1 期。
《黑胡子》,《上海文学》1986 年第 2 期。
《奶奶庙》,《百花园》1986 年第 4 期。
《断层》,中国文联出版公司,1986 年。
《玉字》,《北京文学》1986 年第 10 期。

1987 年

《春夜》,《春风》1987 年第 3 期。
《女儿魂》,《云冈》1987 年第 6 期。
《苇子园》,《奔流》1987 年第 8 期。
《曲胡》,《上海文学》1987 年第 8 期。
《检身》,《北京文学》1987 年第 11 期。
《夫妻》,《湖南文学》1987 年第 11 期。

1988 年

《保镖》,《北京文学》1988 年第 3 期。
《老老实实地写》,《文学角》1988 年第 4 期。
《热草》,《广州文艺》1988 年第 5 期。
《煎心》,《北京文学》1988 年第 7 期。
《窑哥儿》,《湖南文学》1988 年第 7 期。
《拉倒》,《上海文学》1988 年第 11 期。

1989 年

《站不稳》,《北京文学》1989 年第 2 期。
《东家》,《芙蓉》1989 年第 2 期。
《找死》,《上海文学》1989 年第 3 期。
《谭谈？我认识》,《文学角》1989 年第 5 期。
《家属房》,《北京文学》1989 年第 5 期。
《家属房》,《中篇小说选刊》1989 年第 5 期。

《媒人》,《名作欣赏》1989 年第 12 期。

1990 年

《宣传队》,《北京文学》1990 年第 1 期。
《为你们保密》,《上海文学》1990 年第 3 期。
《还乡》,《人民文学》1990 年第 4 期。
《许谋清印象》,《小说家》1990 年第 5 期。
《痛快一回》,《当代作家评论》1990 年第 5 期。
《汉爷》,《北京文学》1990 年第 10 期。

1991 年

《新娘》,《上海文学》1991 年第 2 期
《走窑汉》,文化艺术出版社,1991 年。
《闺女儿》,《上海文学》第 10 期
《胡辣汤》,《青年文学》第 11 期。

1992 年

《大平原》,《芒种》1992 年第 2 期。
《唱书》,《三月风》1992 年第 4 期。
《白煤》,《北京文学》1992 年第 4 期。
《白煤》,《小说月报》1992 年第 7 期。
《黑地》,《青年文学》1992 年第 10 期。
《让人走神儿》,《文艺争鸣》1992 年第 6 期。

1993 年

《捉对》,《中国煤矿文艺》1993 年第 2 期。
《小说提纲》,《小说林》1993 年第 2 期。
《水房》,《作家》1993 年第 2 期。
《关于女孩子》,《作家》1993 年第 2 期。
《水房》,《文学世界》1993 年第 3 期。
《水房》,《新华文摘》1993 年第 8 期。
《任性》,《莽原》1993 年第 5 期。
《记王安忆》,《当代作家评论》1993 年第 5 期。
《雷庄户》,《鸭绿江》1993 年第 10 期。

《屠妇老塘》,《青年文学》1993 年第 10 期。

《血劲》,《上海文学》1993 年第 11 期。

1994 年

《走进琥珀》,《作家》1994 年第 1 期。

《澡塘子》,《作家》1994 年第 1 期。

《得地独厚——谈煤矿生活与文学的联系》,《作家》1994 年第 1 期。

《儿子是什么》,《作家》1994 年第 1 期。

《屠妇老塘》,《小说月报》1994 年第 1 期。

《河床》,《新生界》1994 年第 2 期。

《走窑汉》,《宁夏画报》1994 年第 2 期。

《姑妄言之》,《美文》1994 年第 3 期。

《走进琥珀》,《小说月报》1994 年第 3 期。

《河床》,《新生界》1994 年第 4 期。

《家道》,《北京文学》1994 年第 5 期。

《血劲》,《作品与争鸣》1994 年第 5 期。

《继父》,《人民文学》1994 年第 6 期。

《家道》,《小说月报》1994 年第 8 期。

《耐住性子》,《小说月报》1994 年第 8 期。

《继父》,《劳动保护》1994 年第 9 期。

《继父(续)》,《劳动保护》1994 年第 10 期。

《家道》,《作品与争鸣》,1994 年第 12 期。

《灵光》,《北京文学》1994 年第 11 期。

《清洁你的头发》,《医学美学美容》1994 年第 12 期。

1995 年

《新匪》,《钟山》1995 年第 1 期。

《群众演员》,《中国煤矿文艺》1995 年第 1 期。

《三月春风》,《长城》1995 年第 2 期。

《最后的浪漫》,《小说》1995 年第 3 期。

《心疼初恋》,《小说家》1995 年第 4 期。

《只好到雨地里去》,《小说家》1995 年第 4 期。

《兄妹》,《作家》1995 年第 6 期。

《小呀小姐姐》,《山花》1995 年第 7 期。

《人生序曲》,《湖南文艺》1995 年第 7~8 期。
《心疼初恋》,京华出版社出版,1995 年。
《泥沼》,《北京文学》1995 年第 9 期。

1996 年

《心事》,《中国煤矿文艺》1996 年第 1 期。
《得意忘形的故事》,《青年文学》1996 年第 2 期。
《家园何处》,《小说界》1996 年第 4 期。
《天苍苍》,《莽原》1996 年第 3 期。
《远足》,《青年文学》1996 年第 5 期。
《心事》,《小说月报》1996 年第 5 期。
《离婚》,《上海文学》1996 年第 6 期。
《家园何处》,《小说界》1996 年第 8 期。
《人畜》,《北京文学》1996 年第 9 期。
《月子弯弯照九州》,《人民文学》1996 年第 11 期。
《阳光》,《天津文学》1996 年第 11 期。
《人畜》,《小说选刊》1996 年第 12 期。

1997 年

《鞋》,《北京文学》1997 年第 1 期。
《少男》,《山花》1997 年第 1 期。
《生命悲悯:平顶山十矿重大瓦斯爆炸事故部分工亡矿工家属采访笔记》,《中国煤矿文艺》1997 年第 1 期。
《阳光》,《小说月报》1997 年第 2 期。
《鞋》,《小说选刊》1997 年第 2 期。
《种高粱 喂鸽子》,《大家》1997 年第 2 期。
《战胜人欲》,《警探》1997 年第 3 期。
《少男》,《文学世界》1997 年第 3 期。
《鞋》,《小说月报》1997 年第 3 期。
《鞋》,《新华文摘》1997 年第 4 期。
《短篇小说的种子》,《中国煤矿文艺》1997 年第 5 期。
《月光依旧》,《十月》1997 年第 3 期。
刘庆邦等:《梅花香自苦寒来:记"好矿嫂"、鹤岗局梅嫂内衣制品公司总经理江清贤》,《中国煤炭报》1997 年 5 月 10 日。

《打手》,《时代文学》1997 年第 6 期。

《短篇小说的种子》,《中国煤炭报》1997 年 10 月 26 日。

《平地风雷》,《北京文学》1997 年第 8 期。

《短篇小说的种子》,《北京文学》1997 年第 9 期。

《红果儿》,《百花洲》1997 年第 5 期。

《人怕亏心》,《公安月刊》1997 年第 9 期。

《五月榴花》,《作家》1997 年第 9 期。

《生命悲悯》,《劳动保护》1997 年第 10 期。

《野烧》,《人民文学》1997 年第 11 期。

1998 年

《五月榴花》,《传奇文学选刊》1998 年第 1 期。

《发大水》,《钟山》1998 年第 2 期。

《喜鹊的悲剧》,《上海文学》1998 年第 3 期。

《外衣》,《青年文学》1998 年第 3 期。

《春天的仪式》,《人民文学》1998 年第 4 期。

《发大水》,《小说月报》1998 年第 5 期。

《晚上十点,一切正常》,《小说选刊》1998 年第 5 期。

《五分钱》,《山花》1998 年第 6 期。

《春天的仪式》,《小说月报》1998 年第 6 期。

《一个聪明人和一个精神病患者》,《北京文学》1998 年第 7 期。

《梅妞放羊》,《时代文学》1998 年第 5 期。

《不是插曲》,《作家》1998 年第 10 期。

《一篇小说的故事》,《雨花》1998 年第 10 期。

《梅妞放羊》,《小说月报》1998 年第 11 期。

《外衣》,《广州文艺》1998 年第 6 期。

《梅妞放羊》,《小说选刊》1998 年第 12 期。

《高高的河堤》,河北少年儿童出版社,1998 年。

《刘庆邦小说自选集》,河南文艺出版社,1998 年。

1999 年

《美少年》,《山花》1999 年第 1 期。

《草帽》,《中国作家》1999 年第 1 期。

《青春期。》,《阳光》1999 年第 2 期。

《草帽》,《小说月报》1999年第2期。
《草帽》,《小说选刊》1999年第2期。
《回门》,《人民文学》1999年第3期。
《谁家的小姑娘》,《人民文学》1999年第3期。
《毛信》,《上海文学》1999年第4期。
《梅妞放羊》,《北京文学》1999年第4期。
《天凉好个秋》,《北方文学》1999年第5期。
《兄弟姐妹别趴下》,《北京纪事》1999年第7期。
《笔记本》,《散文百家》1999年第7期。
《躲不开悲剧》,《十月》1999年第4期。
《都是从"青年"过来的》,《青年文学》1999年第8期。
《拉网》,《北京文学》1999年第9期。
《短篇小说之美》,《理论与创作》1999年第5期。
《如今矿长怎样当:记郑煤集团公司超化矿矿长杨松君》,《中国青年报》1999年10月4日。
《夜色》,《作家》1999年第10期。
《拉网》,《小说月报》1999年第11期。
《灵魂放飞:什么样的小说是好小说?》,《中华读书报》1999年11月3日。
《夜色》,《小说月报》1999年第12期。

2000年

《女人》,《钟山》2000年第1期。
《笔记抄录》,《青年文学》2000年第1期。
《偷猪事件》,《章回小说》2000年第1期。
《落英》,花山文艺出版社,2000年。
《枯水季节》,《阳光》2000年第2期。
《响器》,《人民文学》2000年第4期。
《回乡知青》,《小说家》2000年第4期。
《神木》,《十月》2000年第3期。
《从写恋爱信开始》,《今日东方》2000年第5期。
《信》,《北京文学》2000年第6期。
《响器》,《小说月报》2000年第6期。
《神木》,《小说选刊》2000年第6期。
《信》,《小说月报》2000年第8期。

《让人尊重和信赖》，《北京文学》2000年第9期。
《外面来的女人》，《收获》2000年第5期。
《响器》，《新华文摘》2000年第9期。
刘庆邦、彭玉敏：《妻盼夫子盼父父盼子……盼盼盼只盼亲人早生还》，《劳动保护》2000年第9期。
刘庆邦、吴秀德：《我国煤矿建设的新突破》，《中国煤炭报》2000年9月12日。
《高扬科技创新旗帜》，《中国煤炭报》2000年9月14日。
《一字金刚 满篇生辉》，《中国煤炭报》2000年9月16日。
《关键在于观念更新》，《中国煤炭报》2000年9月19日。
《踩高跷》，《北京文学》2000年第10期。
《起塘》，《山花》2000年第10期。
《雪花儿那个飘》，《上海文学》2000年第10期。
《神木》，北岳文艺出版社，2000年。
《听戏》，《作家》2000年第11期。
《得地独厚的刘庆邦》，《作家》2000年第11期。
《我和贾平凹的缘分》，《中国煤炭报》2000年9月12日。
《起塘》，《小说选刊》2000年第12期。

2001年

《不定嫁给谁》，《北京文学》2001年第1期。
《梅妞放羊》，《短篇小说》2001年第1期。
《嫂子与处子》，《天涯》2001年第1期。
《从写恋爱信开始》，《作家》2001年第1期。
《听戏》，《小说月报》2001年第1期。
《从写恋爱信开始》，《地火》2001年第2期。
《遍地白花》，《钟山》2001年第2期。
刘庆邦、包宇：《战略对头路好走》，《中国煤炭报》2001年3月10日。
《乡村女教师》，《人民文学》2001年第3期。
《幸福票》，《山花》2001年第3期。
《人人都有生存压力》，《作家》2001年第3期。
刘庆邦、包宇：《围绕中心凝聚人心》，《中国煤炭报》2001年3月17日。
《户主》，《当代》2001年第2期。
《不定嫁给谁》，《小说选刊》2001年第3期。

《不定嫁给谁》,《小说月报》2001 年第 3 期。

《姐妹》,《十月》2001 年第 2 期。

《幸福票》,《名作欣赏》2001 年第 5 期。

《在牲口屋》,《鸭绿江》2001 年第 5 期。

《种在坟上的倭瓜》,《作家》2001 年第 5 期。

《姐妹》,《小说月报》2001 年第 5 期。

《虎头山上的森林公园》,《生态文化》2001 年第 2 期。

《相家》,《大家》2001 年第 6 期。

《户主》,《小说选刊》2001 年第 6 期。

《遍地白花》,《新华文摘》2001 年第 6 期。

《拾麦》,《红岩》2001 年第 6 期。

《一块板皮》,《北京文学》2001 年第 7 期。

《阴谋与渠道》,《北京文学》2001 年第 7 期。

《生长的短篇小说》,《北京文学》2001 年第 7 期。

《小小的船》,《中国作家》2001 年第 7 期。

《生长的短篇小说》,《作家》2001 年第 7 期。

《都是因为没了水:从京郊一个山村的变迁看生态失衡》,《北京纪事》2001 年第 7 期。

刘庆邦、谈志学:《霍煤公司奔上经济发展快车道》,《中国煤炭报》2001 年 7 月 24 日。

《红鹅》,《作品》2001 年第 8 期。

《种在坟上的倭瓜》,《小说选刊》2001 年第 8 期。

刘庆邦、谈志学、朱世佳:《深化改革 与时俱进》,《中国煤炭报》2001 年 8 月 16 日。

谈志学、刘庆邦、王立群:《班子的创新魅力》,《中国煤炭报》2001 年 8 月 18 日。

《发展产业化林业 建设生态型矿区》,《中国煤炭报》2001 年 8 月 23 日。

《在牲口屋》,《鸭绿江》2001 年第 9 期。

《生长的短篇小说》,《当代作家评论》2001 年第 5 期。

《太平车》,《时代文学》2001 年第 5 期。

《虎头山上的森林公园》,《作家文摘》2001 年第 72 期。

《起塘》,《山花》2001 年第 10 期。

《不定嫁给谁》,时代文艺出版社,2001 年。

《幸福票》,《北京文学》2001 年第 11 期。

《生长的短篇小说》,《当代作家评论》2001年第5期。
《葬礼》,《山花》2001年第11期。
刘庆邦,徐迅:《大美无言——刘庆邦访谈录》,《山花》2001年第11期。
《梅妞放羊》,长江文艺出版社,2001年。

2002年

《开馆子》,《长城》2002年第1期。
《女儿家》,《人民文学》2002年第1期。
《刘恒在灵境》,《时代文学》2002年第1期。
《刘庆邦中短篇小说精选》,花山文艺出版社,2002年。
《鞋》,《朔方》2002年第2期。
《别让我再哭了》,《作家》2002年第2期。
《刘恒在灵境》,《当代作家评论》2002年第2期。
《鞋》,《名作欣赏》2002年第3期。
《金色小调》,《牡丹》2002年第2期。
《上北京》,《时代文学》2002年第2期。
《民间》,新疆人民出版社,2002年。
《新房》,《上海文学》2002年第5期。
《凭良心》,《时代文学》2002年第3期。
《走新客》,《十月》2002年第3期。
《下江南》,《小说家》2002年第3期。
《金色小调》,《小说月报》2002年第5期。
《大雁》,《安徽文学》2002年第6期。
《鞋》,《名作欣赏》2002年第6期。
《守身》,《长江文艺》2002年第7期。
《走窑汉》,《莽原》2002年第4期。
《梅妞放羊》,《莽原》2002年第4期。
《手艺》,《莽原》2002年第4期。
《新房》,《小说月报》2002年第7期。
《黄胶泥》,《作品》2002年第7期。
《乡村女教师》,《中国校园文学》2002年第8期。
《城市生活》,《阳光》2002年第8期。
《大雁》,《小说月报》2002年第8期。
《信》,《中外书摘》2002年第8期。

《桃子熟了》,《山花》2002 年第 9 期。

《凭良心》,《小小说选刊》2002 年第 18 期。

《妹妹不识字》,《青海湖》2002 年第 10 期。

《尾巴》,《人民文学》2002 年第 11 期。

《凭良心》,《语文教学与研究》2002 年第 11 期。

《城市生活》,《小说月报》2002 年第 11 期。

《手艺》,《小说选刊》2002 年第 11 期。

《无望岁月》,《钟山》2002 年第 6 期。

《新房》,《中外书摘》2002 年第 11 期。

《妹妹》,《中学生阅读》(初中版)2002 年第 11 期。

张洁、宁肯、刘庆邦、衣向东、曾哲:《每个人都不是孤立无援的》,《中国图书商报》2002 年 11 月 1 日。

《灯》,《北京文学》2002 年第 12 期。

苏童、毕淑敏、刘庆邦:《热线》,《北京文学》2002 年第 12 期。

《少年时代》,新疆人民出版社,2002 年。

《远方诗意》,长江文艺出版社,2002 年。

2003 年

《超越现实》,《长城》2003 年第 1 期。

《眼睛》,《长城》2003 年第 1 期。

《下种》,《长城》2003 年第 1 期。

《黄金散尽》,《青年文学》2003 年第 1 期。

《简易内功——柔腹卧功》,《精武》2003 年第 1 期。

《尾巴》,《新华文摘》2003 年第 1 期。

《灯》,《小说月报》2003 年第 2 期。

《离婚申请》,《当代》2003 年第 2 期。

《走姥娘家》,《小说界》2003 年第 2 期。

《凭良心》,《小说界》2003 年第 2 期。

《自然的感召:徐迅及其散文创作》,《文艺报》2003 年 4 月 19 日。

《眼睛》,《小说月报》2003 年第 4 期。

《新房》,《作品与争鸣》2003 年第 4 期。

《离婚申请》,《短篇小说》2003 年第 5 期。

《梅妞放羊》,《名作欣赏》2003 年第 5 期。

《幸福票》,《名作欣赏》2003 年第 5 期。

《城市生活》,《名作欣赏》2003 年第 5 期。
《只好到雨地里去》,《青年文学》2003 年第 5 期。
《到城里去》,《十月》2003 年第 3 期。
《作为男人》,《钟山》2003 年第 3 期。
《一亩地里的故事》,《作家》2003 年第 5 期。
《自然的感召》,《海燕》2003 年第 6 期。
《红围巾》,《山花》2003 年第 6 期。
《离婚申请》,《小说月报》2003 年第 6 期。
《传达生存的艰辛和生命的压力》,《阳光》2003 年第 7 期。
《害怕了吧》,《人民文学》2003 年第 8 期。
《红围巾》,《小说月报》2003 年第 8 期。
《到城里去》,《小说选刊》2003 年第 8 期。
《胡辣汤》,北京十月文艺出版社,2003 年。
《朋友》,《芳草》2003 年第 5 期。
《离婚申请》,《中外书摘》2003 年第 9 期。
《保持心安》,《公安月刊》2003 年第 10 期。
《有关徐坤的几个片断》,《山花》2003 年第 11 期。
《只好到雨地里去》,《小小说选刊》2003 年第 21 期。
《双炮》,《上海文学》2003 年第 12 期。
《大活人》,《上海文学》2003 年第 12 期。

2003 年

《女儿家》,中国文联出版社,2003 年。
《家园何处》,上海文艺出版社,2003 年。
《响器》,上海文艺出版社,2003 年。
《别让我再哭了》,上海文艺出版社,2003 年。

2004 年

《眼光》,《芙蓉》2004 年第 1 期。
《还说红楼》,《中国图书商报》2004 年 1 月 9 日
《启动灵感》,《青年文学》2004 年第 2 期。
《吹柳笛 放风筝》,《东方少年》2004 年第 2 期。
《一句话的事儿》,《短篇小说》2004 年第 2 期。
《大活人》,《小说月报》2004 年第 2 期。

《征婚》,《长城》2004 年第 2 期。
《启动灵感》,《青年文学》2004 年第 3 期。
《眼光》,《小说月报》2004 年第 3 期。
《遍地白花》,新世界出版社,2004 年。
《刷牙》,《人民文学》2004 年第 4 期。
《梅妞放羊》,《语文教学与研究》2004 年第 4 期。
《说话》,《北京观察》2004 年第 5 期。
《征婚》,《短篇小说》2004 年第 5 期。
《光明行》,《作家》2004 年第 5 期。
《河南故事》,昆仑出版社,2004 年。
《平原上的歌谣》,上海文艺出版社,2004 年。
《光明行》,《短篇小说》2004 年第 6 期。
《平原上的歌谣》,《当代》2004 年第 4 期。
《献给母亲》,《当代》2004 年第 4 期。
《逃不过自己》,《啄木鸟》2004 年第 8 期。
《麦子》,《山花》2004 年第 8 期。
《给人心一点希望》,《十月》2004 年第 5 期。
《少年的月夜》,《北京文学》2004 年第 10 期。
《赶上了好时候》,《北京观察》2004 年第 10 期。
《鹤发童颜道骨仙风——林斤澜印象》,《山花》2004 年第 10 期。
《麦子》,《小说月报》2004 年第 10 期。
《儿子是什么》,《爱情 婚姻 家庭》2004 年第 19 期。
《刷牙》,《出版参考》2004 年第 32 期。
《摸鱼儿》,《收获》2004 年第 6 期。
《麦子》,《小说精选》2004 年第 11 期。
《少年的月夜》,《小说月报》2004 年第 12 期。
《无望岁月》,中国工人出版社,2004 年。
《德伯家的苔丝(缩写本)》,华夏出版社,2004 年。
《从写恋爱信开始》,国际文化出版公司,2004 年。

2005 年

《伺候好文字》,《布老虎青春文学》2005 年第 1 期。
《说多了不好》,《当代作家评论》2005 年第 1 期。
《卧底》,《十月》2005 年第 1 期。

《摸鱼儿》,《文学教育》2005 年第 2 期。

《红围巾》,春风文艺出版社,2005 年。

《到城里去》,中国广播电视出版社,2005 年。

《鸽子》,《人民文学》2005 年第 2 期。

《摸鱼儿》,《小说月报》2005 年第 2 期。

《还是那块地》,《长城》2005 年第 2 期。

《车倌儿》,《当代》2005 年第 2 期。

《卧底》,《小说月报》2005 年第 3 期。

《卧底》,《小说选刊》2005 年第 3 期。

《车倌儿》,《短篇小说》(选刊版)2005 年第 5 期。

《一捧鸟窝》,《上海文学》2005 年第 5 期。

《守不住的爹》,《上海文学》2005 年第 5 期。

《捡布片儿》,《散文》2005 年第 6 期。

《勤劳的母亲》,《鸭绿江》2005 年第 6 期。

《永恒的生命之光》,《中国校园文学》(花季号)2005 年第 11 期。

《有了枪》,《作家》第 7 期。

《搂树叶的母亲》,《爱情 婚姻 家庭》(冷暖人生版)2005 年第 14 期。

《一捧鸟窝》,《小说选刊》2005 年第 8 期。

《话语》,《长江文艺》2005 年第 10 期。

《贴着人物写》,《美文》2005 年第 10 期。

《卧底》,《作品与争鸣》2005 年第 10 期。

《看秋》,《十月》2005 年第 6 期。

《激情满怀》,《吉林日报》2005 年 11 月 17 日。

《回家》,《人民文学》2005 年第 12 期。

2006 年

《闻香而至》,《人民文学》2006 年第 1 期。

刘庆邦、王德领:《〈红煤〉梗概》,《书摘》2006 年第 1 期。

《看秋》,《小说月报》2006 年第 1 期。

《红煤(下)》,《小说月报》(原创版)2006 年第 1 期。

《唱歌》,《山花》2006 年第 2 期。

《完银子》,《中国税务》2006 年第 3 期。

《怎么还是你》,《中国作家》2006 年第 3 期。

《给何向阳端酒》,《青年文学》2006 年第 3 期。

《穿堂风》,《人民文学》2006 年第 4 期。

《怎么还是你》,《小说月刊》2006 年第 4 期。

《怎么还是你》,《畅销小说选刊》2006 年第 4 期。

《游戏》,《青年文学》2006 年第 5 期。

《秋风秋水》,《十月》2006 年第 3 期。

《怎么还是你》,《小说月报》2006 年第 5 期。

《以感恩之心善待矿工兄弟》,《中国煤炭报》2006 年 6 月 7 日。

《完碎》,《作家》2006 年第 7 期。

《施公原来在晋江》,《文艺报》2006 年 7 月 1 日。

《梅豆花开一串白》,《人民文学》2006 年第 8 期。

《摆渡生活》,《中国发展观察》2006 年第 8 期。

《不看重眼泪是不对的》,《出版参考》2006 年第 23 期。

《黑庄稼》,《当代》2006 年第 5 期。

《黑庄稼》,《十月》2006 年第 5 期。

《完碎》,《小说月报》2006 年第 9 期。

《刘庆邦小说》,中国社会出版社,2006 年。

《怎么还是你》,《新华文摘》2006 年第 10 期。

《乡亲》,《文学界》2006 年第 10 期。

《生长的短篇小说》,《文学界》2006 年第 10 期。

《黑庄稼》,《小说月报》2006 年第 11 期。

2007 年

《勤劳的母亲》,《文学界》2007 年第 1 期。

《表妹》,《山花》2007 年第 1 期。

《平地抠饼 心中栽花》,《山花》2007 年第 1 期。

《想象的力量——读奚同发的小说〈检察长的 36 岁生日〉》,《金山》2007 年第 2 期。

《八月十五月儿圆》,《北京文学》2007 年第 2 期。

《诚实劳动》,《北京文学》2007 年第 2 期。

《年礼》,《光明日报》2007 年 2 月 12 日。

《勤劳的母亲》,《散文》(海外版)2007 年第 3 期。

《八月十五月儿圆》,《小说月报》2007 年第 3 期。

《表妹》,《文学教育》2007 年第 3 期。

《哑炮》,《北京文学》2007 年第 4 期。

《年礼》,《小说月报》2007年第4期。
《一次有远见的活动》,《工人日报》2007年4月13日。
《安全是最基本的民生》,《道路交通管理》2007年第5期。
《捡布片儿的母亲》,《文学教育》(下半月)2007年第5期。
《读史 读人 读心——读程绍国新著〈林斤澜说〉》,《当代作家评论》2007年第5期。
《哑炮》,《小说月报》2007年第6期。
《黄花绣》,《人民文学》2007年第6期。
《黄花绣》,《新华文摘》2007年第18期。
《年礼》,《中外书摘》2007年第8期。
《灾变》,《十月》2007年第6期。
《好了》,《红豆》2007年第12期。
李云雷、刘庆邦、王祥夫:《"短篇小说"的艺术与传统》,《黄河文学》2007年第12期。
《一片明水》,《人民文学》2007年第12期。
《卧底》,四川文艺出版社,2007年。

2008年

《好了》,《小说月报》2008年第2期。
刘庆邦、刘俊:《为了总书记的重托》,《中国煤炭报》2008年3月7日。
《冲喜》,《北京文学》2008年第3期。
《想象的局限》,《北京文学》2008年第3期。
《摸刀》,《上海文学》2008年第3期。
刘庆邦、夏周:《为了总书记的重托》,《中国作家》2008年第4期。
《想象不能抵达的地方》,《新一代》2008年第4期。
《远山》,《长城》2008年第5期。
《远山》,《小说界》2008年第5期。
《冲喜》,《小说月报》2008年第5期。
《抓胎》,《西部》2008年第6期。
《四季歌》,《西部》2008年第6期。
《美满家庭》,《人民文学》2008年第6期。
《养蚕》,《中国作家》2008年第6期。
《四季歌》,《小说月报》2008年第8期。
《玉米地》,《作家》2008年第8期。

《燕子》,《山花》2008 年第 10 期。

《哪儿美往哪儿走》,《山花》2008 年第 10 期。

《玉米地》,《小说月报》2008 年第 10 期。

《人事》,《北京文学》2008 年第 11 期。

《短篇小说的力量》,《北京文学》2008 年第 11 期。

《短工》,《上海文学》2008 年第 11 期。

《开封的水》,《小品文选刊》2008 年第 11 期。

《远山》,《小说月报》2008 年第 12 期。

《燕子》,《文学教育》2008 年第 12 期。

2009 年

《秋声远》,《天涯》2009 年第 1 期。

《人事》,《小说月报》2009 年第 1 期。

《一块白云》,《中国作家》2009 年第 1 期。

《秦娥》,《安徽文学》2009 年第 2 期。

《远山》,《文学教育》2009 年第 2 期。

《开封的水》,《文苑》2009 年第 2 期。

《吹柳笛 放风筝》(节选),《中华活页文学》(小学版)2009 年第 2 期。

《哪儿美往哪儿写》,《语文教学与研究》2009 年第 3 期。

《开封的水》,《社区》2009 年第 14 期。

《美发》《山花》2009 年第 5 期。

《经典:让时间判断》,《山花》2009 年第 5 期。

《"我的创作是诚实的风格"——刘庆邦访谈录》,《小说评论》2009 年第 3 期。

《从写恋爱信开始》,《小说评论》2009 年第 3 期。

《外面来的女人》,中国文联出版社,2009 年。

《高贵的灵魂》,《北京文学》2009 年第 6 期。

《沙家肉坊》,《人民文学》2009 年第 6 期。

《在雨地里穿行》,《北京观察》2009 年第 6 期。

《玉米地》,《语文教学与研究》2009 年第 6 期。

《网络无边心有边》,《网络传播》2009 年第 7 期。

《地球婆》,《作家》2009 年第 7 期。

《在雨地里穿行》,《作家》2009 年第 7 期。

《西风芦花》,《北京文学》2009 年第 8 期。

《地球婆》,《北京观察》2009 年第 8 期。
《红煤》,北京十月文艺出版社,2009 年。
《在雨地里穿行》,《散文选刊》2009 年第 9 期。
《一位家庭主妇的胸怀》,《37°女人》2009 年第 9 期。
《地球婆》,《晚报文萃》2009 年第 9 期。
《黄花绣》,作家出版社,2009 年。
《地球婆》,《全国优秀作文选》2009 年第 9 期。
《遍地月光》,北京十月文艺出版社,2009 年。
《逃荒》,《上海文学》2009 年第 11 期。
《我们的村庄》,《十月》2009 年第 6 期。
《送您一片月光》,《文艺报》2009 年 11 月 17 日。
《平原上的歌谣》,北京十月文艺出版社,2009 年。

2010 年

《到处都很干净》,《北京文学》2010 年第 1 期。
《逃荒》,《短篇小说》2010 年第 1 期。
《在雨地里穿行》,《语文世界》(教师之窗)2010 年第 1 期。
《在雨地里穿行》,《中学生阅读》(初中版)2010 年第 1 期。
《在野地里看信》,《红岩》2010 年第 2 期。
《红蓼》,《中国作家》2010 年第 2 期。
《花工》,《北京观察》2010 年第 2 期。
《到处都很干净》,《小说月报》2010 年第 3 期。
《花工》,《前线》2010 年第 3 期。
《花工》,《安徽文学》2010 年第 3 期。
《花工》,《人民公安》2010 年第 6 期。
《到城里去》,花城出版社,2010 年。
《麦秆儿戒指》,《北京观察》2010 年第 4 期。
《红蓼》,《小说月报》2010 年第 4 期。
《到处都很干净》,《文学教育》2010 年第 4 期。
《闺女儿》,黄山书社,2010 年。
《走窑汉》,《阳光》2010 年第 5 期。
《皮球》,《作家》2010 年第 5 期。
《神木》,电子工业出版社,2010 年。
《男人的哭》,《上海文学》2010 年第 6 期。

《回来吧妹妹》,《人民文学》2010 年第 6 期。
《月光下的抚仙湖》,《文学教育》(上半月)2010 年第 7 期。
《皮球》,《小说月报》2010 年第 7 期。
《地球婆的胸怀》,《满分阅读》(初中版)2010 年第 7 期。
《回来吧妹妹》,《短篇小说》2010 年第 8 期。
《写作有天赋》,《文艺报》2010 年 8 月 2 日。
《麦秆儿》,《前线》2010 年第 8 期。
《花工》,《小小说选刊》2010 年第 8 期。
《刘恒:追求完美,永无止境》,《光明日报》2010 年 8 月 13 日。
《丹青索》,《北京文学》2010 年第 9 期。
《相遇》,《花城》2010 年第 9 期。
《小动作》,《十月》2010 年第 5 期。
刘庆邦、萧符:《写作是人生的一种修行》,《上海文学》2010 年第 11 期。
《一双翻毛皮鞋》,《黄河 黄土 黄种人》2010 年第 11 期。
《丹青索》,《小说月报》2010 年第 11 期。
《刘庆邦:心灵的景观:游记的写作方法》,《作文升级》2010 年第 12 期。
《我知道我是谁》,《中华读书报》2010 年 12 月 8 日。
《在雨地里穿行》,百花文艺出版社,2010 年。

2011 年

《不让母亲心疼》,《新一代》2011 年第 1 期。
《序言四则》,《阳光》2011 年第 2 期。
《那双翻毛皮鞋》,《语文世界》(中学生之窗)2011 年第 2 期。
《麦苗青青芦芽红》,《作家》2011 年第 2 期。
《积文如积德:读王必胜〈东鳞西爪集〉》,《作家》2011 年第 2 期。
《不让母亲心疼》,《中学生阅读》(初中版)2011 年第 2 期。
《不让母亲心疼》,《散文选刊》(下半月)2011 年第 2 期。
《积文如积德》,《中国艺术报》2011 年 2 月 14 日。
《喜爱意味着潜能》,《散文选刊》(下半月)2011 年第 3 期。
《麦苗青青芦芽红》,《小说月报》2011 年第 4 期。
《走在回家的路上——在中法文学论坛上的发言》,《作家》2011 年第 4 期。
《大鱼黄劫》,《可乐》2011 年第 4 期。
《兔子的精神》,《新读写》2011 年第 4 期。
《从摆脱到升华》,《文艺报》2011 年 4 月 4 日。

《那双翻毛皮鞋》,《中学生阅读》(初中版)2011年第5期。

《大鱼黄劫》,《意林》2011年第5期。

《月亮风筝》,《上海文学》2011年第6期。

《过家家》,《可乐》2011年第6期。

《坚守·回家·继承》,《阳光》2011年第6期。

《兔子的精神》,《语文教学与研究》2011年第6期。

《不让母亲心疼》,《作文之友》(初中版)2011年第6期。

《那双翻毛皮鞋》,《华章》2011年第7期。

《摸刀》,《语文教学与研究》2011年第7期。

《不让她心疼》,《学生天地》(初中版)2011年第7期。

《大鱼黄劫》,《中国校园文学》2011年第7期。

《我们所继承的主要是审美趣味——在2011年中意文学论坛上的发言》,《作家》2011年第7期。

《方寸之间见功夫》,《北京文学》2011年第8期。

《皂之白》,《北京文学》2011年第8期。

《月亮风筝》,《短篇小说》2011年第8期。

《月亮风筝》,《小说月报》2011年第8期。

《吹柳笛,放风筝》,《中国校园文学》2011年第8期。

《月光下的芝麻地》,《中国作家》2011年第8期。

《刘庆邦短篇小说三题》,《十月》2011年第5期。

《不让母亲心疼》,《视野》2011年第17期。

《兔子的精神》,《文苑》2011年第9期。

《皂之白》,《短篇小说》2011年第10期。

《皂之白》,《小说月报》2011年第10期。

《不让母亲心疼》,《作文与考试》(初中版)2011年第10期。

《后事》,《花城》2011年第6期。

《留守的二姐》,《散文选刊》(下半月)2011年第11期。

《细节之美》,《新作文》(高中作文指南)2011年第11期。

《用想象创造细节》,《新作文》(初中作文指南)2011年第11期。

《细节之美》,《新作文》(高中作文指南)2011年第11期。

《瓦非瓦》,《光明日报》2011年11月21日。

《拾豆子》,《渤海早报》2011年11月26日。

《不让母亲心疼(节选)》,《新作文》(初中作文指南)2011年第12期。

2012 年

《后事》,《小说月报》2012 年第 1 期。
《拾豆子》,《中学生阅读》(初中版)2012 年第 1 期。
《不让母亲心疼》,《现代中学生》(阅读与写作)2012 年第 1 期。
《拾豆子》,《芝麻开门》(益智阅读)2012 年第 1 期。
《刘庆邦短篇小说选》(点评本),作家出版社,2012 年。
《心重》,《北京观察》2012 年第 2 期。
《风中的竹林》,求真出版社,2012 年。
《拾豆子》,《散文选刊》(下半月)2012 年第 2 期。
《梦见了铁生》,《北京文学》2012 年第 3 期。
《过家家》,《百柳》(简妙作文)2012 年第 3 期。
《重在立人》,《北京日报》2012 年 3 月 8 日。
《马大爷和他的鹩哥儿》,《北京观察》2012 年第 4 期。
《皂之白》,《语文教学与研究》2012 年第 4 期。
《石榴落了一地》,《全国优秀作文选》(美文精粹)2012 年第 4 期。
《心重》,《文苑》2012 年第 4 期。
《心重》,《文摘报》2012 年 4 月 12 日。
《走进别墅:保姆在北京之二》,《北京文学》2012 年第 5 期。
《进入城市内部》,《北京文学》2012 年第 5 期。
《走投何处》,《长江文艺》2012 年第 5 期。
《拾豆子》,《农家参谋》2012 年第 5 期。
《拾豆子》,《散文选刊》(下半月)2012 年第 2 期。
《心重》,《视野》2012 年第 6 期。
《鞋》,《微型小说选刊》2012 年第 6 期。
《走投何处》,《短篇小说》(原创版)2012 年第 7 期。
《钓鱼:保姆在北京之四》,《作家》2012 年第 7 期。
《石榴落了一地》,《中学生阅读》(高中版)2012 年第 Z1 期。
《东风嫁》,《北京文学》2012 年第 8 期。
《麦子》,上海文艺出版社,2012 年。
《榨油》,《江南》2012 年第 5 期。
《路——保姆在北京之六》,《花城》2012 年第 5 期。
《拾豆子》,《美食》2012 年第 9 期。
《小说创作的实与虚》,《人民政协报》2012 年 9 月 10 日。
《石榴落了一地》,《初中生之友》2012 年第 28 期。

《不让母亲心疼》(节选),《中学生》2012 年第 27 期。
《东风嫁》,海豚出版社,2012 年。
《冰岛的温泉》,《中学生阅读》(上半月)2012 年第 10 期。
《烟的往事》,《北京观察》2012 年第 10 期。
《我们的村庄》,春风文艺出版社,2012 年。
《找不着北——保姆在北京》,《上海文学》2012 年第 11 期。
《给薯安上马铃》,《朔方》2012 年第 11 期。
《中国文学史上的里程碑——祝贺莫言获诺贝尔文学奖》,《北京观察》2012 年第 11 期。
《梅妞放羊(节选)》,《广东第二课堂》(中学生阅读)2012 年第 11 期。
《石榴落了一地》,《新校园》(阅读版)2012 年第 11 期。
《榨油》,《小说月报》2012 年第 12 期。

2013 年

《大姐的婚事》,《散文选刊》(下半月)2013 年第 1 期。
《妹妹》,《中学生阅读》(初中版)2013 年第 1 期。
《拾豆子》,《现代中学生》(阅读与写作)2013 年第 1 期。
《翻毛皮鞋》,《现代中学生》(阅读与写作)2013 年第 1 期。
《烟的往事》,《语文世界》(初中版)2013 年第 1 期。
《中国文学史上的里程碑》,《海外文摘》(文学版)2013 年第 1 期。
《金戒指》,《人民文学》2013 年第 2 期。
《大姐的婚事》,《语文世界》(初中版)2013 年第 2 期。
《凭什么我可以吃一个鸡蛋》,《中国税务》2013 年第 2 期。
《烟的往事》,《海外文摘》(文学版)2013 年第 2 期。
《骗骗她就得了:保姆在北京之十》,《北京文学》2013 年第 3 期。
《保持诗心》,《安徽文学》2013 年第 3 期。
《凭什么我可以吃一个鸡蛋》,《散文选刊》(下半月)2013 年第 3 期。
刘庆邦、高方方:《在现实故事的尽头开始书写——对话刘庆邦》,《百家评论》2013 年第 2 期。
《母亲和树》,《北京观察》2013 年第 4 期。
《刘庆邦序言三则》,《阳光》2013 年第 4 期。
《习惯:保姆在北京之十一》,《作家》2013 年第 4 期。
《母亲和树》,《人民日报》2013 年 4 月 3 日。
《顽强生长的短篇小说》(一),《小说选刊》2013 年第 4 期。

《大鱼黄劫》,《小小说月刊》(下半月)2013年第5期。

《心重》,《情感读本》2013年第6期。

《顽强生长的短篇小说》(二),《小说选刊》2013年第6期。

《升级版:保姆在北京之十三》,《上海文学》2013年第7期。

《谁都不认识:保姆在北京之九》,《花城》2013年第4期。

《母亲和树》,《小学生故事与作文》2013年第7期。

《完善自我》,《中华读书报》2013年7月31日。

《我有好多朋友——保姆在北京之十二》,《芒种》2013年第15期。

《马大爷和他的鹩哥儿》,《中华活页文选》(高二、高三年级)2013年第8期。

《顽强生长的短篇小说》(三),《小说选刊》2013年第8期。

《黄绣花》,五洲传播出版社,2013年。

《关于鸡蛋的往事》,《北京观察》2013年第9期。

《后来者》,《十月》2013年第5期。

《凭什么我能吃鸡蛋》,《小品文选刊》2013年第19期。

《清汤面》,《人民日报》2013年10月30日。

《王安忆写作的秘诀》(节选),《初中生世界》2013年第33期。

《刘庆邦讲演三题》,《阳光》2013年第11期。

2014 年

《麦秆儿戒指》,《文苑》2014年第2期。

《清汤面》,《新湘评论》2014年第2期。

《采风与采矿》,《杂文选刊》(上半月版)2014年第1期。

《贴》,《作家》2014年第1期。

《从写恋爱信开始》,国际文化出版公司,2014年。

《绿色的冬天》,《北京观察》2014年第2期。

《网络无边心有边》,《语文教学与研究》(读写天地)2014年第6期。

《琼斯》,《人民文学》2014年第3期。

《野生鱼》,《中学生阅读》(初中版)2014年第5期。

《合作》,《北京文学》2014年第4期。

《吻》,《长江文艺》2014年第4期。

《老家的馍》,《中学生阅读》(初中版)2014年第7期。

《一剪梅》,《天涯》2014年第3期。

《怎不让人心疼》,《文苑》2014年第13期。

《麦秆儿戒指》,《语文教学与研究》(教研天地)2014年第15期。

《找不着北——保姆在北京》,北京十月文艺出版社,2014年。
《老家的馍》,《北京观察》2014年第6期。
《乱谱》,《上海文学》2014年第6期。
《怎不让人心疼》,《中学生阅读》(初中版)2014年第11期。
《怎不让人心疼》,《小品文选刊》2014年第7期。
《火》,《芒种》2014年第8期。

研究资料索引

刘庆邦研究资料索引

报纸期刊文章

程德培:《这"活儿"给他做绝了》,《文汇读书周报》1989年10月26日。

王安忆:《什么是故事》,《文学角》1989年第2期。

何志云:《强悍而悸动不宁的灵魂——读刘庆邦的小说创作》,《当代作家评论》1990年。

张颐武:《话语 记忆 叙事——读刘庆邦的小说》,《当代作家评论》1990年第5期。

翟墨:《向心灵的暗井掘进——我读刘庆邦的小说》,《当代作家评论》1990年第5期。

高海涛:《浩烈情 迷茫劫——刘庆邦小说的文化精神》,《当代作家评论》1990年第5期。

徐亮:《事件与叙述:小说事件的绝对性》,《当代作家评论》1991年第5期。

李万武:《"新写实主义"的意识形态选择》,《文艺理论与批评》1992年第2期。

何志云:《从生存状态到艺术情境——刘庆邦小论》,《文艺争鸣》1992年第6期。

王必胜:《我读刘庆邦》,《文艺争鸣》1992年第6期。

罗强烈:《〈走窑汉〉〈汉爷〉:刘庆邦的方式》,《文艺争鸣》1992年第6期。

雷达:《季风与地火——刘庆邦小说面面观》,《文学评论》1992年第6期。

欧阳明:《刘庆邦:请走出〈家属房〉》,《青年文学》1994年第2期。

孙郁:《"新体验小说"之体验》,《北京文学》1995年第2期。

李金涛、许祖华:《后新时期文学俗化的文化思考》,《语文教学与研究》1996年第2期。

李炳银:《感受生命消失的痛苦——读刘庆邦报告文学〈生命悲悯〉》,《能源基地建设》1997年第2期。

程绍武:《关于刘庆邦及短篇小说的一次闲谈》,《人民文学》1999年第3期。

李贺峰:《情至深处语从容——读刘庆邦〈兄弟姐妹别趴下〉》,《北京纪事》1999年第11期。

杨剑龙:《体验普通人的生活形态——新体验小说论》,《社会科学辑刊》2000年第1期。

白丁:《文学魅力的一次展示》,《中国煤炭报》2000年8月12日。

陈戎:《"走红"是个贬义词》,《北京日报》2000年10月18日。

国志:《现代文明下的拥有与丧失——关于小说〈信〉致作者刘庆邦》,《北京文学》2000年第10期。

刘庆邦、夏榆:《得地独厚的刘庆邦》,《作家》2000年第11期。

闻立:《"富人""穷人"》,《当代》2000年第5期。

林斤澜:《吹响自己的唢呐》,《北京文学》2001年第7期。

李敬泽:《五篇小说及一个标准——关于第二届鲁迅文学奖短篇小说奖》,《人民文学》2001年第11期。

秦岭:《取个学名叫〈阳光〉——〈阳光〉杂志创刊漫记》,《传媒》2001年第8期。

李万武:《对人性动把恻隐心——读刘庆邦、孙春平、迟子建的"证美"小说》,《文艺理论与批评》2001年第1期。

夏榆:《爱惜文字就像农民爱惜粮食——刘庆邦访谈》,《北京纪事》2001年第16期。

舒晋瑜:《工人作家从工厂和矿山走来》,《中华读书报》2001年5月30日。

徐小东:《在寂寞中坚守》,《华夏时报》2001年9月26日。

白草:《一桩几乎无事的悲剧——读刘庆邦短篇小说〈鞋〉》,《朔方》2002年第2期。

徐坤:《好人刘庆邦》,《时代文学》2002年第3期。

张锲:《你建构了一个美的情感世界》,《文汇报》2002年2月9日。

席根:《煤矿题材的一部力作》,《中国矿业报》2002年5月18日。

姚卫平:《他把自己给盖了》,《时代文学》2002年第3期。

魏家骏:《圣洁的爱和古典的美——读刘庆邦的小说〈鞋〉》,《名作欣赏》2002年第5期。

王玉宝:《精英立场与民间心态——也谈当前叙事文学中的"欲望化叙述"》,《洛阳大学学报》2002年第3期。

何希凡:《距离中的憧憬,熟悉中的陌生——〈鞋〉的叙事策略和心理内涵解读》,《名作欣赏》2002年第6期。

谭光辉:《真情世界的困守和无情世界的飘零——读刘庆邦〈鞋〉与徐坤

〈厨房〉》,《名作欣赏》2002 年第 6 期。

孙荪:《文学豫军论(续)》,《河南大学学报》(社会科学版)2002 年第 5 期。

邵燕君:《又一次浪漫冒险》,《中国图书商报》2002 年 12 月 27 日。

胡殷红:《呼唤优秀短篇小说》,《法制日报》2003 年 1 月 31 日。

胡殷红:《短篇小说为何失宠》,《文艺报》2003 年 1 月 18 日。

娄奕娟:《刘庆邦:守持与转变》,《当代文坛》2003 年第 2 期。

任军:《温情背后的哀伤与绝望——〈鞋〉与〈厨房〉的求同比较》,《名作欣赏》2003 年第 3 期。

陈俊:《青春物语——〈梅妞放羊〉的女性心灵诠释》,《名作欣赏》2003 年第 9 期。

孟楠:《以一种存在窥视另一种存在——有感于刘庆邦的〈城市生活〉》,《当代文坛》2003 年第 6 期。

吴毓生:《生命被吹响——读刘庆邦的短篇小说〈响器〉》,《名作欣赏》2003 年第 3 期。

张延国:《九十年代的田园牧歌——刘庆邦柔美小说论》,《荆门职业技术学院学报》2003 年第 4 期。

焦会生:《刘庆邦短篇小说论》,《殷都学刊》2003 年第 3 期。

万秀凤:《一个人的战争——读刘庆邦的短篇小说〈城市生活〉》,《名作欣赏》2003 年第 9 期。

徐坤:《好人刘庆邦》,《山花》2003 年第 6 期。

陈思和:《在柔美与酷烈之外——刘庆邦短篇小说艺术谈》,《上海文学》2003 年第 12 期。

夏榆:《一个人的记忆就是一个人的力量》,《长篇小说选刊》2004 年第 1 期。

何希凡:《凝眸乡土诗意与都市文明的心灵变奏——从〈梅妞放羊〉等三篇小说透视刘庆邦的生命关怀和心路历程》,《名作欣赏》2004 年第 1 期。

柯贵文:《少女母性生长史的诗化书写——读刘庆邦的〈梅妞放羊〉》,《名作欣赏》2004 年第 1 期。

姚洋音:《同化与异化中的人与自然——读刘庆邦的〈梅妞放羊〉》,《名作欣赏》2004 年第 1 期。

宗海银:《情感打造的诗意人性——读刘庆邦的短篇小说〈梅妞放羊〉》,《语文学刊》2004 年第 1 期。

祝小惠:《写小说,是一种回忆的状态》,《中国社会报》2004 年 1 月 22 日。

焦会生:《展示"丑陋":改善人心——论刘庆邦的"审丑"小说》,《唐山师范学院学报》2004 年第 4 期。

孙拥军:《"炼狱"里的生命史诗——浅谈刘庆邦 80 年代后期中短篇小说创作》,《平顶山师专学报》2004 年第 4 期。

北乔:《乡村女性肖像——细读刘庆邦笔下的七位女人》,《红岩》2004 年第 6 期。

何言宏:《二十世纪九十年代以来中国小说中的民间话语》,《江苏社会科学》2004 年第 3 期。

柯贵文:《悲凉底色上的淡淡诗意——论刘庆邦小说的艺术风格》,《五邑大学学报》(社会科学版)2004 年第 3 期。

杨素平:《试论刘庆邦小说的叙事特征》,《江苏工业学院学报》(社会科学版)2004 年第 3 期。

郭怀玉:《感伤的心旅 悲悯的世界——刘庆邦短篇小说的儿童视角》,《安阳大学学报》2004 年第 3 期。

孙郁:《刘庆邦:在温情与冷意之间》,《北京观察》2004 年第 5 期。

赛妮亚:《短篇小说之王刘庆邦》,《中华合作时报》2004 年 7 月 15 日。

张俊:《温柔的陷阱,"幸福"的悲哀——读刘庆邦的短篇小说〈幸福票〉》,《语文学刊》2004 年第 9 期。

吴义勤:《"老中国儿女"的生存哲学》,《北京日报》2004 年 11 月 14 日。

张贺琴:《一首凄美的歌谣——读刘庆邦〈平原上的歌谣〉》,《书摘》2004 年第 12 期。

李云雷:《近期"三农题材"小说述评》,《文艺理论与批评》2004 年第 6 期。

樊星:《当代小说中的"鞋"——当代文学的意象研究之一》,《襄樊学院学报》2004 年第 6 期。

张振胜:《矿区里走出作家群》,《中华读书报》2004 年 12 月 15 日。

李树友:《农村生活的凄美画面》,《文艺报》2004 年 12 月 28 日。

贺昱:《一则荒唐年代的政治寓言——刘庆邦短篇小说〈刷牙〉的寓意阐释》,《语文学刊》2005 年第 1 期。

王念灿:《刘庆邦小说的复仇主义精神》,《漳州师范学院学报》(哲学社会科学版)2005 年第 1 期。

刘成勇、李琪:《浓情淡出:刘庆邦小说的审美追求》,《郑州轻工业学院学报》(社会科学版)2005 年第 1 期。

王向东:《乡土的腥秽与芬芳——近年乡村叙事述评》,《扬州大学学报》(人文社会科学版)2005 年第 1 期。

袁晓松:《〈小小的船〉对儿童道德教育的启示》,《阴山学刊》2005 年第

1期。

阎晶明:《文学成功的便捷之门》,《小说评论》2005年第2期。

李丹梦:《乡土理念的嬗变与持守:话语·价值·权力——析"中原突破"的深层意蕴》,《上海文学》2005年第2期。

徐坤:《刘庆邦的眯眯笑与文学与酒的关系》,《中华读书报》2005年第2期。

路侃:《短篇佳作的艺术启示》,《光明日报》2005年4月1日。

孔德琴:《充满温情的写作——阅读刘庆邦的短篇小说》,《淮南师范学院学报》2005年第2期。

朱旭晨:《刘庆邦中长篇小说中的自叙性分析》,《文艺争鸣》2005年第2期。

雷达:《方南江〈中国近卫军〉刘庆邦〈平原上的歌谣〉》,《小说评论》2005年第2期。

程爱侠:《工人作家创作为何难有新突破?》,《工人日报》2005年5月28日。

刘晓南:《地火深处的泪光——刘庆邦近作评析》,《文艺理论与批评》2005年第3期。

王志尧:《论刘庆邦的中篇小说〈到城里去〉》,《平顶山学院学报》2005年第3期。

吕政轩:《民间世界的诗意抒写——刘庆邦乡村系列小说阅读笔记》,《小说评论》2005年第3期。

柯贵文:《论刘庆邦的短篇小说理论与创作》,《理论与创作》2005年第4期。

侯吉永:《乡土少女形象与牧歌情调——以刘庆邦作品为个案》,《江西科技师范学院学报》2005年第3期。

贺昱、李顺富:《繁花掩映显真美——浅析刘庆邦〈刷牙〉中的细节描写》,《柳州师专学报》2005年第3期。

木弓:《刘庆邦中篇小说〈卧底〉及其他老派故事有力度》,《文艺报》2005年6月21日。

柯贵文:《论刘庆邦的成长小说》,《五邑大学学报》(社会科学版)2005年第4期。

苏七七:《"发展"的盲井》,《上海文学》2005年第8期。

王祥夫、段崇轩:《把短篇小说的写作进行到底》,《山花》2005年第11期。

刘伟厚:《躲不开的悲剧——试论刘庆邦的矿井小说》,《南京师范大学文学院学报》2005年第4期。

翟苏民:《素朴生发出的诗美——刘庆邦短篇小说简论》,《小说评论》2005年第5期。

关峰:《刘庆邦小说论》,《当代文坛》2005年第5期。

焦会生:《刘庆邦小说论》,《当代文坛》2005年第4期。

王传习:《现代文明的迷宫——解读刘庆邦的〈城市生活〉》,《名作欣赏》2005年第20期。

吴建华、孙明岗:《刘庆邦小说中的农民》,《理论与创作》2005年第6期。

韩富叶:《简单中见丰富 平常处显深邃——读刘庆邦的三篇小说》,《名作欣赏》2005年第22期。

朱旭晨:《简单显曲折 平凡见功力——短篇小说〈刷牙〉结构风格分析》,《写作》2005年13期。

王德领:《细腻展示扭曲的人性——读〈红煤〉》,《书摘》2006年第1期。

韩歌:《为生命而歌》,《中国安全生产报》2006年9月2日。

冉茂金、张悦、吴月玲、金涛:《热切期待更多优秀工业题材作品"出炉"》,《中国艺术报》2006年11月14日。

陈晓雷:《珍藏苦难的歌谣》,《吉林日报》2006年1月5日。

王久辛:《短篇国里尽朝晖——第三届鲁迅文学奖短篇小说审读札记》,《解放军艺术学院学报》2006年第1期。

邵燕君:《"写什么"和"怎么写"?——谈"底层文学"的困境兼及对"纯文学"的反思》,《扬子江评论》2006年第1期。

董晓华:《一道独特的风景——"短篇王"刘庆邦简论》,《工会论坛》(山东省工会管理干部学院学报)2006年第1期。

关峰:《论刘庆邦小说中的暴虐想象》,《江淮论坛》2006年第1期。

白烨:《来自煤层深处的呼唤》,《文艺报》2006年2月28日。

王德颂:《为了人类诗意的栖息》,《深圳特区报》2006年2月22日。

孙丽萍:《民工进城悲喜剧,汇就文坛"民工热"》,《新华每日电讯》2006年3月7日。

丁丽洁:《笔尖对准生死煤窑》,《文学报》2006年3月2日。

刘效仁:《文学富矿在哪里》,《安徽日报》2006年3月31日。

白烨:《畸变的背后》,《北京日报》2006年4月11日。

王德领:《厚实煤层下透出的光焰》,《光明日报》2006年4月3日。

刘红庆:《我向刘庆邦进言》,《艺术评论》2006年第3期。

李丹梦:《"谦恭"与"沉默"——论刘庆邦的中短篇小说》,《山花》2006年第 4 期。

方学武:《论刘庆邦的成长主题小说》,《山东文学》2006 年第 7 期。

鞠明富:《石砌的"希腊小庙"——重读刘庆邦的短篇〈新房〉》,《现代语文》2006 年第 6 期。

郭小珺:《女儿温柔本自真——读刘庆邦的〈梅妞放羊〉》,《语文学刊》2006 年第 17 期。

鲍红:《〈红煤〉民间立场写矿工》,《出版参考》2006 年第 7 期。

季雅群:《责任的重荷与性欲的荒原——谈刘庆邦小说〈幸福票〉》,《山东文学》2006 年第 11 期。

谢欣:《〈红煤〉:刘庆邦的新掘进》,《当代》2006 年第 2 期。

李杰:《刘庆邦小说〈家道〉的叙事特征》,《安徽理工大学学报》(社会科学版)2006 年第 1 期。

白烨:《畸变的背后》,《北京日报》2006 年 4 月 11 日。

冀明俊:《"救他"的滑稽与"他救"的无奈——评刘庆邦的小说〈卧底〉》,《沧桑》2006 年第 2 期。

徐宏勋、张懿红:《刘庆邦:逝去的纯真年代》,《宝鸡文理学院学报》(社会科学版)2006 年第 2 期。

闫建华:《卑微人生的关注 美好人性的挖掘——透视刘庆邦小说的底层关怀》,《理论界》2006 年第 6 期。

方学武:《刘庆邦小说的语言特色》,《郑州经济管理干部学院学报》2006 年第 2 期。

王海涛:《在生活的底层掘进——评刘庆邦长篇新作〈红煤〉》,《当代文坛》2006 年第 4 期。

夏榆:《底层的,最底层的》,《南方周末》2006 年 5 月 18 日。

赵修广:《不动声色的传奇与苦涩隽永的浮世绘——刘庆邦小说风格论》,《淮北煤炭师范学院学报》(哲学社会科学版)2006 年第 4 期。

张懿红:《从当代中国大陆乡土小说透视乡土叙事之动力机制》,《文艺理论与批评》2006 年第 4 期。

张德明:《检点 2005 年中篇小说》,《文艺评论》2006 年第 4 期。

张立杰:《悲凉苦涩的"过把瘾"——读刘庆邦的〈咱俩不能死〉》,《名作欣赏》2006 年第 17 期。

汪地山:《在小说林里东张西望》,《出版广角》2006 年第 4 期。

冉茂金、张悦、吴月玲、实习记者、金涛:《热切期待更多优秀工业题材作品"出炉"》,《中国艺术报》2006 年 11 月 14 日。

南新、王芳、郭艳红:《守望"小人物"的内心世界——刘庆邦及其短篇小说〈咱俩不能死〉》,《河北科技师范学院学报》(社会科学版)2006年第4期。

程德培、张新颖:《当代文学的问题在哪里》,《当代作家评论》2006年第5期。

彭少健、张志忠:《略论当下中国文学的宏大叙事》,《文学评论》2006年第6期。

余志平:《赞歌与咒语——评刘庆邦的小说》,《湖南民族职业学院学报》2007年第1期。

白书鹏:《刘庆邦的矿井小说对安全文化建设的启示》,《华北科技学院学报》2007年第1期。

张立:《论90年代以来小说中的新闻化叙事》,《常熟理工学院学报》2007年第1期。

张颖娟:《无望岁月里的悲悯关怀》,《太原城市职业技术学院学报》2007年第2期。

王念灿:《90年代以来新乡土文学的症候分析》,《漳州师范学院学报》(哲学社会科学版)2007年第2期。

沈新燕:《从权欲叙述看作品精神内涵——以〈沧浪之水〉〈城的灯〉〈红煤〉为例》,《安徽文学》(下半月)2007年第2期。

杨素平:《论刘庆邦小说创作的文化背景》,《江苏工业学院学报》(社会科学版)2007年第2期。

李晓华:《成长于传统与反传统隙间的自我意识——读刘庆邦新作〈怎么还是你〉》,《当代文坛》2007年第2期。

路斐斐:《矿工作家刘庆邦 用笔穿越黑暗的煤层》,《三月风》2007年第2期。

李杰、何希凡:《无尽的挽歌:底层趋城意识的批判——论刘庆邦中篇小说〈到城里去〉的心理内涵》,《现代语文》(文学研究版)2007年第3期。

金涛:《作家的眼光不能只盯着市场》,《中国艺术报》2007年4月27日。

《平民视角关注底层——刘庆邦作品研讨会在京举行》,《文学报》2007年5月17日。

余志平:《从小说结构看沈从文对刘庆邦小说的影响》,《当代文坛》2007年第3期。

余志平:《刘庆邦与沈从文小说心理描写之比较》,《株洲师范高等专科学校学报》2007年第3期。

李遇春:《底层叙述的迷惘——评刘庆邦的〈表妹〉》,《文学教育》(上)2007

年第 3 期。

徐德明:《乡下人的记忆与城市的冲突——论新世纪"乡下人进城"小说》,《文艺争鸣》2007 年第 4 期。

贺绍俊:《发现埋在心底的精神"哑炮"——读刘庆邦的〈哑炮〉》,《北京文学》2007 年第 4 期。

张鹏:《人与自然——〈红煤〉的双重视角》,《名作欣赏》2007 年第 12 期。

温长青:《对百姓苦难的真切呈现——新时期"底层写作"述评》,《理论导刊》2007 年第 8 期。

唐虹:《当代知识分子如何表述底层——从打工文学透视底层写作》,《广西青年干部学院学报》2007 年第 5 期。

温长青:《百姓苦难的真切呈现——"底层写作"札记之一》,《名作欣赏》2007 年第 20 期。

于华:《小说〈看秋〉透射出的社会意义》,《文学教育》(下)2007 年第 6 期。

洪治纲:《底层写作与苦难焦虑症》,《文艺争鸣》2007 年第 10 期。

陈英群:《文学豫军的创作新天地》,《平原大学学报》2007 年第 6 期。

李晓丽:《生存空间的戏剧化挑战——读刘庆邦的短篇小说〈城市生活〉》,《现代语文》(文学研究版)2007 年第 7 期。

本刊编辑部:《〈北京文学〉召开刘庆邦作品研讨会》,《北京文学》2007 年第 7 期。

兰宇:《刘庆邦小说中的女性生命书写》,《小说评论》2007 第 S1 期。

余志平:《谁应对方良俊之死负责?——刘庆邦小说〈黄胶泥〉文化意味解读》,《名作欣赏》2007 年第 11 期。

陈富志:《批判与重构——评刘庆邦的小说〈红煤〉》,《名作欣赏》2007 年第 12 期。

余志平:《从修辞艺术看刘庆邦小说语言特色》,《文学教育》(上)2007 年第 6 期。

余志平:《赞歌与咒语——读刘庆邦的小说》,《名作欣赏》2007 年第 14 期。

梁照曾:《走在世纪文学膜拜的路上》,《周口日报》2007 年 6 月 20 日。

张霞、汪潜:《"叫喊于生人中"——对刘庆邦〈城市生活〉评论的评论》,《边疆经济与文化》2007 年第 7 期。

余翔:《精英的少数和沉默的大多数——读刘庆邦的〈卧底〉》,《电影评介》2007 年第 13 期。

郭怀玉:《论刘庆邦笔下的"失贞"女性》,《当代文坛》2007 年第 4 期。

张华:《异乡人的生存焦虑——评刘庆邦的〈红煤〉》,《理论与创作》2007 年第 4 期。

余志平:《论刘庆邦小说语言的俗与雅》,《文艺理论与批评》2007 年第 4 期。

余志平:《浅论刘庆邦小说失怙少儿形象的塑造》,《名作欣赏》2007 年第 16 期。

刘丽玲:《血腥与温暖人性的展示——评刘庆邦〈雷庄户〉及其乡土小说》,《咸宁学院学报》2007 年第 4 期。

陈英群:《掘进人性深处——刘庆邦长篇小说〈红煤〉解析》,《时代文学》(理论学术版) 2007 年第 4 期。

舒晋瑜:《成绩面前,中篇小说更应加强和世界对话的能力》,《中华读书报》2007 年 8 月 29 日。

李静:《现实乡村的诗意浪漫——论刘庆邦的乡土短篇小说》,《美与时代》2007 年第 9 期。

田宏杰:《感知大宋文化 关注开封复兴》,《开封日报》2007 年 10 月 24 日。

张春艳:《刘庆邦新作〈黑庄稼〉解读》,《忻州师范学院学报》2007 年第 6 期。

何镇邦:《生活的暖色调 艺术的新境界——读刘庆邦短篇小说新作〈好了〉兼及其短篇小说的若干艺术特色》,《红豆》2007 年第 23 期。

余翔:《精英的少数和沉默的大多数——读刘庆邦的〈卧底〉》,《电影评介》2007 年第 13 期。

焦彩萍:《原始之恶的极致张扬——〈盲井〉从小说到电影》,《电影评介》2007 年第 21 期。

杨晓艳:《距离产生爱情——〈春天的仪式〉的叙事策略和心理内涵》,《文教资料》2007 年第 28 期。

李琦:《转型期乡土社会的立体呈现——论近十年来乡土小说的主题模式》,《现代语文》(文学研究版) 2007 年第 10 期。

牛学智:《乏力的温情叙事——对底层文学及相关问题的思考》,《时代文学》2008 年第 1 期。

吴信德:《我对〈八月十五月儿圆〉的不同看法》,《北京文学》2008 年第 Z1 期。

郭玉森:《刘庆邦〈幸福票〉的人性美》,《文学教育》(上) 2008 年第 1 期。

廖丹:《对生活的感悟 对人性的洞察——读刘庆邦的煤矿生活、乡村生活小说》2008 年第 1 期。

鲍兆飞:《阉割暴虐与底层关注——读刘庆邦的〈完碎〉》,《和田师范专科学校学报》2008 年第 1 期。

何言宏:《当代中国的"新左翼文学"》,《南方文坛》2008 年第 1 期。

李群:《"启蒙者"的堕落——〈卧底〉的另一种解读兼与木弓先生商榷》,《鸡西大学学报》2008 年第 1 期。

程波、廖慧:《"底层叙事"的意识形态与审美》,《文艺理论与批评》2008 年第 3 期。

李琦:《近年来乡土小说创作中的乡恋心态论析》,《宁夏师范学院学报》2008 年第 5 期。

杨建兵:《底层的诗意——以刘庆邦的小说为例》,《长江学术》2008 年第 2 期。

韩文淑:《于黑暗之地彷徨 于生死之间徘徊——对刘庆邦矿工小说主题的一种解读》,《安徽文学》(下半月)2008 年第 7 期。

陈英群:《道德与欲望较量的心路历程——刘庆邦中篇小说〈哑炮〉解读》,《河南机电高等专科学校学报》2008 年第 5 期。

余志平:《生命意识的追寻与表现——刘庆邦小说创作论》,《小说评论》2008 年第 5 期。

王地:《文学没有传统与网络之分》,《检察日报》2008 年第 9 期。

余志平:《挣扎于夹缝中的女人——品评刘庆邦近作中的三个女性形象》,《孝感学院学报》2008 年第 5 期。

张伟:《社会转型与中国的蓝领文学》,《学海》2008 年第 5 期。

张旭东:《新世纪"文学豫军"的创作困境与突破之途》,《当代文坛》2008 年第 5 期。

王干:《战斗·旋转·本色——30 年短篇小说艺术创作轨迹回顾》,《名作欣赏》2008 年第 19 期。

李凤玲:《人性的泯灭与复苏——浅析中篇小说〈神木〉的主题》,《今日南国》(理论创新版)2008 年第 6 期。

张鹏:《爱与痛的边缘——新世纪文学的底层关怀》,《电影文学》2008 年第 6 期。

孙琼阁:《一组昏黄的乡村老照片——谈刘庆邦小说的自然主义色彩》,《河南商业高等专科学校学报》2008 年第 6 期。

陈富志:《贴着人物写——浅析刘庆邦作品的艺术特色》,《作家》2008 年第 6 期。

李杰:《论刘庆邦小说中的历史苦难》,《阅读与写作》2008 年第 6 期。

亓丽:《退守与进攻的两难选择——论刘庆邦矿工题材小说》,《当代小说》

2008 年第 8 期。

张珺:《平阳死于谁之手?——读刘庆邦的〈抓胎〉》,《时代文学》(下半月)2008 年第 12 期。

李遇春:《一篇有洁癖的底层小说——评刘庆邦的〈燕子〉》,《文学教育》(上)2008 年第 12 期。

李琰:《重读刘庆邦的〈鞋〉》,《文学教育》(上)2008 年第 12 期。

舒坦:《作家声音》,《文学教育》(上)2008 年第 12 期。

江腊生:《当代打工文学的叙述模式探讨》,《中国文学研究》2008 年第 4 期。

方晓枫:《"恶"与"美"的博弈——当下"恶意"写作与"证美"小说的审美比较》,《阜阳师范学院学报》(社会科学版)2009 年第 1 期。

赵牧:《苦难的景观——读刘庆邦的〈摸刀〉》,《名作欣赏》2009 年第 1 期。

李新:《以〈神木〉为例谈刘庆邦小说的艺术特征》,《文艺理论与批评》2009 年第 1 期。

王志尧:《不合事体情理是当代小说难出经典名著的重要症结——以著名作家路遥刘庆邦欧阳黔森的三部中篇小说为例(下)》,《铜仁学院学报》2009 年第 1 期。

李荣玲:《扬善弃恶的希冀与温情——刘庆邦〈神木〉中的底层关怀》,《柳州职业技术学院学报》2009 年第 1 期。

李琦:《近十年来乡土小说故事形态探析》,《乐山师范学院学报》2009 年第 2 期。

李遇春:《女扮男装与底层关怀——评刘庆邦的〈远山〉》,《文学教育》(上)2009 年第 2 期。

徐林芳:《论刘庆邦短篇小说的时间与空间》,《当代小说》(下半月)2009 年第 2 期。

段崇轩:《静水深流见气象——2008 年短篇小说述评》,《南方文坛》2009 年第 2 期。

余志平:《吹响民间底层生命的唢呐——底层叙事视野中的刘庆邦小说》,《南京师范大学文学院学报》2009 年第 1 期。

余志平:《刘庆邦小说创作的意义》,《文艺理论与批评》2009 年第 2 期。

荀羽琨:《刘庆邦的乡土世界》,《当代小说》(下半月)2009 年第 3 期。

黄轶:《"起承"与"转合"间的断裂——新世纪牧歌派乡土小说论》,《平顶山学院学报》2009 年第 3 期。

刘保亮:《道家文化与当代河洛文学》,《科学经济社会》2009 年第 3 期。

李琦:《论"乡恋"心态与近年来的乡土小说创作》,《当代文坛》2009年第4期。

张鹏:《信仰·忧患·拯救——当代文坛生态书写的三个方向》,《社会科学论坛》(学术评论卷)2009年第7期。

张学昕:《残酷的诗意——刘庆邦短篇小说论》,《山花》2009年第7期。

盖伟:《女儿国中的反叛——论刘庆邦笔下的失贞女性》,《河南机电高等专科学校学报》2009年第3期。

陈英群:《生命之花在大自然中绽放——刘庆邦小说中人与自然的和谐之美》,《时代文学》2009年第3期。

杨建兵、刘庆邦:《"我的创作是诚实的风格"——刘庆邦访谈录》,《小说评论》2009年第3期。

杨建兵:《对底层的诗意抒写——论刘庆邦的小说创作》,《小说评论》2009年第3期。

《刘庆邦作品目录》,《小说评论》2009年第3期。

陈英群:《论刘庆邦小说中的民俗系列》,《文艺理论与批评》2009年第3期。

李树友:《探讨人类平等 播洒和谐思想——评当代作家刘庆邦的长篇新作〈遍地月光〉》,《开封教育学院学报》2009年第2期。

李勇:《刘庆邦的"梦境"与乡愁》,《平顶山学院学报》2009年第3期。

杨建兵:《刘庆邦的复仇叙事》,《平顶山学院学报》2009年第3期。

余中华:《刘庆邦文学世界的二元结构》,《平顶山学院学报》2009年第3期。

张鹏:《天人信仰·忧患意识·拯救大地——当代文坛生态书写的三个方向》,《宜宾学院学报》2009年第8期。

杨晶:《小说〈鞋〉的情感及其表达》,《文学教育》(下)2009年第10期。

段崇轩:《短篇小说的风雨历程》(下),《名作欣赏》2009年第28期。

罗执廷:《文学选刊与当代小说的发展》,《文艺争鸣》2009年第12期。

谷显明:《城乡两域·底层视角·苦难叙事——论转型期以来的"乡下人进城"叙事》,《湖南城市学院学报》2009年第6期。

陈新瑶:《浮出地表的矿冶文学》,《黄石理工学院学报》(人文社会科学版)2009年第6期。

高椿霞:《简析乡土文学传统的延续和转型——关注当今底层农民工题材的创作》,《乐山师范学院学报》2009年第4期。

杨波:《自我复制与超越:从〈黑地〉到〈红煤〉》,《赤峰学院学报》(汉文哲学社会科学版)2009 年第 5 期。

陈富志:《寻求爱与善的灵光——刘庆邦小说论》,《平顶山学院学报》2009 年第 3 期。

刘保亮:《刘庆邦小说的道家意蕴》,《平顶山学院学报》2009 年第 3 期。

余志平:《刘庆邦小说创作研究的历史与现状》,《周口师范学院学报》2009 年第 4 期。

刘成勇:《向人性的深处开掘——刘庆邦小说的人性主题》,《周口师范学院学报》2009 年第 4 期。

李秀丽:《并不温情的温情脉脉——试论刘庆邦新作〈养蚕〉》,《周口师范学院学报》2009 年第 4 期。

金立群:《不露声色中激情已经远去——读刘庆邦的〈玉米地〉》,《语文教学与研究》2009 年第 17 期。

王环乐:《刘庆邦小说中女性的传统的美》,《今日南国》(理论创新版)2009 年第 7 期。

耿娴:《温情·现实·真实——从刘庆邦和迟子建作品看底层文学之温情表达》,《柳州师专学报》2009 年第 4 期。

龙景科:《反拨生命的一种生存形态——刘庆邦小说〈红煤〉的一个重要主题》,《凯里学院学报》2009 年第 4 期。

陈英群:《"哑炮"的三次炸响——体味刘庆邦中篇小说〈哑炮〉所产生的幻化》,《名作欣赏》2009 年第 21 期。

翟创全:《风俗与人性的歌者——从〈眼睛〉看刘庆邦小说的创作视角》,《现代语文》(文学研究版)2009 年第 9 期。

孙拥军:《"走窑汉"们的生命史诗——刘庆邦煤矿题材小说创作谈》,《文艺理论与批评》2009 年第 5 期。

吴琼瑶:《自然、女性、和谐——解读刘庆邦小说〈远山〉》,《阅读与写作》2009 年第 12 期。

许肖辉:《〈哑炮〉与我记忆中的世界》,《北京文学》2009 年第 4 期。

李洁非:《虚写之致——〈西风芦花〉笔意》,《北京文学》2009 年第 8 期。

赵玉芬:《乡味浓郁的河南民间风情画卷——"文学豫军"乡土小说创作特色谈》,《语文学刊》2009 年第 17 期。

李树友:《献给普通人的月光》,《文艺报》2009 年 11 月 26 日。

李建军:《如此干净而温暖的反讽——读〈到处都很干净〉》,《北京文学》(精彩阅读)2010 年第 1 期。

赵蕾、郝江波:《"乌金文学奖"社会价值论》,《淮北煤炭师范学院学报》(哲学社会科学版)2010年第1期。

孙玉石:《〈红煤〉与〈红与黑〉比较研究初探》,《池州学院学报》2010年第1期。

罗执廷:《选刊运作:一种当代作家培养机制》,《江西师范大学学报》(哲学社会科学版)2010年第1期。

李海方:《淳朴坚韧与狡诈无情——刘庆邦作品中人的生命状态》,《当代小说》2010年第1期。

张凤梅:《反拨生命的另一种生存形态——试析刘庆邦〈红煤〉的主题意蕴》,《作家》2010年第2期。

赵蕾、郝江波:《中国煤矿文学发展综述》,《飞天》2010年第2期。

张鹏:《信仰·忧患·拯救——当代文坛生态文学书写的三个方向》,《江西广播电视大学学报》2010年第2期。

巫晓燕:《泛工业化写作——对现代化工业进程与当下文学创作的描述》,《当代作家评论》2010年第2期。

李俊国:《近二十年中国文学症候分析》,《湖北大学学报》(哲学社会科学版)2010年第2期。

平原:《"底层写作"的性别冲突与和谐》,《小说评论》2010年第3期。

李红艳:《乡村之美的寻找与发现——赏刘庆邦的〈遍地白花〉》,《现代语文》(文学研究)2010年第4期。

张凤梅:《社会视角中的文本解读——评刘庆邦新作〈红煤〉》,《作家》2010年第16期。

张鹏:《精神的秘史 苦难的记忆——读刘庆邦〈平原上的歌谣〉》,《阅读与写作》2010年第7期。

胡平:《模仿的快感——读刘庆邦短篇小说〈丹青索〉》,《北京文学》2010年第9期。

王怀庆:《兽性—人性—神性:刘庆邦小说〈神木〉解读》,《现代语文》(文学研究)2010年第8期。

任动:《刘庆邦乡土短篇小说论》,《文艺理论与批评》2010年第2期。

李遇春:《贫困的历史与历史的贫困——评刘庆邦的〈到处都很干净〉》,《文学教育》(上)2010年第4期。

余志平:《刘庆邦短篇小说创作的理论自觉》,《当代文坛》2010年第3期。

廖高会:《身份之惑与寻偶之悲——刘庆邦〈遍地月光〉中的权与性》,《名作欣赏》2010年第15期。

王伟:《对农民走出乡土的思索——论刘庆邦小说》,《名作欣赏》2010年第

15 期。

陈富志:《在建构与消解之间徘徊———论刘庆邦小说创作的矛盾心态》,《名作欣赏》2010 年第 15 期。

杨静、祁宏超:《苦难是人生的成人仪式——刘庆邦成长小说仪式考》,《文学界》(理论版)2010 年第 4 期。

叶立文:《以实击虚的艺术——评刘庆邦的〈月光下的抚仙湖〉》,《文学教育》(上)2010 年第 7 期。

高丽:《"独头掘进"谱写生命之歌——论刘庆邦的"矿区写作"》,《文学界》(理论版)2010 年第 8 期。

杨形涛:《刘庆邦小说的叙事艺术》,《文学界》(理论版)2010 年第 9 期。

朱刘霞:《"女性的天空是如此低矮"——论刘庆邦小说中的女性形象》,《文艺理论与批评》2010 年第 6 期。

朱海燕:《陌生化与小说方言创作——以刘庆邦小说为例看方言在小说中的审美意义》,《乐山师范学院学报》2010 年第 10 期。

王怀庆:《论刘庆邦民工系列小说的媚俗倾向》,《经济研究导刊》2010 年第 36 期。

严国清:《刘庆邦小说中的悲悯情怀》,《廊坊师范学院学报》(社会科学版)2010 年第 6 期。

葛红兵:《忧患、信仰与拯救——当代生态文学的三个向度》,《社会科学》2010 年第 6 期。

王宏民:《〈梅妞放羊〉的生命意识解读》,《文学教育》(上)2010 年第 7 期。

张鹏:《生态信仰·大地忧患·拯救自然——当代文坛生态书写的方向》,《湖南工程学院学报》(社会科学版)2010 年第 3 期。

李徽昭:《乡村女性身体书写的现代性反思——以五个小说文本为例》,《当代文坛》2010 年第 6 期。

闵吟:《被扭曲的言说——论"底层写作"的主观表述》,《山东文学》2010 年第 10 期。

秦立彦:《新世纪的中国电影改编》,《艺术评论》2011 年第 1 期。

贺绍俊:《蕴藏着一个未来的惊喜——2010 年短篇小说扫描》,《小说评论》2011 年第 1 期。

理清丽:《刘庆邦小说〈中间人物〉的叙述特征》,《江西蓝天学院学报》2011 年第 1 期。

石长平:《另一种苦难的渊薮——论刘庆邦小说中的"家族微观权力"》,《周口师范学院学报》2011 年第 1 期。

孙拥军、刘晓红:《"城""乡"之间的人性坚守——谈刘庆邦小说创作的价值取向》,《海南师范大学学报》(社会科学版)2011年第2期。

陈英群:《刘庆邦小说中的亲情赞歌》,《新乡学院学报》(社会科学版)2011年第3期。

易东生:《无限丰富的底层——从刘庆邦和曹征路的小说看底层文学的多样性》,《前沿》2011年第4期。

汪志彬:《诗意乡村的现实困境——评刘庆邦的中篇小说〈我们的村庄〉》,《长春理工大学学报》(社会科学版)2011年第6期。

张翼:《刘庆邦情爱叙事解读——兼及新文学乡土叙事话语反思》,《当代文坛》2011年第4期。

孙春旻:《刘庆邦的性事书写》,《当代文坛》2011年第5期。

任动:《刘庆邦与邵丽小说的互文性》,《中州大学学报》2011年第5期。

王妍、李明军:《心灵的"红字"——从刘庆邦的"酷烈小说"看人性》,《吉首大学学报》(社会科学版)2011年第6期。

北乔:《飒飒东风细雨来 芙蓉塘外有轻雷——2010年度短篇小说创作述评》,《理论与创作》2011年第2期。

刘茂华:《大众传媒语境中小说创作的多元选择》,《理论与创作》2011年第3期。

何言宏:《新世纪文学中的"新左翼精神"》,《东岳论丛》2011年第4期。

陈英群:《河南作家凸现在底层文学中的民生映像》,《文艺理论与批评》2011年第3期。

陈英群:《刘庆邦笔下情窦初开的纯净情感世界》,《长城》2011年第4期。

董晓慧:《解读刘庆邦笔下的少女形象》,《开封教育学院学报》2011年第4期。

李继华:《选取最适合的叙述者——刘庆邦短篇小说叙述方法剖析》,《周口师范学院学报》2011年第3期。

李杰:《论刘庆邦小说的现实性苦难书写》,《四川文理学院学报》2011年第3期。

冯庆华:《文学批评话语的建构》,《创作与评论》2011年第6期。

耿传明、李国:《"标新"与"立旧"——新世纪小说的双动向》,《山西大学学报》(哲学社会科学版)2011年第4期。

王安忆:《喧哗与静默》,《当代作家评论》2011年第4期。

周保欣:《论乡土写作的困境》,《文学评论》2011年第5期。

张鹏:《自然与人性的双重忧思——刘庆邦长篇小说〈红煤〉的双线叙述》,

《阅读与写作》2011 年第 5 期。

洪治纲：《短篇小说·生活图谱·代际差异——新世纪文学十年观察之三》，《文艺争鸣》2011 年第 7 期。

陈英群：《刘庆邦小说中的爱情吟唱》，《山花》2011 年第 8 期。

马兵：《新世纪乡土文学的"常"与"变"》，《时代文学》2011 年第 9 期。

李红艳：《逝去年代的回望，乡土诗意的怀想——论刘庆邦的创作》，《山花》2011 年第 16 期。

李中华：《河南作家的地域性文本特征》，《商丘师范学院学报》2011 年第 10 期。

刘保亮：《土地文化的桎梏——当代河南文学的文化批判》，《学术论坛》2011 年第 10 期。

李红艳：《论刘庆邦乡村题材小说的语言特色》，《作家》2011 年第 10 期。

陈富志：《建构与消解——从〈神木〉到〈盲井〉》，《名作欣赏》2011 年第 33 期。

李琦：《近十年来中国乡土小说语言形态论析》，《时代文学》2011 年第 12 期。

祝嘉琳：《新世纪小说底层写作中的单极化审美取向透析》，《湖北民族学院学报》（哲学社会科学版）2011 年第 6 期。

魏红霞：《简析新时期以来底层文学中的女性形象》，《甘肃高师学报》2011 年第 6 期。

段崇轩：《写实与诗化的双重变奏——刘庆邦短篇小说论》，《中国作家》2011 年第 13 期。

《〈中国作家〉短篇小说创作座谈会发言摘登》，《中国作家》2011 年第 10 期。

张鹏：《大地伦理：当代生态文学的核心价值观》，《山东文学》2011 年第 7 期。

吴平安：《兔子的精神 三点导读》，《语文教学与研究》2011 年第 18 期。

徐伟伟：《人性的回归——浅析〈神木〉中赵上河的人物形象》，《青春岁月》2011 年第 20 期。

夏榆：《"写作者的艰难和光荣都体现在他这里了"》，《南方周末》2011 年 1 月 6 日。

孟杨：《一次幸福与甜美的情感旅程——解读刘庆邦的短篇小说〈鞋〉》，《美与时代》2011 年第 10 期。

刘庆邦：《刘庆邦：细节之美》，《新作文（高中作文指南）》2011 年第 11 期。

陈富志:《眷恋与回望——论刘庆邦小说的自传色彩》,《铜仁学院学报》2011年第5期。

吴涛:《刘庆邦小说对女性内心情感的观照——以〈鞋〉为个案分析》,《新闻爱好者》2011年第24期。

王诒卿:《得"地"独厚刘庆邦》,《中国国土资源报》2011年4月22日。

周雪花:《大悲悯与大克制的写作》,《文艺报》2011年9月21日。

李杰:《原乡虚构与崇高缺失:刘庆邦小说苦难叙事的局限》,《牡丹江师范学院学报》(哲学社会科学版)2012年第1期。

冯庆华:《论刘庆邦〈平原上的歌谣〉的美学向度》,《平顶山学院学报》2012年第1期。

何平:《媒体新变和短篇小说的可能——〈二〇一一中国最佳短篇小说〉序》,《当代作家评论》2012年第1期。

许心宏:《肉身与城市:身体意象的城市美学》,《西北师大学报》(社会科学版)2012年第2期。

张学昕:《新世纪十年短篇小说论》,《东吴学术》2012年第2期。

张小川:《汉译"一量名结构"与欧化研究》,《大庆师范学院学报》2012年第2期。

荀羽琨:《刘庆邦小说的人文精神》,《宝鸡文理学院学报》(社会科学版)2012年第2期。

王彬彬:《〈遍地月光〉与长篇小说的语言问题》,《文学评论》2012年第3期。

冯庆华、赵冰:《刘庆邦长篇小说创作发展论——从〈断层〉到〈红煤〉》,《武陵学刊》2012年第3期。

赵一民:《穿越人性时空的鞭影——刘庆邦短篇小说〈人畜〉解读》,《山东省农业管理干部学院学报》2012年第3期。

张晓辉:《刘庆邦作品的思想意义》,《中国职工教育》2012年第7期。

陈晨:《平民立场下的历史书写与人文关怀——论刘庆邦的两部长篇小说》,《时代文学》(上半月)2012年第7期。

盖伟:《刘庆邦小说底层叙事下的国民劣根性》,《江西教育学院学报》2012年第4期。

陈英群:《刘庆邦小说中的母性光辉》,《新乡学院学报》(社会科学版)2012年第5期。

陈旭:《现代化过程中的农民身份焦虑——读刘庆邦的中篇小说〈到城里去〉》,《语文建设》2012年第11期。

孙拥军:《坚守与执著:刘庆邦小说创作的乡土取向》,《文艺理论与批评》2012 年第 6 期。

杨辉:《现实和文学中的恶与希望——刘庆邦〈神木〉新解读》,《芒种》2012 年第 12 期。

赵爱华:《向人性更深处漫溯——评刘庆邦的矿难题材小说〈哑炮〉》,《作家》2012 年第 18 期。

高奕:《善良是我们作为人活着的唯一准则——读刘庆邦的〈皂之白〉》,《北京文学》2012 年第 11 期。

李中华:《中原地域文化影响新时期河南作家的四种方式》,《山西财经大学学报》2012 年第 S4 期。

陈新瑶:《从边缘到中心——新时期以来矿冶文学研究》,《湖北师范学院学报》(哲学社会科学版)2012 年第 6 期。

王萍:《"土俗精神"——新时期中原作家群小说创作论》,《名作欣赏》2012 年第 35 期。

王玉宝:《心灵的废墟:关于新时期以来小说价值取向的思考——兼论中国当代文学与世界文学对话的可能》,《文艺争鸣》2012 年第 8 期。

任动:《当代中国两个典型的小区域作家群——"周口作家群"与"昭通作家群"》,《昭通师范高等专科学校学报》2012 年第 8 期。

贺绍俊:《短篇小说让我们对文学更放心》,《芒种》2012 年第 3 期。

李中华:《论新时期以来河南乡土文学的悲剧精神》,《短篇小说》2012 年第 6 期。

杨赛:《最后那一抹色彩——〈神木〉中人性的复苏》,《青年文学家》2012 年第 14 期。

周南焱:《被冷落的短篇小说创作》,《北京日报》2012 年 7 月 12 日。

孟祥宁、李韦:《煤矿文艺是另一种火、电、光》,《中国艺术报》2012 年 8 月 17 日。

苏墨:《刘庆邦:作家生来就是还泪的》,《工人日报》2012 年 12 月 10 日。

荀羽琨:《底层经验的文学重构与现代性反思》,《文艺理论与批评》2013 年第 1 期。

钱晓宇:《一座待挖的富矿:中国当代煤矿文学的类型研究初探》,《现代中国文化与文学》2013 年第 1 期。

贺绍俊:《2012 年短篇:平常中的变异》,《小说评论》2013 年第 2 期。

刘保亮:《论当代河南乡土文学的乌托邦叙事伦理》,《当代文坛》2013 年第 2 期。

高芳艳:《论河南当代文学旅游价值的开发策略》,《河南机电高等专科学校学报》2013年第2期。

许心宏:《城市外来者:农家女身体书写与文化表征》,《重庆师范大学学报》(哲学社会科学版)2013年第2期。

王必胜:《读写他们——一本散文集和一组作家书信》,《厦门文学》2013年第4期。

朱云霞:《被表述的"她":解读煤矿书写中的女性形象》,《中国矿业大学学报》(社会科学版)2013年第2期。

张冰:《农村生活方式的变迁——读刘庆邦最新短篇小说集》,《南方文坛》2013年第2期。

张翼:《河南作家创作中的成长主题考察》,《小说评论》2013年第3期。

孟繁华:《都市深处的冷漠与荒寒——评刘庆邦的短篇小说〈骗骗她就得了〉》,《北京文学》(精彩阅读)2013年第3期。

孟繁华:《新文明的崛起与文学的变局》,《文艺争鸣》2013年第3期。

刘成勇:《存在的苦难:〈走窑汉〉的生命景观》,《湖北工程学院学报》2013年第4期。

李兴阳:《新世纪乡土小说的叙事取向与"在乡农民"形象》,《南京社会科学》2013年第4期。

李丹梦:《文学"乡土"的地方精神——以"中原突破"为例》,《当代文坛》2013年第5期。

王欣:《论20世纪以来河南作家生态意识的生长》,《文艺理论与批评》2013年第5期。

张心巧:《少女心事知多少?——刘庆邦短篇小说少女形象解读》,《名作欣赏》2013年第9期。

胡文灿:《现代性的回声——论刘庆邦小说中的死亡叙事》,《名作欣赏》2013年第15期。

葛美英:《论刘庆邦小说中的乡土少女形象》,《创作与评论》2013年第14期。

杨赛:《刘庆邦〈东风嫁〉中米东风悲剧命运探析》,《新乡学院学报》(社会科学版)2013年第4期。

樊星:《直面惨淡的人生——读刘庆邦小说〈平地风雷〉》,《湖北工程学院学报》2013年第4期。

杨赛:《论刘庆邦小说中的亲情缺失》,《安徽警官职业学院学报》2013年第4期。

辛晨:《个体意识的觉醒与被压抑——刘庆邦笔下相亲少女的矛盾心理》,《名作欣赏》2013年第27期。

孙涛:《刘庆邦小说叙事手法与审美风格研究述评》,《商》2013年第16期。

杨赛:《浅析刘庆邦小说中保姆形象塑造》,《四川职业技术学院学报》2013年第4期。

温海涤:《刘庆邦〈遍地月光〉的语言魅力》,《芒种》2013年第20期。

张雪韵:《出嫁与否,命运依旧——读刘庆邦〈东风嫁〉》,《青年文学家》2013年第22期。

常国雪:《刘庆邦短篇小说中方言的运用》,《现代语文》(语言研究版)2013年第10期。

李兴阳:《终结过程中的裂变与新生——新世纪乡土小说中的农民形象综论》,《南京师大学报》(社会科学版)2013年第5期。

王忠信:《论新时期底层写作对"女人进城"的苦难叙述》,《佳木斯教育学院学报》2013年第11期。

李丹梦:《文学"乡土"的苦难话语与地方意志——以"文学豫军"1990年代以来的创作为中心》,《学习与探索》2013年第11期。

舒坦:《作家声音》,《文学教育》(上)2013年第12期。

张翠荣:《中外矿山小说中映射的矿工性格与命运》,《长城》2013年第10期。

李中华:《河南作家乡村情感的负面影响》,《短篇小说》2013年第27期。

刘永春:《近年短篇小说中城乡互动主题的新变——以三篇小说为例》,《山东文学》2013年第11期。

翟业军:《刘庆邦创作局限论》,《文学报》2013年1月24日。

尹平平:《"文学只有好与不好,没有纯与不纯"》,《新华每日电讯》2013年4月12日。

舒晋瑜:《"工业题材":你还好吗?》,《工人日报》2013年5月27日。

舒晋瑜:《工业题材为什么优秀作品稀缺?》,《人民日报》(海外版)2013年6月4日。

刘先琴、李易衡:《专家研讨"周口作家群"现象》,《光明日报》2013年8月12日。

苏墨:《工业题材、工人作家大放异彩》,《工人日报》2013年9月16日。

蒋肖斌:《诺贝尔文学奖为短篇小说带来春天》,《太原日报》2013年10月21日。

于其超:《惊喜——刘庆邦短篇小说〈清汤面〉读后》,《中国煤炭报》2013年

11月28日。

白水:《绵里藏针的叙事》,《河北日报》2013年12月6日。

树红霞:《充满难度的写作更有魅力》,《福建日报》2013年12月16日。

张翼:《多元文化生态下的作家生存方式变革——以文学豫军为例》,《当代文坛》2014年第1期。

张堂会:《1959~1961年三年灾荒的文学书写》,《中国现代文学研究丛刊》2014年第1期。

冒建华:《新世纪长篇小说叙事影视化之审美倾向》,《文艺争鸣》2014年第1期。

许心宏:《刘庆邦小说的农家女进城书写与城市意象》,《合肥工业大学学报》(社会科学版)2014年第1期。

陈英群:《充满忧伤的苦难叙事——评当代河南作家对历史和时代的拷问》,《平顶山学院学报》2014年第1期。

李艳:《卑微地活,无私地爱——刘庆邦煤矿题材小说中的女性形象》,《现代妇女》(下旬)2014年第1期。

任动:《"周口作家群":一个亮丽的特色文化品牌》,《周口师范学院学报》2014年第1期。

黄勇:《当代文学中的"土改"主题写作论纲》,《扬子江评论》2014年第1期。

陈一军:《农民工小说的女性叙事》,《湛江师范学院学报》2014年第2期。

庞秀慧:《世纪之交"农民进城"叙事的"空间想象"》,《当代作家评论》2014年第2期。

张瑾:《还我伊甸芳容——论新世纪乡土小说中的"性"叙事》,《中国农业大学学报》(社会科学版)2014年第2期。

范宁:《刘庆邦:写煤矿写乡村,写的还是人》,《长江文艺》2014年第3期。

任东升:《论刘庆邦作品中的女性形象》,《芒种》2014年第5期。

张凤梅:《"边缘人"的命运沉浮——刘庆邦〈红煤〉新解》,《语文学刊》2014年第11期。

张凤梅:《无根"浮萍"的心灵变奏曲——宋长玉形象透视》,《时代文学》(下半月)2014年第3期。

荆永鸣:《小说之外的刘庆邦》,《北京文学》2014年第4期。

史修永:《焦虑·怨恨·惩罚——刘庆邦长篇小说〈红煤〉的精神诉求》,《河南理工大学学报》(社会科学版)2014年第3期。

史修永:《生态批评视域下的中国当代煤矿小说》,《文艺理论与批评》2014

年第 3 期。

王国杰:《残忍的才华——五篇小说的比较分析》,《连云港师范高等专科学校学报》2014 年第 3 期。

李明燊:《在重生中泯灭,在泯灭中重生——论新世纪乡土文学浪漫主义的裂变》,《贵州大学学报》(社会科学版)2014 年第 3 期。

张比:《安全文学创作与理论研究的若干问题探讨》,《华北科技学院学报》2014 年第 3 期。

周淑贞:《中原民间文化对当代河南小说创作的影响》,《黑龙江教育学院学报》2014 年第 4 期。

葛亮亮:《乡关难觅——新世纪初农民工小说中的"还乡"主题》,《中华文化论坛》2014 年第 4 期。

李明燊:《消费时代的审美惰性——论新世纪乡土小说的城乡对立化叙事》,《河北师范大学学报》(哲学社会科学版)2014 年第 3 期。

段永健:《都市里的农家女——当代文学中打工女形象初探》,《长春教育学院学报》2014 年第 3 期。

徐春浩:《地域文化是"文学豫军"创作的根脉和灵魂——"中原作家群"作品审美对象观照》,《文艺理论与批评》2014 年第 3 期。

史修永:《改革视域下煤矿的文学书写:重读〈跋涉者〉和〈断层〉》,《中国矿业大学学报》2014 年第 6 期。

杜巧月:《从小说〈神木〉到影片〈盲井〉的嬗变》,《电影文学》2014 年第 7 期。

博士、硕士学位论文

何卫青:《近二十年来中国小说的儿童视野》,四川大学博士学位论文,2004 年。

李少咏:《现代性语境中的乡村政治文化言说》,河南大学博士学位论文,2005 年。

张懿红:《1990 年代以来中国乡土小说研究》,兰州大学博士学位论文,2006 年。

王文玲:《精神探索,苦难展示与被动化存在》,吉林大学博士学位论文,2006 年。

涂昊:《二十世纪末中国小说创作理论和创作实践关系研究》,暨南大学博士学位论文,2006年。

李丹梦:《"文学豫军"的主体精神图像》,复旦大学博士学位论文,2006年。

李莉:《论现代化进程中的新时期乡族小说》,山东师范大学博士学位论文,2006年。

罗执廷:《文学选刊与当代小说的发展》,暨南大学博士学位论文,2008年。

韩文淑:《新世纪中国乡村叙事研究》,吉林大学博士学位论文,2009年。

李新:《新世纪文学中的底层叙事》,东北师范大学博士学位论文,2009年。

张鹏:《大地伦理的诗意呈现》,上海大学博士学位论文,2009年。

孔会侠:《从转型期的"底层叙述"看现实主义文学的新拓展》,兰州大学博士学位论文,2010年。

张旭东:《文化保守主义思潮下的新时期小说创作研究》,浙江大学博士学位论文,2011年。

王华:《新世纪乡村小说主题研究》,华中师范大学博士学位论文,2011年。

陈佳冀:《中国文学动物叙事的生发和建构》,上海大学博士学位论文,2011年。

郝敬波:《论新时期短篇小说的艺术创新》,山东师范大学博士学位论文,2012年。

赵丽妍:《新世纪乡土小说研究》,吉林大学博士学位论文,2012年。

陈一军:《农民工小说叙事研究》,兰州大学博士学位论文,2012年。

朱怡淼:《选择与接受:新时期以来电影对中国现当代文学作品的改编》,南京师范大学博士学位论文,2012年。

李胡玉:《韩国民众文学与中国底层文学比较研究》,中央民族大学博士学位论文,2012年。

王学胜:《"底层文学"批判》,吉林大学博士学位论文,2013年。

王兴文:《城市化的文学表征——新世纪小说城市书写研究》,兰州大学博士学位论文,2013年。

张旭东:《持守与超越:当代文学豫军的小说创作》,中央民族大学硕士学位论文,2005年。

张春霄:《灰色人生》,暨南大学硕士学位论文,2005年。

耿文彦:《论刘庆邦小说的民间立场》,上海社会科学院硕士学位论文,2006年。

荀羽琨:《刘庆邦小说的人文关怀》,南昌大学硕士学位论文,2006年。

董晓华:《荒原上的野花》,山东大学硕士学位论文,2006年。

李代玉：《现代化视野中的"三农"题材小说》，苏州大学硕士学位论文，2006年。

赵海：《在城乡夹缝中生存》，山东大学硕士学位论文，2006年。

杨素平：《在喧闹中安静地行走》，苏州大学硕士学位论文，2006年。

于海英：《论刘庆邦小说的悲剧意识》，吉林大学硕士学位论文，2007年。

邢滨华：《论刘庆邦小说的悲剧意识》，河南大学硕士学位论文，2007年。

王海艳：《歌哭与守望》，河北大学硕士学位论文，2007年。

华志辉：《直面底层 探究人性》，南昌大学硕士学位论文，2007年。

杨荣超：《苦难的漂泊，真挚的书写》，吉林大学硕士学位论文，2007年。

赵新亚：《论河南作家的底层叙述》，华中师范大学硕士学位论文，2007年。

田丽媛：《生命中不能承受之重》，兰州大学硕士学位论文，2007年。

肖芹：《论"乡下人进城"的"苦难"叙事》，扬州大学硕士学位论文，2007年。

王伟：《改革大潮中的乡土农民人生情态》，河北大学硕士学位论文，2007年。

吴选鹏：《孤独中的守持》，南昌大学硕士学位论文，2007年。

陈丹：《突破与反思》，南京师范大学硕士学位论文，2007年。

杨爽：《掩涕叹息忧黎元》，东北师范大学硕士学位论文，2007年。

李哲：《渐行渐远的风景：世纪末田园牧歌小说论》，福建师范大学硕士学位论文，2007年。

房欣：《底层人生的执著言说》，河南大学硕士学位论文，2008年。

张凤梅：《守望在"城乡交叉地带"》，上海师范大学硕士学位论文，2008年。

伍蕊：《困境中的言说与呐喊》，华中科技大学硕士学位论文，2008年。

王红霞：《焦虑与追问》，河北师范大学硕士学位论文，2008年。

田娜：《当代河南作家的乡村权力书写》，暨南大学硕士学位论文，2008年。

韩志君：《都市里的农家女》，浙江大学硕士学位论文，2008年。

张金凤：《论刘庆邦小说的民俗文化写作》，郑州大学硕士学位论文，2008年。

晁真强：《"卧底"在心灵深处的"歌谣"》，西南大学硕士学位论文，2009年。

宋智宁：《复杂人性的两极对话》，河南大学硕士学位论文，2009年。

张月阳：《论刘庆邦小说中的女性形象》，复旦大学硕士学位论文，2009年。

李艳霞：《刘庆邦小说的审美价值取向及其意义》，西北师范大学硕士学位论文，2009年。

徐林芳：《论刘庆邦的短篇小说创作》，华中科技大学硕士学位论文，2009年。

王斌:《我们的路在何方?》,苏州大学硕士学位论文,2009年。

余维莎:《新世纪民工题材小说创作论》,华中师范大学硕士学位论文,2009年。

林晓光:《消费语境中的底层叙事》,新疆大学硕士学位论文,2009年。

葛亮亮:《1990年代以来农民工题材小说还乡主题研究》,山东大学学位硕士论文,2009年。

魏红霞:《新世纪以来底层文学的审美文化内涵研究》,西北民族大学硕士学位论文,2009年。

李秀丽:《底层打工女性的建构》,中国传媒大学硕士学位论文,2009年。

任恒伟:《"乡土中国"的道德困境》,广西民族大学硕士学位论文,2009年。

阴小玲:《当代农民工题材小说的美学形态探析》,延安大学硕士学位论文,2009年。

薛升:《一扇移动的魅力之窗》,陕西师范大学硕士学位论文,2009年。

王蕊:《1990年代以来"农裔作家"的城市想象》,福建师范大学硕士学位论文,2009年。

杨荣涛:《改革开放30年来中国"农民工"文学形象流变研究》,西南大学硕士学位论文,2010年。

黄珠好:《论刘庆邦的煤矿文学》,暨南大学硕士学位论文,2010年。

李丽红:《生存环境与人性裂变》,湖南师范大学硕士学位论文,2010年。

姚高峰:《论刘庆邦小说的人物系列》,安徽大学硕士学位论文,2010年。

张丽梅:《论刘庆邦小说中的"矿井"世界》,天津师范大学硕士学位论文,2010年。

理清丽:《论刘庆邦小说中的苦难书写》,扬州大学硕士学位论文,2010年。

甫跃辉:《弯曲的影子刘庆邦的人情世界》,复旦大学硕士学位论文,2010年。

刘为忠:《〈神木〉:修辞元素与文本解读》,福建师范大学硕士学位论文,2010年。

冯波:《"乡下人进城"小说中的"日常生活方式"研究》,安徽师范大学硕士学位论文,2010年。

任竹良:《救赎的焦虑——传播学视角下的"底层文学"研究》,华东师范大学硕士学位论文,2010年。

崔广合:《论鲁迅文学奖获奖短篇小说的叙事》,兰州大学硕士学位论文,2011年。

张道爱:《奔波于城市和农村之间》,陕西师范大学硕士学位论文,2011年。

桂书方:《新世纪河南作家底层写作探析》,海南大学硕士学位论文,2011年。

张雅君:《论当代知识分子书写底层中的复调叙事》,河北大学硕士学位论文,2011年。

王瑛:《底层叙事跨媒介转换中的变异与启蒙》,四川师范大学硕士学位论文,2011年。

杨静:《苦难是人生的成长仪式》,西南大学硕士学位论文,2011年。

张翠平:《刘庆邦小说与地域文化关系研究》,信阳师范学院硕士学位论文,2011年。

高丽:《动态的济世情怀与矛盾的家园探寻》,湖南师范大学硕士学位论文,2011年。

冯士乐:《人性与现实的诗性超越》,辽宁师范大学硕士学位论文,2011年。

胡洪春:《论消费文化语境中的底层叙事》,郑州大学硕士学位论文,2011年。

吴佳楠:《城市化背景下新世纪乡土小说的悖论》,西南交通大学硕士学位论文,2011年。

汪正圆:《直面与超越》,安徽大学硕士学位论文,2011年。

周琴:《1990年代以来知识分子精神映照下的乡土创作》,延边大学硕士学位论文,2011年。

赵闻彦:《新世纪文学的政治性问题研究》,西北师范大学硕士学位论文,2011年。

马敏:《论当代乡土文学的创作特质及价值诉求》,湖南科技大学硕士学位论文,2011年。

王超:《新时期打工文学的精神世界探究》,山西大学硕士学位论文,2011年。

张阳菊:《中国当下文学创作中的复制现象》,湖北大学硕士学位论文,2011年。

王晓芳:《刘庆邦笔下的女性形象》,东北师范大学硕士学位论文,2012年。

涂彦平:《论20世纪90年代以来的农民工题材小说》,首都师范大学硕士学位论文,2012年。

郑小丽:《从当代打工文学看中国传统家族观念的变迁》,西南大学硕士学位论文,2012年。

徐桂芬:《近年来几种类型化"现实主义"创作潮批判》,山东大学硕士学位论文,2012年。

周跃:《打工文学中的女性书写》,延边大学硕士学位论文,2012年。
陈玲:《新世纪〈小说月报〉短篇小说走向研究》,西北师范大学硕士学位论文,2012年。
王芝腾:《王安忆小说理论研究》,河北师范大学硕士学位论文,2012年。
侯晓凤:《当代现实语境下的"底层"叙事》,辽宁师范大学硕士学位论文,2012年。
赵若昕:《论刘庆邦小说中的未成年人形象》,广西师范大学硕士学位论文,2012年。
万爱芹:《多维视角下的底层文学》,上海师范大学硕士学位论文,2012年。
白姗姗:《穿越黑暗的传奇——解读刘庆邦小说》,辽宁大学硕士学位论文,2012年。
方璐:《论刘庆邦小说的儿童书写》,扬州大学硕士学位论文,2012年。
叶玉:《直面苦难与审美超越》,安徽大学硕士学位论文,2012年。
王雪:《鲁迅文学奖获奖小说研究》,渤海大学硕士学位论文,2013年。
王霞:《坚守或开掘》,山西师范大学硕士学位论文,2013年。
胡文灿:《刘庆邦短篇小说中的乡土中国叙事》,山西师范大学硕士学位论文,2013年。
姬亚楠:《论新世纪乡土小说中的乡村日常生活书写》,郑州大学硕士学位论文,2013年。
张静:《底层文学综论》,湖北民族学院硕士学位论文,2013年。
张硕:《"底层文学"中的生存焦虑》,辽宁大学硕士学位论文,2013年。
秦雪:《现代性视野下的九十年代乡土小说》,南京师范大学硕士学位论文,2013年。
童纯洁:《试论90年代以来农裔作家的城市书写》,南京师范大学硕士学位论文,2013年。
王阿娟:《新世纪"乡下人进城"小说叙事模式研究》,陕西师范大学硕士学位论文,2013年。
袁娜:《刘庆邦的乡土世界》,陕西师范大学硕士学位论文,2013年。
冯庆华:《刘震云小说论》,南京大学硕士学位论文,2013年。
焦葵葵:《方言观念与方言创作》,河南大学硕士学位论文,2013年。
王阿娟:《新世纪"乡下人进城"小说叙事模式研究》,陕西师范大学硕士学位论文,2013年。
杨赛:《论刘庆邦小说的情感缺失叙事》,安徽大学硕士学位论文,2014年。
周聪:《新世纪短篇小说文体研究》,华中师范大学硕士学位论文,2014年。
徐慧:《被叙述的"底层"——论职业作家的农民工形象塑造》,华中师范大学硕士学位论文,2014 年。

杨淋麟:《空间维度下的中国当代底层叙事研究》,华中师范大学硕士学位论文,2014 年。

编 后 记

  作家刘庆邦根深叶茂,情系故土,读者在其创作中很容易辨识出来自中原的风土人情,以及酷烈与优美交织并存的文风。刘庆邦对乡土中国的儿女们的态度是复杂的,既延续着鲁迅剖析国民性的路子,又像沈从文一样赞叹故乡人的美丽或雄强,对于乡村文化及其孕育出来的乡村生命,他游走在审视与吟咏的道路上。复杂的创作心态使刘庆邦的作品具有了超越同侪的宽厚和韵味,也让他的文学之路越走越顺坦。作为一位实力派作家,刘庆邦值得不同阶层的读者去品读和回味,理应在更广阔的文学史视野中去考察、阐释和比较。如今刘庆邦已是享誉文坛的行家里手,受到越来越多的关注。

  本书试图呈现的则是刘庆邦研究的代表性成果,但由于相关佳作很多而篇幅有限,取舍之间确有遗珠之憾。选辑的研究论文作者兼顾学界名流和新秀。而在文章的篇目排序上,我坚持以时间为序,料也能说明刘庆邦研究的进展情况,且省去了排座次的额外麻烦。

  还需说明的是,刘庆邦著作等身,各类杂志转载殊多,我在整理创作年表上虽花费了许多精力,可也难免有所疏漏和错误,敢请读者诸君指正补充为盼。本书的选题和成稿,多承程光炜、吴圣刚、沈文慧等教授的策划和嘱托,尤其是程光炜先生为丛书面世出谋助力,令人感佩;另感谢王雨海、吕东亮等各位师友的激励。

  本书是刘庆邦研究资料的首次汇编,希望能对推进刘庆邦乃至中原作家研究有所裨益。因为与文学的缘分,我们相聚,讨论,整理;因为与文学的缘分,生命中增添了感动,思考和光彩。

  是为后记。

杜 昆